Theologica

Publicações de Teologia, sob a responsabilidade
do Departamento de Teologia
FAJE – Faculdade Jesuíta de Filosofia e Teologia
Av. Dr. Cristiano Guimarães, 2127 – Planalto
31720-300 Belo Horizonte, MG
Telefone 55 31 3115 7000 / Fax 55 31 3115 7086
www.faculdadejesuita.edu.br

JÜRGEN
MOLTMANN

TEOLOGIA DA ESPERANÇA

*Estudos sobre os fundamentos
e as consequências
de uma escatologia cristã*

Tradução
Helmuth Alfredo Simon

Título original:
Theologie der Hoffnung – Untersuchungen zur Begründung und zu den Konsequenzen einer christlichen Eschatologie,
by Jürgen Moltmann
© 2005 Gütersloher Verlagshaus, a division of Verlagsgruppe Random House GmbH, München, Germany.
Neumarkter Str. 28, 81673 München, Germany
ISBN 978-3-579-05224-3

"Rights negotiated through Ute Körner Literary Agent".

"Direitos negociados pela Ute Körner Literary Agent".

Dados Internacionais de Catalogação na Publicação (CIP)
(Câmara Brasileira do Livro, SP, Brasil)

Moltmann, Jürgen
  Teologia da esperança : estudos sobre os fundamentos e as consequências de uma escatologia cristã / Jürgen Moltmann ; tradução Helmuth Alfredo Simon. -- 1. ed. -- São Paulo : Edições Loyola, 2023. -- (Coleção Theologica)

  Título original: Theologie der hoffnung : untersuchungen zur begründung und zu den konsequenzen einer christlichen eschatologie.
  Bibliografia.
  ISBN 978-65-5504-317-4

  1. Escatologia - Doutrina bíblica 2. Escatologia - Ensino bíblico 3. Esperança - Aspectos religiosos - Cristianismo 4. Teologia cristã I. Simon, Helmuth Alfredo. II. Título. III. Série.

23-180069
CDD-236

Índices para catálogo sistemático:
1. Escatologia : Teologia cristã   236

Aline Graziele Benitez - Bibliotecária - CRB-1/3129

Conselho Editorial
Álvaro Mendonça Pimentel (UFMG, Belo Horizonte)
Danilo Mondoni (PUG, Roma)
Élio Gasda (Univ. Comillas, Madrid)
Gabriel Frade (FAU-USP, São Paulo)
Geraldo Luiz De Mori (Centre Sèvres, Paris)
Lúcia Pedrosa-Pádua (PUC-Rio, Rio de Janeiro)
Raniéri Araújo Gonçalves (Loyola University Chicago)

Capa: Ronaldo Hideo Inoue
  (execução a partir do projeto gráfico
  original de Mauro C. Naxara)
Diagramação: Telma Custódio
Revisão: Nélio Schneider
  Lena Aranha
  Regina Aranha

Edições Loyola Jesuítas
Rua 1822 nº 341 – Ipiranga
04216-000 São Paulo, SP
T 55 11 3385 8500/8501, 2063 4275
editorial@loyola.com.br
vendas@loyola.com.br
www.loyola.com.br

Todos os direitos reservados. Nenhuma parte desta obra pode ser reproduzida ou transmitida por qualquer forma e/ou quaisquer meios (eletrônico ou mecânico, incluindo fotocópia e gravação) ou arquivada em qualquer sistema ou banco de dados sem permissão escrita da Editora.

ISBN 978-65-5504-317-4

© EDIÇÕES LOYOLA, São Paulo, Brasil, 2023

À minha mulher

Sumário

Apresentação 11

Prefácio do autor 17
Trinta e três anos de *Teologia da esperança*

Prefácio à terceira edição 23

Introdução   Meditação sobre a esperança 25
   1. Qual é o *lógos* da escatologia cristã? 25
   2. A esperança da fé 29
   3. O pecado do desespero 31
   4. A esperança frustra a felicidade do ser humano no presente? 35
   5. Esperar e pensar 41

Capítulo I   Escatologia e revelação 45
   § 1. A redescoberta da escatologia e a inefetividade dessa descoberta .. 45
   § 2. Promessa e revelação de Deus 50
   § 3. Escatologia transcendental 53
   § 4. A teologia da subjetividade transcendental de Deus 58
   § 5. A teologia da subjetividade transcendental do ser humano 66
   § 6. Escatologia histórico-salvífica e "revelação progressiva" 78
   § 7. A "história" como autorrevelação indireta de Deus 84
   § 8. A escatologia da revelação 91

Capítulo II   Promessa e história 103
   § 1. Religião de epifanias e fé em promessas 104
   § 2. A palavra de promessa 110
   § 3. A experiência da história 114
   § 4. Revelação e conhecimento de Deus 119
   § 5. Promessa e lei 128
   § 6. A promessa na escatologia profética 132
   § 7. A historização do cosmo na escatologia apocalíptica 139

Capítulo III   Ressurreição e futuro de Jesus Cristo 145
   § 1. Evangelho e promessa 145
   § 2. O Deus da promessa 149
   § 3. Paulo e Abraão 153
   § 4. O entusiasmo cristão-primitivo do cumprimento e
        a *eschatologia crucis* 159
   § 5. A "morte de Deus" e a ressurreição de Cristo 168
   § 6. A questão histórica da ressurreição de Cristo e a questionabilidade
        da maneira com que a ciência histórica lida com a história 176
   § 7. A investigação histórico-formal das narrativas pascais e a
        questionabilidade de sua interpretação existencialista 186
   § 8. A pergunta escatológica pelo horizonte futuro na proclamação
        do ressuscitado 193
   § 9. A identidade daquele que apareceu ressuscitado com o Cristo
        crucificado 198
   § 10. O futuro de Jesus Cristo 203
   § 11. O futuro da justiça 204
   § 12. O futuro da vida 208
   § 13. O futuro do reino de Deus e da liberdade do ser humano 215
   § 14. Síntese e justificativa 223

Capítulo IV   Escatologia e história 229
   § 1. Crítica e crise 229
   O "ENIGMA DA HISTÓRIA SOLUCIONADO" 236
   § 2. O método histórico 236
   § 3. Heurística histórica 239
   § 4. Historiologia 243
   § 5. Escatologia da história – o quiliasmo filosófico-histórico 258
   § 6. Morte e culpa como forças impulsionadoras da ciência histórica ... 262

§ 7. A peculiaridade dos conceitos históricos universais 266
§ 8. Hermenêutica da missão cristã 268
    1. As provas de Deus e a hermenêutica 268
    2. Missão e interpretação 278
        a) Hermenêutica do apostolado 279
        b) A humanização do ser humano na esperança da missão 281
        c) A historização do mundo na missão 284
        d) A tradição da esperança escatológica 287

Capítulo V — Comunidade do êxodo 299
Observações sobre a compreensão escatológica do cristianismo na sociedade moderna

§ 1. O culto do absoluto e a sociedade moderna 299
§ 2. A religião como culto à nova subjetividade 305
§ 3. Religião como culto à solidariedade humana 310
§ 4. Religião como culto à instituição 315
§ 5. O cristianismo no horizonte da espera pelo reino de Deus 318
§ 6. A vocação do cristianismo na sociedade 322

Apêndice — O princípio esperança e a Teologia da esperança 331
Um diálogo com Ernst Bloch

1. A "metarreligião" de Ernst Bloch 331
2. *Homo absconditus* e *Deus absconditus* 335
3. A pátria da identidade e o reino de Deus 339
4. Exterritorialidade em relação à morte e ressurreição dos mortos 344
5. Esperança e confiança 349

Seleção bibliográfica 355
(em português e espanhol, em ordem cronológica)

  · Livros de J. Moltmann 355
  · Artigos de J. Moltmann 356
  · Sobre a teologia de J. Moltmann 357
  · Sobre a *Teologia da esperança*, de J. Moltmann 357

Índice onomástico 359

Índice das citações bíblicas 365

Apresentação

Jürgen Moltmann é um dos teólogos europeus mais inovadores da atualidade. O presente livro foi sua primeira grande obra, pela qual se tornou conhecido e reconhecido internacionalmente. Sua elaboração reflete o cenário mundial do início dos anos de 1960[1]. Isso, para Moltmann, não é simplesmente um mal necessário. Em sua visão, a teologia sempre é contextual, embora assuma sua contextualização de uma forma ainda um pouco diferente do que o fez a teologia da libertação latino-americana, que se iniciou na mesma época. Não obstante essa diferença, sua teologia é inovadora em âmbito europeu por se vincular mais à história e a seu tempo do que normalmente o fazia a teologia europeia. E, provavelmente por essa razão, foi ele um dos teólogos europeus com maior afinidade com as teologias emergentes do assim chamado terceiro mundo. Sempre buscou o diálogo com essas teologias emergentes, e estas o reconheciam como parceiro de diálogo, mesmo ao se constatar, sempre de novo, diferenças significativas.

---

1. Nesses anos, diz Moltmann, o tema da esperança estava como que no ar. Segundo ele, "os anos de 1960 realmente foram anos de pôr-se em marcha e de voltar-se para o futuro, anos do renascimento das esperanças" (*Trinta e três anos da "Teologia da esperança"*, prefácio de 1997 à 13ª edição do livro em alemão; cf. a seguir). Nesses anos, "a Igreja Católica Romana estava se abrindo para questões do mundo moderno no Concílio Vaticano II; nos EUA, o Movimento pelos Direitos Civis atingia um clímax; na União Soviética, se assistia ao surgimento do 'socialismo com face humana'; e o movimento ecumênico fazia grande progresso. Muita coisa estava se tornando possível naquela década, que antes disso se imaginava como impossível" (MOLTMANN, J., My theological career, in: Id., *History and the Triune God. Contributions to trinitarian theology*, 1991, 170).

A *Teologia da esperança* não é inovadora apenas por essa marca contextual. Como o próprio autor menciona em diferentes lugares, ela tem também marcas autobiográficas inconfundíveis. Hoje, trabalha-se melhor com a perspectiva de que toda teologia tem inevitavelmente características autobiográficas do que à época; em que isso parecia de alguma forma ameaçar a integridade e o caráter de verdade de uma teologia.

Moltmann, como prisioneiro de guerra alemão em um campo de prisioneiros na Escócia, começou a se interessar seriamente por teologia. A experiência da guerra o colocava, como a todos os que passaram por ela, diante da reflexão sobre a condição humana. Para muitas pessoas, esse fato resultou em profundos questionamentos de sua fé. Era possível continuar crendo em Deus depois de tudo que se viu e se enfrentou? Se para os cristãos esta pergunta ressoava continuamente, e as respostas pareciam distantes, para os judeus ela foi ainda mais crucial. Basta citar o exemplo de Emmanuel Lévinas, cuja obra filosófico-teológica está toda marcada pela pergunta: como falar de Deus depois de Auschwitz?

Para Moltmann, a guerra e o pós-guerra representaram justamente as primeiras oportunidades de se colocar seriamente a pergunta sobre Deus, que, até aquela época, não o havia preocupado. Ele diz em um relato autobiográfico: "Nos campos da Bélgica e da Escócia, experimentei o colapso de minhas certezas, e nesse colapso encontrei uma nova esperança na fé cristã". Assim, depois de estudos iniciais já no campo de prisioneiros, ele decide estudar teologia quando retorna à Alemanha, "para tentar compreender este poder da esperança, ao qual devia a minha vida"[2]. Começa ali uma carreira teológica das mais impressionantes do século XX. Isto foi no ano de 1948.

O início dessa teologia é assim descrito pelo próprio Moltmann, em relação a essas experiências de fundo que estão em sua origem:

> [...] que para mim a fé cristã está fundamentalmente ligada às experiências de uma situação existencial particular, e que essa situação não era tão somente um assunto privado, mas igualmente uma situação social. Visto de fora, tudo aquilo que pode parecer ser apenas minha individualidade particular está, desde o início, sempre relacionado às experiências coletivas. Qualquer pessoa que teve de gritar a Deus face à mutilação e morte de tantas outras que tinham sido companheiras, amigas e parentes, não mais poderá fazer uma abordagem reservada e individual da teologia. O problema é: como se pode falar de Deus "depois de Auschwitz". Mas, mais ainda: como se pode *não* falar de Deus depois de Auschwitz[3].

---

2. My theological career, 166.
3. Ibid.

APRESENTAÇÃO

Nessas experiências de fundo, encontra-se, assim, o material biográfico e social que dará origem à *Teologia da Esperança*, o qual foi, pela primeira vez, cristalizado, de forma ampla, no livro de 1964 que apresenta esse título. Segundo Moltmann, o livro resultou de discussões internas entre os editores da revista *Evangelische theologie* entre os anos de 1958 e 1964. Nessas discussões, como, aliás, em muitos outros lugares no cenário teológico da época, o tema da história era central. No entanto, não como tema, e sim como experiência de vida.

> O que estava em jogo era nada menos do que a superação do existencialismo generalizado do período pós-guerra, que visava a obter perspectivas de futuro para um mundo mais justo, mais pacífico e mais humano. Queríamos sair da apatia e buscávamos esperanças que nos possibilitassem viver[4].

Moltmann, com relação a este livro em específico, conta que foi decisivo seu encontro com a obra filosófica de Ernst Bloch, pensador alemão de origem judaica, considerado um dos maiores filósofos marxistas. Lendo *O princípio esperança*, a grande obra da maturidade de Bloch, ele assim descreve o que sentiu:

> Minha reação imediata foi: "Por que a teologia cristã tem negligenciado essa temática da esperança, que é tão distinta de sua própria?"; e "O que resta, no cristianismo atual, do espírito de esperança que animava o cristianismo primitivo?"

Assim, prossegue Moltmann,

> Comecei a trabalhar em uma "teologia" da esperança, na qual fossem integradas a teologia bíblica da promessa e a esperança apocalíptica; a teologia do apostolado e do reino de Deus; e a filosofia da esperança, com seus elementos materialistas e sua orientação na práxis histórica, social e política[5].

Sobre o processo de elaboração deste livro, Moltmann relata:

> Quando comecei a trabalhar na *Teologia da esperança*, na sequência da "Teologia do Amor" do período medieval e da "Teologia da Fé" da Reforma, pensei primeiramente em termos de esperança: seus fundamentos e seu futuro, sua experiência e sua práxis – em outras palavras, em termos de um objeto da teologia cristã, sobre o qual até o momento não se havia

---

4. Prefácio de 1997 à 13ª edição (cf. a seguir).
5. My theological career, 170.

lançado suficiente luz. "O que posso esperar?", essa é a pergunta religiosa dos tempos modernos, como Immanuel Kant havia detectado. [...] No decurso do trabalho, contudo, a esperança foi sempre mais se tornando para mim o sujeito da teologia. Já não mais teorizava sobre a esperança, mas a partir dela. Pensar teologicamente, a partir da esperança, significa colocar o conjunto da teologia sob esse foco, e a partir daí, à luz dessa esperança, enxergá-la nova. [...] Não somente a escatologia – a doutrina das últimas coisas –, mas todas as doutrinas da teologia cristã, desde a criação, passando pela história e até a consumação, aparecem sob uma luz diferente e assim precisam ser repensadas novamente por inteiro[6].

Moltmann, depois do grande sucesso do livro e movido pelas percepções de seus limites (suas e dos críticos), decide continuar as reflexões iniciadas e acessar mais uma vez o conjunto da teologia a partir de dois outros pontos de vista, que, para ele, são complementares à temática da esperança. A trilogia que marca, assim, a fase inicial de sua obra é completada pelos livros *O Deus crucificado* (1972)[7] e *A igreja no poder do Espírito* (1975)[8], ainda não traduzidos para o português. No desenvolvimento de seu pensamento, a complementaridade temática dessa trilogia resultou, não por último, em uma renovada percepção da teologia trinitária. Isto marcará sua obra a partir do final dos anos 70.

A obra de Moltmann inclui um significativo número de obras menores e coleções de ensaios publicados nos últimos 35 anos. Sua teologia entra em nova fase a partir dos anos 80, com a publicação de uma série que ele denominou de *Beiträge zur Theologie* [*Contribuições à teologia*], concluída no final da última década e que, em seu conjunto, representa um dos mais impressionantes monumentos teológicos do século passado. O primeiro volume foi publicado em 1980, com o título de *A Trindade e o reino de Deus*[9], um estudo sobre a doutrina de Deus. Em sequência, foram publicados: *Deus na criação* (1985)[10], uma doutrina ecológica da criação;

---

6. Ibid.
7. MOLTMANN, J., *Der gekreuzigte Gott. Das Kreuz Christi als Grund und Kritik christlicher Theologie*, München, Kaiser, 1972, 320p. Há tradução em espanhol: Id., *El Dios crucificado*, Salamanca, Sígueme, 1975, 479p.
8. Id., *Kirche in der Kraft des Geistes. Ein Beitrag zur messianischen Ekklesiologie*, München, Kaiser, 1975, 404p. Há tradução em espanhol: *La Iglesia, fuerza del Espíritu*, Salamanca, Sígueme, 1978, 479p.
9. Id., *Trinität und Reich Gottes. Zur Gotteslehre*, München, Kaiser, 1980, 244p. [Ed. bras.: Petrópolis, Vozes, 2000, 224p.]
10. Id., *Gott in der Schöpfung. Ökologische Schöpfungslehre*, München, Kaiser, 1985, 330p. [Ed. bras.: Petrópolis, Vozes, 1993, 453p.]

O caminho de Jesus Cristo (1989)[11], uma cristologia em chave messiânica; *O Espírito da vida* (1991)[12], um ensaio sobre a pneumatologia, que busca recuperar as dimensões perdidas dessa pneumatologia, integrando-a às perspectivas carismáticas com perspectivas cósmicas e comunitárias; *A vinda de Deus* (1995)[13], um novo texto sobre escatologia em chave messiânica; e, finalmente, *Experiências de reflexão teológica* (1999)[14], sobre o método teológico. O fato de todos esses livros já se encontrarem disponíveis em português certamente é significativo. Espera-se que ele marque os próximos anos no cenário teológico brasileiro e de língua portuguesa.

Moltmann, por tudo isso, veio a ser um dos maiores pensadores cristãos da atualidade. Mais do que o volume de suas publicações, porém, o que encanta nele é a fantasia aliada à erudição, a ousadia aliada à preocupação com a verdade cristã, a amplitude do pensamento aliada à grande capacidade de focalização temática. Moltmann é um pensador ecumênico. A prova disso é que suas obras são, com poucas exceções, traduzidas e publicadas em português por editoras católicas, e o fato de que manteve o diálogo constante com a teologia da libertação, especialmente católica. Entre seus doutorandos e doutorandas encontram-se não poucos teólogos e teólogas de tradição ortodoxa e de tradição pentecostal, além de evangélicos e católicos. Além disso, é marcante o diálogo que constituiu, ao longo de sua obra, com o pensamento judaico. Desde sua criativa apropriação de elementos fundamentais da filosofia de Ernst Bloch, na fase inicial de sua obra, esse diálogo se aprofundou, incluindo em seu horizonte pensadores tão significativos como Franz Rosenzweig, Abraham Heschel, Gershom Scholem, Walter Benjamin, Karl Löwith e outros.

A presente edição revisada da tradução da última edição alemã de *Teologia da esperança*, livro fundamental para compreender as raízes do pensamento de Moltmann, vem dar novo impulso à teologia no Brasil. Essa teologia, ao revisitar o passado, dá mostras de sabedoria quando lida com seu presente e pensa sobre seu futuro. Encerro este prefácio dando mais uma vez a palavra ao próprio autor que, anos mais tarde e à luz do desenvolvimento posterior de seu pensamento, diz o seguinte sobre este livro:

---

11. Id., *Der Weg Jesu Christi. Christologie im messianischen Dimensionen*, München, Kaiser, 1989, 379p. [Ed. bras.: Petrópolis, Vozes, 1993, 485p.]

12. Id., *Der Geist des Lebens. Eine ganzheitliche Pneumatologie*, München, Kaiser, 1991, 335p. [Ed. bras.: Petrópolis, Vozes, 1999, 301p.]

13. Id., *Das Kommen Gottes. Christliche Eschatologie*, München, Kaiser, 1995, 380p. [Ed. bras.: São Leopoldo, Unisinos, 2003, 376p.]

14. Id., *Erfahrungen theologischen Denkens. Wege und Formen christlicher Theologie*, München, Kaiser, 1999, 304p. [Ed. bras.: São Leopoldo, Unisinos, 2004, 296p.]

Em longo prazo, contudo, uma das ideias de *Teologia da esperança* provou-se efetiva. É a ideia de que libertação histórica e redenção escatológica devem ser vistas juntas em uma perspectiva, a perspectiva do "discipulado criativo". Escatologia não significa meramente salvação da alma, resgate do indivíduo deste mundo maligno, conforto para a consciência atormentada, mas também a realização da esperança escatológica por justiça, a humanização do ser humano, a socialização da humanidade, paz para toda a criação. Um "discipulado criativo" dessa espécie, movido por um amor que institui comunidade, ao endireitar as coisas e as colocar em ordem, e que se torna escatologicamente possível por meio da esperança cristã com suas prospectivas do futuro do reino de Deus e do ser humano[15].

São Leopoldo (RS), abril de 2005
Enio R. Mueller

---

15. My theological career, 170-171.

Prefácio do autor
Trinta e três anos de *Teologia da esperança*

Editar um livro novamente depois de trinta e três anos e dar-lhe um novo prefácio naturalmente é algo arriscado. Os livros também têm um tempo bem próprio. Mas alguns livros também têm um destino bem próprio, pois eles seguem um caminho só seu. É o que ocorreu com a *Teologia da esperança*. Eu a publiquei em 1964. Em 1967, foi lançada a tradução inglesa. Depois disso, porém, ela escapou ao meu controle e fez sua própria história; uma história que eu não havia pretendido nem previsto, mas que reverteu para mim de muitas formas diferentes. Eu sou o autor do livro, reconheço e sustento tudo o que escrevi naquela época. No entanto, algo bem diferente é a história que foi influenciada pela *Teologia da esperança*. Nela, eu sou apenas uma pessoa entre tantas outras. Nela, sou antes o primeiro leitor do livro mais do que seu autor. Neste prefácio contarei algo da história do surgimento dessa teologia e do caminho que ela percorreu.

A *Teologia da esperança* surgiu a partir da discussão interna entre os editores do periódico *Evangelische Theologie* no período entre 1958 e 1964. Naquela época, estávamos ocupados com a controvérsia entre a *Teologia do Antigo Testamento*, de Gerhard von Rad, e a *Teologia do Novo Testamento*, de Rudolf Bultmann, para chegar a uma teologia sistemática biblicamente fundamentada. A questão central dessa controvérsia era a pergunta pela compreensão da história. A realidade, como um todo, é experimentada como "história" no contexto ou em face das promessas de Deus, que despertam esperanças humanas? Ou a história se funda na historicidade da existência humana? Nas conferências realizadas à época, tratava-se de uma discussão teológica muito especializada. No entanto, o que estava em jogo era nada menos do que a superação do existencialismo generalizado do período pós-guerra, visando à obtenção de perspectivas de futuro para um mundo mais justo, mais pacífico e mais humano. Queríamos sair da apatia e buscávamos esperanças que nos possibilitassem viver. Assim, naquela época, o mito de Prometeu foi, lenta, mas certeiramente, tomando o lugar do mito de Sísifo, com o qual Albert Camus nos havia familiarizado. O êxodo de Israel para fora da escravidão (e das panelas de carne) do Egito rumo à terra prometida da liberdade, onde havia "leite e mel", tornou-se o tema recém descoberto da teologia. A expectativa criadora do reino de Deus vindouro devolveu à fé cristã sua orientação para o futuro. O que escrevi naquela época para as nossas discussões internas não era inicialmente mais do que uma contribuição teológica restrita. Para mim mesmo, na *Teologia da esperança*, os diversos fios soltos da teologia começaram a compor o padrão para uma nova tapeçaria da teologia como um todo: a teologia veterotestamentária das promessas, a escatologia neotestamentária da parusia de Cristo, a teologia holandesa do apostolado e a ética revolucionária que quer transformar este mundo até que ele possa ser reconhecido como o mundo de Deus. "Ferro para o sangue anêmico de Cristo", foi como o periódico *Der Spiegel* descreveu em 1967 a intenção da *Teologia da esperança*.

Encontrei as categorias filosóficas mais importantes para essa teologia, orientada para o futuro, na filosofia messiânica do (suposto) neomarxista Ernst Bloch. Descobri os primeiros volumes de seu *O princípio esperança* em 1958-1959, li a edição alemã oriental durante um período de férias na Suíça em 1960 e fiquei tão fascinado por ele que nem me dei conta da beleza das montanhas suíças – para grande desapontamento da minha esposa. Por que a teologia cristã deixou escapar e permitiu que lhe tirassem a esperança, que original e intrinsecamente é o seu tema mais singular? Essa foi minha primeira impressão. Mas, em seguida, perguntei-me de forma autocrítica: por onde anda hoje o espírito ativo, cristão-primitivo, da esperança? Eu não queria imitar *O princípio esperança* de Ernst Bloch. Tampouco, era minha intenção "batizá-lo", como suspeitou Karl Barth certa vez em Basileia. O que eu queria era uma ação paralela na teologia baseada nos pressupostos teológicos de judeus e cristãos. Para Ernst Bloch, o ateísmo deveria fundamentar a esperança ativa na história, assim como para Jean-Paul Sartre, naquela época, o ateísmo era o único fundamento da liberdade humana. Para mim, no entanto, o Deus do êxodo e da promessa, o Deus do despertamento de Cristo e do espírito da ressurreição em nós era e é a base e o motivo da esperança ativa, na história, e perseverante no sofrimento, tanto do messianismo quanto do apocaliptismo. Entretanto, estes dois movimentos – aquele ateísmo que quer livrar as pessoas da superstição e da idolatria e o messianismo que quer libertá-las de suas prisões externas e internas para a liberdade do reino de Deus vindouro – não precisam ser adversários, mas podem cooperar mutuamente. Se nós, de acordo com Bloch, transcendemos historicamente "sem transcendência" para o futuro ou se o fazemos "com transcendência", como afirmo, é algo cujo resultado podemos deixar tranquilamente a cargo do futuro que nos aguarda.

Em 1964, a *Teologia da esperança*, evidentemente, ainda que não intencionalmente, acertou o seu *kairós*. O tema, por assim dizer, estava "no ar". No Concílio Vaticano II, a Igreja Católica Romana estava se abrindo de fato para as questões do mundo moderno. Nos Estados Unidos da América, o Movimento pelos Direitos Civis teve os seus pontos altos na luta contra o racismo. Na Europa oriental, assistimos ao surgimento de um marxismo reformista, que em Praga foi chamado de "socialismo da face humana". Na América Latina, a revolução bem-sucedida em Cuba despertou, em toda parte, as esperanças dos pobres e dos intelectuais. Na Alemanha Ocidental, superamos a estagnação do período pós-guerra com a bandeira: "Nada de experimentos!", por meio da vontade de ter "mais democracia" e uma justiça social melhor e por meio da "luta contra a morte atômica". Os anos de 1960 realmente foram anos de pôr-se em marcha e de voltar-se para o futuro, anos do renascimento das esperanças. Quando a *Teologia da esperança* foi publicada em 1967, na América do Norte, o *New York Times* escreveu na primeira página: "A teologia da morte de Deus perde terreno para a *Teologia da esperança*".

Contudo, os anos sessenta terminaram com frustrações amargas em relação às referidas esperanças: no outono de 1968, em Praga, os tanques e as tropas do Pacto de Varsóvia demoliram o "socialismo da face humana". A guerra do Vietnã fez com que os EUA entrassem em um conflito trágico consigo mesmos. Em 1968, foi publicada a encíclica *Humanae vitae* que pôs um fim à abertura da Igreja Católica para o mundo de hoje. No mesmo ano, as esperanças ecumênicas atingiram seu ponto alto na Conferência Mundial das Igrejas em Uppsala, com o lema: "Eis que faço novas todas as coisas!", entrando em seguida em conflito com os evangélicos e conservadores. A crise econômica de 1972 – a crise do petróleo – deixou claro para todos que não vivemos na "terra das possibilidades irrestritas" e que o futuro tampouco é ilimitado, mas que temos de contentar-nos com esta terra e seus recursos limitados. Em vista disso, para muitos, a esperança de um futuro melhor reverteu em resistência ativa contra as destruições reais da vida neste planeta. A grande esperança, que naquela época, porém, ainda era de cunho muito geral, tornou-se concreta em muitas ações pequenas e restritas: nos movimentos ecológicos, no movimento pela paz, no movimento feminista e em outros movimentos. Ernst Bloch chamou isso de "utopia concreta"; mas a resistência contra as destruições do meio ambiente, contra os meios de destruição em massa e a opressão das mulheres avançava também sem estímulos utópicos, simplesmente a partir do senso da necessidade intrínseca. Exatamente vinte anos depois das frustrações de 1968, experimentamos, a partir de 1989, os "sinais e milagres" que ninguém mais esperava no campo da política, o qual, por tanto tempo, foi dado como sem perspectiva. A história envergonhou a pequenez de nossa fé, quando o império soviético se desagregou, quando a Alemanha foi unificada e quando o sistema do *apartheid* da África do Sul desapareceu sem o esperando banho de sangue e sem dar um pio. Essas revoluções, do final dos anos de 1980 e início dos anos de 1990, não violentas, pacíficas e, muitas vezes, cheias de entusiasmo, contra gigantescos sistemas de poder, tornaram-se para mim um grande reforço da *Teologia da esperança*: por que não esperamos coisas ainda maiores?

A influência da *Teologia da esperança* em outros países ultrapassa qualquer influência direta exercida pessoalmente por mim. Ao contrário, a "esperança", em formas novas e fascinantes, voltou para mim dos países do Terceiro Mundo – como a "teologia negra", de James Cone, nos EUA, a "teologia da libertação", de Gustavo Gutiérrez e Jon Sobrino, a "teologia minjung", de Suh Nam-Dong e Ahn Byung-Mu, na Coreia – e influenciou o meu trabalho teológico seguinte. Em muitos e diferentes contextos políticos e culturais, traduziu-se por "esperança em ação", porque ela só é efetiva na esfera contextual. Mas seu texto de memórias e promessas bíblicas é o mesmo em toda parte. Suponho que foi, de um lado, a perspectiva coerente da libertação histórica e, de outro lado, a redenção escatológica que tornou a *Teologia da esperança* influente nas áreas mencionadas.

Não foi no âmbito da doutrina da criação, em sua relação com a filosofia da natureza e as ciências naturais, que a *Teologia da esperança* desenvolveu uma nova arquitetura teológica. Para superar a historicidade existencialista da existência humana, foi conferida uma posição central à história do mundo em seus aspectos político, social e econômico, não, porém, à ecologia da terra nem à estrutura do corpo humano. Esse campo era ocupado, nos anos de 1960, pelos "teilhardianos" e pelos teólogos do processo. Somente a partir de 1972, a crise ecológica da Terra abriu caminho em minha consciência e passei a tentar desenvolver, em preleções e seminários, uma nova teologia da criação a partir da *Teologia da esperança*. No entanto, só obtive êxito quando descobri para mim mesmo a doutrina da Trindade e o campo amplo, e amplamente desconhecido, da doutrina do Espírito Santo. Nas minhas *Preleções Gifford*, em 1985, e no livro *Deus na criação*, de 1985, consegui estender a teologia da esperança para a terra, o corpo e o mundo dos sentidos. A discussão ecológica e a teologia feminista foram as que mais me ensinaram nesse tocante.

Com a *Teologia da esperança* desenvolvi um primeiro método teológico: o todo da teologia em um único enfoque. Este foi, naquela época, o da esperança. Em 1972, apliquei-o novamente, em *O Deus crucificado*, à cruz de Cristo e ao sofrimento de Deus. Quando, dessa maneira, concentramos a teologia em um único ponto, e todos os seus âmbitos se iluminam a partir dele, reconhecemos coisas novas, mas naturalmente também nos tornamos unilaterais. "Unilateralidade" foi, assim, também a crítica que mais ouvi a respeito de meus primeiros livros. Essa crítica me honrou, pois quem toma a palavra em uma discussão importante e estimulante, quando quer alcançar alguma coisa, sempre se torna unilateral. Quem faz isso se torna polêmico, enfatiza em demasia coisas até ali negligenciadas e contrapõe sua opinião à de outros. No entanto, seu próprio todo é parte de um discurso maior e mais prolongado. Ele não absolutiza sua contribuição, mas a introduz no debate em curso como sugestão. Toda teologia terrena e histórica participa do discurso teológico maior e é "unilateral". Talvez, no coro celestial dos teólogos, a situação venha a ser outra. Pois a "onilateralidade" e a "ponderabilidade" geral podem, quando muito, ser qualidades da teologia de Deus, as quais estão fora de nosso alcance. Aqui na terra, porém, a teologia cristã é um conhecimento de Deus *cum ira et studio*, com sofrimento devido a Deus e paixão pelo seu reino e sua justiça. Quanto mais velhos e autocríticos ficamos, tanto mais aprendemos a apreciar o radicalismo da própria juventude. "Não desprezes os sonhos de tua juventude", diz o Marquês de Posa, no drama *Dom Carlos*, de Schiller. Ao redigir este prefácio, meu coração e minha alma estão novamente repletos com as visões da *Teologia da esperança* de trinta e três anos atrás.

Tübingen, 29 de maio de 1997
Jürgen Moltmann

Prefácio à terceira edição

Este livro fez seu próprio caminho pelo mundo. Ele foi traduzido em oito línguas e repetidamente reeditado. A *Teologia da esperança* foi discutida em numerosos periódicos teológicos e não teológicos, cristãos e não cristãos. Ela deu sua contribuição para que o labor teológico se orientasse para a história do Deus da esperança. Ele efetuou, no engajamento prático de muitos cristãos em países muito distintos, uma guinada para o futuro. Desde aquela época, a "esperança" não é mais considerada uma loucura juvenil. Ela não é mais difamada como "fanatismo". Ela, tampouco, é considerada apenas uma das três virtudes cristãs. A esperança do futuro de Deus para o mundo todo, ameaçado de morte, é experimentada hoje novamente como a força vital da existência e comunidade cristãs. Por essa razão, ela também é o interesse que orienta a busca de conhecimento da teologia cristã. Vivemos da esperança e morremos devido às frustrações. Por isso, a fé cristã hoje é inapelavelmente desafiada a assumir a "responsabilidade pela esperança".

Quem publica novamente um livro que tem treze anos de idade tem de responder se ainda se identifica com ele. É claro que o conceito teológico que foi aplicado à esperança em meu livro é condicionado pela época e determinado por muitos outros fatores externos e internos do autor. Por essa razão, ele também é passível de crítica, e a crítica objetiva e participativa nada mais faz do que valorizá-lo. O horizonte da esperança, porém, que caminha conosco e leva-nos ao encontro do futuro de Deus, sempre transcende as condições de nossa época e de nossas relações. Ele próprio é o critério genuíno de nossos conhecimentos e nossas realizações. Eu me identifico com este livro nos termos da antiga divisa brasônica: *dum spiro – spero*!

Por ocasião da nova edição de um livro, também se pergunta em que direção o autor terá prosseguido depois dele. Nos últimos dez anos, observei, com alegria e participação tanto aprovadora quanto crítica, como os ternas motivadores da *Teologia da esperança* foram acolhidos por outros de modo original e ganharam forma autônoma em sua própria situação. Estou pensando no desenvolvimento de uma *teologia política* na Europa e no inesquecível *diálogo cristão-marxista*, que deu origem ao movimento *Cristãos pelo socialismo*. Estou pensando na *teologia negra* da esperança e da libertação nos EUA e na *teologia latino-americana da libertação* do povo. Estou pensando também na teologia feminista da liberdade. A libertação dos oprimidos para a liberdade, de fato, é a experiência e a tarefa dos que têm esperança! Considero importante apontar para o movimento da *igreja de comunidades,* das comunidades de base e das comunidades do povo. Quem perguntar pela figura eclesial da esperança, oriente-se nelas! Não por último, a *Teologia da esperança* levou-me a trabalhar intensivamente na formulação de um conceito trinitário de Deus, cujo cerne é o sofrimento e a paixão do Cristo crucificado. Seguindo as tendências desses movimentos, gostaria de, com a reedição deste livro, apontar para além dele.

O meu próprio caminho me levou à *Crítica à religião política* (1970) e à *Teologia do jogo* (1971), depois aos livros *O Deus crucificado* (1972) e *A igreja no poder do Espírito* (1975). Eles constituem uma continuação e um complemento à *Teologia da esperança*. Também em relação a esse trabalho posterior vale a antiga divisa brasônica: *dum spiro – spero*! Dedico esta edição de *Teologia da esperança* à memória dos amigos que, graças à esperança, resistiram à opressão e à covardia em seus países e, por isso, sofrem nas prisões. Na entrega deles está contida a verdadeira semente do futuro.

Tübingen, 8 de junho de 1977
Jürgen Moltmann

INTRODUÇÃO
Meditação sobre a esperança

1. Qual é o *lógos* da escatologia cristã?

Por muito tempo, a escatologia era "a doutrina das últimas coisas", ou "a doutrina do *éschaton*". A compreensão da expressão "últimas coisas" englobava eventos, sobre o mundo, a história e a humanidade, que irromperiam no fim dos tempos. Entre esses acontecimentos estava a volta de Cristo em glória, o juízo universal e a consumação do reino, a ressurreição universal dos mortos e a nova criação de todas as coisas. Esses acontecimentos finais irromperiam de fora da história para dentro dela e poriam fim à história universal, na qual tudo se move e se agita. Mas, como esses acontecimentos foram adiados até o "último dia", eles, no decorrer da história, perderam sua significação orientadora, animadora e crítica para os tempos vividos antes do fim. Dessa forma, as doutrinas sobre o fim último vegetavam esterilmente nas últimas páginas da dogmática cristã. Eram como que um apêndice meio solto, que definhava em sua insignificância apócrifa. Não tinham nenhuma relação com os ensinamentos sobre a cruz e a ressurreição, a exaltação e o senhorio de Cristo, nem eram consequências necessárias delas. Estavam tão longe delas, como uma pregação no dia de Finados está da Páscoa. À medida que o cristianismo se tornou a organização herdeira da religião do Estado romano e, teimosamente, reivindicava para si as atribuições e pretensões do mesmo, a escatologia foi deixada, juntamente com sua eficácia mobilizadora e revolucionária da história agora vivida, às seitas entusiastas e fanáticas e aos grupos revolucionários. Enquanto a fé cristã separava de sua vida diária a esperança do futuro, esperança essa que a sustentara no princípio, e transferia o futuro para o além ou para a eternidade – apesar de os textos bíblicos que ela transmitia regurgitar a esperança messiânica futura para a terra –, a esperança aos poucos abandonou a igreja e reiteradamente se voltou contra ela nas formas mais deturpadas possíveis.

Na realidade, a escatologia é idêntica à doutrina da esperança cristã, que abrange tanto aquilo que se espera como o ato de esperar, suscitado por esse objeto. O cristianismo é total e visceralmente escatologia, e não só como apêndice; ele é perspectiva, e tendência para frente, e, por isso mesmo, renovação, e transformação do presente. O escatológico não é algo que se adiciona *ao* cristianismo, mas é simplesmente o meio em que se move a fé cristã, aquilo que dá o tom a tudo que há nele, as cores da aurora de um novo dia esperado que tingem tudo o que existe. De fato, a fé cristã vive da ressurreição do Cristo crucificado e se estende em direção às promessas do retorno universal e glorioso de Cristo. Escatologia é "paixão" em dois sentidos, o de sofrimento e o de tendência apaixonada, que têm sua fonte no Messias. Por isso mesmo, a escatologia não pode ser simplesmente parte da doutrina cristã. Ao contrário, toda pregação e mensagem cristãs têm uma orientação escatológica, a qual é também essencial à existência cristã e à totalidade da igreja. Por isso, existe um único verdadeiro problema da teologia cristã, proposto pelo seu próprio fim e, por meio dele, proposto à humanidade e à reflexão humana: o problema do futuro. Com efeito, aquilo que encontramos nos testamentos bíblicos como objeto de esperança é "o Outro", algo que não podemos pensar nem imaginar a partir das experiências que já tivemos e da realidade dada. Algo que, no entanto, nos é apresentado como promessa de algo "novo", o objeto de esperança que está no futuro de Deus. O Deus, de que aí se fala, não é o Deus intramundano ou extramundano, mas o "Deus da esperança" (Rm 15,13); o Deus que tem o "futuro como propriedade do ser" (E. Bloch), tal como se apresenta no êxodo e nos profetas de Israel; o Deus que não podemos ter em nós, nem está acima de nós, mas sempre diante de nós, que vêm ao nosso encontro em suas promessas do futuro, a quem, por isto mesmo, não podemos "possuir", mas só ativamente aguardar em esperança. Por conseguinte, a teologia correta deve ser pensada a partir de sua meta futura. A escatologia não deve ser seu fim, mas seu princípio.

Mas como falar de um futuro que ainda não existe e de acontecimentos vindouros aos quais ninguém ainda assistiu? Não se trataria aí de sonhos, especulações, desejos e temores, todos necessariamente permanecendo vagos e indefinidos, já que ninguém pode verificá-los? A expressão "escato-*logia*" é falsa. Uma "doutrina" sobre as últimas coisas não pode existir, se com "doutrina" se entende uma coleção de afirmações doutrinárias que se conhecem a partir de experiências que podem ser repetidas e feitas por todos. O termo grego *lógos* se refere a uma realidade que está aí, que existe sempre e que pode ser conhecida como verdade na palavra que lhe corresponde. Nesse sentido, não é possível haver *lógos* do futuro, a não ser que o futuro seja a continuação ou o retorno periódico e regular do presente. Mas se o futuro traz algo de surpreendente e novo, sobre ele nada podemos afirmar, nem conhecer sobre ele qualquer coisa que tenha sentido, pois a verdade "lógica" (verdade com *lógos*) não pode existir no que acontece no futuro como novo, mas tão somente naquilo que é permanente e retorna regularmente. Aristóteles chega até a chamar a esperança de "sonho de quem está acordado", mas para os gregos ela é um dos males presentes na caixa de Pandora.

Como pode a escatologia cristã falar do futuro? A escatologia cristã não fala do futuro de modo geral. Ela toma seu ponto de partida em uma determinada realidade histórica e prediz o futuro da mesma, suas possibilidades futuras e sua eficácia futura. A escatologia cristã fala de Jesus e de seu futuro. Conhece a realidade da ressurreição de Jesus e anuncia o futuro do ressuscitado. Por isso, para ela, a fundamentação de todas as afirmações sobre o futuro na pessoa e na história de Jesus Cristo é a pedra de toque para todos os espíritos escatológicos e utópicos.

Ora, se o Cristo crucificado tem um futuro em razão da ressurreição, isso significa também que todas as afirmações e juízos sobre ele necessariamente afirmam algo sobre o futuro em que dele deve ser esperado. Por conseguinte, a maneira como a teologia cristã fala sobre Cristo não pode ser a do *lógos* grego ou a das afirmações doutrinárias a partir da experiência, mas a das sentenças e afirmações da esperança e das promessas do futuro. Todos os títulos e predicados de Cristo não somente afirmam o que ele foi e é, mas implicam também afirmações sobre aquilo que ele será e sobre o que dele se espera. Todos eles afirmam: "Ele é a nossa esperança" (Cl 1,27). Pelo fato de afirmar o seu futuro como promessa para o mundo, eles orientam a fé que nele se tem para a esperança de seu futuro ainda ausente. As afirmações esperançosas da promessa se antecipam ao futuro. Nas promessas está anunciado o futuro oculto, o qual, por meio da esperança que desperta, age no presente.

As afirmações doutrinárias encontram sua verdade na correspondência, verificável, com a realidade presente e experimentável. As afirmações da esperança estão necessariamente em contradição com a realidade presente e experimentável. Elas não resultam de experiências, mas constituem uma condição para que sejam possíveis novas experiências. Não pretendem iluminar a realidade que aí está, mas a realidade que virá. Não querem produzir no espírito uma imagem da realidade atual, mas levar a realidade atual a transformar-se naquilo que está prometido e é esperado. Não querem ser os caudatários da realidade, mas os portadores do fogo olímpico, em direção ao futuro. Assim, elas tornam histórica a realidade. E se a realidade é percebida como história, deve-se perguntar com J. G. Hamann: "Quem pode ter conceitos corretos sobre o presente, sem conhecer o futuro?".

Presente e futuro, experiência e esperança se contradizem na escatologia cristã, de modo que, por meio dela, o ser humano não chega à correspondência e à harmonia com o presente, mas é impelido para o conflito entre esperança e experiência. "Fomos salvos para a esperança; ora, uma esperança que se vê não é esperança, pois como é possível ainda esperar o que já se vê? Mas se esperamos o que não vemos, aguardamo-lo com paciência" (Rm 8,24-25). Em todo o Novo Testamento, a esperança cristã se dirige para o ainda não visível, o "esperar contra a esperança" que julga o visível e experimentável como uma realidade abandonada por Deus e a ser superada. A contradição, em meio à qual a esperança coloca o ser humano frente à realidade de si mesmo e do mundo, é a contradição entre a ressurreição e a cruz. A esperança cristã é uma esperança de ressurreição e demonstra sua verdade pela contradição entre o presente e o futuro por ela visualizado, futuro de justiça contra o pecado, de vida contra a morte, de glória contra o sofrimento, de paz contra a divisão. Calvino reconheceu com grande propriedade a discrepância em que nos coloca a esperança da ressurreição:

> É-nos prometida a vida eterna – a nós, que estamos mortos; é-nos anunciada uma feliz ressurreição, mas, enquanto isso, estamos cercados de corrupção; somos chamados justos e, não obstante, reside em nós o pecado; ouvimos falar de uma felicidade indizível e, enquanto isso, somos aqui oprimidos por uma miséria sem fim; abundância de todos os bens nos é prometida, mas só somos ricos de fome e sede. O que seria de nós se não nos apoiássemos na esperança, e se nossos sentidos não se dirigissem para fora deste mundo, no caminho iluminado pela palavra e pelo Espírito de Deus em meio a essas trevas? (*Comentário sobre Hebreus* 11,1).

É nessa contradição que a esperança deve mostrar sua força. Por isso mesmo, a escatologia não deve pairar na distância, mas formular suas afirmações de esperança, contradizendo o presente experimentado, presente de sofrimento, mal e morte. Por essa razão, será sempre difícil elaborar uma escatologia como tema isolado. Muito mais significativo é apresentar a esperança como o fundamento e a mola mestra do pensamento teológico em geral e introduzir as perspectivas escatológicas nas afirmações sobre a revelação de Deus, sobre a ressurreição de Cristo, sobre a missão da fé e sobre a história.

2. A esperança da fé

Na contradição entre a palavra da promessa e a realidade experimentável do sofrimento e da morte, a fé se apoia na esperança e "se lança para fora deste mundo", como disse Calvino. Com isso, ele não queria dizer que a fé cristã foge deste mundo, mas que busca o futuro. Crer significa, na realidade, transpor fronteiras, transcender, estar em êxodo. Mas, de tal forma, que a realidade opressiva não é subestimada nem superestimada. A morte é morte verdadeira e a corrupção é podridão malcheirosa. O pecado permanece pecado e o sofrimento, mesmo para a fé, continua sendo um clamor sem resposta imediata. A fé transcende essas realidades, pois não se refugia no céu nem na utopia e, tampouco, sonha estar em uma outra realidade. Ela apenas pode transpor os limites da vida humana, cercada por muros de sofrimento, pecado e morte, onde estes foram realmente derrubados; apenas pela aceitação do Cristo ressuscitado, do sofrimento, da morte, do abandono de Deus e do túmulo, ela ganha perspectiva para a amplidão em que não há mais opressão, para a liberdade e para o gozo. Onde, pela ressurreição do crucificado, foram rompidas as barreiras contra as quais se despedaçam todas as esperanças humanas, a fé pode e deve alargar-se em esperança. Assim, ela se torna παρρησία ["franqueza, ousadia"] e μακροθυμία ["longanimidade"]; assim, sua esperança se torna paixão pelo possível (Kierkegaard), porque pode agora ser paixão por aquilo que se tornou possível; assim, pela esperança se realiza a *extensio animi ad magna,* como se dizia na Idade Média. A fé reconhece a irrupção desse futuro amplo e livre no evento de Cristo; a esperança que aí se inflama mede os horizontes que se abrem para uma existência antes fechada. A fé une o ser humano a Cristo, a esperança abre essa fé para o vasto futuro de Cristo. Por isso, a esperança é a "companheira inseparável" da fé.

> Se faltar a esperança, por mais que falemos da fé de forma genial e eloquente, podemos estar certos de que não temos nenhuma! A esperança nada mais é do que a espera das coisas que, conforme a convicção da fé, foram por Deus realmente prometidas. Assim, a fé está convencida de

que Deus é veraz; e a esperança espera que ele, a seu tempo, revele sua verdade; a fé tem certeza de que ele é nosso Pai, e a esperança espera que ele sempre se mostrará como tal a nós; a fé está persuadida de que nos é dada a vida eterna, a esperança espera que ela um dia nos será manifestada; a fé é o fundamento sobre o qual descansa a esperança, e a esperança alimenta e sustenta a fé. Ninguém pode esperar qualquer coisa de Deus, se antes não crer em suas promessas; mas, ao mesmo tempo, nossa fraca fé, para não desfalecer pelo cansaço, deve ser sustentada e conservada, a fim de que pacientemente esperemos e aguardemos. A esperança renova e vivifica a fé sempre de novo e cuida para que sempre de novo se levante mais forte; para perseverar até o fim (Calvino, J., *Institutio* III, 2, 42).

Na vida cristã, como se pode ver, a fé é o *prius*, mas a esperança detém o primado. Sem o conhecimento de Cristo pela fé, a esperança se torna uma utopia que paira em pleno ar; sem a esperança, entretanto, a fé decai, torna-se fé pequena e finalmente fé morta. Por meio da fé, o ser humano entra no caminho da verdadeira vida, mas somente a esperança o conserva nesse caminho. Dessa forma, a fé em Cristo transforma a esperança em confiança e certeza; e a esperança torna a fé em Cristo ampla e dá-lhe vida.

Crer significa transpor, com esperança antecipadora, os limites que foram rompidos pela ressurreição do crucificado. Se tivermos isso em mente, a fé nada tem que ver com fuga do mundo, resignação e desistência. Nessa esperança, a alma não paira em um céu imaginário de bem-aventurados, longe do vale de lágrimas, nem se desliga da terra. Pois, para dizê-lo com as palavras de Ludwig Feuerbach, ela coloca "em lugar do além por sobre o nosso túmulo no céu, o aquém por sobre o nosso túmulo na terra, o futuro histórico, o futuro da humanidade" (*Das Wesen der Religion*, 1848). Ela não vê na ressurreição de Jesus Cristo a eternidade do céu na terra, mas o futuro da própria terra na qual está plantada sua cruz. Em Cristo, ela reconhece o futuro da humanidade, pela qual ele morreu. Por isso, para ela, a cruz é a esperança da terra. Por isso, a esperança luta por uma obediência corporal e terrena, pois espera uma revivificação corporal. Por isso, ela se ocupa em mansidão com a terra arrasada e a humanidade desonrada, pois lhe está prometido o reino da terra. *Ave crux, unica spes*!

Isto, contudo, significa que aquele que assim espera nunca se conformará com as leis e obrigatoriedades desta terra, nem com a inevitabilidade da morte, nem com os males que geram outros males. Para esse indivíduo, a ressurreição de Cristo não é somente um consolo em meio a uma vida ameaçada e condenada à morte, mas também a contradição criada por

Deus contra o sofrimento e a morte, contra a humilhação e a ofensa, contra a maldade do mal. Cristo, para a esperança, não é só o consolo em meio à dor, mas também o protesto da promessa de Deus contra o sofrimento. Se Paulo chama a morte de "último inimigo" (1Cor 15,26), então o Cristo ressuscitado e a esperança da ressurreição, fundamentada nele, devem ser declarados como inimigos da morte e do mundo que se ajusta a ela. A fé entra e participa dessa contradição, como também se torna ela mesma uma contradição ao mundo da morte. Por isso, a fé, sempre que se desenvolve em esperança, não traz quietude, mas inquietude; não traz paciência, mas impaciência. Ela não acalma o *cor inquietum,* mas é esse *cor inquietum* no ser humano. Quem espera em Cristo não pode mais se contentar com a realidade dada, mas começa a sofrer devido a ela, começa a contradizê-la. Paz com Deus significa inimizade com o mundo, pois o aguilhão do futuro prometido arde implacavelmente na carne de todo presente não realizado. Se diante dos olhos tivéssemos só o que enxergamos, certamente nos satisfaríamos, por bem ou por mal, com as coisas presentes, tais como são. Mas o fato de não nos satisfazer, o fato de entre nós e as coisas da realidade não existir harmonia amigável é fruto de uma esperança inextinguível. Esta mantém o ser humano insatisfeito até o grande cumprimento de todas as promessas de Deus. Ela o mantém no *status viatoris,* naquela abertura para o mundo futuro, a qual, pelo fato de ter sido produzida pela promessa de Deus na ressurreição de Cristo, não pode cessar por nada, a não ser pelo cumprimento por parte do mesmo Deus. Essa esperança torna a igreja cristã perpetuamente inquieta em meio às sociedades humanas, que querem se estabilizar como "cidade permanente". Ela faz da comunidade cristã uma fonte de impulsos sempre novos para a realização do direito, da liberdade e da humanidade aqui mesmo, à luz do futuro predito e que virá. Essa comunidade tem o dever de "responsabilizar-se pela esperança" que nela está (1Pd 3,15). Ela é censurada pelo mundo "devido à esperança e à ressurreição dos mortos" (At 23,6). Sempre que isto acontece, o cristianismo se encontra em sua verdade e é testemunha do futuro de Cristo.

3. O pecado do desespero

Se a fé, para ser viva, depende da esperança, então o pecado da descrença evidentemente é sustentado pela desesperança. Geralmente, diz-se que o pecado tem origem no fato de o ser humano querer ser como Deus. Mas isso é apenas um aspecto do pecado. O outro aspecto dessa soberba é a falta de esperança, a resignação, a indolência e a tristeza. Dela provêm o abatimento e a frustração que contaminam tudo o que é vivo com os germes de um doce apodrecimento. No Apocalipse de João (21,8), citam-se entre os pecadores, cujo futuro é a morte eterna, "os desalentados" antes dos descrentes, dos idólatras, dos homicidas e de outros. Na Epístola aos hebreus, a apostasia da esperança viva, manifestada como desobediência à promessa em meio à opressão e como separação do povo de Deus em peregrinação, é o pecado que ameaça os cristãos em seu caminho. Nesse caso, a tentação não consiste tanto em querer ser, à maneira dos titãs, como Deus, mas na fraqueza, no desânimo, no cansaço de não querer ser o que Deus pensa que podemos ser.

Deus elevou o ser humano e concedeu-lhe perspectivas de liberdade e amplidão, mas o ser humano fica para trás e se recusa a acolher essa perspectiva. Deus promete uma nova criação de todas as coisas em justiça e paz, mas o ser humano faz e age como se tudo permanecesse como sempre foi. Deus o faz digno de suas promessas, mas o ser humano não confia naquilo que lhe é proposto. Este é o pecado que mais profundamente ameaça o crente. Não o mal que ele faz, mas o bem que deixa de fazer; não são as suas más ações que o acusam, mas as suas omissões. Elas o acusam de falta de esperança; pois os assim chamados pecados de omissão se fundamentam todos na desesperança e na pouca fé. "O pecado não nos precipita na desgraça tanto quanto o desespero", dizia João Crisóstomo. Por isso, a Idade Média contava a *acedia* ou *tristitia* entre os pecados contra o Espírito Santo, que levam à morte.

Josef Pieper mostrou, em seu tratado *Über die Hoffnung* [*Sobre a esperança*] (1949), com rara felicidade como essa desesperança pode tomar duas formas: ela pode ser presunção (*praesumptio*), mas pode transformar-se também em desespero (*desperatio*). Ambas são formas do pecado contra a esperança. A presunção é uma antecipação inoportuna, arbitrária, do cumprimento daquilo que se espera de Deus; o desespero é a antecipação inoportuna, arbitrária, do não-cumprimento do que se espera de Deus. Ambas as formas de desesperança, tanto a antecipação do cumprimento como a renúncia à esperança, destroem o caráter peregrino, de estar a caminho, da esperança. Elas se revoltam contra a paciência da esperança, que confia no Deus da promessa. Impacientes, querem "já agora" o cumprimento, ou então "nunca mais" têm esperança. "Tanto no desespero quanto na presunção se endurece e congela aquilo que é propriamente humano e que só a esperança pode conservar fluindo livremente para diante" (*Über die Hoffnung*, 51).

Dessa forma, também o desespero pressupõe esperança. "Aquilo de que não temos desejo não pode ser objeto nem de nossa esperança, nem de nosso desespero" (Agostinho). A dor do desespero consiste precisamente em haver uma esperança, mas o caminho para o cumprimento da mesma estar fechado. Assim, a esperança suscitada se levanta contra aquele que espera e o consome. "Viver significa enterrar esperanças", diz-se em um romance de Fontane, e o que nele se descreve são as "esperanças falecidas". Perde-se a fé e a certeza da esperança; por isso, o desespero quer preservar a alma de decepções: "Esperar e perseverar já fez muita gente pirar". É por isso que se procura pisar no chão firme da realidade, "pensar claro e não ter mais esperança" (A. Camus), mas, ainda assim, esse assim chamado "realismo dos fatos" cai vítima da pior de todas as utopias: a utopia do *status quo,* como R. Musil denominou esse realismo.

O desespero de toda esperança nem mesmo precisa apresentar uma face desesperada. Ele pode ser a simples e silenciosa ausência de sentido, de perspectiva, de futuro, de ideal. Pode ter o rosto da sorridente renúncia: *bonjour tristesse* ["bom dia, tristeza"]! O que resta é um certo sorriso depois de se ter percorrido a gama das possibilidades e nada ter encontrado que possa dar ocasião à esperança. O que sobra é o *taedium vitae,* uma vida que ainda se suporta por pouco tempo. Dificilmente existe um comportamento que seja tão frequente entre os frutos podres de um cristianismo não escatológico, aburguesado, em um mundo que já não é cristão, como a *acedia,* a *tristesse,* o cultivo e a manipulação lúdica da esperança que feneceu. Ora, sempre que a esperança não mais encontra fontes de possibilidades novas e desconhecidas, logo esse jogo vazio, irônico, com as possibilidades finda em tédio ou se precipita no absurdo.

No começo do século XIX, encontramos, com muita frequência, no idealismo alemão a figura da presunção. Prometeu, para Goethe, Schiller, Ranke, Karl Marx e muitos outros, era o santo dos tempos modernos. Prometeu, que roubou o fogo dos deuses, levanta-se contra a figura do obediente Servo do Senhor. Até mesmo Cristo foi transformado em uma figura prometeica. Ligado a essa atitude estava frequentemente um tipo de quiliasmo filosófico e revolucionário, o qual afinal estava em vias de construir o reino da liberdade e da dignidade humana, o qual esperava-se, em vão, do Deus do Servo do Senhor.

Na metade do século XX, encontramos na literatura existencialista a outra forma da apostasia da esperança. Por isso, o São Prometeu se transfigurou em Sísifo, o qual conhece muito bem o caminho, a luta e a decisão, como também a paciência do trabalho, embora não tenha perspectivas de realização final. Aqui, o obediente Servo de Deus é transformado na figura do "fracassado com honra". Não há mais esperança nem Deus. Só existe ainda o "pensar claro e nada esperar", unido ao amor e ao sentido humano de Jesus. Como se o pensamento pudesse ser claro e sem esperança! Como se houvesse amor sem esperança para o amado! Nem na presunção, nem no desespero se encontra a força da renovação da vida, mas tão somente na esperança perseverante e segura de si. Presunção e desespero se alimentam dessa esperança e bebem às custas dela. "Mas quem não espera o inesperado não o encontrará", diz um provérbio de Heráclito. "O uniforme do dia é a paciência e seu distintivo, a miserável estrela da esperança sobre seus corações" (I. Bachmann).

Somente a esperança pode ser chamada de "realista", porque somente ela toma a sério as possibilidades que impregnam tudo o que é real. Ela não toma as coisas na sua estática ou inércia, mas considera a forma como caminham, se movem e são mutáveis em suas possibilidades. Somente quando o mundo e os seres humanos são vistos em um estado inacabado de fragmentação e experimentação, as esperanças terrenas têm algum sentido. Elas antecipam as possibilidades da realidade histórica, móvel, e decidem os processos históricos por meio de sua ação. Por isso, esperanças e antecipações do futuro não são a luz que ilumina uma realidade já decrépita, mas percepções realistas do horizonte do real-possível, as quais põem tudo em movimento e o conservam em estado de mutabilidade. A esperança e o pensamento que a ela corresponde não podem, portanto, receber a pecha de utopia, pois não se orientam para aquilo que é "sem lugar", mas para aquilo "que ainda não tem lugar" e que pode vir a tê-lo. O "realismo dos fatos brutos", das realidades e leis dadas, esse apego à realidade atual, que desespera de suas possibilidades, merece muito mais a pecha de utopia, pois para esta o possível, o futuro e o novo, e com isso, a historicidade da realidade, são "sem lugar". Assim, o desespero que pensa ter chegado ao fim, aparece como ilusório, pois nada ainda está no fim, mas tudo se acha repleto de possibilidades. Também o realismo positivista aparecerá como ilusório, enquanto o mundo não for algo fixo, feito de realidades imutáveis, mas um emaranhado de processos em curso; enquanto o mundo não se mover apenas segundo leis, mas essas mesmas leis estiverem em movimento; enquanto o necessário no mundo for o possível e não o imutável.

As sentenças da esperança da escatologia cristã devem impor-se à empedernida utopia do realismo, se quiserem manter a fé com vida e transformar a obediência no amor em realidade terrena, corporal e social. Para ela, o mundo está cheio de todas as possibilidades, das possibilidades do Deus da esperança. Ela vê a realidade e os seres humanos na mão daquele que, da perspectiva final, fala para o interior da história: "Eis que faço novas todas as coisas". E nesta palavra de promessa que ela ouviu, recebe a liberdade de renovar a vida presente e transformar a aparência deste mundo.

4. A esperança frustra a felicidade do ser humano no presente?

A mais séria objeção contra uma teologia da esperança não provém da presunção nem do desespero – pois essas duas atitudes da existência humana pressupõem a esperança –, mas opõe-se à esperança a partir da religião da humilde aceitação do presente: não é somente no presente que o ser humano é alguém, uma realidade, um contemporâneo de si mesmo, alguém em harmonia com o mundo, uma pessoa determinada? A lembrança o agrilhoa ao que passou, ao que não existe mais; a esperança o atira ao futuro, ao que ainda não existe. O passado o faz lembrar-se de ter vivido, mas não o leva a viver; o faz lembrar-se de ter amado, mas não o leva a amar; o faz lembrar-se dos pensamentos dos outros, mas não o leva a pensar. Fato semelhante parece dar-se em relação à esperança: ele espera viver, mas não vive; espera um dia tornar-se feliz, e esta espera faz com que o indivíduo passe ao largo da felicidade do presente. Ao se lembrar e ao esperar, ele jamais estará inteiramente dentro de si mesmo ou em seu presente; corre sempre atrás dele ou se antecipa a ele. As lembranças e as esperanças parecem frustrá-lo quanto à felicidade de existir indivisamente no presente. Elas o privam de seu presente, arrancam-no e o lançam para tempos que não existem mais ou ainda não existem. Elas o entregam ao não-existente e o abandonam ao nada. Pois tais ocorrências o arrastam para a correnteza da transitoriedade, para o redemoinho do nada.

Pascal lamentou esse engano da esperança:

> Nunca nos atemos ao presente; apropriamo-nos antecipadamente do futuro, como se ele viesse muito devagar, como se quiséssemos acelerar-lhe o passo; lembramo-nos do passado, como para segurá-lo, já que desaparece muito depressa. Que insensatez errar pelos tempos que não são nossos e esquecer o único que nos pertence; que vaidade correr atrás dos que não existem e perder o único que tem existência. [...] Raras vezes pensamos no presente, e se pensamos nele só o fazemos para acender a luz de que queremos dispor no futuro. Nunca o presente é meta; passado e presente são meios, o futuro somente é a nossa meta. Assim nunca vivemos, mas esperamos viver; e assim é inevitável que nós, prontos sempre a ser felizes, nunca o somos (*Pensamentos*, n. 172).

Em todos os tempos, o protesto contra a esperança cristã e contra a transcendência da consciência por ela modelada insistiu nos direitos do presente, nos bens que sempre estão à mão e na eterna verdade de cada momento. Não é o "presente" o único tempo em que o ser humano existe totalmente, que lhe pertence inteiramente e que é dele integralmente? O "presente" não seria tempo e, mais do que tempo no sentido do vir e passar, a saber, o *nunc stans,* e por isso mesmo também o *nunc aeternum*? Só do presente se pode afirmar que ele "é", e somente o ser presente é continuidade e presença. Se somos totalmente presentes – *tota simul* –, estamos no meio do tempo, livres do devir transitório e aniquilador.

Já Goethe pôde dizer: "De bom grado suportamos tudo isso que passa; se nos restar somente o eterno de cada instante, não sofreremos pelo tempo que passa". Ele encontrara na própria "natureza" essa presença eternamente em repouso, porque entendia "natureza" como a *physis* que existe por si mesma: "Tudo nela está sempre presente; não conhece passado nem futuro. O presente é sua eternidade". Por que não deveria o ser humano tornar-se, como ela, um ser presente?

> Por que vagar ao longe?
> Olha, o bem está tão perto!
> Aprende a agarrar a felicidade,
> pois a felicidade sempre está à mão.

Assim, o verdadeiro presente nada mais é do que a eternidade imanente no tempo. É preciso, portanto, reconhecer no brilho do temporal e do passageiro, a substância nele imanente, "o eterno que está presente", como dizia o jovem Hegel. De modo semelhante, Nietzsche tentava libertar-se do peso e do engano da esperança cristã, buscando no presente "o eterno sim do ser" e na "fidelidade à terra" o amor da eternidade. A inerência do ser no tempo é o presente, o momento, o *kairós*, o agora. É como o meio-dia, em que o sol está alto e não faz mais sombra nem está na sombra.

Aquilo de que aqui se fala não é mais a *felicidade do presente*, mas muito mais; é o *Deus do presente,* o presente divinizado. Assim, não é só a existência presente do ser humano, mas, muito mais ainda, o presente eterno do ser, que a esperança cristã parece frustrar. Quando a esperança não deixa o ser humano encontrar o presente eterno, não só o ser humano é frustrado, mas o próprio Deus. Só desse modo a objeção do "presente" se levanta, com toda força e poder, contra a esperança do futuro. Não se trata somente da acusação da existência contra o tormento da esperança que lhe é imposta, mas da acusação de ateísmo em nome daquele Deus cuja característica essencial é ser *numen praesentiae*. Entretanto, em nome de que deus se levanta o presente contra a esperança daquilo que ainda não existe?

No fundo, trata-se da volta do deus de Parmênides, de quem se diz no fragmento 8 (Diels): o ser uno nunca foi, nunca será, pois agora ele existe como um todo (νῦν ἔστιν ὁμοῦ πᾶν). Este ser não é sempre, como ainda se dizia em Homero e Hesíodo, mas é e é agora. Ele não tem extensão no tempo, a sua verdade está no agora, a sua eternidade no presente, existe todo num só tempo que não passa (*tota simul*). Os tempos em que a vida surge e passa apagam-se diante da epifania do presente eterno do ser, reduzindo-se a meras aparências, em que se misturam ser e não-ser, dia e noite, ficar e passar. Na contemplação do presente eterno, "se desvanece a origem e desaparece a aniquilação". O ser humano, mergulhado no presente do ser, no eterno do agora e do hoje, torna-se imortal, invulnerável e inatingível (G. Picht). Nesse sentido, o nome de deus que, como refere Plutarco, estava escrito sobre o arco de entrada do templo de Apolo em Delfos: *EI*, poderia também ser interpretado nos termos do seu presente eterno: "Tu és". Na eterna proximidade e presença do deus, chega-se ao conhecimento do que é ser humano e à felicidade neste ser.

O deus de Parmênides é "plausível", porque é o ser eterno, uno e pleno. Não-ser, passado e futuro, ao contrário, não são "inteligíveis". Na contemplação da eternidade presente desse deus, o não-ser, o movimento e a mudança, a história e o futuro se tornam ininteligíveis, pois não "existem". A aceitação de um tal deus não permite nenhuma experiência inteligível da história, pois somente a negação da história tem sentido. O *lógos* desse ser liberta e arranca o poder da história, levando esse poder para o presente eterno.

Na luta contra o aparente engano da esperança cristã, o conceito que Parmênides tem de deus marcou profundamente a teologia cristã. Quando em Kierkegaard, no célebre capítulo 3 de seu livro sobre o conceito da angústia, a "plenitude dos tempos" prometida é extirpada do horizonte de espera da promessa e da história e chamada de "o instante" em forma de eternidade, estamos mais dentro do círculo de influência do pensamento grego e do que do conhecimento cristão de Deus. É verdade que Kierkegaard modifica a compreensão grega da temporalidade com a visão cristã da pecaminosidade radical do ser humano e transforma em paradoxo a distinção grega entre *lógos* e *dóxa*, mas temos aí algo mais do que uma simples modificação da "epifania do presente eterno".

> O presente não é um conceito do tempo. O eterno, visto como o presente, é a superação da sucessão do tempo. O instante designa o presente como algo que não tem passado nem futuro. O instante é um átomo da eterni-

dade. É o primeiro reflexo da eternidade no tempo, sua primeira tentativa para manter o tempo sempre igual.

É compreensível que também o crente seja descrito em paralelo com o contemplador de Parmênides e Platão. O crente é alguém que está totalmente presente. Ele é, no sentido mais elevado, contemporâneo a si mesmo e uno.

O fato de alguém, pela graça do eterno, poder ser totalmente contemporâneo a si mesmo é a obtenção da eternidade. O crente como que volta as costas ao eterno, e isto para que o tenha inteiramente consigo no dia de hoje. O cristão crê e assim está quite com o dia de amanhã.

O mesmo afirma Ferdinand Ebner, cujo pensamento personalista e cuja pneumatologia da linguagem influenciaram a nova teologia: "A vida eterna é simplesmente a vida do absoluto presente e concretamente é a vida do ser humano na consciência da presença de Deus". Com efeito, a essência de Deus é ser presença absoluta de espírito. Por isso, o "presente" do ser humano nada mais é que a presença de Deus. Ele sai do tempo e vive no presente. Dessa maneira, ele vive "em Deus". Fé e amor são, por isso, atos atemporais que nos arrancam do tempo, porque nos tornam inteiramente "presentes".

Nesse caso, a fé cristã significa aceitar a presença e proximidade de Deus, na qual Jesus vivia e agia, pois viver no hoje e no agora diário é viver no tempo de consumação e assim na presença de Deus. Apropriar-se do instante que nunca mais volta, estar inteiramente em harmonia consigo mesmo, estar totalmente em si e no ser momentâneo, eis o que significa "Deus". Os conceitos de Deus, elaborados na distância e na ausência de Deus, desaparecem em sua proximidade e presença, de modo que estar inteiramente presente significa que "Deus" acontece, pois o "acontecer" do presente integral é o acontecer de Deus.

Essa mística do ser como presença vivida de Deus pressupõe uma imediação de Deus que não se coaduna com a fé que crê em Deus por causa de Cristo. Tal mística faz desaparecer a mediação e a reconciliação de Deus com os seres humanos no evento de Cristo e com elas necessariamente a percepção da história pela categoria da esperança. Esse "deus" não é o "Deus da esperança", o qual só está presente na medida em que promete o seu futuro e o do ser humano no mundo, e remete os seres humanos para a história que ainda não existe. O Deus do êxodo e da ressurreição não "é" eterna presença, mas promete a sua presença e proximidade àquele que obedece à sua missão rumo ao futuro. *YHVH*, o nome do Deus que antes de tudo promete a sua presença e o seu reino situado na perspectiva do futuro, é um "Deus que tem o futuro como propriedade do ser", o Deus da promessa e da irrupção para fora do presente em direção ao futuro, o Deus de cuja liberdade jorra o futuro e o novo. O seu nome não é uma cifra para o "presente eterno", nem pode ser traduzido por *EI*, "tu és". O seu nome é um nome de viagem, um nome de promessa, que abre um futuro novo, cuja verdade é experimentada no decurso da história, na medida em que a sua promessa rompe o horizonte em direção ao futuro. Por isso, ele é, como Paulo diz, o Deus que ressuscita mortos e chama o não-ser ao ser (Rm 4,17). Este Deus está presente quando se aguardam as suas promessas em esperança e se esperam coisas novas. No Deus que chama o não-ser ao ser, também o ainda-não-ser, o futuro, se torna "plausível", porque pode ser esperado.

O "agora" e o "hoje" do Novo Testamento são diferentes do "agora" do presente eterno do ser de Parmênides, pois esse "agora" é um "de repente", um "logo", em que a novidade do futuro prometido relampeja e irrompe com sua luz. Somente neste sentido pode ser chamado de um hoje "escatológico". "Parusia" era para os gregos a presença do deus, e na filosofia significava a presença do ser. A "parusia" de Cristo, porém, é entendida no Novo Testamento em categorias da espera, e por isso não significa *praesentia Christi*, mas *adventus Christi*. Não é sua eterna presença, que faz parar o tempo, mas o seu "futuro", como afirmam os cânticos do Advento, e que manifesta a vida no tempo; e a vida no tempo é esperança. O crente não é colocado no meio-dia da vida, mas na aurora de um novo dia, na qual noite e dia, passado e futuro estão em conflito entre si. É por isso que o crente tampouco vive para o dia, mas para além do dia, na espera das coisas que, conforme as promessas do *creator ex nihilo* e do ressuscitador dos mortos, devem vir.

Essa presença da vindoura parusia de Deus e de Cristo nas promessas do evangelho do crucificado não nos arranca do tempo, nem faz parar o tempo, antes fura o tempo e move a história; não é a negação do sofrimento por causa do não-ser, mas a aceitação e inserção do não-existente na lembrança e na esperança. Poderá existir um "eterno sim ao ser" sem um "sim" àquilo que já não é e àquilo que ainda não é? Poderá haver harmonia e contemporaneidade do ser humano no hoje, sem reconciliação, por meio da esperança, com o não-contemporâneo e o não-harmônico? O amor não tira ninguém da dor do tempo, antes toma sobre si a dor daquilo que é temporal. A esperança prontifica-se a carregar a "cruz do presente".

Ela pode suportar a morte e esperar pelo inesperado. Ela pode dizer sim ao movimento e desejar a história, pois o seu Deus não é aquele que "nunca foi nem será jamais, por existir agora como um todo", mas o Deus "que vivifica os mortos e chama o que não é para que seja". O círculo de ferro do dogma da desesperança, *ex nihilo nihil fit*, é rompido quando se reconhece como Deus alguém que ressuscita os mortos. Quando começamos a viver na fé e na esperança das possibilidades e promessas desse Deus, abre-se diante de nós toda a plenitude da vida enquanto vida histórica, a qual assim pode ser amada. Somente no horizonte desse Deus se torna possível um amor que é mais do que *philia*, amor ao existente e ao igual, mas *ágape*, amor para com o não-existente, amor para com o desigual, com o indigno, sem valor, perdido, transitório e morto; um amor que é capaz de tomar sobre si o que há de aniquilador na dor e na alienação de si mesmo, porque tira a sua força da esperança na *creatio ex nihilo*. Ele não afasta o olhar do não-existente para dizer "não é nada", mas ele mesmo se torna a força mágica que tudo traz à existência. Pela esperança, o amor mede as possibilidades que lhe foram abertas na história. Pelo amor, a esperança tudo encaminha para as promessas de Deus.

Será que tal esperança frustra o ser humano da felicidade do presente? Como poderia fazê-lo, se é, ela mesma, a felicidade do presente! Ela chama de bem-aventurados os pobres, aceita bondosamente os fatigados e sobrecarregados, os rebaixados e atormentados, os famintos e moribundos, porque conhece que para esses existe a parusia do reino. A espera torna a vida agradável, pois, esperando, o ser humano pode aceitar todo o seu presente e encontrar prazer não só na alegria, mas também no sofrimento, e bem-estar não só na felicidade, mas também na dor. Dessa forma, a esperança atravessa felicidade e dor, porque é capaz de ver um futuro também para o que passa, o que morre e o que está morto, futuro que está nas promessas de Deus. Por isso, se poderá dizer que viver sem esperança é como não viver mais. Inferno é desesperança e não é em vão que na entrada do inferno de Dante está escrita a sentença: "Deixai toda esperança, vós que entrais".

Um "sim" ao presente, que não pode e não quer ver a mortalidade, é ilusão e escapatória, não superada nem mesmo pela afirmação da eternidade do instante que passa. Mas a esperança colocada no *creator ex nihilo* se torna felicidade no presente, quando pelo amor se mostra fiel a tudo, nada deixando ao nada, mas mostrando a tudo a abertura em direção ao possível, onde poderá viver e viverá. Essa felicidade é mutilada pela presunção e pelo desespero e totalmente arruinada pelo sonho do presente eterno.

5. Esperar e pensar

Tudo o que dissemos até aqui sobre a esperança bem poderia ser nada mais do que um canto de louvor sobre um belo afeto do coração. A escatologia cristã poderia recuperar seu papel central e de liderança no conjunto da teologia e, apesar disso, nada mais ser do que um estéril teologúmeno, a menos que se consigam tirar dela consequências para um novo modo de pensar e agir com referência às coisas e às relações deste mundo. Enquanto a esperança não penetrar e modificar o pensamento e a ação do ser humano, ela continuará inútil e ineficaz. Por isso, a escatologia cristã deve tentar trazer a esperança para o pensamento do ser humano, e o pensamento para a esperança da fé.

Na Idade Média, Anselmo de Cantuária estabeleceu o princípio, desde aquela época normativo e fundamental para a teologia: *fides quaerens intellectum – credo ut intelligam* ["fé que examina o intelecto" – "creio para que entenda"]. Esse princípio fundamental vale também para a escatologia e, hoje, talvez seja de decisiva importância para a teologia cristã o estabelecer como princípio básico: *spes quaerens intellectum – spero ut intelligam* ["esperança que examina o intelecto" – "espero para que entenda"]. Não é a esperança que conserva a fé em vida, a sustenta e impele para frente? Não é a esperança que introduz o crente na vida de amor? Portanto, também deve ser a esperança que mobiliza e impulsiona o pensamento da fé – o conhecimento e a reflexão sobre o ser do ser humano –, da história e da sociedade. O crente espera conhecer o que crê. Por isso, todo seu conhecimento, como conhecimento antecipatório, fragmentário, que preludia o futuro prometido, apoia-se na esperança. Por isso, a esperança, por sua vez, abrindo a fé às promessas de Deus, torna-se interlocutora do pensamento – impulso, inquietude e tormento da reflexão. Por meio da esperança, que é impulsionada sempre para frente pela promessa de Deus, descobre-se a provisoriedade escatológica de qualquer pensamento na história. Se a esperança impele a fé à reflexão e à vida, como esperança escatológica ela não pode se distanciar das esperanças orientadas para metas inferiores e alcançáveis, para as mudanças visíveis na vida humana, a ponto de tudo reservar a um outro reino que é seu futuro supraterreno e puramente espiritual. A esperança cristã se orienta para o *novum ultimum*, para a nova criação de todas as coisas pelo Deus da ressurreição de Cristo. Com isso, ela abre um horizonte futuro, vasto e amplo, que inclui até mesmo a morte, e no qual pode e deve inserir também as esperanças e renovações limitadas da vida, suscitando-as, relativando-as e dando-lhes a verdadeira perspectiva. Ela destruirá a *desmedida* inerente a essas esperanças de maior liberdade do ser humano, de uma vida de sucesso, de direito e dignidade para os semelhantes, de domínio das possibilidades da natureza, pois nesses movimentos ela não encontra a salvação esperada e não se deixa reconciliar com o que está aí, ainda que apresentado em forma de utopias e realizações. Ela, de seu lado, supera essas visões de futuro de um mundo melhor, mais humano e mais pacífico, na base de suas "melhores promessas" (Hb 8,6), porque sabe que, por enquanto, nada é "muito bom", nada é "totalmente novo". Mas também não tentará destruir a presunção inerente a esses movimentos de esperanças em nome de um "desespero conformado", pois nessas presunções sempre há mais esperança verdadeira do que no realismo cético, e também mais verdade. Contra a presunção, de nada adianta o desespero que diz: "tudo fica como está". A presunção deve ser contrabalançada pela verdadeira esperança, que persevera e orienta, e que se articula com o pensamento e a ação. O realismo e mais ainda o cinismo nunca foram bons companheiros da fé cristã. Mas se a esperança cristã destrói a presunção dos movimentos que buscam novos horizontes terrenos, não o faz devido a si mesma, mas para destruir, nessas esperanças, os *germes da resignação*, os quais mais tarde se manifestarão no terror ideológico das utopias, pelas quais a esperada reconciliação com a existência é imposta à força. Mas, desse modo, os movimentos de transformação histórica entram para o horizonte do *novum ultimum* da esperança. São assumidos pela esperança cristã e levados mais longe. Tornam-se movimentos prévios, e assim também provisórios. Suas metas perdem sua rigidez utópica e se tornam metas provisórias, penúltimas e móveis. A esperança cristã, ao se opor àquelas orientações na história da humanidade, tampouco pode endurecer-se no passado e no presente dado e assim aliar-se à utopia do *status quo*. É chamada e capacitada para a transformação criadora da realidade, pois possui uma perspectiva que se refere a toda a realidade. Tudo considerado, a esperança da fé pode tornar-se uma *fonte inesgotável* para a imaginação criadora e inventora do amor. Ela provoca e produz perenemente ideais antecipatórios de amor em favor do ser humano e da terra, modelando ao mesmo tempo as novas possibilidades emergentes à luz do futuro prometido, e procurando, à medida do possível, o melhor mundo possível, porque o que está prometido é possibilidade total. Ela, por conseguinte, sempre desperta a "paixão do possível", os dons inventivos, a elasticidade nas transformações, a irrupção da novidade depois do velho, o engajamento no novo. A esperança cristã, neste sentido, sempre foi revolucionariamente ativa no decurso da história das ideias nas sociedades que por ela foram impregnadas. Só que muitas vezes, não foi na cristandade eclesiástica que esses impulsos se tornaram eficazes, mas no cristianismo dos conventículos de entusiastas. E isto trouxe graves prejuízos para ambos.

Mas, de que modo o conhecimento da realidade e a reflexão sobre ela podem se tornar realidade a partir da esperança escatológica? Sobre esse ponto, Lutero teve um dia um raio de luz, que, no entanto, não foi realizado nem por ele, nem pela filosofia protestante. Sobre a "expectativa da criatura", de que Paulo fala em Romanos 8,19, ele escreveu em 1516:

> O apóstolo filosofa e pensa sobre as coisas diferentemente dos filósofos e metafísicos. Com efeito, os filósofos voltam os olhos para o presente das coisas e refletem unicamente sobre as propriedades e as essências. Mas o apóstolo afasta nossos olhos do aspecto presente das coisas, de suas essências e suas propriedades, e os orienta para seu futuro. Não fala da essência ou da ação da criatura, de *actio, passio*, ou movimento, mas com um vocábulo novo e estranho, teológico, fala da expectativa da criatura (*exspectatio creaturae*).

Importante neste contexto é que, a partir da "expectativa da criatura" entendida teologicamente, ele exige uma nova maneira de pensar, isto é, uma reflexão expectante sobre o mundo que corresponda à esperança cristã. Por conseguinte, a teologia deve, a partir da esperança prometida para toda a criação, pela ressurreição de Cristo, chegar a uma nova reflexão sobre a história dos seres humanos e das coisas. A escatologia cristã não pode renunciar à reflexão sobre o mundo, à história e à realidade inteira, isto é, ao *intellectus fidei et spei* ["entendimento dado pela fé e pela esperança"]. Uma ação criadora a partir da fé é impossível sem um novo pensamento e uma nova projeção a partir da esperança.

Isto significa no mínimo que, na presença da esperança, para o conhecimento, para os conceitos e para a reflexão sobre a realidade, os conceitos teológicos não podem se tornar juízos, os quais fixam a realidade naquilo que ela é, mas tão somente juízos provisórios, os quais descobrem à realidade suas perspectivas e suas possibilidades futuras. Conceitos teológicos não devem fixar a realidade, mas ampliá-la pela esperança e assim antecipar seu ser futuro. Não devem arrastar-se atrás da realidade, nem olhar para ela com os olhos da coruja de Minerva, mas iluminar a realidade, mostrando-lhe seu futuro. Seu conhecimento não é sustentado pela vontade de dominar, mas pelo amor ao futuro das coisas. *Tantum cognoscitur quantum diligitur* ["Amo à medida que conheço"] (Agostinho). São, portanto, conceitos dotados de dinamismo que provocam movimentos e transformações práticas.

Spes quaerens intellectum ["Esperança que examina o intelecto"] é, desse modo, o ponto de partida para a escatologia e, quando ela é assim vivida, torna-se *docta spes* ["esperança douta"].

CAPÍTULO I
Escatologia e revelação

§ 1. A redescoberta da escatologia e a inefetividade dessa descoberta

A descoberta do significado central da escatologia para a mensagem e a existência de Jesus, como também para o cristianismo primitivo – descoberta que se verificou no século XIX, por obra de Johannes Weiss e Albert Schweitzer – é, sem dúvida alguma, um dos eventos mais significativos da teologia protestante recente. Ela teve o efeito de um choque e constituiu um verdadeiro terremoto nos fundamentos da ciência teológica e na igreja em geral, na piedade e na fé dos meios protestantes do século XIX. Muito antes que as guerras mundiais e as revoluções criassem uma consciência de crise no Ocidente, teólogos como Ernst Troeltsch tiveram a sensação que ainda não conseguiam entender: "Tudo está balançando". O reconhecimento do caráter escatológico do cristianismo primitivo mostrou que a harmoniosa síntese entre cristianismo e cultura que parecia evidente por si mesma era uma bela mentira (F. Overbeck). Nesse mundo de certezas religiosas e de evidências, Jesus, conforme o modo de pensar e de agir, de repente, apareceu como um estranho, com uma mensagem apocalíptica estranha a ele. Surgiu, ao mesmo tempo, a sensação da estranheza e da situação crítica de perdição de todo esse mundo. "O nível das águas está subindo – os diques estão se rompendo", dizia Martin Kähler. Tanto mais estranho é que a "novidade" da descoberta da dimensão escatológica da totalidade da mensagem cristã só foi compreendida como "crise" do cristianismo recebido, existente e atual; essa crise, porém, deveria ser digerida, dominada e superada. Nenhum dos descobridores levou realmente a sério sua descoberta. A "escatologia consequente", conforme foi denominada, nunca foi realmente consequente e, por isso mesmo, leva, até os dias de hoje, uma existência obscura. Os conceitos com que se tentava apreender o que havia de peculiar na mensagem escatológica de Jesus mostram uma incomensurabilidade típica e quase desajeitada. Johannes Weiss, em 1892, em sua obra pioneira *Die Predigt Jesu vom Reiche Gottes* [*A pregação de Jesus sobre o Reino de Deus*] apresentou sua interpretação com as seguintes palavras:

> O reino de Deus na concepção de Jesus é uma realidade simplesmente supramundana, que está em oposição total a este mundo. [...] A interpretação religioso-ética dessa concepção na teologia recente, a qual a privou totalmente de seu sentido original escatológico apocalíptico, não tem razão de ser. O procedimento é bíblico só na aparência, pois os conceitos são usados em um sentido diferente do que Jesus lhes atribuiu[1].

Esta afirmação constitui uma antítese completa à imagem de Jesus delineada pelo sogro desse estudioso, Albrecht Ritschl. Mas será "supramundano" a mesma coisa que "escatológico"? Jesus aparece agora não mais como o mestre da moral do sermão do monte; e com sua mensagem escatológica transforma-se em visionário apocalíptico. "Ele nada tem em comum com este mundo, pois já está com um pé no mundo futuro"[2]. Por esta razão, Johannes Weiss, depois dessa rápida incursão na terra de ninguém da escatologia, logo retorna à imagem de Jesus do liberalismo.

O mesmo sucedeu com Albert Schweitzer. A grandeza de sua obra consistiu em ter tomado a sério o que havia de estranho em Jesus e em sua mensagem, indo de encontro a todas as imagens liberais de Jesus do século XIX.

---

1. WEISS, J., *Die Predigt Jesu vom Reiche Gottes*, 1892, 49 s.
2. Ibid., 2ª ed., 145. Sobre os limites da compreensão da mensagem escatológica por Johannes Weiss, cf. HOLMSTRÖM, F., *Das eschatologische Denken der Gegenwart*, 1936, 61 ss. À página 62, lê-se: "Weiss quer eliminar da teologia do Novo Testamento a ideia do reino de Deus, de Ritschl, mas essa continua ainda intacta na teologia sistemática e prática". À página 71: "Para o cristianismo atual não é a figura escatológica de Jesus que tem significação normativa, mas a imagem liberal tradicional do Mestre de sabedoria no campo ético". "A barreira 'contemporânea' que notamos na própria concepção de J. Weiss a respeito da significação do motivo escatológico consiste, portanto, em que ele atribui a esse motivo na pregação de Jesus simplesmente a significação de uma barreira histórica".

A escatologia, por meio da teologia neotestamentária, torna impossível introduzir ideias modernas em Jesus e novamente recebê-las de volta como empréstimos, como ainda faz Ritschl com toda a inocência[3].

Mas, por outro lado, o assustador na obra de Schweitzer é que lhe escapou qualquer sentido na escatologia, tanto do ponto de vista teológico como filosófico. As consequências que tirou de sua descoberta do apocaliptismo de Jesus constituíram a definitiva superação e destruição do escatologismo, considerado como ilusório. A sua filosofia de vida e cultura é toda ela fruto da superação daquela dolorosa impressão, que ele assim descreveu na primeira edição de *Geschichte der Leben-Jesu-Forschung* [*História da pesquisa sobre a vida de Jesus*]:

> Tudo é silêncio. Subitamente aparece o Batista e clama: "Fazei penitência! O reino de Deus está próximo!". Logo em seguida, Jesus, consciente de ser o Filho do homem que há de vir, agarra os raios da roda do mundo para pô-la em movimento, fazê-la dar a última volta e levar a seu término a história natural do mundo. Mas como ela não se move, agarra-se mais fortemente a ela, mas ela, no entanto, gira e o esmaga. Em vez de trazer a escatologia, ele a aniquilou. A roda do mundo continua a girar, e os farrapos do cadáver do ser humano, que já foi imensamente grande e que fora suficientemente poderoso para se conceber como o senhor espiritual da humanidade, o qual foi capaz de forçar a história, continuam dependurados nela. Essa é a sua vitória, seu domínio[4].

Aqui, em lugar da direção retilínea escatológica da história, entra a "roda da história", símbolo do perene retorno de cada coisa. A experiência da ausência da parusia por dois mil anos torna, hoje, impossível a escatologia.

Depois da Primeira Guerra Mundial, os fundadores da "teologia dialética" colocaram a escatologia – que havia sido deixada à sombra pelo idealismo e tornada inócua – no centro mesmo de seus trabalhos, não só exegéticos, mas também dogmáticos. Na segunda edição do *Römerbrief* [*Carta aos Romanos*], de Karl Barth, em 1922, encontramos a afirmação programática: "O cristianismo que não for inteira e totalmente escatologia, não tem absolutamente nada que ver com Cristo"[5]. Mas, o que significa aqui "escatologia"? Não é a história – que continua a transcorrer muda e sem perspec-

---

3. SCHWEITZER, A., *Von Reimarus zu Wrede. Eine Geschichte der Leben-Jesu-Forschung*, 1906, 322.
4. Ibid., 1906, 367. Esta passagem foi eliminada nas edições posteriores.
5. *Römerbrief*, ²1922, 298.

tivas, pondo em crise a esperança escatológica do futuro, como dizia Albert Schweitzer –, mas o *éschaton* que irrompe de forma transcendental e situa toda a história humana em sua derradeira crise. Aqui o *éschaton* se torna a eternidade transcendental, o sentido transcendental de todos os tempos, e está ao mesmo tempo próximo e distante de todos os tempos da história. Quer se conceba a eternidade como algo transcendental, como Barth, e se fale do anistórico, do supra-histórico ou do proto-histórico; quer se conceba o *éschaton* existencialmente, como Bultmann, e se fale do "instante escatológico"; quer se conceba axiologicamente, como Paul Althaus, e se diga que "cada onda do mar do tempo arrebenta da mesma forma na praia da eternidade" – o certo é que, nesses anos, justamente no esforço de superar ao mesmo tempo a escatologia histórica dos que criam no coroamento da história da salvação e dos que acreditavam no progresso indefinido do mundo, os autores caíram vítimas de uma escatologia transcendental, com a qual a redescoberta da escatologia cristã primitiva foi ocultada, e não desenvolvida. Foi precisamente a concepção transcendentalista da escatologia que impediu que na dogmática entrassem as dimensões escatológicas. Dessa forma, como resultado do "esforço escatológico da atualidade", encontramos, antes de tudo, o fato pouco satisfatório da existência de uma escatologia cristã enquadrada na concepção histórico-salvífica da história, para a qual a escatologia apenas se refere aos fatos derradeiros da história; temos ainda a escatologia transcendental, para a qual o *éschaton* significa simplesmente a "presença transcendental do eterno"; e, finalmente, uma escatologia interpretada existencialmente, para a qual o *éschaton* é o *kairós* do encontro com o querigma. Mas a escatologia cristã assim concebida não está ainda em condições de fazer explodir a moldura categorial das formas de pensamento moderno. Ora, a tarefa urgente da reflexão teológica é precisamente esta, se é que à "descoberta" da mensagem escatológica do cristianismo primitivo, há sessenta anos, deve seguir-se uma compreensão correspondente, com as consequências necessárias, tanto para a teologia como para a própria existência da igreja.

Essas formas de pensar, com as quais, ainda hoje, a linguagem da escatologia é revestida, são, sem dúvida alguma, as da mente grega, a qual encontra no *lógos* a epifania do presente eterno do ser, e neste encontra a verdade. Ainda que a filosofia moderna pense em categorias kantianas, pressupõe-se no fundo esse conceito de verdade. Entretanto, a linguagem própria da escatologia cristã não é o *lógos* grego, mas a *promessa,* tal como moldou a linguagem, as esperanças e a experiência de Israel. Israel encontrou a verdade de Deus não no *lógos* da epifania do presente eterno, mas na palavra da promessa como fundamento da esperança. Por isso, em Israel, a experiência da história se fez de forma totalmente diferente, isto é, aberta. Por conseguinte, a escatologia como objeto de reflexão não é possível nos moldes da mente grega, nem nos da mente da ciência experimental da atualidade, mas tão somente como um saber em esperança, isto é, um saber que tem por objeto a história e a historicidade da verdade. Essas diferenças entre pensamento grego e pensamento judeu-cristão, entre *lógos* e promessa, entre epifania e apocalipse da verdade, foram reveladas em nossos dias em muitos setores e por diferentes caminhos. Não obstante, tem razão Georg Picht ao dizer: "A epifania do presente eterno do ser encobre até aos nossos dias a revelação escatológica de Deus"[6]. Para chegar a uma verdadeira compreensão da mensagem escatológica é, portanto, necessário chegar à compreensão e à elaboração daquilo que se entende por "promessa" no Antigo e no Novo Testamento, bem como da linguagem, do pensamento e da esperança, que, determinados pela promessa, falam de Deus, da verdade, da história e da existência do ser humano. Além disso, é necessário ter constantemente presentes os embates que a fé de Israel, baseada na promessa, sempre teve de sustentar com as religiões de epifania de seu meio ambiente, em que sempre resplandeceu sua verdade peculiar. Esses embates perpassam também todo o Novo Testamento, sobretudo em momentos e lugares em que o cristianismo se encontrou com o espírito grego. Os cristãos da atualidade também têm a mesma incumbência, não só quanto à reflexão teológica sobre nossos tempos, mas também quanto à reflexão sobre o mundo e a experiência da história. Dessa forma, a escatologia cristã, usando a linguagem da promessa, se constituirá como chave capital para a libertação da verdade cristã. Com efeito, a perda da escatologia – não somente como apêndice da dogmática, mas também como categoria propriamente dita do pensamento teológico – sempre foi a condição indispensável para a possibilidade de acomodamento do cristianismo a seu ambiente, isto é, da autorrenúncia da fé. A iniciação do cristianismo no pensamento grego, assim como na reflexão teológica, gerou o equívoco a respeito de qual Deus se falava. Assim, o cristianismo, em sua forma social, aceitou a herança da antiga religião de Estado e se instalou como "coroa da sociedade", como "meio santificador", perdendo assim sua força inquietadora e crítica, proveniente da esperança escatológica. Em lugar do êxodo, para fora dos acampamentos seguros e da cidade permanente, do qual fala a Carta aos Hebreus, houve o solene introito na sociedade mun-

---

6. PICHT, G., *Die Erfahrung der Geschichte*, 1958, 42.

dana, transfigurada religiosamente. Também é preciso ter em mente essas consequências, caso se queira chegar à total libertação da esperança escatológica em face das formas de pensar e dos modos de comportamento próprios das sínteses que se tornaram tradicionais no Ocidente.

§ 2. Promessa e revelação de Deus

Ao colocar aqui, lado a lado, os termos "promessa" e "revelação" não só queremos investigar a relação existente entre eles, mas também desenvolver uma compreensão da "revelação de Deus" que seja "escatológica", no sentido em que esta é, própria e unicamente, a linguagem da promessa, e à medida que assim se mostra. As diferentes definições de revelação na teologia sistemática caracterizam-se pela aceitação ou pela rejeição dos conceitos da metafísica grega referentes à teodiceia. Hoje, a "teologia da revelação" está em acentuada antítese com a assim chamada "teologia natural". Ora, dessa forma, o conceito de revelação continua envolvido pela questão da demonstrabilidade ou indemonstrabilidade de Deus. Nessa confrontação, a teologia da revelação pode, no máximo, apresentar-se como rival da teologia natural e negativa afirmando-se a si mesma a partir do dogma da indemonstrabilidade de Deus. Mas um conceito de revelação assim adquirido está ameaçado de perder todo seu conteúdo. Sua redução ao problema do conhecimento de Deus traz consigo o tantas vezes censurado formalismo da teologia da revelação.

Foi a teologia veterotestamentária mais recente que demonstrou que as palavras e as expressões que falam do "revelar-se de Deus" no Antigo Testamento estão sempre ligadas a conceitos que falam da "promessa de Deus". Deus se revela sob a forma de promessa e pela história da promessa. Daí a pergunta a se fazer à teologia sistemática: a reflexão sobre a revelação de Deus, que deve orientá-la, não deve ser dominada totalmente pela ideia e pelo rumo da promessa? No estudo comparativo das religiões, ao se considerar a peculiaridade da fé israelita, aparece hoje, mais e mais, a grande diferença entre sua "religião da promessa" e as "religiões de epifania" dos deuses reveladores no meio ambiente em que Israel vivia. As religiões de epifania são todas elas, a seu modo, "religiões de revelação". Qualquer lugar na terra se pode tornar epifania do divino e transparência simbólica da divindade. Por isso, a diferença essencial não consiste entre os assim chamados "deuses da natureza", de um lado, e o "Deus da revelação", do outro, mas entre o Deus da promessa e os deuses de epifania. Por conseguinte, a diferença não está na existência de uma "revelação" divina em Israel, ao contrário das outras religiões, mas nas diferenças das representações e dos modos de falar sobre revelação e manifestação da divindade. É evidente que o contexto em que se fala de revelação é de suma importância. Uma coisa é perguntar: onde e quando o divino, o eterno, o imutável e o primordial se tornam manifestos (epifânicos) no humano, no tempo e na história? Outra coisa totalmente diferente é perguntar: quando e onde o Deus da promessa revela a sua fidelidade e, nela, a si mesmo e a sua realidade? A primeira pergunta se refere à presença do eterno, a outra tem em vista o futuro do que foi prometido. Ora, se a promessa é determinante da linguagem e do sentido da revelação de Deus, então qualquer compreensão teológica da revelação bíblica deve ser compreensão de teor escatológico. A doutrina cristã sobre a revelação de Deus, portanto, não deve se apoiar explicitamente sobre a doutrina de Deus – como resposta às provas de Deus, ou como prova de sua indemonstrabilidade – nem sobre a antropologia – como resposta à busca de Deus pelo ser humano, o que é um dado da própria questionabilidade da existência humana. A teologia deve ser compreendida escatologicamente, isto é, no horizonte da promessa e da espera pelo futuro da verdade[7]. A questão da compreensão do mundo a partir de Deus, e do ser humano, a partir de Deus – que é a preocupação das provas de Deus – só pode ser respondida quando se sabe de qual Deus se está falando, do modo, do propósito e da tendência com que se revela. Precisaremos, portanto, investigar algumas concepções mais recentes da teologia da revelação, pondo a descoberto, por um lado, sua compreensão de escatologia e, por outro lado, sua ligação com as provas tradicionais sobre Deus.

 Outro ponto de partida para compreender a revelação a partir da promessa encontra-se na teologia dos reformadores. O correlato da fé não é, para os reformadores, o conceito de revelação, mas sim a *promissio Dei: fides et promissio sunt correlativa* ["promessa de Deus: fé e promessa são correlativas"]. A fé é suscitada pela promessa e por isso é essencialmente esperança, certeza, confiança no Deus que não mente e que se manterá fiel à palavra de sua promessa. Para os reformadores, o evangelho é simplesmente idêntico à promessa. Somente na ortodoxia protestante posterior é que, sob a pressão da questão das relações entre razão e revelação, entre natureza e graça, o problema da revelação se tornou o tema central dos prolegômenos à dogmática. Foi somente quando a teologia recorreu a um

---

 7. Assim também GLOEGE, G., em RGG, 3ª ed., IV. À página 1611 lê-se: "O conceito de revelação pertence à escatologia".

conceito de razão e de natureza, que nada tinha que ver com a compreensão da promessa, mas dependia de Aristóteles, é que surgiu o problema da revelação em sua forma tradicional. Originou-se, portanto, o conhecido dualismo entre razão e revelação, que acabou por tornar a linguagem teológica da revelação mais e mais irrelevante para o conhecimento e o trato do ser humano com a realidade. Dessa infortunada história do conceito de revelação resulta a tarefa de não mais opor, antiteticamente, a linguagem da revelação de Deus à compreensão que o ser humano tem, em cada época, do mundo e de si mesmo; mas de assumir, no horizonte escatológico da revelação como promessa da verdade, essa compreensão do mundo e do ser humano, deixando-o aberto a ela.

O formalismo que, em toda parte, se manifesta no conceito moderno de revelação, radica, do ponto de partida metodológico, no fato, aliás, muito natural, de se deduzir o conteúdo teológico de revelação da palavra "revelação".

De modo muito geral, entendemos por revelação *a descoberta do encoberto, a manifestação do oculto* (R. Bultmann)[8].

No Novo Testamento, ἀποκαλύπτειν indica a eliminação de algo que encobre, φανεροῦν o aparecimento do escondido, δηλοῦν a manifestação do que antes era desconhecido e γνωρίζειν a comunicação do que, de outro modo, não nos é acessível (O. Weber)[9].

Uma porta fechada é aberta, uma cobertura é afastada. Nas trevas faz-se luz, a pergunta encontra resposta, o enigma recebe solução (K. Barth)[10].

A partir de uma explicação tão universal da palavra, surge, em Bultmann, a questão, para ele decisiva: se revelação é a comunicação de um conhecimento ou um evento que me coloca em uma nova situação comigo mesmo[11]. Do fato de cada ser humano ter consciência de sua própria morte e, por meio dela, ser colocado frente à questionabilidade radical da própria existência, ele pode adquirir o conhecimento do que seja revelação e vida. A revelação de Deus aparece, portanto, como um evento que atinge a existência própria de cada um e como resposta à questão da existência. Barth, de seu lado, explica a definição universal de revelação no sentido

---

8. *Glauben und Verstehen*, III, 1960, 1.
9. *Grundlagen der Dogmatik*, I, 1955, 188.
10. Das christliche Verständnis der Offenbarung, *ThEx* Nova Série, n. 12 (1948) 3. Cf. também, à página 5: "Revelação, no sentido cristão do termo, significa desvelamento, descobrimento, de um assunto que *está escondido, em princípio* e não só de fato, ao ser humano".
11. *Glauben und Verstehen*, III, 2.

cristão, dizendo que a revelação é autorrevelação do Criador de todas as coisas, do Senhor de todo o ser, isto é, autorrevelação transcendente de Deus. Enquanto Bultmann se esforça por mostrar, contra o conceito ortodoxo e supranaturalístico de revelação, o caráter de evento histórico da revelação, Barth se preocupa com a absoluta independência, indemonstrabilidade, indedutibilidade e a incomparabilidade da autorrevelação de Deus. Da mesma forma como Bultmann desenvolveu seu conceito de revelação na moldura de uma prova de Deus a partir da existência humana, Barth também desenvolveu seu conceito da autorrevelação de Deus em correspondência com a prova ontológica de Deus, de Anselmo, como o deu a conhecer em 1931, em seu livro *Fides quaerens intellectum*. Esse livro de Barth, sobre Anselmo, contém prolegômenos muito significativos à sua *Kirchliche Dogmatik* [*Dogmática eclesial*]. Ora, isso significa que ambos, confrontados com determinadas tradições teológicas, partem do *conceito* de revelação e, desse ponto de partida, tentam formular uma linguagem nova sobre a revelação de Deus, sem previamente interrogar qual a direção e qual o sentido das palavras referentes à revelação de Deus no Antigo e no Novo Testamentos. Partindo da explicação geralmente apresentada sobre as expressões que designam a noção de "revelar", eles se detêm no ponto em que estavam, isto é, nas religiões de epifania. Tanto mais difícil se torna, em seguida, reconhecer na "revelação de Deus" o que há de especificamente novo na mensagem bíblica. Prestam muito pouca atenção ao fato de que as expressões referentes ao "revelar", nos escritos bíblicos, são arrancadas sempre de seu ambiente religioso original e empregadas em um sentido que vai em outra direção. Este sentido novo é determinado, sobretudo, pelo evento da promessa.

§ 3. Escatologia transcendental

Qual é o conceito de escatologia que orienta e domina a ideia da "autorrevelação de Deus", em Barth, e a compreensão de revelação como "manifestação do ser próprio" do ser humano, segundo Bultmann?

É fato que a ideia da autorrevelação, tanto em sua forma teológica como antropológica, é formulada sob o influxo da "escatologia transcendental". Prefiro o termo "escatologia transcendental", com que Jacob Taubes e Hans Urs von Balthasar designaram a doutrina de Immanuel Kant sobre as últimas coisas, em vez da designação corrente de "escatologia presente", pois aquela descreve melhor as categorias de pensamento em que é formulada a compreensão respectiva de revelação.

No quadro da escatologia transcendental, a questão do futuro e da finalidade da revelação é respondida com a seguinte reflexão: o "para onde" é o mesmo que o "de onde"; o fim da revelação é idêntico a sua origem. Se Deus não revela outra coisa senão a "si mesmo", então a finalidade e o futuro da revelação se identificam com ele. Se a revelação acontece no ser humano mesmo, sua finalidade consiste em que o ser humano chegue à sua especificidade e originalidade, isto é, volte a si mesmo. Com isso, revelação e *éschaton* coincidem sempre naquele ponto designado como o "si mesmo" (*Selbst*) de Deus ou do ser humano. Nesse caso, a revelação não abre nem promete qualquer futuro novo, nem mesmo tem um futuro, que seria algo mais do que ela mesma. A revelação de Deus é, portanto, a vinda do eterno para o ser humano, ou a entrada do ser humano em si mesmo. Por meio dessa reflexão sobre o "si mesmo" transcendente, a escatologia se torna transcendental. Como consequência, a "revelação" se torna "apocalipse" da subjetividade transcendente de Deus ou do ser humano.

A forma clássica, filosófica, da escatologia transcendental se encontra em Immanuel Kant. Seus traços fundamentais são modernamente reencontrados sempre que a teologia da revelação é pensada de forma kantiana. Kant, em seu pequeno e quase esquecido escrito em 1794, *Das Ende aller Dinge* [*O fim de todas as coisas*], submeteu a escatologia cosmológica e histórico-salvífica do século XVIII a uma crítica que se acha em consonância com suas grandes críticas contra a metafísica teológica[12]. Não pode haver um conhecimento intelectual das "últimas coisas", pois esses "assuntos [...] estão totalmente fora de nosso campo de visão"[13]. Portanto, é inútil matutar sobre o que "elas são em si e segundo a sua natureza"[14]. Quando as tomamos como objetos particulares, acessíveis à inteligência, são "totalmente vazias"[15]. Não se pode alcançar delas qualquer conhecimento demonstrável e apodíctico. Mas, nem por isso, devem ser consideradas como "vazias" sob qualquer aspecto. Com efeito, o que a inteligência acredita dever rejeitar com certeza como vão, recebe, por meio da razão prática, um sentido próprio, sumamente existencial, isto é, moral. Por isso, as representações sobre as últimas coisas devem ser vividas eticamente e atualizadas no campo

---

12. Citado conforme a edição: Kant, I., *Zur Geschichtsphilosophie* (1784-1798), ed. A. Buchenau, Berlin, 1947, 31 ss. Análise e apreciação em von Balthasar, H. U., *Prometheus. Studien zur Geschichte des deutschen Idealismus,* 1947, 91 ss.; Taubes, J., *Abendländische Eschatologie,* 1947, 139 ss.; Salmony, H. A., *Kants Schrift. Das Ende aller Dinge,* 1962.

13. Ibid., 40.

14. Ibid.

15. Ibid.

da razão ética, das potencialidades práticas do indivíduo. Metodologicamente, deve-se partir da perspectiva de que "nessas coisas temos simples ideias, [...] que a razão mesma fabrica", como se "brincássemos" com tais ideias, que, "do ponto de vista prático, são-nos oferecidos pela própria razão legiferante", para que nelas pensemos "como princípios morais, que se referem ao sentido final de todas as coisas"[16].

Kant, com essa apropriação crítica dos conceitos tradicionais de escatologia, não só operou a redução da escatologia à ética. A primeira consequência dessa redução é que, pela exclusão das categorias escatológicas da esperança, a realidade visível e perceptível à razão teórica se torna agora racionalizável a partir do caráter eterno da experiência possível[17]. Se não é possível ter compreensão dos *éschata*, como coisas que superam os sentidos, as perspectivas escatológicas, assim, não têm em si qualquer relevância para o conhecimento do mundo experimental. "E visto que nossa visão é sempre sensível, nunca poderemos ter como objeto na experiência aquilo que não esteja condicionado pelo tempo"[18]. Enquanto para Herder a escatologia ainda designava o impulso interno e o horizonte futuro para um cosmo dinamicamente aberto para tudo o que vive, surge para Kant a impressão sensitiva do "maquinismo deste mundo" e do "mecanismo da natureza"[19]. As *res gestae* da história, para a inteligência, são fundamental-

---

16. Ibid., 44. Todo o parágrafo tem o seguinte teor: "Estamos lidando (ou *brincando*) aqui apenas com ideias que *a razão concebe para si mesma*, cujos objetos (caso os tenham) se situam muito além de nosso alcance visual, ideias que, no entanto, embora sejam exuberantes para a compreensão especulativa, *nem por isso devem ser consideradas como vazias em todos os sentidos*; ao contrário, elas são postas ao alcance de nossa mão pela própria razão legisladora com intenção prática, não para que reflitamos sobre seus objetos, como seriam em si e conforme a sua natureza, mas como devemos concebê-los em função dos princípios morais, direcionados para a finalidade última de todas as coisas (o que lhes confere *uma realidade objetiva, prática, sem a qual elas seriam totalmente vazias*): assim, temos diante de nós um campo aberto para ordenar *esse produto da nossa própria razão*, o conceito geral de uma finalidade de todas as coisas, de acordo com a relação que ele tem para com a nossa capacidade de compreensão e classificar os que lhe são subordinados" (os itálicos são meus).

17. Kant: "O eu constituído e permanente (a apercepção pura) perfaz o *correlatum* de todas as nossas concepções" (*Crítica da razão pura*, A, 123). "Portanto, o tempo, dentro do qual deve ser pensada toda mudança dos fenômenos, é constante e não muda" (*Crítica da razão pura*, B, 225). "O tempo nada mais é que a forma do sentido interno, isto é, da contemplação de nós mesmos e da nossa condição interior" (Ibid., B, 49). Sobre isto diz Picht, G., op. cit., 40: "A presença constante da eternidade – eis a base do conceito de tempo em Kant [...]. A experiência religiosa a partir da teologia transmitida na metafísica concebia Deus como o absoluto, isto é, como a substância imutável na sua eterna presença".

18. *Crítica da razão pura*, B, 52.
19. *Crítica da razão prática*, A, 174.

mente idênticas às *res extensae* da natureza. Com isso, juntamente com a escatologia cosmológica, submete-se também à crítica qualquer escatologia histórica ou histórico-salvífica. Em seu lugar, não só entra uma escatologia ética com finalidades morais, a qual é simples consequência; mas os *éschata* aparecem agora como condições eternas, transcendentais, para possíveis experiências pessoais sob o aspecto prático. O ser humano, como pertencente ao mundo dos sentidos, necessariamente reconhece estar sujeito às leis da causalidade; nas coisas práticas, por outro lado, do ponto de vista da prática, toma-se consciente como ser em si mesmo, como existência determinável na ordem inteligível das coisas[20]. Aquele que age eticamente ultrapassa "o mecanismo das causas que agem cegamente"[21] e pertence a "uma ordem totalmente diferente das coisas dos simples mecanismos da natureza"[22]. Ele chega, assim, ao reino não objetivado nem objetivável da liberdade e da possibilidade de ser ele mesmo. Dessa forma, como observa acertadamente Hans Urs von Balthasar, "a filosofia transcendental se torna a metodologia da revelação interna"[23]. As escatologias cosmológicas e históricas são substituídas pela realização prática da existência escatológica.

G. W. F. Hegel, em *Glauben und Wissen* [*Fé e saber*], cujo subtítulo é *oder die Reflexionsphilosophie der Subjektivität* [*ou a filosofia reflexiva da subjetividade*], de 1802, obra escrita em sua mocidade, descreveu com grande profundidade a insuficiência dos resultados dessa filosofia da reflexão.

> A grandiosa forma do espírito universal que se reconheceu nessas filosofias é o princípio do Norte e, do ponto de vista religioso, do protestantismo, isto é, a subjetividade, na qual a beleza e a verdade se apresentam nos sentimentos e pensamentos, no amor e na inteligência. A religião constrói seus templos e seus altares no coração do indivíduo, e suspiros e orações buscam o Deus, a cuja visão concreta ela renuncia, porque existe o perigo da inteligência, que enxergaria o contemplado como coisa, o bosque como os troncos. É verdade que o interior se deve tornar exterior, a intenção deve alcançar consistência na ação, a sensação religiosa imediata exprimir-se em movimento exterior, e a fé, que foge da objetividade do conhecimento, tomar-se objetiva em pensamentos, conceitos e palavras; mas a inteligência distingue muito bem o objetivo do subjetivo, e este aparece como algo sem valor e que nada é, de modo que todo o esforço da beleza subjetiva

---

20. Ibid., A, 72.
21. Ibid., A, 191.
22. Ibid., A, 74.
23. Von Balthasar, H. U., op. cit., 92.

deve ter como escopo defender-se bravamente contra a necessidade de o subjetivo tornar-se objetivo. [...] Precisamente pela fuga do finito e pela firmeza na subjetividade é possível evitar que o belo se transforme em coisas, o bosque, em troncos, as imagens, em coisas que têm olhos e não veem, ouvidos e não ouvem, de modo que o mundo ideal da realidade totalmente compreendida se transforme em troncos e pedras, transformado em concreções, e, dessa forma, qualquer relação com elas aparece como jogo sem sentido, como dependência de objetos e como superstição[24].

Hegel, mais tarde, em sua crítica ao romantismo, levou mais longe essa crítica à filosofia da reflexão da subjetividade transcendental de Kant[25]. Com isso, ele tem diante dos olhos aquilo que foi chamado de "a dupla linha da história do pensamento moderno" (J. Ritter) por necessidade dialética, ao lado da metodização da experiência do mundo, exigida por Descartes, está a *logique du coeur* ["lógica do coração"] de Pascal; ao lado do sistema racional do racionalismo está a subjetividade estética; ao lado do ceticismo histórico, a mística anistórica da alma individual; ao lado da ciência sem valores do positivismo (M. Weber), o pensamento apelativo da filosofia da existência (K. Jaspers). Para a teologia surgiu, a partir daí, o seguinte dilema: ou a história do Cristo se torna uma "verdade histórica casual" para a inteligência, ou então a fé é transformada na contemplação imediata de "verdades eternas da razão". Enquanto a pregação histórica da igreja foi reduzida à simples "fé histórica" da igreja, a fé mesma foi elevada à condição de "fé racional pura, que atinge diretamente a Deus". Hegel reconheceu que, nesse processo, tanto a objetivação quanto a subjetividade são produtos da abstração da filosofia da reflexão, e que por isso se condicionam dialeticamente. Em ambas se realiza uma negação e uma evasão da história: "O mundo como que se dilui; não é o mar dos seres, mas o ser transformado em um mecanismo de relógio"[26]. Uma nova concepção das ciências naturais do cosmo encobre a experiência da realidade como história. De outro lado, a existência do ser humano se retrai até se tornar uma subjetividade inexprimível, solitária, que deve fugir de todo o contato com a realidade e da expressão da mesma, para ficar em si mesmo.

---

24. Citado conforme a edição da *Philosophische Bibliothek*, F. Meiner, 62 b, 1962, 3. Note-se a referência polêmica quase verbal à passagem de Kant citada na nota 16.

25. Cf. sobre isto, Rohrmoser, G., *Subjektivität und Verdinglichung. Theologie und Gesellschaft im Denken des jungen Hegels*, 1961, 75 ss.; Pöggeler, O., *Hegels Kritik der Romantik*, Dissertação filosófica, Bonn, 1956; Ritter, J., *Hegel und die französische Revolution*, AGF des Landes Nordrhein-Westfalen, 63 (1956).

26. Jaspers, K., *Descartes un die Philosophie*, ²1948, 85.

Hoje, não é possível escapar desse dilema de objetivação ou subjetividade nem mesmo na transmissão do evangelho, por meio da teologia, ao mundo moderno. Não adianta declarar que um aspecto desse modo de pensar é falso, deficiente, extraviado ou decadente. Antes, é tarefa da teologia tornar novamente fluidos os contrários estratificados, tentar intervir e reconciliar sua oposição. Ora, isto só é possível quando se redescobrir a categoria "história", a qual ficou fora desse dilema, mostrando que ela não nega aquela oposição, mas a abarca e compreende como elemento de um processo em andamento. A revelação de Deus não pode mais ser apresentada no quadro da filosofia da reflexão da subjetividade transcendental – para a qual a história se esvazia a ponto de tornar-se um "mecanismo" de um conjunto de causas e efeitos, fechado em si mesmo – nem ser apresentada no anacronismo de uma teologia histórico-salvífica – para a qual o "bosque" ainda não se transformou em "troncos", e na qual a "história sagrada" ainda não se solidificou por meio da crítica histórica. O que se deve buscar é a clarificação dos resultados de abstração da negação moderna da história e entendê-los como formas históricas fluidas do espírito que está em um processo escatológico, mantido em esperança e em andamento pela promessa que brota da cruz e da ressurreição do Cristo. As condições das vivências subjetivas possíveis, entendidas por Kant como transcendentais, devem, por conseguinte, ser explicadas como condições que se processam no decurso da história. Não é o tempo imóvel que é a categoria da história, mas a história, experimentada a partir do futuro escatológico da verdade, é que é a categoria do tempo.

§ 4. A teologia da subjetividade transcendental de Deus

Karl Barth justificou a completa reformulação de seu comentário a Romanos, na segunda edição de 1921, entre outras coisas, com a assertiva de que devia a seu irmão Heinrich Barth uma "melhor compreensão do sentido próprio das ideias de Platão e de Kant"[27]. Certamente, deve-se atribuir a essa influência o fato de que as perspectivas dinâmicas e cosmológicas da escatologia encontradas na primeira edição da *Carta aos romanos*, de 1919, agora passam para o segundo plano, e a teologia dialética anterior recorre novamente aos instrumentos da dialética de tempo e eternidade, mantendo-se dentro do círculo da escatologia transcendental de Kant. Nessa nova obra, o "fim" significa o mesmo que a "origem", e o *éschaton* se torna

---

27. *Römerbrief*, ²1922, prefácio VI.

a limitação transcendental do tempo pela eternidade. "De modo incomparável, o instante eterno se contrapõe a todos os instantes, precisamente porque é o sentido transcendental de todos os instantes", eis o comentário de Barth a Romanos 13,12: "A noite está avançada, e o dia está próximo"[28]. "Do ponto de vista da *verdadeira* história final, pode-se dizer em *qualquer* tempo: o fim está próximo!"[29]. Sua explicação de 1 Coríntios 15 mostra um desinteresse correspondente pela escatologia do fim da história: "História final deve significar o mesmo que história primordial; os limites do tempo de que se fala devem ser os limites de todo e qualquer tempo e, assim, necessariamente a origem do tempo"[30]. Essa escatologia transcendental é, do ponto de vista histórico-filosófico, uma combinação entre a palavra de Ranke, de que "cada época está em relação direta com Deus", e a palavra de Kierkegaard, de que "frente à eternidade existe somente um tempo: o presente". "Cada (instante) está prenhe do mistério da revelação, cada um deles pode tornar-se um instante *qualificado*", dizia Barth em 1922, e em 1958, Bultmann, na seção final de *Geschichte und Eschatologie* [*História e escatologia*], repete a mesma coisa quase verbalmente, mas com o acréscimo: "Tu deves despertá-lo"[31].

O que significam essas ideias escatológicas – se quisermos continuar a designá-las como "escatológicas" – para a compreensão da revelação de Deus?

Karl Barth desenvolveu sua doutrina da "autorrevelação" de Deus pela primeira vez em seu artigo *Die dogmatische Prinzipienlehre bei Wilhelm Herrmanns* [*Wilhelm Herrmann e sua doutrina dogmática dos princípios*] (1925), com a aceitação e superação do célebre *Selbst* de Herrmann[32]. A ideia da "autorrevelação" (*Selbstoffenbarung*) tem uma história prévia no século XIX, na escola teológica hegeliana. Mas no século XX, e principalmente no que se refere a Barth e Bultmann, a importância dada ao *Selbst*, em conexão com a revelação, tem sua fonte em W. Herrmann, de quem ambos foram alunos em Marburg. Sem nos deter de modo particular na teologia de Herrmann[33], queremos transcrever uma sentença de sua obra *Gottes Offenbarung an uns* [*A revelação de Deus a nós*] (1908), para mostrar o problema que está na raiz da "autorrevelação":

---

28. Ibid., 484.
29. *Die Auferstehung der Toten*, ²1926, 60.
30. Ibid., 59.
31. Cf. *Römerbrief*, ²1922, 483 e comparar com BULTMANN, R., *Geschichte und Eschatologie*, 1958, 183 s.
32. In: *Die Theologie und die Kirche*, Gesammelte Vorträge, v. 2, 1928, 240 ss.
33. Cf. sobre isto recentemente MAHLMANN, T., Das Axiom des Erlebnisses bei Wilhelm Herrmann, *NZSTh*, n. 4 (1962) 11 ss.

Não há outra maneira de conhecer a Deus, a não ser a de ele revelar a si mesmo a nós [ou: a de ele revelar-se a nós mesmos (*daß er sich uns selbst offenbart*)], agindo sobre nós[34].

Tanto Barth como Bultmann concordam com o atualismo presente nessa sentença, o qual une entre si revelação, ação e conhecimento de Deus. O que é discutido – não quanto à interpretação da sentença no sentido que lhe deu W. Herrmann, mas quanto ao ponto de partida de Barth e Bultmann em relação a Herrmann – é o sentido a ser dado à expressão "revelar a si mesmo (*selbst*) a nós". Esta expressão significa que Deus revela a si mesmo a nós, ou que Deus se revela a nós mesmos? A palavra "mesmo" da autor-revelação de Deus se refere, objetivamente, a Deus ou ao ser humano?

Fica claro o que W. Herrmann queria significar com esta expressão: revelação não é ensino teórico, nem excitação de sentimentos; a revelação de Deus não é explicável objetivamente, mas só experimentável no íntimo do próprio ser humano [*am eigenen Selbst des Menschen*], isto é, na subjetividade não objetivada, na obscuridade desarmada do instante do encontro pessoal. O revelar-se de Deus em sua ação em nós mesmos é, portanto, tão indemonstrável, tão impossível de dedutibilidade, tão fundado em si mesmo, como a vida vivida que ninguém pode explicar, mas que cada um pode experimentar em si mesmo[35]. Por isso, nenhum termo é mais significativo para a teologia de W. Herrmann do que o *Selbst*, entendido antropologicamente.

Barth, entretanto, afirma, em seu estudo, que a palavrinha *Selbst* nesse sentido não pode ser a última palavra na teologia da revelação. "Herrmann sabe que simplesmente não se 'experimenta' o mistério de Deus, de Deus Pai, Filho e Espírito Santo: 'Deus, mesmo quando se revela, continua habitando na obscuridade'"[36]. Precisamente a propósito da doutrina da trindade, em Herrmann aparece uma restrição à experiência individual [*Selbsterfahrung*], por mais que insista nela. Não queremos aqui decidir se essa

---

34. *Gottes Offenbarung an uns*, 1908, 76.

35. Trata-se de pensamentos e paralelos que Herrmann elaborou em confronto com a emergente filosofia vitalista de Bergson, Simmel e Driesch. Cf. Mahlmann, T., op. cit., 29: "A vida produz sua própria justificação mediante a sua ação" (*ZThK*, n. 12 (1912) 75). O fato de a vida fundamentar-se em si mesma, de reportar-se somente a si mesma, significa, portanto, que vida é autoafirmação, que ela continuamente cria, fundamentar-se em si mesma, de reportar-se somente a si mesma, significa, portanto, que vida é autoafirmação, que ela continuamente cria, sem fundamentação nenhuma, sua própria continuidade.

36. Barth, K., op. cit., 262.

observação é válida no que concerne a W. Herrmann. Para o ulterior desenvolvimento da teologia de Barth, é importante o fato de ele tomar seu impulso e avançar a partir desse ponto, colocando em lugar da subjetividade do ser humano, indicada por Herrmann, a subjetividade de Deus. Assim, Barth pergunta:

> Na majestade do Deus uno e triúno, não se deve reconhecer a insuperável subjetividade de Deus, que constitui exclusivamente *a si mesmo* e que é exclusivamente cognoscível *por si mesmo* no *actus purissimus* de sua personalidade trina?[37]
>
> O leão irrompe de sua jaula, um *Selbst* totalmente diferente aparece no primeiro plano com sua verdade própria. O ser humano, somente depois, começa a perguntar pelo seu próprio *Selbst*, porque e quando agrada a Deus dar-se a conhecer a "si mesmo" a ele, porque e quando a palavra de Deus a ele é dirigida. A dogmática deveria começar pelo *Deus dixit*, sem fazer a tentativa, totalmente sem perspectivas, de chegar a ele talvez por meio da simples "reflexão da fé", ou na crista de uma pretensa "experiência" (como se dele pudesse haver "experiência")[38].

Para Barth, o conhecimento teológico não se baseia, portanto, na experiência religiosa, mas na *autopistía,* na autofundamentação da verdade cristã, e "o que está fundamentado deve ser deixado sem fundamentação"[39].

Herrmann – devido a sua herança kantiana – tinha admitido a objetiva não-fundamentação da revelação, sua indemonstrabilidade para a razão teórica, como evidente por si mesma. A não-objetividade de Deus, bem como a não-objetividade de qualquer existência individual, ou do próprio *Selbst,* constituíam para ele um só e o mesmo mistério. A não-demonstrabilidade de Deus e a não-demonstrabilidade da vida vivida, sua gratuidade total, coincidiam, para ele, uma com a outra. Por isso, para ele, o conhecimento de Deus era a "expressão desarmada da experiência religiosa". O "perigo" da reflexão e da objetivação foi visto por ele da mesma forma como Hegel o descrevera: "Tudo que a ciência pode abranger – é coisa sem vida"[40]. "Conhecer significa dominar e colocar algo a seu serviço. Ora, o mundo vital, inatingível para a ciência, é-nos aberto pela *consciência de nós mesmos* (*Selbstbesinnung*), isto é, pela reflexão séria e honesta

---

37. Ibid., 264.
38. Ibid., 267.
39. Ibid.
40. *RE,* n. 16, 592. Citado por MAHLMANN, T., op. cit., 21.

sobre aquilo que de fato vivemos e experimentamos"[41]. Por isso, de Deus não se pode dizer o que ele é objetivamente, mas tão somente aquilo que ele opera em nós mesmos.

Para Barth, entretanto, esta desarmada indemonstrabilidade da experiência religiosa não pode ser ainda a *autopistía* e a *autusía* procuradas, constituindo apenas uma tentativa da fundamentação já fundamentada em si mesma, que "não é em nenhum sentido 'objeto', mas sempre 'sujeito' irredutível"[42]. Tal é a soberania de Deus, existente por si mesma, frontalmente contrária a todos os atos de consciência do ser humano. Também a linguagem negativa da indemonstrabilidade de Deus, de sua não-fundamentabilidade e de sua não-objetividade, não chega ainda àquele *tournant* ["guinada"] do pensamento que Barth exige, isto é, à inflexão em direção à subjetividade transcendental de Deus, expressa trinitariamente; pois, no ato do *Deus dixit* ["Deus disse"], ele revela-se a si mesmo ao ser humano. Temos aí uma inflexão do pensamento tal como está prefigurada na prova ontológica de Deus em Anselmo, iniciada por Hegel e, mais tarde, levada avante por Barth em seu próprio nome, pela ideia da autorrevelação de Deus.

Dessa forma, em Barth, o *Selbst* de Herrmann assume um caráter *teológico*. Entretanto, deve-se observar que ele conserva todas as características, todas as relações e limitações com as quais foi formulado por Herrmann.

Deus não pode ser demonstrado, nem pelo cosmo nem pela profundidade da existência humana; ele se demonstra a si mesmo e por si mesmo. Sua revelação é a prova de Deus por Deus mesmo apresentada[43]. Ninguém torna Deus manifesto a não ser ele mesmo. Quem Deus é resulta apenas da revelação de si mesmo. Ele não revela isto ou aquilo, mas a si mesmo. Pelo fato de Deus ser, em sua revelação, aquele que age, ele é também aquele que manifesta a si mesmo[44]. Na sua autorrevelação, Deus não pode ser demonstrado, nem defendido, mas somente crido, e isto pelo fato de que ele mesmo se torna digno de fé[45]. Sua palavra, em que ele mesmo está presente, não pode e não precisa ser demonstrada. Afirma-se e impõe-se por si mesma. Se, em Herrmann, o conhecimento de Deus é a "expressão desarmada da experiência religiosa", em Barth é a autorrevelação de Deus na pregação do *Deus dixit*, na mesma condição desarmada, isto é, infun-

---

41. *ZThK*, n. 22 (1912) 73. Citado por MAHLMANN, T., op. cit., 35.
42. BARTH, K., op. cit., 269.
43. Das christliche Verständnis der Offenbarung, 7.
44. Ibid., 8.
45. Ibid., 13.

dada e por isso indestrutível, indemonstrável e por isso irrefutável, que se fundamenta e se demonstra a si mesma.

É certo que todas essas especulações sobre a subjetividade de Deus poderiam muito bem ser consideradas como sublimes especulações sobre Deus. Entretanto, Barth, ao falar da autorrevelação de Deus, não pretende falar senão do "pequeno ramalhete de notícias" do tempo do Império Romano que falam da existência de Jesus Cristo. Mas é precisamente com referência a essa história que surge toda uma série de perguntas:

A "autorrevelação de Deus" significa a autocompreensão eterna de Deus? Com a doutrina trinitária tem-se em mente a eterna reflexão de Deus sobre si mesmo? "Autorrevelação" significa a simples presença do eterno sem história e sem futuro? Também na ideia da autorrevelação de Deus, o voltar-se para o *Selbst* conserva o tom reflexivo existente no pensamento de W. Herrmann. Ele contém a reflexão que surge depois que Deus não mais é demonstrável a partir do mundo, à maneira das provas tradicionais de Deus. Temos, aí, portanto, uma atitude polêmica, que está sob o signo das questões concernentes à demonstrabilidade de Deus. Por isso, é difícil aplicá-la ao "ramalhete de notícias" sobre Jesus de Nazaré, pois todas as suas manifestações, toda a sua terminologia, não se originaram no terreno da metafísica grega, mas se encontram em um contexto totalmente diferente.

Existe a possibilidade em si de aplicar a Deus as estruturas da personalidade, da existência pessoal própria, da autorreflexão e da autodescoberta. Barth, entretanto, não enveredou por esse caminho do personalismo teológico, mas desenvolveu o pensamento da autorrevelação em conexão com a doutrina da trindade e com o anúncio do Reino de Deus. A doutrina da trindade resulta do desenvolvimento da ideia de autorrevelação, isto é, das questões de sujeito, predicado e objeto do evento *Deus dixit*. Deus mesmo é o revelador, o ato de revelar e aquilo que foi revelado[46]. Enquanto na primeira apresentação de sua dogmática – na *Christliche Dogmatik I* [*Dogmática cristã*] de 1927 – ainda predominava o pensamento de Herrmann sobre a subjetividade, na *Kirchliche Dogmatik* I,1 [*Dogmática eclesial* I,1], de 1932, este pensamento dá lugar a uma doutrina detalhada da trindade imanente. Entretanto, neste ponto também, a concepção imanente da trindade de Deus parece emprestar à revelação de Deus o caráter de uma totalidade transcendental, como um "*novum* fechado em si mesmo"[47]. Mais importante ainda do que o desenvolvimento trinitário da autorrevelação de Deus aparece,

---

46. *Christliche Dogmatik,* I, 1927, 127, 154 ss., 140.
47. *Kirchliche Dogmatik,* I, 1, 1932, 323.

nesse contexto, seu relacionamento com o "Reino de Deus". Quando Deus se revela a "si mesmo" significa que ele se revela "*como* Deus e Senhor". Para Barth, portanto, autorrevelação não significa automanifestação personalista de Deus, em analogia com a relação "eu-tu" entre os seres humanos. Deus se revela, na realidade, como "alguém" e como "alguma coisa" e não como um tu puro e absoluto. Esse seria, tal como o indivíduo, *ineffabile*. Ele se revela "como" o Senhor. A anunciação da *basileía* é o conteúdo concreto da revelação. Mas o que quer que seja "Reino de Deus" resulta mais uma vez da ação concreta de Deus em sua revelação ao ser humano, de modo que também aqui coincidem conteúdo e ato. O que significa nesse contexto "autorrevelação"? Significa que Deus, em sua revelação, não se dissimula, não aparece sob uma máscara; significa que ele é "anteriormente em si mesmo", aquilo mesmo *como* ele se revela, e, consequentemente, o ser humano, na revelação de Deus *como* o Senhor, tem de haver-se com o *próprio* Deus que comunica a si mesmo. No fato de Deus revelar "alguma coisa", o seu reino e "alguém", isto é, a si mesmo em seu Filho, ele se revela a si mesmo.

Quando se compreende claramente todo esse modo de pensar, evidencia-se a crítica insatisfatória de G. Gloege e W. Pannenberg[48] contra a teologia da autorrevelação de Deus, na qual suspeita-se a existência tanto de uma compreensão gnóstica da palavra quanto de personalismo moderno. Igualmente questionável aparece a interpretação que W. Kreck faz da autorrevelação: "Como afirmação básica, portanto, da teoria da revelação em Barth, temos a constatação seguinte: Deus (e com isto também o ser humano, enquanto criatura e imagem de Deus) só pode ser conhecido por Deus"[49]. Kreck contrapõe esta afirmação ao conhecimento que se obtém por meio da *analogia entis*. Mas essa conhecida sentença não tem caráter teológico de origem cristã; ela provém da gnose neoplatônica, reaparece nas reflexões místicas da Idade Média e se encontra também na filosofia da religião de Hegel. Tomada em si mesma, representa o grau mais elevado da autorreflexão do absoluto no terreno da filosofia da religião de tipo grego. Conforme esse princípio, a revelação e o conhecimento de Deus constituiriam um círculo fechado em si mesmo, o qual, estritamente, falando, não se pode romper. Por isso, não é aplicável àquele "ramalhete" de notícias históricas, do qual vive a fé cristã, mas somente à gnose esotérica. Ora, "revelação", se quer ser revelação, deve conter em si a passagem dos

---

48. GLOEGE, G., Offenbarung, dogmatisch, *RGG*, 3ª ed., IV, col. 1611. PANNENBERG, W., *Offenbarung als Geschichte*, 1961, 14.

49. In: *Antwort. Festschrift für Karl Barth*, 1956, 285.

limites entre semelhante e dessemelhante, entre igual e desigual. O conhecimento de Deus, que provém da revelação, exige antes a afirmação contrária: somente o desigual se conhece mutuamente. Deus é reconhecido como "Deus" e "Senhor" tão somente pelo não-Deus, isto é, pelo ser humano. Kreck, em sua crítica, evidentemente tem em vista a pneumatologia: "Ninguém pode chamar a Jesus de Senhor, a não ser no Espírito Santo" (1Cor 12,3). Ora, esse Espírito está envolvido no evento "Cristo" e na palavra, e não em algum círculo acima de nós. A concepção imanente da doutrina da trindade corre sempre o perigo de encobrir o caráter histórico-escatológico do Espírito Santo, que é o Espírito da ressurreição dos mortos.

Mais tarde, Barth mesmo fez uma revisão da escatologia transcendental de sua fase dialética. "Evidenciou-se que nela eu levava a sério a transcendentalidade do reino vindouro, mas não me arriscava a fazer o mesmo com sua própria vinda"[50]. Sobre a passagem citada do comentário a Romanos 13,12, ele diz agora:

Vê-se igualmente como passei ao largo do que esse texto tem de peculiar, isto é, da teologia que ele atribui ao tempo em seu fluxo ao encontro de um fim real. [...] Precisamente, o único dado concreto de toda a exposição foi a compreensão unilateral de Deus como supratemporal, em cuja defesa saí a campo[51].

Ora, isto significa que na "compreensão supratemporal" de Deus, a verdade de Deus fora tomada, tanto no que se refere ao conceito de *éschaton* como ao conceito de revelação, como a epifania do presente eterno, e não como apocalipse do futuro prometido. De fato, se, como mostramos, o conceito de Barth sobre a autorrevelação de Deus é modelado precisamente a partir dessa escatologia transcendental, não será, portanto, necessário uma revisão correspondente da compreensão da revelação? Poderá continuar a impressão de que "autorrevelação de Deus" significa a mesma coisa que "mera presença de Deus", "eterna presença de Deus no tempo", "presente sem futuro"?[52] Pode-se continuar a dizer que a história pascal "não fala de forma escatológica"? Se assim fosse, o evento da ressurreição de Cristo já seria em si mesmo o cumprimento escatológico, e não apontaria para além de si, para algo ainda ausente, objeto de esperança e de espera. A compreensão da revelação de Cristo como autorrevelação de Deus

---

50. *Kirchliche Dogmatik*, II, 1, 716; Cf. também I, 2, 55 ss.
51. Ibid., II, 1, 716.
52. Ibid., I, 2, 125 s. Também na *Kirchliche Dogmatik*, I, 1, 486 s., "escatológico" pode significar o mesmo que "a relação com a realidade eterna", e "futuro", "aquilo que vem de Deus a nós".

responde, por meio de uma reflexão sobre a origem da revelação e sobre Deus mesmo, à pergunta sobre o futuro e o fim apresentados pela revelação. Ora, com tal reflexão torna-se quase impossível falar de um futuro de Jesus Cristo em perspectiva, sobre a base da revelação do ressuscitado. Se não se quer que a ideia da autorrevelação de Deus se transforme em outra expressão para designar o deus de Parmênides, ela deve estar aberta às promessas contidas na terceira parte do Credo. Não no sentido de que a salvação futura, prometida na revelação de Cristo, seja simples apêndice ou a revelação intelectual da reconciliação em Cristo, mas no sentido de que ela promete uma verdadeira meta, demonstra uma verdadeira tendência, um futuro realmente vindouro, que ainda não foi alcançado nem realizado. Assim, a palavra de Deus – *Deus dixit* – não se transforma em mera autodemonstração da eterna presença, mas, como promessa, manifestará e garantirá um futuro ainda ausente. Portanto, por intermédio dessa revelação em promessa, manifestar-se-á uma nova abertura da história para frente. Nem todos os tempos estarão diretamente relacionados com Deus nem terão igual valor diante da eternidade, mas se caracterizarão a partir de um processo, determinado pelo *éschaton* prometido. Se a revelação de Deus na ressurreição de Cristo contém em si um sentido escatológico real, então a história se abre pela categoria da esperança e da lembrança, da certeza e do risco, da promessa e do arrependimento.

§ 5. A teologia da subjetividade transcendental do ser humano

O fato de Rudolf Bultmann ser, de longe, o discípulo mais fiel de W. Herrmann foi notado por muitos, ora com mérito, ora com demérito. De um lado, afirma-se que a abordagem existencialista de Bultmann nada mais faz do que elevar a uma terminologia ontológica o ponto de partida de W. Herrmann[53]; de outro lado, há os que afirmam, contrariamente, que já em W. Herrmann se encontra a superação do idealismo de Kant e a antecipação das dimensões da questão e da visão existencialistas modernas[54]. A crítica de Barth volta-se precisamente contra a herança herrmanniana de Bultmann[55].

---

53. Schnübbe, O., *Der Existenzbegriff in der Theologie R. Bultmanns*, 1959, 82.
54. Fuchs, E., *Hermeneutik*, 1954, 30.
55. Barth, K., Rudolf Bultmann. Ein Versuch, ihn zu verstehen, *ThSt*, n. 34 (1952) 47: "Não se lhe fará justiça se não se compreender que ele, muito antes de apropriar-se do método e dos conceitos de Heidegger, pôde aprender com Herrmann, e provavelmente aprendeu, a sua tão característica simplificação, concentração e eticidade, isto é, a antropologização da

A apaixonada afirmação do *Selbst*, de Herrmann, encontra-se na insistência, por parte de Bultmann, na "autocompreensão", e o problema, tão profundamente sentido por Herrmann, da autoapropriação da fé volta em Bultmann como o problema da compreensão. A passagem do kantismo anterior de Herrmann para a teologia existencialista de Bultmann certamente se tornou possível graças à influência da filosofia vital do Herrmann posterior.

Dentre os princípios herrmannianos, o que aparece com mais força na teologia de Bultmann é o da relação exclusiva entre as afirmações sobre Deus e sua ação e a existência humana ou o *Selbst*. Com efeito, em seu artigo de 1924, *Die liberale Theologie und die jüngste theologische Bewegung* [*A teologia liberal e o movimento teológico mais recente*], em que expressa sua aprovação da teologia dialética, Bultmann diz: "O objeto da teologia é Deus, e a objeção mais grave contra a teologia liberal é que ela não tratou de Deus, mas do ser humano. Deus significa a negação e a superação radical do ser humano"[56]. Entretanto, esse trabalho, em particular, se encerra com as sentenças programáticas: "O objeto da teologia é certamente Deus, e é de Deus que a teologia fala ao falar do ser humano tal como ele se encontra diante de Deus, a saber, do ponto de vista da fé"[57]. Portanto, só se pode falar de Deus em conexão com a própria existência. Se a fé fala da concepção da própria existência, ela significa ao mesmo tempo a concepção de Deus, e vice-versa. "Caso se queira falar de Deus é evidente que se precisa *falar de si mesmo*"[58].

Esta relação com a existência e com o próprio eu, de todas as informações sobre Deus e sua ação, é *exclusiva*. Também isto é herança de Herrmann e inclui em si a rejeição de todas as afirmações objetivas sobre Deus: as que não são verificáveis existencialmente; as que foram concebidas mitologicamente, a partir da imagem de mundo, sem consideração da própria existência; as que se originam unicamente da sempre renovada antítese entre cosmovisão e autocompreensão, entre afirmações objetivadas e a não-objetivadas de Deus e de sua natureza. É nesse ponto que se encontra o peso da crítica de Bultmann contra a evolução teológica de Barth, desde a recensão que fez de *Carta aos romanos,* em 1922[59].

---

mensagem cristã e da fé cristã, mas também o seu santo respeito ante as leis próprias, 'profanas', do mundo e de sua ciência, bem como seu horror ante a justiça das obras e ante a afirmação da verdade de coisas que simplesmente não podem ser tidas como verdadeiras".

56. *Glauben und Verstehen*, I, 1933, 2.
57. Ibid., 25.
58. Ibid., 28.
59. *Christliche Welt*, 1922, n. 18-22. Agora in: Anfänge dialektischer Theologie, I, *ThB* 17, 2 (1962) 119 ss.

Consideremos, antes de tudo, a tese da correlação não aparente, oculta, entre o *Selbst* de Deus e do ser humano, em Bultmann. Para ele, como para W. Herrmann, o *Selbst* do ser humano e de Deus estão em relação muito estreita. O ser humano, pelo fato de ser criado, está destinado a ser ele mesmo. Daí, a questionabilidade é a estrutura do ser humano: o ser humano é essencialmente uma questão, uma busca, de si mesmo. Nessa questão de sua existência, e juntamente com ela, está a questão de Deus.

> Não podemos falar sobre nossa existência, porque não podemos falar sobre Deus; e não podemos falar sobre Deus, porque não podemos falar sobre nossa existência. Só podemos fazer uma coisa juntamente com a outra [...] quando se pergunta como é possível falar sobre Deus, deve-se responder: somente falando sobre nós mesmos[60].

Por isso, o ser humano só se conquista a si mesmo em Deus, e só quando se torna dono de si mesmo conquista a Deus. Ambas as coisas, Deus e o *Selbst* humano, ou a própria existência, têm como propriedade essencial a não-objetivação. Portanto, o nexo necessário de causas e efeitos do mundo cognoscível, explicável, objetivamente demonstrável nas coisas e na história, é superado a) quando falo da ação de Deus e b) quando falo de mim mesmo. "Na fé, quando falo da ação de Deus, elimina-se o nexo fechado, que o pensamento que visa à objetivação oferece (ou estabelece) [...]. Basicamente, eu já o supero quando falo de mim mesmo"[61]. As afirmações da Escritura falam a partir da existência e para a existência. Elas não precisam de se justificar perante o foro de uma ciência objetiva da natureza e da história, pois essa ciência não tem em vista a existência não-objetivada do ser humano[62]. Com isto, coloca-se o programa da interpretação existencial e da demitologização. Esta interpretação é induzida pela questão de Deus, colocada juntamente com a questionabilidade da existência e é, portanto, orientada para compreensão de uma realidade que não é nem mítica nem científica, isto é, uma apropriação absolutamente individual na espontaneidade da subjetividade não-objetivada, porque transcendental[63].

Enquanto Barth se desvencilhou de Herrmann, ao afirmar – como mostramos – a subjetividade não-objetivada de Deus no ato do *Deus dixit* como

---

60. *Glauben und Verstehen*, I, 33.
61. *Kerygma und Mythos,* II, 1952, 198.
62. Ibid., 187.
63. Sobre a identificação, feita por Bultmann, entre a antropologia teológica e a antropologia da subjetividade transcendental, Cf. Anz, W., Verkündigung und theologische Reflexion, *ZThK*, n. 58 (1961), Suplemento 2, 47 ss., sobretudo 68 ss.

diferente da subjetividade do ser humano, distinguindo assim o *Selbst* de Deus do *Selbst* do ser humano; Bultmann permanece dentro do círculo da misteriosa correlação entre Deus e *Selbst*. Por isso, para ele, não é a doutrina da trindade que aparece com padrão da compreensão da autorrevelação de Deus, mas em lugar dela entra a compreensão do ser próprio do ser humano. É certo que, para Bultmann, a ação de Deus, a revelação de Deus e o futuro de Deus são indemonstráveis, mas isso absolutamente não significa a arbitrariedade dessas afirmações, pois todas as verdades correspondentes, quando o ser humano entra em si mesmo, são concebidas como não-objetivadas. Em lugar de provas de Deus, tiradas do mundo e da história, não há agora uma indemonstrabilidade de Deus, que abriria as portas ao arbitrário, mas uma *prova existencial de Deus,* como uma forma de falar e pensar de Deus, por meio da problemática existencial do ser humano. Trata-se de um desenvolvimento, de um aprofundamento, de uma nova concepção da única prova de Deus que Kant deixou sobrando, a prova moral da existência de Deus pela razão prática. Deus é, objetivamente, indemonstrável, bem como sua ação e revelação. Mas ele se demonstra a si mesmo ao sujeito (*Selbst*) crente. Não se trata de uma prova lógica da existência de Deus, mas de uma demonstração de Deus na existência própria. É verdade que, nessa concepção, a esperança cristã deixa o futuro, mesmo o futuro de Deus, "vazio" de imagens mitológicas e de prognósticos, e renuncia a todos os sonhos de felicidade. Mas existe um critério certo para aquilo que é, nesse caso, o "futuro" de Deus, a saber, "a realização da existência humana"[64], precisamente buscada na questão da existência humana. "A escatologia perdeu totalmente seu sentido como fim da história, e é, no fundo, entendida como a meta do ser individual"[65]. Por conseguinte, como em Kant, a escatologia não pode oferecer uma doutrina sobre as "últimas coisas" referentes ao processo do mundo, mas o *lógos* do *éschaton* transforma-se no poder para se libertar da história, no poder para "desmundanizar" a existência no sentido de libertar-se da autocompreensão a partir do mundo e das obras exteriores.

Esta prova de Deus a partir da existência – de que aqui nos ocupamos, do ponto de vista da teologia – tem uma longa história preliminar na história dos dogmas. A afirmação de Karl Jaspers, de que "existência e transcendência" são, na linguagem filosófica, o equivalente das expressões míticas "alma e Deus", e que, tanto em um como em outro caso, são

---

64. *Glauben und Verstehen,* III, 90.
65. Ibid., III, 102.

definidas como "não-mundo"⁶⁶, mostra – do mesmo modo como citações ocasionais em Bultmann⁶⁷ – que elas provêm de Agostinho. Partindo de Agostinho, através da mística da Idade Média e da Reforma, até ao racionalismo iluminista e W. Herrmann, essa prova de Deus a partir da existência deixou impresso seu sulco na consciência ocidental.

A identificação entre o mistério de Deus e o *Selbst* humano (não como substância no sentido aristotélico, mas como sujeito) pressupõe, já em Agostinho, que o ser humano é dado diretamente a si mesmo, e que, portanto, pode tomar imediata consciência de si mesmo, enquanto o mundo, as coisas da natureza e os acontecimentos da história, só lhe são acessíveis através dos sentidos.

> Entre todas as coisas que se podem conhecer, saber e amar, nenhuma nos é tão certa como a de que existimos. Neste ponto não nos inquieta nenhum engano através da mera aparência da verdade. Pois não a abrangemos como as coisas fora de nós, nem com quaisquer sentidos corporais, mas, sem que faça valer qualquer representação enganosa da fantasia, estou seguro que existo, que sei e que amo⁶⁸.

Frente às outras provas de Deus, de ordem cosmológico-estética – conhecidas por Agostinho –, esta tem a preeminência graças à sua imediação: *Noli foras ire, in te ipsum redi, in interiore homine habitat veritas* ["Não queiras ir para fora, mas retoma para dentro de ti mesmo; é no interior do ser humano que habita a verdade"]. Esta via para o conhecimento de Deus a partir do autoconhecimento fez escola na mística agostiniana da Idade Média, nomeadamente em Bernardo de Claraval. É a partir da renascença agostiniana dos reformadores, que se pode compreender o que diz Calvino:

> Toda a nossa sabedoria, embora realmente mereça o nome de sabedoria e seja verdadeira e segura, abrange basicamente só duas coisas: o conhecimento de Deus e o conhecimento de nós mesmos. Ora, essas duas coisas estão relacionadas entre si sob muitos aspectos e, por isso, não é tão fácil dizer qual das duas está em primeiro lugar e faz surgir a outra⁶⁹.

Calvino desenvolve a relação entre as duas de modo inteiramente dialético: sem conhecimento de Deus, nada de conhecimento próprio;

---

66. *Philosophie*, II, 1932, 1.
67. Cf., por exemplo, *Kerygma und Mythos*, II, 192.
68. *De civitate Dei* XI, 26. De modo semelhante, também: *De libero arbitrio* II, 3, e *De trinitate* X, 10.
69. *Institutio* I, 1, 1.

sem conhecimento próprio, nada de conhecimento de Deus. Sob o signo da tradição agostiniana, encontra-se também Lutero, quando afirma de modo lapidar:

> *Cognitio Dei et hominis est sapientia divina et proprie theologica. Et ita cognitio Dei et hominis, ut referatur tandem ad Deum justificantem et hominem peccatorem, ut proprie sit subjectum Theologiae homo reus et perditus et Deus justificans vel salvator. Quicquid extra istud argumentum vel subjectum quaeritur, hoc plane est error et vanitas in Theologia* ["O conhecimento de Deus e do ser humano é sapiência divina e particularmente teológica. E o conhecimento de Deus e do ser humano é de tal modo que, em última análise, faz referência ao Deus justificador e ao ser humano pecador, para que o assunto, propriamente dito, da teologia seja o ser humano, como réu e perdido, e Deus, como justificador e salvador. Além disso, na teologia, qualquer argumento ou assunto que for abordado é um erro completo e pura vaidade"][70].

Enquanto na mística agostiniana a correlação entre conhecimento de Deus e conhecimento próprio era direta e sem intermediário, para os reformadores, e mesmo para Pascal, os dois conhecimentos são obtidos por meio do conhecimento de Cristo: o Cristo crucificado é o espelho da divindade e o espelho de nós mesmos. Entretanto, nos reformadores também, como já em Agostinho, nesse foco da Teologia no conhecimento de Deus e de si mesmo, não resta mais lugar para a reflexão sobre o mundo de Deus. Este está ameaçado de ser esquecido pela teologia. Em Descartes, deixam de existir todas as provas de Deus a partir do mundo.

> *Semper existimavi duas quaestiones, de Deo et de Anima, praecipuas esse ex iis quae Philosophiae potius quam Theologiae ope sunt demonstrandae* ["Sempre considerei que há duas questões precípuas, a de Deus e a da alma, entre as que podem ser demonstradas pela filosofia mais do que pela teologia"][71].

A terceira meditação cartesiana, sobre a imediata consciência de si mesmo e a consciência de Deus que nela está incluída, retoma, passando pela renascença agostiniana francesa do século XVII, a reflexão já citada de Agostinho. Mas, à medida que a demonstração de Deus começa e ter-

---

70. WA 40, II, 327 s.
71. Descartes, R., *Meditationes de prima philosophia*. Em alemão: *Taschenbuchausgaben der Philos. Bibliothek*, ed. A. Buchenau, [21]1947, III. Cf. a terceira meditação sobre prova de Deus por meio da consciência imediata de si mesmo, 27 ss.

mina na autoconsciência imediata, e o ser humano aí refletido conhece a si mesmo e a Deus *per eandem facultatem* e *simul,* o campo das *res extensae* é entregue ao cálculo numérico que prescinde de Deus e da ideia do ser. Desde o tempo do racionalismo científico-natural e histórico, a teologia, na linguagem e na reflexão, como também na pregação sobre a obra de Deus, sempre se orientou mais para a subjetividade do ser humano, particularmente libertada pela objetivação iluminista do mundo. No mesmo sentido das passagens aduzidas de Bultmann, afirma também G. Ebeling: "Assim, na questão da identidade do ser humano está incluída a questão de Deus"[72]. Esta prova de Deus a partir da existência humana, sob a forma da busca de Deus provocada pela questão da existência humana, tem os mesmos pressupostos que as provas de Deus a partir do mundo ou da história. Ela pressupõe o misterioso nexo entre a alma e Deus. Embora esse nexo jamais possa ser provado objetivamente, mas apenas experimentado subjetivamente na experiência da própria consciência. No *cor inquietum* da criatura, o ser humano está em busca de Deus, quer o saiba quer não.

Essa prova de Deus pela existência a partir da moderna concepção de subjetividade como resultado da filosofia da reflexão recebeu uma radicalização toda peculiar. Por ser essa subjetividade entendida como a imediação incompreensível do existir, ela resulta da delimitação da parte do não-eu, do mundo das coisas abrangíveis, calculáveis, disponíveis e das próprias objetivações. Para, no sentido próprio, poder ser pessoa o ser humano deve distinguir-se radicalmente de seu mundo ambiente. Todas as afirmações sobre a relação do ser humano com Deus podem ser definidas unicamente a partir de seu contrário, a relação com o mundo. O ser humano, portanto, deve distinguir continuamente seu ser-mundo de seu próprio ser-eu, para assim fazer do mundo um mundo secularizado, e a si mesmo pura receptividade de Deus. Esse método de chegar à própria subjetividade a partir da reflexão ilimitada e livre de quaisquer relacionamentos com o mundo é moderno. A prova de Deus a partir da existência não aparece caracterizada por tal antítese nem em Agostinho nem nos reformadores. Esses

---

72. *Wort und Glaube,* 1960, 441 s. Na página 366 é demonstrado detalhadamente em que medida as grandes análises da realidade, que hoje em dia desembocam na percepção da "questionabilidade radical da realidade" estão relacionadas com as assim chamadas provas de Deus. No entanto, essa analogia logo é estreitada por Ebeling: "O problema da verdadeira transcendência nos parece irromper em um ponto totalmente diferente daquele em que o situavam as tradicionais provas de Deus: não na questão do *primum movens* ou semelhantes, mas nos problemas que atingem o ser-pessoa, como a questão do sentido, a questão da culpa, a questão da comunicação etc.". Ora, esses problemas que irrompem do ser-pessoa, não são "totalmente diferentes" dos que apresentam a partir da experiência com o mundo.

reconheciam a ação de Deus no mundo, ainda que velada, bem como na natureza e na história, e a explicavam pela doutrina das ordens da criação. O conceito de ciência do kantismo, adotado por W. Herrmann e R. Bultmann, não mais deixa margem a isto. Para eles, o conhecimento científico é pensamento de objetivação e, do ponto de vista das categorias, tem como objeto um "nexo fechado de efeitos e causas", uma ordem necessária do mundo, tanto nas ciências da natureza como na história. Para o conhecimento da realidade, verificado sob o signo dessas categorias, Deus e sua ação ficam, por princípio, ocultos. Por isto, como em Kierkegaard, chega-se à aliança entre o ateísmo teórico e uma vida interior devota. Qualquer esforço científico só assume alguma relevância teológica quando relacionado com o sujeito desse conhecimento. Se o pensamento e a pesquisa científica das realidades do mundo têm seu fundamento último na ideia de poder e no desejo de domínio do ser humano – no sentido de submeter tudo a sua vontade, de ter uma visão completa da realidade, de fazer cálculos de autoafirmação e de autossegurança –, esse tipo de domínio do mundo, portanto, aproxima-se, do ponto de vista teológico, da autojustificação do ser humano pelas obras. Isto significa que a dimensão "mundo", para o ser humano alcançado pela mensagem da graça, só é relevante ainda na perspectiva da justificação, isto é, da de saber se ele pretende compreender-se a partir "do mundo", por meio de suas próprias obras, ou a partir "de Deus", de quem não pode dispor. Dessa forma, "mundo" e "Deus", para o sujeito que se interroga a si mesmo, tornam-se alternativas absolutamente radicais. O ser humano se vê posto "entre Deus e o mundo" (Gogarten). Não é preciso lembrar aqui que essa tese da alternativa entre Deus e o mundo tem sua história preliminar na gnose e na mística. Mais importante aqui é que, em tal compreensão teológica do "mundo", o relacionamento, tanto científico como prático, do ser humano com a realidade do mundo se submete às leis estranhas a essa mesma realidade: o conhecimento objetivo do mundo e da história cai, do ponto de vista teológico, necessariamente sob "a lei"? Será que se pode imaginar uma autocompreensão do ser humano que não seja determinada por relações com o mundo, com a história ou com a sociedade? Pode a vida humana ter consistência e duração sem exteriorização e objetivação? E sem elas não se evapora a vida no nada da reflexão sem fim? A tarefa da teologia é desenvolver o conhecimento de Deus na correlação entre a compreensão do mundo e a compreensão do sujeito.

A moldura categorial da subjetividade transcendental domina também a concepção bultmanniana de revelação. Segundo ele, a revelação de Deus é um entrar-em-si, o que se dá na verdadeira autocompreensão do ser humano:

Designa-se como revelação [...] aquela *manifestação do que está oculto, que se mostra necessária e decisiva para o ser humano*, caso ele pretenda chegar à "salvação", a si próprio[73].

Aqui se pressupõe, de um lado, o ser humano não poder por si só chegar a si mesmo, mas dever buscar a revelação, e por outro lado, ser necessário que chegue a si mesmo. Quando lhe é manifestado seu verdadeiro ser por meio da revelação, nele se lhe manifesta a natureza de Deus. A pregação e a fé cristã respondem a essa busca do ser humano por si próprio, busca que ele mesmo é, devido a sua existência questionável, e não por meio daquilo que dizem e fazem; mas busca daquilo que pregação e a fé cristã mesmas são.

> A revelação não nos dá o conhecimento do mundo, mas *ela dirige a palavra a nós*. O fato de o ser humano, por meio dela, aprender a se compreender a si mesmo significa que ele *portanto aprende a compreender seu agora, o instante, como qualificado por meio da pregação*. Com efeito, existir no instante é sua maneira própria de ser[74].

Revelação, nesse sentido, é o evento da pregação e da fé. Revelação é o evento da ἀκοὴ τῆς πίστεως ["proclamação da fé"]. "A pregação mesma é revelação, e não apenas fala a respeito dela"[75]. "É unicamente na fé que se manifesta o objeto da fé; por isto a fé pertence à própria revelação"[76]. O evento da revelação está não no que a palavra da pregação afirma e para o qual ela aponta, e sim no fato de ela "acontecer", interpelando e apelando.

> *O que foi, portanto, revelado?* Nada, absolutamente, à medida que a pergunta pela revelação é uma pergunta por doutrinas. [...] Mas tudo, à medida que *ao ser humano são abertos os olhos a respeito de si mesmo e ele pode recomeçar a se compreender*[77].

Por conseguinte, o evento da pregação que apela e o da fé que se conhece e se apropria a si mesma é a própria revelação. Visto que o ponto capital da revelação é a própria questionabilidade da existência humana, a revelação produz a compreensão de si mesmo por parte do sujeito, segurança pessoal e identidade consigo mesmo. O evento atual da revelação é a

---

73. *Glauben und Verstehen*, III, 2.
74. Ibid., 30.
75. Ibid., 21.
76. Ibid., 23.
77. Ibid., 29.

presença mesma do *éschaton*, pois o "ser no instante" da pregação e da fé é o "ser próprio" do ser humano. Ora, ser, em sentido próprio, significa a restituição da originalidade humana, em sua essência de criatura, e a consecução de seu fim, o que é escatologia. Ambas as coisas se verificam no evento causado pela palavra e pela fé. No "instante" da revelação, criação e salvação coincidem[78]. O *que* é revelado é idêntico com o *fato* da revelação.

Neste ponto, surgem duas perguntas:

1. Do fato de a questionabilidade da existência humana ser elevada à categoria de questão capital com referência à revelação e à salvação, e esta questão ser alternadamente orientada para a autocompreensão a partir do "mundo" disponível e do "Deus" indisponível, torna-se patente que a autocompreensibilidade dessa "autocompreensão" não é questionada, nem do ponto de vista hermenêutico dos textos tradicionais, nem do ponto de vista teológico. Qual a razão por que a compreensão prévia, que faz com que o ser humano busque a "revelação", só pode ser uma "ciência não lógica" de si mesmo, e não uma "ciência do mundo"?[79] Por que a palavra, que desde sempre foi a luz dos seres humanos, "naturalmente não é uma teoria cosmológica ou teológica, mas uma compreensão-de-si-mesmo pelo reconhecimento do Criador"?[80] Por que a revelação não nos dá uma "cosmovisão", mas uma nova "autocompreensão"? Aquilo que quanto a esse ponto é pressuposto, por Bultmann, como uma alternativa "natural" e evidente por si mesma, de modo algum é "natural", mas traz de seu lado uma determinada "cosmovisão", concepção de história e análise do tempo, segundo a qual o ser humano se tornou para si mesmo uma questão em seus aspectos sociais, corporais e históricos, e só chega à compreensão de si mesmo e de sua própria existência distinguindo-se do mundo exterior e por meio da reflexão, a partir de suas objetivações. Mas é evidente que "cosmovisão" e "autocompreensão" se encontram no mesmo nível. Uma

---

78. Idem: "Em Jesus outra luz não apareceu senão a que sempre brilhou na criação. A luz da revelação da salvação, o ser humano não aprende a se conhecer diferentemente do que sempre devia se compreender em face da revelação na criação e na lei, isto é, como criatura de Deus".

79. Ibid., 26: "Existe, portanto, uma 'revelação natural' [...]. Porém, [...] o conhecimento dela não é uma ciência, uma contemplação teísta de Deus, mas o conhecimento que o ser humano tem de si mesmo".

80. Ibid. cf. também: *Das Evangelium des Johannes*, [12]1952, 27 ss.

pressupõe a outra, e ambas estão indissoluvelmente ligadas. Tão somente pela sua exteriorização no mundo é que o ser humano se experimenta a si mesmo. Sem objetivação não é possível qualquer experiência de si mesmo. A autocompreensão do ser humano é sempre condicionada do ponto de vista social, material e histórico. Uma autocompreensão imediata e direta e uma identidade não dialética consigo mesmo são impossíveis ao ser humano; é o que, em Bultmann, precisamente se demonstra pela oposição dialética entre mundo e sujeito.

2. Do ponto de vista teológico surge a questão se, de fato, pelo evento da revelação na pregação e na fé, o ser humano chega a "si-mesmo", à natureza íntima de seu ser, que seria ao mesmo tempo origem e fim último. Nesse caso, sem dúvida, a fé seria o fim já realizado da história e o crente já seria perfeito. Nada mais haveria a sua frente, nada mais haveria em direção ao qual devesse ele caminhar, tanto sob o aspecto cósmico, como corporal e histórico. O "futuro" de Deus seria o mesmo que o "eterno", e a abertura do ser humano "a caminho" seria algo de "eterno" e "não teria fim"[81]. Mas, dessa forma, a existência da fé, que, nesse sentido, se entende como "escatológica", se transformaria em uma nova espécie de "epifania do presente eterno"[82]. Se Jesus e a sua palavra chegam, na fé, "ao fim"[83], dificilmente se entende que a fé se oriente para a *promissio* e que a própria fé tenha um fim em vista (1Pd 1,9), em direção ao qual ela caminha; tampouco se compreende que "ainda não tenha

---

81. *Glauben und Verstehen*, III, 121: "[...] a sua perene futuridade é a sua transcendência". Ibid., 165: "[...] o Deus da história [...] o Deus que sempre vem". *Das Urchristentum im Rahmen der antiken Religionen*, ²1954, 228: "A abertura da existência cristã não tem fim".

82. Isto já viu e criticou Schniewind, J., *KuM*, I, 100 ss. À página 103: "Quando por 'atitude escatológica' se entende a vida que se alimenta do invisível e do indisponível, o conceito 'escatologia' é tomado em sentido demasiado amplo. Nesse caso, ele coincide com o de religião em geral". À página 105: "A escatologia pergunta pelo *eis tí*, pergunta pelo *télos*, o sentido e a meta do tempo, e não pelo presente eterno".

83. Ebeling, G., *Das Wesen des christlichen Glaubens*, 1959, 68, 72; *Wort und Glaube*, 311 e *passim*. Isso não impede que se entenda a fé como "essencialmente orientada para o futuro" (248) e se diga: "[...] a fé é futuro" (231). Mas esse futuro da fé só aparece na reflexão sobre a dimensão da própria fé, sendo entendida como "futuro puro (isto é, não mediado)" ou "futuridade". Assim a fé é de novo eternizada como esperança. O futuro como futuridade e esperança como esperar, se tornam, portanto, dimensões ou extensões extáticas do "agora da eternidade". Cf. *Theologie und Verkündigung*, 1962, 89 s. e a crítica de Schmidt, H., Das Verhältnis von neuzeitlichem Wirklichkeitsverständnis und christlichem Glauben in der Theologie G. Ebelings, *KuD*, n. 9 (1963) 71 ss.

aparecido o que seremos" (1Jo 3,2). Tudo isto indica que a fé se orienta para alguma coisa, para algo que lhe foi prometido, mas que ainda não está cumprido. Se os crentes, devido às "arras do Espírito", entendido escatologicamente como o Espírito da ressurreição dos mortos, esperam ainda a redenção do corpo, isto significa que ainda não chegaram à identidade consigo mesmos, mas vivem para ela em esperança e confiança e, assim, lutam contra a realidade da morte presente. É precisamente no contexto da presença escatológica do "ainda não", no qual a fé se estende em direção ao futuro, que surge a possibilidade de uma compreensão do mundo, a qual não é idêntica com o sentido de "mundo" enquanto corrupção, lei e morte, em antítese à doutrina da justificação. Se a fé espera a "redenção do corpo", a ressurreição da morte e o aniquilamento da morte, ela obtém a compreensão da profunda solidariedade corporal de toda a "expectativa da criatura" (Rm 8,20 ss.), solidariedade tanto na sujeição à vaidade como na esperança universal. Considerado assim, o mundo para a fé não continua debaixo da "lei". Não é mais "mundo" unicamente no sentido da impossibilidade de o ser humano compreender-se a partir dele, pois todo ele é assumido na perspectiva escatológica da promessa. O próprio mundo está, juntamente com o ser humano, sujeito ao nada e orientado para a esperança. O futuro, que lhe abre a promessa do Deus da ressurreição, é dado à criatura juntamente com o ser humano, e este juntamente com a criatura. A criação está "a caminho", e o *homo viator* é solidário com a realidade, em uma história aberta para o futuro. Por conseguinte, o ser humano não se encontra "no ar", "entre Deus e o mundo", mas, juntamente com o mundo entra no processo que é aberto pela promessa escatológica de Cristo. Não é possível falar da existência do crente em esperança e de abertura radical, mas, ao mesmo tempo, afirmar que o "mundo" é um mecanismo, ou um conjunto de causas e efeitos fechado em si mesmo, que objetivamente se distingue e se opõe ao ser humano. Dessa forma, a esperança se diluiria em esperança da alma solitária, encarcerada em um mundo duro como pedra, e cairia na visão gnóstica da nostalgia da redenção. Falar da abertura do ser humano é algo sem base se o próprio mundo não está aberto, mas é considerado um compartimento fechado. Sem a escatologia cosmológica, a existência escatológica do ser humano é inconcebível. Por conseguinte, a escatologia cristã não pode conformar-se com o conceito kantiano de ciência e realidade. A maneira como se conhece o mundo tampouco é algo indiferente. Visão de mundo e fé são, antes, inseparáveis; isto, justamente porque a fé não quer fazer do mundo a imagem da divindade nem a imagem do ser humano.

§ 6. Escatologia histórico-salvífica e "revelação progressiva"

O pensamento da teologia mais antiga, que compreendia a revelação de Deus como "revelação progressiva", é condicionado pela ideia de interpretação histórica da revelação e da história universal tomada como revelação. Tal ideia tem sua origem na teologia da aliança (J. Cocceius) e na teologia da história do pietismo incipiente, na assim chamada teologia "profética" e "econômica", dos séculos XVII e XVIII[84]. Ao contrário da compreensão ortodoxa de revelação, supranaturalística e doutrinária, a Bíblia era lida como se fosse um livro de história, um comentário divino às ações divinas na história universal. Essa nova compreensão histórica da revelação se originou do renascimento do quiliasmo escatológico, no período pós-reformista. Esta irrupção de um novo pensamento escatológico revivificou o sentido da história. Nessa visão de história, a revelação em Cristo era compreendida historicamente como um estágio transitório de um processo mais amplo do "reino de Deus", como evento decisivo da história, o qual apontava para além de si mesmo, para o futuro. Dessa forma, a revelação de Deus não era um "instante eterno", e o *éschaton* que nela se manifesta não é mais um *futurum aeternum*. A revelação em Cristo é um evento final e decisivo no processo da história do Reino, cuja história preliminar se inicia na queda e, talvez, já na criação – seja com o protoevangelho de Gênesis 3,15, seja com a promessa da imagem de Deus em Gênesis 1,27 –,

---

84. Schrenk, G., *Gottesreich und Bund im älteren Protestantismus, vornehmlich bei J. Coccejus*, 1923; Möller, G., Föderalismus und Geschichtsbetrachtung im 17. und 18. Jh., *ZKG*, 3ª Série I, v. L (1931) 397 ss.; Moltmann, J., J. Brocard als Vorläufer der Reich-Gottes-Theologie, *ZKG*, 4ª Série IX, v. LXXI (1960) 110 ss.; Weth, G., *Die Heilsgeschichte*, 1931; Kantzenbach, F. W., Vom Lebensgedanken zum Entwicklungsdenken in der Theologie der Neuzeit, *ZRGG*, n. 15 (1963) 55 ss.; Fülling, E., *Geschichte als Offenbarung*, 1956. Cf. uma apreciação crítica em Steck, K. G., Die Idee der Heilsgeschichte, von Hofmann – Schlatter – Cullmann, *ThSt*, fasc. 56, 1959. A observação final de Steck, no entanto, de que de novo se deveria ponderar sobre a sentença de Fichte: "Somente o que é metafísico e não histórico torna bem-aventurado; somente o que é último torna compreensivo", em vista do contexto em que essa sentença se encontra em Fichte, não me parece que ela aponte qualquer solução.

e cuja história final se estende para além da revelação de Cristo, do ponto de vista histórico assim como lógico. Com isto, a revelação de Cristo é inserida em uma história da revelação, que a envolve, e cuja progressividade é expressa pelo pensamento do desenvolvimento salvífico realizado por meio de graus e estágios, de acordo com um plano de salvação pré-elaborado por Deus. Essa teologia do "plano" histórico-salvífico possui diversos e notáveis paralelos com o deísmo histórico-natural dos séculos XVII e XVIII e é, evidentemente, um piedoso fruto do tempo do Iluminismo. Por isso, ela mesmo pode oferecer expressões tanto pietistas como racionalistas, histórico-salvíficas e progressistas[85]. Seu fascínio peculiar consiste menos na compreensão racional do plano divino da salvação na história do que no fato de os testemunhos históricos da Escritura, relacionados entre si e apontando para além de si mesmos, permitirem desenvolver um "sistema de esperança" (J. A. Bengel) e responder assim à questão sobre o futuro e fim da revelação de Cristo em favor dos povos, do corpo, da natureza e de Israel. Essa teologia da revelação histórico-salvífica, divina e progressiva no decurso da história universal – entendida como "Conhecimento esotérico de círculos de iniciados" – é "econômica" no sentido de que faz reconhecer as "economias", isto é, as instituições salvíficas de Deus no passado, e assim torna compreensível a história do passado. Por outro lado, tira conclusões para a sua ação futura dos caminhos de Deus no passado. Nesse último sentido é "profética", pois procura esboçar e descobrir o futuro nas profecias e acontecimentos do passado que apontam para além do presente.

Sua verdade consiste certamente em ter coragem de perguntar pela tendência interna e pelo horizonte escatológico no futuro da revelação histórica de Deus. Mas seu erro consiste em que procurava tornar experimentável a progressividade escatológica da história da salvação, partindo de outros "sinais dos tempos", que não a cruz e a ressurreição, isto é, com base na decadência da igreja, interpretada apocalipticamente, e das idades do mundo; ou então a partir de uma interpretação otimista da cultura e do conhecimento, que vê na revelação um predicado da história, e na "história", considerada de forma deísta, um substituto de Deus.

A condição para o surgimento da teologia histórico-salvífica está no reflorescimento da esperança e do pensamento apocalíptico, o qual, tanto do ponto de vista teológico como profano, está ligado à ideia do nasci-

---

85. Só queremos lembrar o notável paralelismo entre o quiliasmo pietista e o iluminista, entre Bengel e Lessing, C. A. Crusius e Ötinger, Herder e Menken, Hegel e von Hofmann, Rothe e Blumhardt. Cf. sobre isto, GERLICH, F., *Der Kommunismus als Lehre vom tausendjährigen Reich*, 1921.

mento de um "novo tempo". Trata-se, entretanto, de um apocaliptismo no sentido cosmológico e histórico-universal, que tem seu ponto de partida na demonstração histórico-teológica de Deus por meio da história universal. Ele não passou pelo fogo da crítica kantiana e nunca foi submetido a essa crítica – nem mesmo em seus representantes do século XIX –, como também não submete essa crítica a seu crivo. Quando, no decurso do século XIX, ele vem à tona na teologia dos românticos referente à história da salvação, conserva sempre esse caráter acrítico. Desse modo, ele jamais se encaixou realmente no espírito do tempo moderno e ficou relegado ao isolamento de uma doutrina eclesiástica esotérica. Com isto, porém, ainda não se anula o conteúdo de verdade dessa corrente teológica. Deve-se ter em mente sua surda polêmica contra o materialismo abstrato e o historismo anistórico, mesmo que sua luta, vista como um todo, tenha fracassado inteiramente.

No pietismo württemberguense de J. A. Bengel e F. Ötinger, a história era vista como um "organismo" vivo. A obra de Ötinger *Theologia ex idea vitae deducta* [*A teologia deduzida da ideia de vida*] (1765) introduziu na teologia o conceito de vida e tentou assim criar as condições para um pensamento de totalidade[86]. Os conceitos de vida e organismo eram menos naturalísticos do que orientados escatologicamente para a esperada irrupção da gloriosa vida celeste na ressurreição. Sua polêmica se dirigia contra a imagem mecanicista do mundo, criada pela ciência natural, pelo Iluminismo e pelo subjetivismo idealista a ele ligado. A história não devia ser entendida como uma coleção de fatos que se encontram fora do ser humano, mas como uma "corrente vital" que abrange o ser humano "organicamente". Ainda que os conceitos empregados provenham da vida natural e sejam pouco comensuráveis à compreensão da história, é, no entanto, digna de nota sua crítica contra *L'homme machine* [*O homem-máquina*] de Lamettrie e contra o materialismo naturalista-científico anistórico do Iluminismo da Europa ocidental. A impressão do "maquinismo do mundo" e do "bosque" que se transformou em "madeira" é atacada pela teologia vitalista dos historiadores da salvação. Com isso, os conceitos centrais de "história" e "vida" assumem grande significação para superar a divisão, típica dos tempos modernos, entre "subjetividade e objetivação". Esses conceitos, provavelmente, foram encontrados por Hegel na teologia württemberguense. Em todo caso, o que

---

86. HAUCK, W. A., *Das Geheimnis des Lebens, Naturanschauung und Gottesauffassung Fr. Chr. Ötingers*, 1947.

Karl Marx diz em sua crítica contra o materialismo científico-naturalista abstrato e contra Ludwig Feuerbach corresponde inteiramente às intenções de Ötinger:

> Logo que alguém representa esse processo vital e ativo, a história cessa de ser uma coleção de fatos mortos, o que ela ainda é para os empiristas abstratos, ou uma ação representada na mente por objetos abstratos, como entre os idealistas[87].

Ambas as abstrações, a subjetividade e a objetivação, ganham realismo e perdem o caráter abstrato, anistórico, por meio do processo dialético. A questão é unicamente: em que consiste esse processo? De quem é o processo, e a que ele visa?

De resto, a ideia de história da salvação tem um tom anti-histórico bem característico. Auberlen explicou: "A tarefa atual da teologia consiste na superação do historicismo racionalista e anti-histórico [...] por meio do conhecimento da história sagrada"[88]. Apenas a afirmação de que o historicismo é "anti-histórico" é digno de nota nessa sentença. A superação da "história sagrada" por um conhecimento, evidentemente não-racional, continua uma ilusão enquanto não se tem uma nova compreensão da *ratio*. E isso a teologia histórico-salvífica jamais conseguiu fazer, isto é, modificar criticamente, ela mesma, os princípios da compreensão histórica. E, por isso, na era da investigação histórico-crítica, ela aparece sempre como uma escapatória anacrônica da crise em que se debate a teologia da revelação nos tempos modernos. Em hipótese alguma deve-se fazer a "desmistificação" da história pela ciência histórica caminhar para trás, por meio de uma mistificação romântica, meta-histórica e crédula. Somente quando se leva a ciência histórico-crítica a descobrir os pressupostos de sua própria

---

87. *Frühschriften*, ed. Landshut, 1953, 350. Cf. também a página 330: "Entre as propriedades inatas da matéria, o movimento é o primeiro e o mais importante, não só como movimento mecânico e matemático, mas, mais ainda, como impulso, espírito de vida, tensão, tormento – para usar a expressão de Jakob Böhme – da matéria. [...] Em seu desenvolvimento ulterior, o materialismo se torna unilateral [...]. A sensibilidade perde seu viço e se torna o sentido abstrato do geômetra. O movimento físico é sacrificado ao movimento mecânico ou matemático. O materialismo se torna inimigo do ser humano", porque ele, como se diz em outra passagem (338, 346, 354) "se exclui da história". Essa luta romântica de Marx contra o materialismo sensível de Feuerbach e contra o materialismo abstrato, científico-natural, se repetiu, no campo prático, na revolução russa a propósito do conflito entre Trótski e Stalin. Trótski entendia o revolucionário, não como "engenheiro do poder", mas como "médico" que assistia ao processo vital do organismo social. Esse conflito se repetiu, teoricamente, na discussão entre G. Lukács, K. Korsch e Lenin.

88. Citado conforme WETH, A., op. cit., 97.

historicidade, como também os princípios metodológicos que emprega, é que se lhe torna real a possibilidade de compreender a história "historicamente" e superar seu "historicismo anti-histórico". A teologia histórico-salvífica tradicional vê-se frente à crítica histórica de maneira semelhante à doutrina das cores de Goethe frente à análise da luz realizada por Newton. Ela defende categorias estéticas e poéticas, mas carece totalmente de categorias com que possa ser apreendida e modificada a realidade da história moderna.

A preocupação típica da teologia histórico-salvífica, entretanto, era menos sua concepção meta-histórica da "história sagrada" do que o fato de assinalar um horizonte escatológico para a história universal na revelação. Essa perspectiva está na base do conceito de "revelação progressiva".

Sob o fascínio de uma escatologia transcendental, como vimos, a revelação trata indiferenciadamente todas as épocas da história. Todas as épocas tornam-se diretamente relacionáveis com a eternidade, e "história" passa a ser o suprassumo da transitoriedade. R. Rothe, em seu célebre estudo sobre a revelação, diz o seguinte contra essa ideia:

> Esta (isto é, a Escritura) nos apresenta uma revelação de um tipo totalmente diferente. Ela a descreve antes de tudo como uma sequência, uma série, sempre relacionada consigo mesma, de *fatos históricos* e de *feitos históricos* maravilhosos, a que se referem, em contextos bem determinados, ilustrações sobrenaturais de profetas (sob formas diversas), como visões, iluminações internas por obra do Espírito de Deus, menos para comunicar conhecimentos de novas doutrinas religiosas do que para interpretar de antemão futuros acontecimentos históricos[89].

Ambas as formas de revelação, a "manifestação exterior" e a "inspiração interior" – distinção entre "revelação por fatos" e "revelação por palavras", que sempre aparece de novo – são historicamente relacionadas. Daí, segue-se que a revelação divina se realiza aos poucos, por meio da dialética do evento e da palavra em uma sequência de fatos preanunciados e acontecidos, e se encaminham em direção ao fim pelo cumprimento de si mesma. "O desenvolvimento progressivo do reino do Salvador é, ao mesmo tempo, revelação continuamente progressiva da verdade absoluta e da perfeição do mesmo"[90]. Dessa forma, em Rothe, e, com modificações,

---

89. ROTHE, R., *Zur Dogmatik*, 1863, 59.
90. *Ethik*, 1867, §570. Cf. também BIEDERMANN, A. E., *Christliche Dogmatik*, 1884, §987.

também em Biedermann e E. Troeltsch, a revelação de Deus é entendida como autorrevelação, mas ligada ao desenrolar histórico-salvífico de uma autorrealização escatológico-progressiva do Revelador, a qual se desenvolve dialeticamente. Isto, porém, significa que a história presente, a história dos tempos modernos, com todos seus progressos no campo da cultura, da ciência e da tecnologia, deve necessariamente ser representada como um instante do processo da revelação de Deus e da realização do reino de Deus. Assim, a teologia protestante da cultura, com sua revelação progressiva, foi obrigada a responder à questão apologética de um cristianismo superado e antiquado frente a sua visão da atualidade. Isso ela fez apontando para o sentido cristão oculto e a qualidade de reino de Deus da história dos tempos modernos, os quais superam, assim, o cristianismo tradicional. "Por que a igreja se fecha contra o progresso da cultura?", perguntava R. Rothe, e respondia: "E com vergonha que preciso dizer: teme pela fé em Cristo. Isso para mim não é fé, mas pequena fé. É a consequência da falta de fé no real e efetivo senhorio universal do Salvador"[91]. Em E. Troeltsch, temos a seguinte pergunta: "Será que ainda precisamos colocar-nos na continuidade do cristianismo, ou estamos crescendo em direção a um futuro religioso que já não será cristão?"[92] Sua resposta é a ideia de uma revelação progressiva que no futuro, por sua vez, fará a síntese entre o espírito moderno e a pregação cristã tradicional. Questões e respostas semelhantes são encontradas nos círculos dos Blumhardts e dos "socialistas religiosos".

Ainda que a teologia da revelação progressiva jamais tenha chegado a uma "superação da modernidade" (Rosenstock-Huessy), ela, entretanto, possui elementos que não podem ser eliminados simplesmente porque a escatologia transcendental atribui valor igual a todos os tempos da história. Ainda que a ideia da "história da salvação" seja, do ponto de vista filosófico, anacrônica, e do ponto de vista teológico, deísta, ela, não obstante, preserva e afirma o horizonte escatológico futuro da revelação cristã para o mundo que se encontra no processo histórico. Isso significa que todos os temas da escatologia histórico-salvífica – tais como a missão a todos os povos, o diálogo sobre o futuro de Israel, o futuro da história universal, das criaturas e do corpo – são os temas próprios da escatologia cristã como tal, os quais, porém, já não podem mais ser pensados como histórico-salvíficos no sentido tradicional. A questão decisiva pode ser posta assim: a "revelação" é uma interpretação explicativa de um processo vital atual, obscuro, na história? Ou:

---

91. ROTHE, R., *Vorträge*, 1886, 21.
92. *Glaubenslehre*, 1925, 49.

não é a revelação mesma que cria, impele e orienta o processo da história? Ou, como Barth certa vez formulou a questão: a revelação é um predicado da história ou a história deve ser pensada, experimentada, esperada e desejada em obediência como um predicado da revelação escatológica?

§ 7. A "história" como autorrevelação indireta de Deus

Uma tentativa, sob muitos aspectos ainda em aberto, de livrar a filosofia da reflexão da subjetividade transcendental da objeção teológica da "autorrevelação" de Deus se encontra no caderno programático *Offenbarung als Geschichte* [*Revelação como história*] (1961) de W. Pannenberg, R. Rendtorff, U. Wilckens e T. Rendtorff[93].

A ideia da indemonstrabilidade de Deus e de sua ação na história, como também da impossibilidade objetiva de legitimar a revelação – que desde os tempos da crítica de Kant, com o conceito de ciência que sobre ela se apoia, domina os espíritos – obrigou a teologia a inserir a revelação no quadro e no contexto da subjetividade transcendental. Mas com isso a teologia não descobriu seu próprio caminho, nem enveredou por ele, antes entrou em aliança negativa com uma forma determinada, moderna, de experimentar o mundo. Quando se quer romper esse círculo de ferro e achar uma alternativa para esse tipo de teologia, é preciso encontrar igualmente uma alternativa para o conceito moderno, pós-kantiano, de ciência, para o conceito crítico de razão e para a abordagem histórico-crítica da realidade. Essa alternativa para a teologia da revelação da fé, deverá também criticar a crítica do saber, tal como Kant a estabeleceu, "para que sobre um lugar para a fé". Ela não mais deverá levantar a questão de Deus, exclusivamente a partir da questionabilidade da subjetividade do ser humano, mas, inclusivamente, partir da questionabilidade da realidade como um todo, e apresentar a revelação de Deus e a ação divina nesse contexto vasto e amplo.

Por isto, o ponto de partida de *Offenbarung als Geschichte* [*Revelação como história*] não mais consiste na demonstração de Deus a partir da existência nem na legitimação da busca de Deus a partir da questionabilidade da existência, mas na demonstração de Deus a partir do cosmo e na legitimação da busca de Deus a partir da legitimação da busca da rea-

---

93. Cf. ainda: PANNENBERG, W., Heilsgeschehen und Geschichte, *KuD*, n. 5 (1959) 218-237, 259-288; RENDTORFF, R., "Offenbarung" im Alten Testament, *ThLZ*, n. 85 (1960) 833-838; KORN, K., Spätisraelitisches Geschichtsdenken, *HistZ* (ago. 1961); PANNENBERG, W., Hermeneutik und Universalgeschichte, *ZThK*, n. 60 (1963) 90 ss.; RENDTORFF, R., Geschichte und Wort im Alten Testament, *EvTh*, n. 22 (1962) 621 ss.

lidade como um todo. Em lugar da "teologia do querigma" e da ideia de uma autorrevelação imediata de Deus na palavra que apela para nós entra a afirmação de uma "autorrevelação indireta de Deus no espelho de sua ação na história"[94]. "Os fatos históricos, como feitos de Deus, atiram uma luz sobre o próprio Deus e nos comunicam indiretamente algo sobre o próprio Deus"[95]. Mas, visto que cada acontecimento, tomado isoladamente como ação de Deus, só ilumina parcialmente o ser de Deus, a revelação, no sentido da plena autorrevelação de Deus em sua glória, só é possível quando a totalidade da história é entendida como revelação de Deus. "A história como um todo é, portanto, revelação de Deus. Visto que ainda não está no fim, ela só pode ser reconhecida como revelação a partir do fim"[96]. Por isso, a plena autorrevelação de Deus não se encontra "no começo, mas no fim da história reveladora"[97]. Esse fim da história, os apocalípticos do judaísmo tardio viam-no na ressurreição geral dos mortos, apelando para visões extraordinárias. No "destino" (da ressurreição) de Jesus de Nazaré, portanto, o fim da história se deu antecipadamente, pois pela sua ressurreição já lhe aconteceu aquilo que ainda está à frente de todos os outros seres humanos[98]. Se sua ressurreição é o "acontecimento prévio", a antecipação, a prolepse do fim universal, em seu destino, portanto, Deus, de forma indireta, se revela como o Deus de todos os seres humanos[99].

Essa teologia da história universal se apresenta, antes de tudo e declaradamente, como a ampliação, a superação da teologia cósmica dos gregos. Em lugar da prova cosmológica de Deus, que da "realidade como cosmo" concluía para uma ἀρχή divina, e assim demonstrava o monoteísmo cosmológico, entra a teologia da história, que a partir da unidade da realidade como história conclui, por meio de um raciocínio semelhante, para o único Deus da história[100]. O método gnoseológico permanece o mesmo,

---

94. *Offenbarung als Geschichte*, 15.
95. Ibid., 17.
96. RENDTORFF, R., *ThLZ*, 836.
97. *Offenbarung als Geschichte*, 95.
98. Ibid., 104.
99. Ibid., 98, 104 ss.
100. Sobre o uso do raciocínio dedutivo, cf. PANNENBERG, W., Die Aufnahme des philosophischen Gottesbegriffs als dogmatisches Problem, *ZKG*, n. 70 (1959) 11; Id., *Heilgeschehen und Geschichte*, 129; Id., *Offenbarung als Geschichte*, 104. Esse raciocínio pressupõe a ligação, não provada, entre Deus e a história, sobre cuja base ele poderia ser deduzido. Visto que essa é também a base da prova cosmológica de Deus, "história" é entendida aqui como teofania indireta, da mesma forma como, outrora, o cosmo na cosmologia grega. Deve-se perguntar, no entanto, se a história nesse sentido ainda é entendida biblicamente.

só que em lugar do cosmo, fechado em si mesmo – o qual, pelo eterno retorno das mesmas coisas em simetria e harmonia se torna teofania – entra um cosmo aberto ao futuro com tendência teleológica. Com isto, a "história" se torna um novo conceito que significa "a realidade em sua totalidade"[101]. Em lugar do início, metafísico, unitário do cosmo entra o ponto final unitário, escatológico, da história. Da mesma forma que, a partir daquele princípio metafísico unitário, o cosmo se torna uma revelação indireta de Deus, aqui, a partir do fim da história, a história aparece como revelação indireta de Deus. A conservação do raciocínio dedutivo do conhecimento de Deus – "no espelho de seus atos históricos" – leva a que esse conhecimento só seja possível, em princípio, *post festum* e *a posteriori*, pela contemplação retrospectiva dos atos realizados e das profecias cumpridas na história. Ora, isto é conhecer a Deus com os olhos da "coruja de Minerva", a qual, como diz Hegel, só alça o seu voo "quando uma forma de vida já ficou caduca e se cumpriu totalmente"[102]. Em lugar da teologia do querigma, que conhece a Deus no evento da palavra que se dirige ao sujeito, entra uma "teologia da história", que percebe a Deus na "linguagem dos fatos". Assim como na teologia cósmica dos gregos o eterno ser de Deus se manifesta indiretamente nos seres e pode ser inferido a partir deles, aqui os seres são reconhecidos no passado da história. O fato de o "fim da história" ainda não ter chegado, mas somente ter sido antecipado uma única vez no destino de Jesus, faz do conhecimento de Deus na história um conhecimento que é somente, e sempre, proléptico, antecipador. Não obstante, a afirmação fundamental do Antigo Testamento de que "a história é o processo contido entre promessa e cumprimento" – princípio do qual partiram Pannenberg e Rendtorff – é, no fundo, deixado de lado em favor de uma escatologia da história universal que afirma que a "realidade total" é a superação da teologia cósmica dos gregos[103]. Essa escatologia recebe seu caráter escatológico unicamente em razão de a realidade não ser ainda visível em seu conjunto, porque ainda não está no fim. Com isto, entretanto, o Deus da promessa do Antigo Testamento ameaça transformar-se em um *theós epiphanés*, cuja epifania será visível na totalidade da realidade, quando esta chegar à perfeição e à consumação. O mundo um dia será teofania, autorrevelação indireta de Deus, em sua totalidade.

---

101. Pannenberg, W., Heilsgeschehen und Geschichte, 222.

102. Hegel, G. W. F., *Grundlinien der Philosophie des Rechtes,* ed. J. Hoffmeister, Berlin, ⁴1956, prefácio, 17.

103. Esse ponto já foi notado criticamente por Robinson, J., Heilsgeschichte und Lichtungsgeschichte, *EvTh,* n. 22 (1962) 116.

Mas, como ainda não o é, resulta daí a abertura para o futuro da realidade, e o "provisório", escatologicamente qualificado, de qualquer conhecimento de mundo e de Deus. Isso, porém, significa que as estruturas do pensamento da teologia cósmica dos gregos continuam, em princípio, válidas, só que agora usadas em sentido escatológico. A conservação do raciocínio dedutivo leva assim a uma compreensão do "fato histórico" que parece estar em contradição, devido ao conceito implícito do ser como "espelho" e "imagem", com a relação estabelecida entre eles e os conceitos de fé, esperança e até mesmo de "história"[104]. Não está claro se, em lugar da teofania da natureza, simplesmente entra a teofania da história com sua abertura para o futuro, ou se também são tomadas em consideração as condições totalmente diferentes para a percepção da realidade como história, isto é, a partir da promessa. Tal teologia da história, contraposta à teologia da palavra, continua exposta à crítica feita por Kant à teologia metafísica, pelo fato de não refletir criticamente sobre as condições de possibilidade para a percepção da realidade como história no sentido escatológico e teológico. Quando se diz que essa "teologia da história" se distingue da teologia histórico-salvífica em sentido tradicional, porque "em princípio ela é historicamente verificável"[105], tal afirmação não é possível enquanto não se modifica o conceito de "história", dando-lhe um novo sentido precisamente a partir da teologia da história.

Se nessa teologia da história, "Deus" é tomado como o objeto a que leva a questão da unidade e da totalidade da realidade, temos aí um ponto de partida evidentemente muito diverso da questão de Deus e da sua fidelidade à promessa na história criada pela promessa e pela espera de realização – como a concebe o Antigo Testamento. Dessa forma, a teoria proposta por Pannenberg, em vista de uma compreensão teológica adaptada à história, ou de uma confirmação das verdades sobre Deus pela totalidade

---

104. Quanto a esse ponto tem razão GEYER, H. G., Geschichte als theologisches Problem, *EvTh*, n. 22 (1962) 103, quando diz: "Um fato, como algo fechado em si mesmo, já teve seu tempo, e a consciência que lhe corresponde é a lembrança e a forma metodicamente dela desenvolvida pelo saber histórico; a promessa, porém, sempre tem o tempo diante de si". De resto, existe também esperança na lembrança, com evento histórico que ainda tem diante de si seu futuro. Só que isto deveria ser formulado por meio de um novo conceito de lembrança e ciência histórica. Cf. MOLTMANN, J., Verkündigung als Problem der Exegese, *MPTh*, n. 52 (1963) 24 ss.; BARTH, K., *Römerbrief*, ²1922, 298: "O que não é *esperança* é tronco, bloco, algema, pesado e quadrado como a palavra 'realidade'; não liberta, mas aprisiona". BLOCH, E., *Das Prinzip Hoffnung*, I, 1959, 242: "O *factum* é matéria em forma de bloco, *estranho à história*".

105. PANNENBERG, W., Heilsgeschehen und Geschichte, 287.

da realidade, tem o mesmo caráter que a questão da autocompreensão do ser humano, ou da confirmação das verdades sobre Deus pela existência do ser humano em Bultmann. A "teologia da história" é assim uma necessária complementação da "teologia da existência".

A disputa entre teologia da palavra e teologia da história da revelação é insolúvel enquanto esses dois produtos finais da abstração, provenientes da filosofia da reflexão, não forem superados por um *tertium* que abranja a ambos e os ultrapasse. Tal tentativa se verifica quando se desenvolve o conceito de "revelação como história" pelo conceito de *história da tradição* (*Überlieferungsgeschichte*)[106]. Com a compreensão da história como "história da tradição", não mais se oferece uma alternativa à teologia do querigma, como na expressão – com sentido meramente polêmico – "linguagem dos fatos", mas faz-se a tentativa de abranger em uma unidade aquilo que foi separado – isto é: "palavra", evento da palavra, interpretação, valorização etc., de um lado, e "fato", realidade e contexto factual, de outro lado. A teologia da história, ao falar da "linguagem dos fatos", não entende *bruta facta*, tal como aparecem na história positivista, isto é, como produtos finais de um processo de abstração a partir da tradição, mas entende por eles a "linguagem divina dos fatos, no contexto da tradição e da espera, no qual se deram os acontecimentos"[107]. Nesse sentido, "história é sempre também história da tradição"[108]. "A história da tradição deve ser considerada como o sentido mais profundo da história mesma"[109]. Os acontecimentos reveladores de Deus devem ser tomados no contexto tradicional e com esse contexto no qual aconteceram e em conexão com o qual receberam a sua significação original. A distinção moderna entre "facticidade" e "significação" é superada pela compreensão da história como história da tradição, de maneira análoga à da "teologia do evento da palavra" de G. Ebeling. Para este, os acontecimentos têm valor em conexão com a palavra pela qual originalmente se tornaram manifestos. O mesmo se dá com as palavras e tradições referentes aos acontecimentos históricos[110]. Mas a questão decisiva é: como superar a dicotomia cartesiana e kantiana entre realidade e percepção? A intenção de alcançar os acontecimentos reais em seus contextos originais de

---

106. Essa expressão é particularmente sublinhada nos escritos de W. Pannenberg e R. Rendtorff, in: *Studien zur Theologie der alttestamentlichen Überlieferungen,* 1961.
107. PANNENBERG, W., *Offenbarung als Geschichte,* 112.
108. Ibid.
109. PANNENBERG, W., *Studien zur Theologie der alttestamentlichen Überlieferungen,* 139.
110. *Theologie und Verkündigung,* 55.

experiência e de transmissão, e nos quais foram moldados pela linguagem, pode, do ponto de vista hermenêutico, partir do evento da palavra, e, do ponto de vista da história universal, do evento total da realidade histórica. Ora, ambas essas coisas precisam ser legitimadas frente à crítica histórica que a consciência moderna exerce e deve exercer sobre as tradições. O fato de que o passado só nos é oferecido na "linguagem da tradição", e que só assim ele nos é acessível, jamais foi contestado. O que se questiona é se esta "linguagem da tradição" "corresponde" à realidade acessível à crítica histórica. A crítica histórica feita sobre as tradições cristãs pressupõe desde o tempo do Iluminismo, com um radicalismo sempre crescente, a crise das tradições e, até mesmo, a ruptura revolucionária com a tradição[111]. A partir dessa crise e dessa crítica, a "tradição" já não é "evidente por si mesma". A atitude para com a história como tradição se tornou reflexiva e perdeu sua imediação. Portanto, caso se queira entender a "história como tradição", é preciso chegar a uma nova conceituação de "tradição", que supere a crítica histórica e a consciência de crise da história, e isto sem negá-la ou torná-la inofensiva. Não se pode resolver esse problema apontando para o fato de que o pensamento histórico recente, por muitos caminhos e descaminhos, provém, também ele, do ponto de vista da história da tradição, do pensamento histórico da Bíblia, pois não se trata tanto da origem da consciência histórica moderna como de seu futuro.

Particularmente difícil de aceitar é a tese teológica de que a ressurreição de Jesus dentre os mortos é a prolepse, a antecipação, o acontecimento prévio, do fim da história universal, de modo que nela, desde já, se possa ver a totalidade da realidade como história. A tese de que o evento da ressurreição de Jesus é basicamente verificável pela história, deveria antes de tudo modificar a tal ponto o conceito de história, que ela pudesse conceber o "ressuscitar" da morte como algo proveniente de Deus, e que nesse "ressuscitar" ela pudesse fazer ver o fim da história. Chamar a ressurreição de Jesus como historicamente verificável pressupõe um conceito de história dominado pela esperança da ressurreição universal como o fim e a consumação da história. Por conseguinte, o conceito de história e a ressurreição formam um círculo lógico.

Mas do ponto de vista teológico, a questão mais importante é se tal compreensão apocalíptica da história – e, ainda mais, reduzida à esperança da ressurreição universal dos mortos – está em condições de abranger o

---

111. Cf. o aporte de J. Ritter à discussão da palestra de PIEPER, J., *Über den Begriff der Tradition*, AGF NRW, 72, 1958, 45 ss.

fenômeno pascal do ressuscitado como tradição e expectativa, conforme a compreensão que dele tiveram os discípulos. Se o "destino" da ressurreição de Jesus foi só o acontecimento prévio do fim de toda a história e a antecipação do "destino" de todos os seres humanos, então o Jesus ressuscitado não teria futuro algum. Não seria a ele mesmo que a igreja, que o confessa, esperaria, mas simplesmente a repetição do seu destino nela mesma. Esperaria que nela se repetisse o que já aconteceu com Jesus, mas não esperaria um futuro para o ressuscitado. Embora seja certo terem sido as aparições pascais de Jesus experimentadas e anunciadas nas categorias apocalípticas da esperança da ressurreição universal dos mortos e como o começo do fim de toda a história; é igualmente certo que a ressurreição de Jesus não é somente pensada como o primeiro caso da ressurreição final dos mortos, mas também como origem da vida de ressurreição de todos os crentes. Não somente se afirma que Jesus foi as primícias da ressurreição e que os crentes encontrarão a ressurreição *como ele*, mas se anuncia também que ele mesmo é a ressurreição e a vida e que, por conseguinte, os crentes acharão seu futuro *nele*, e não somente *como ele*. Por isso, eles esperam pelo seu próprio futuro esperando pelo futuro dele. O horizonte da esperança apocalíptica não contém todo o horizonte do apocaliptismo pós-pascal da igreja. Em lugar da autoconservação dos apocalípticos, para o fim, entra a missão da comunidade primitiva. Esta só é compreensível se o próprio Jesus ressuscitado ainda tem um futuro, um futuro universal em favor dos povos da terra. Somente assim o envio da comunidade primitiva em apostolado junto aos povos tem um sentido histórico. O horizonte interpretativo apocalíptico, histórico-universal, da totalidade da realidade, é secundário frente ao horizonte da promessa e da missão de transformação do mundo. Finalmente, é em razão da unilinearidade do apocaliptismo histórico-universal que a significação teológica da cruz de Cristo ficou esquecida em favor da ressurreição. Entre as esperanças do apocaliptismo do judaísmo tardio e a escatologia cristã está plantada a cruz de Jesus. Por isso, qualquer escatologia ressurrecional do cristianismo deve estar marcada pela *eschatologia crucis*. Esta é mais do que uma simples cesura na sequência histórico-tradicional das expectativas apocalípticas. O paradoxo da cruz permeia também a existência, o caminho e o pensamento teológico da igreja no mundo.

Se a preocupação do programa da "revelação como história" for esboçar conceitos teológicos e formas de comportamento perante a realidade a partir da esperança da ressurreição, para não mais continuar com a já mencionada aliança negativa com o espírito dos tempos modernos, então isso corresponde inteiramente à exigência feita por Barth e Bonhoeffer: de que o "senhorio de Cristo" tem de ser testemunhado e realizado de modo consequente até nas realidades mundanas. Mas permanece a questão: se a expressão "comprovação da realidade do Deus bíblico na totalidade das experiências realizadas em todos os tempos"[112] está à altura dessa tarefa, pois tal tarefa exige muito mais do que constatações e indicações de soluções, pois não deixará de gerar conflitos e dissensões. O emprego acrítico de conceitos – como "histórico", "história", "fatos", "tradição", "razão" etc. com sentidos teológicos –, parece indicar que o ateísmo metódico, prático e teórico, dos tempos modernos é aqui eludido, em vez de ser enfrentado. Se precisamente esse ateísmo se originou – como Hegel e Nietzsche, melhor do que todos os outros, o compreenderam com grande profundidade – da apercepção e interpretação niilista da "sexta-feira santa especulativa": "Deus está morto"[113], uma teologia que se preze só pode ser uma teologia da ressurreição, oposta a tal assertiva, oposta a tal razão e oposta a uma sociedade estruturada a partir daí, isto é, justamente como escatologia da ressurreição enquanto futuro do crucificado. Tal teologia deve, teórica e praticamente, aceitar a "cruz do presente" (Hegel), seu afastamento de Deus e seu abandono por Deus, para mostrar nessa realidade o "espírito da ressurreição". Nesse caso, porém, a revelação de Deus não mais aparece nem pode ser vista como história dessa sociedade, mas o julgamento escatológico da história que é revelada para esta sociedade e para este tempo. Para o teólogo, não se trata apenas de *interpretar* o mundo, a história e a existência do ser humano de maneira diferente, mas de *modificá-los,* na expectativa da transformação operada por Deus.

§ 8. A escatologia da revelação

Em última análise, estamos sempre sob a influência do pensamento e da especulação dos gregos quando compreendemos a revelação de Deus, atestada nos escritos bíblicos, como "epifania do presente eterno". Tal modo de pensar supõe o deus de Parmênides e não o Deus do êxodo e da ressurreição. A revelação do Cristo ressuscitado não é uma forma da epifania do presente eterno, mas nos obriga a uma compreensão da revelação como o apocalipse do futuro prometido à verdade. Ante o futuro da verdade, já contida na promessa, o ser humano experimenta a realidade como história, com suas possibilidades e perigos, e para ele se torna impossível fixar a realidade como imagem da divindade.

---

112. *Offenbarung als Geschichte*, 104, nota 17, *passim.*
113. Hegel, G. W. F., *Glauben und Wissen*, Philos. Bibl., 62 b., F. Meiner, 1962, 123 s.

A teologia cristã fala de "revelação" quando, partindo das aparições pascais do ressuscitado, reconhece e anuncia a identidade do ressuscitado e do crucificado. Jesus, nas aparições pascais, é percebido como aquele mesmo que ele realmente *foi*. Isso fundamenta a lembrança "histórica" da fé sobre a vida, ação, pretensões e sofrimentos de Jesus de Nazaré. E os títulos cristológicos com que é afirmada e significada essa identidade do Jesus da cruz e da ressurreição incluem todos os seres humanos no futuro ainda não manifesto do ressuscitado. Com isso, as aparições pascais e as revelações do ressuscitado são claramente entendidas como antecipação e promessa de sua glória e de seu senhorio ainda futuros. Nas aparições pascais, Jesus é percebido como aquele que ele realmente *será*. O elemento diferenciador em uma compreensão cristã da revelação, portanto, não está naquilo "que foi falado no ser humano Jesus" (Ebeling), nem no "destino de Jesus" (Pannenberg), mas na junção de ambas as coisas na identidade própria de Jesus, na diferença qualitativa entre cruz e ressurreição. Essa identidade tão paradoxal deve ser compreendida teologicamente como um evento de identificação, como ato da fidelidade de Deus. Sobre ela se baseia a promessa do futuro ainda por vir de Jesus Cristo. Sobre ela se baseia a esperança que ampara a fé em meio aos ataques do mundo sem Deus e entregue à morte.

A "revelação", que assim acontece, não tem o caráter de iluminação, à maneira do *lógos*, de uma realidade presente no ser humano e no mundo, mas tem, essencial e fundamentalmente, o caráter de promessa, sendo, portanto, de natureza escatológica. "Promessa" é fundamentalmente outra coisa distinta do "evento da palavra", o qual introduz o ser humano e a realidade, que o cerca, na posse da verdade e da harmonia. A "promessa" é também, e antes de tudo, algo diferente da orientação escatológica da realidade como história universal. A promessa anuncia a realidade do futuro da verdade, que ainda não existe. Ela consiste em uma típica *inadaequatio rei et intellectus* ["inadequação entre o fato e o intelecto"] frente à realidade presente e experimental. Não só antecipa e ilumina o lado de cá da história do real-possível, mas "o possível", assim como "o futuro", nascem da palavra da promessa de Deus, e, desse modo, superam tanto o real-possível como o real-impossível. Ela não ilumina um futuro que, de algum modo, já é inerente à realidade. Pelo contrário, o "futuro" é aquela realidade em que a promessa se cumpre e chega ao repouso, porque lhe corresponde inteiramente e lhe é adequado. A promessa presente na ressurreição de Cristo só encontra sua realidade adequada e inteiramente correspondente naquele acontecimento que é designado como "nova criação do nada", como "ressurreição dos mortos", como "reino" e "justiça" de Deus. A revelação da realidade e natureza de Deus, portanto, depende inteiramente do real cumprimento da promessa, e vice-versa, o cumprimento da promessa tem seu fundamento de realidade e possibilidade na fidelidade e no ser de Deus. Por conseguinte, a "promessa" não tem, em primeira linha, a função de iluminar a realidade existente no mundo ou no ser humano, de interpretá-la, de trazê-la à verdade e de suscitar, pela compreensão racional, a aceitação do ser humano; mas, antes, em oposição à realidade presente, ela manifesta a sua própria tendência em direção ao futuro de Cristo, que se refere tanto ao mundo como ao ser humano. A revelação concebida como promessa e aceita em esperança fundamenta e abre assim, diante de nós, o campo da história, o qual é depois preenchido pela missão, pela responsabilidade da esperança, pela aceitação dos sofrimentos frente às contradições da realidade e caminha em direção ao futuro prometido.

Com isso não se nega a necessidade de chegar a uma compreensão adequada da existência humana e do rumo da história universal. Só que essas duas coisas – a compreensão da historicidade da existência humana e a iluminação antecipatória das conexões e perspectivas da história universal deverão ser ordenadas no processo histórico do apostolado, tornado realidade pela revelação de Deus na promessa. O evento da promessa reveladora de Deus deve ser articulado com a questionabilidade da realidade do mundo, como um todo, e da existência do ser humano, em particular, mas não se resume nisso, nem é idêntico com esse procedimento. Abrange e insere ambas as coisas na contextura das questões que lhe são próprias, contextura essa em que o conhecimento da verdade se apresenta sob a forma de questão e de busca, abertas ao cumprimento da promessa.

Se for correto entender as aparições do ressuscitado como manifestações de seu próprio futuro, então elas devem ser compreendidas em conexão com a história das promessas do Antigo Testamento, e não em analogia com a epifania da verdade, entendida à maneira dos gregos. As testemunhas pascais percebem o ressuscitado não à luz de uma eternidade celeste e supraterrena, mas como manifestação e irrupção do futuro escatológico do mundo. Ele é para elas "aquele que há de vir", não "aquele que entrou na eternidade". Não o viram como aquele que está em uma eternidade atemporal, mas como aquele que virá em sua glória futura. Por isso, pode-se dizer: o ressuscitado se apresenta como o Vivente, pelo fato de se encontrar em movimento, a caminho de sua meta[114]. "Ele é ainda futuro

---

114. BARTH, K., *Kirchliche Dogmatik*, IV, 3, 377: "Ele nos encontra aqui, também em sentido concreto como *vivente*, pelo fato de ele [...] se encontrar em *movimento*, a *caminho*,

em relação a si mesmo"[115]. Com a ressurreição, sua obra "ainda não está terminada, nem encerrada"[116]. Essas afirmações são tiradas das obras posteriores de Karl Barth e mostram claramente em que direção deve encaminhar-se a revisão de sua escatologia da eternidade. As aparições do ressuscitado foram percebidas como promessa e antecipação de um futuro que realmente ainda está por vir. E como nessas aparições claramente se podia perceber um processo, elas provocaram testemunho e missão. O futuro do ressuscitado se torna nelas, portanto, presente na promessa, e é aceito por uma esperança pronta para o sofrimento e compreendida como um juízo crítico sobre os seres humanos e as coisas.

Que significa ser o ressuscitado, ao se revelar, promessa de seu próprio futuro? Isso significa, antes de tudo, que Jesus se revela e se identifica como o Cristo, em identidade e diferença consigo mesmo. Revela-se e identifica-se como o crucificado e, assim, em identidade consigo mesmo. Revela-se como o Senhor a caminho de seu senhorio futuro e, assim, em diferença daquilo que ele mesmo há de ser. Por conseguinte, a revelação de seu futuro ainda permanece "oculta" em suas aparições. Ele é o Senhor oculto e o Salvador oculto. Por meio da esperança, a vida dos crentes está com ele oculta em Deus, mas em uma ocultação que está orientada para o descobrimento futuro, e que tende para ele. O futuro de Jesus Cristo é, nesse sentido, a revelação e a manifestação pública daquele que veio. A fé se orienta, cheia de esperança e expectativa, para a revelação daquele que ela já encontrou como oculto em Cristo. Entretanto, em relação ao futuro do ressuscitado e com referência àquilo que pela sua ressurreição é prometido, intencionado e proposto, a esperança não é meramente pensamento. Seu futuro não é somente o descobrimento do oculto, mas também o cumprimento do prometido. A revelação que se deu nas aparições do Cristo ressuscitado não só deve ser designada como "oculta", mas também como "não encerrada", e deve se relacionar com uma realidade que ainda não existe, que ainda está por vir, que ainda não se deu nem apare-

---

como mediador divino-humano, *dirigindo-se*, a partir de seu início, para a meta já nele determinada e mostrada. [...] Como revelador de sua obra ele ainda não está em sua meta final, mas caminha ao encontro dela: isto é, a começar da revelação de *sua* vida em direção à meta da revelação, ainda não realizada, da vida de *todos* os seres humanos incluída em sua vida, da vida de *toda* criatura, como nova criação em uma nova terra debaixo de um novo céu". Enquanto o evento da ressurreição na doutrina barthiana da revelação está sob o signo da "pura presença de Deus", na doutrina sobre a reconciliação, ele já está sob o signo da "antecipação" da redenção universal e da consumação de tudo.

115. Ibid., 378.
116. Ibid., 385.

ceu, mas que foi prometida, garantida e estabelecida como devendo ser a realidade futura do fim da morte e a nova criação, quando Deus pela sua vida e justiça for tudo em tudo de todas as coisas. Como se vê, no futuro do ressuscitado, a expectativa da atividade criadora também está incluída. A palavra com que se exprime isso é, ao mesmo tempo, *euangélion* e *epangelía*. Se a "revelação" ligada às aparições pascais não se refere a um processo fechado em si mesmo ou à presença da eternidade, então deve ser entendida como uma revelação aberta, que aponta e leva para frente. Essa sua abertura escatológica não é cumprida, vivida e terminada pela igreja que lhe segue no tempo, nem pela sua história. Se a revelação do ressuscitado está aberta em direção ao seu próprio futuro, essa abertura frente ao futuro supera toda a história subsequente da igreja e simplesmente a ultrapassa. A lembrança da promessa – feita, mas não cumprida ou terminada, é como um aguilhão na carne do presente de todas as épocas e o impele sempre em direção ao futuro. Nesse sentido, a revelação do ressuscitado não se torna "histórica" em meio a uma história que avança *nolens volens*, mas se encontra como *primum movens* na linha de frente do processo histórico. A realidade do ser humano e de seu mundo é que se torna "histórica" em relação a ela, e a esperança que está orientada para ela torna toda realidade insuficiente, transitória e superável. Ela é a *promissio inquieta*, a propósito da qual surge o *cor inquietum* de Agostinho. Ela é a *promissio inquieta* que não permite que a experiência humana do mundo se torne uma imagem do mundo fechada em si mesma, mas mantém aberta para a história qualquer experiência do mundo.

Se a revelação é promessa nesse sentido, então ela deve ser relacionada com o processo que a missão provoca. O processo em que se encontram as testemunhas da esperança escatológica, as quais em cada época devem responder pela sua esperança; o apostolado, que envolve nesse processo os povos do mundo; a irrupção em direção ao futuro prometido a partir de um presente existencial fechado em si mesmo – eis a história que "corresponde" a esse tipo de revelação, porque a história se torna real e viva por meio dessa revelação. Consciência histórica é consciência de missão e conhecimento histórico é conhecimento transformador.

Ora, essa revelação de Deus no evento da promessa só é exprimível em conexão e em contato com a experiência do mundo, própria a cada época, e com a experiência da existência do ser humano em seu tempo. Nesse contexto se encontra uma justificação para as compreensões de revelação que expusemos atrás, as quais estão na perspectiva da demonstração de Deus a partir da existência ou a partir da totalidade da realidade. Se

Deus não se revelasse em conexão com a experiência do ser humano e do mundo que o cerca, a teologia estaria em um gueto e a realidade com que o ser humano entra em contato seria entregue à ausência de Deus. Desde os tempos dos antigos apologistas cristãos, a *promissio Dei*, de que falam os escritos bíblicos, foi sempre entendida sob as formas do *lógos* grego. Entretanto, deve-se notar que entre os dois extremos possíveis de gueto e assimilação, a *promissio Dei* sempre trabalhou o *lógos* grego como um fermento desagregador, no sentido de que a verdade iluminadora do *lógos* grego sempre foi "escatologizada", e assim historizada.

Com esse procedimento, a teologia ainda hoje pode mostrar sua verdade, tanto polêmica como interpretativamente. Mas, mais precisamente, quando se pergunta, a partir da percepção da revelação de Deus na promessa, em que luz aparece então a existência do ser humano e da realidade do mundo, entra-se no terreno das provas de Deus e da "teologia natural".

Conforme uma antiga definição, por "teologia natural" se entende uma *theologia naturalis, generalis et immediata*, isto é, um conhecimento de Deus dado juntamente com a realidade, acessível a todos, imediata, e não mediante raciocínios. Entre as verdades de tal teologia se contava o reconhecimento de que o mundo era mundo de Deus, que o objeto da pergunta sobre a origem e a totalidade da realidade é Deus, e ainda o reconhecimento da posição peculiar do ser humano no cosmo; isto é, um conceito geral de ser humano como o estar-sujeito à lei de Deus, a saber, o reconhecimento de que a resposta à questionabilidade da existência humana é Deus. Ainda que essas provas de Deus, ou legitimações da busca de Deus, sempre tenham sido apresentadas pela teologia cristã como acessíveis a todos, contudo, sempre eram elaboradas de tal forma que constituíam uma correspondência perfeita com o conhecimento de Deus "sobrenatural, especial e dado pela história". Aquilo que em todos os tempos foi aceito na teologia ocidental como "teologia natural", nunca foi "natural", nem "universalmente humana", nem "imediata". Vista de mais perto, a "teologia natural" sempre continha conhecimentos dados pela história, a partir de certas tradições filosóficas, seja do estoicismo, seja de Platão, de Aristóteles etc. A sã inteligência humana, a que se recorria, sempre aparece caracterizada pela maneira ocidental, uma inteligência que evoluiu no decurso de uma história. Por conseguinte, a qualificação "natural", da "teologia natural", não provinha em absoluto "da natureza", mas da história, e era a afirmação daquilo que em sentido social era natural, isto é, evidente por si mesmo e aceito por todos. Aristóteles, considerado o pai da teologia natural, é, de resto, muito diferente do Aristóteles histórico, e da herança aristotélica elaborada pelos cristãos e pela teologia. Aquilo que era designado como "natureza" e como "conhecimento universal de Deus" pelos cristãos, sempre era determinado por um conjunto de ideias que valia como moldura geral do pensamento cristão. Dessa forma, a "teologia natural" era, na realidade, um pressuposto da teologia da revelação, naquele sentido de que a revelação, como a própria forma a pressupõe, cria e desenvolve. Mas, com isto não se liquidou absolutamente a necessidade de uma teologia natural. Esta pertence, necessariamente, à reflexão sobre a natureza e a existência do ser humano, do ponto de vista da revelação. Por isso mesmo, ela necessariamente faz parte da própria teologia, se esta pretende abranger toda a vastidão da revelação de Deus. Como pressuposto da teologia, ela pertence à descrição do horizonte universal da esperança escatológica da revelação. Nesse sentido, H. J. Iwand tem razão, com sua tese:

> A revelação natural não é aquilo do que partimos, mas a luz para a qual nos dirigimos; o *lumen naturae* é o reflexo do *lumen gloriae*. [...] A reviravolta que hoje em dia é exigida da teologia consiste em que refiramos a revelação ao nosso *éon*, e a teologia natural, ao futuro *éon*[117].

Nesse sentido, "teologia natural", teologia da existência e teologia da história é um halo, um reflexo, da futura luz divina sobre a matéria imperfeita da realidade presente, uma luz prévia, uma visão prévia da universal glória de Deus prometida para o futuro, no qual Deus se mostrará como o Senhor a todos e em tudo. Aquilo que é designado como "teologia natural" é na realidade *theologia viatorum* ["teologia dos que estão a caminho"], antecipação do futuro prometido, o qual se torna presente na história pela reflexão crente e obediente. Ela, por conseguinte, sempre permanece histórica, provisória, mutável e aberta. Pelo fato de ser conhecimento e reflexão sobre a realidade em que cada ser humano se encontra e de partir da fé e da esperança, ela não é também tão apodíctica como se suas afirmações fossem "compreensíveis por si mesmas", mas é essencialmente polêmica, ou "erística", como dizia E. Brunner. É necessário inverter as provas da existência de Deus e não demonstrar Deus a partir do mundo, mas o mundo a partir de Deus; não demonstrar Deus a partir da existência, mas a existência a partir de Deus, em contínuo contato e diálogo permanente com outras compreensões da verdade da existência e da realidade. Nesse sentido, o trabalho da "teologia natural" não pertence aos *praeambula fidei*, mas à *fides quaerens intellectum*.

---

117. IWAND, H. J., *Nachgelassene Werke*, I, Glauben und Wissen, 1962, 290 s.

O ser humano, alcançado pela revelação de Deus na promessa, é, ao mesmo tempo, identificado (como aquilo que ele é) e diferenciado (como aquilo que ele há de ser); ele "entra em si mesmo", mas em esperança, pois ainda não foi tirado do meio da contradição e da morte. Ele possui a vida, mas escondida no futuro de Cristo, prometido e ainda não manifestado. Dessa forma, o crente se torna basicamente "alguém que espera". Ele é ainda futuro para "si mesmo" e está prometido a si mesmo. Seu futuro depende inteiramente do resultado do futuro do ressuscitado, pois colocou seu futuro no futuro de Cristo. Dessa forma, ele se harmoniza consigo mesmo no futuro, mas está em desarmonia consigo *in re*. Aquele que se entrega à promessa é um enigma para si mesmo e uma questão aberta; torna-se para si *homo absconditus*. Seguindo as pegadas da promessa, ele está em busca de si mesmo e se torna uma questão aberta, esperando obter a resposta do futuro de Deus. Por isso, mesmo, o que espera não está harmonicamente centrado em si mesmo, mas, com respeito a si, é um ser excêntrico, pela *facultas standi extra se coram Deo* ["faculdade de estar fora de si diante de Deus"], como dizia Lutero. Está adiantado a si mesmo na esperança da promessa de Deus. O evento da promessa ainda não o coloca na "pátria da identidade", mas em meio às tensões e diferenças da esperança, da missão e do esvaziamento. Pelo fato de a revelação o encontrar como promessa, ela não o identifica consigo mesmo, afastando o negativo, mas abre-o para o sofrimento, a paciência e o "monstruoso poder do negativo" como diz Hegel. Ela o torna pronto a tomar sobre si as dores do amor e do esvaziamento, no Espírito que ressuscitou a Jesus dos mortos e que vivifica o que está morto.

> Porém não é a vida que se atemoriza ante a morte e se conserva intacta da devastação, mas é a vida que suporta a morte e nela se conserva, que é a vida do espírito.
>
> A força do espírito só é tão grande quanto sua exteriorização; sua profundidade só é profunda à medida que ousa expandir-se e perder-se em seu desdobramento[118].

Dessa forma, a identidade prometida ao ser humano leva à diferença do esvaziamento. Ele se ganha à medida que se perde. Acha a vida, quando toma sobre si a morte. Chega à liberdade, quando assume a forma

---

118. Hegel, G. W. F., *Phänomenologie des Geistes*, ed. J. Hoffmeister, PhB 114, 1949, 29 e 15. [Ed. bras.: *Fenomenologia do espírito*, Petrópolis/Bragança Paulista, Vozes/Univ. São Francisco, 2002, 44 e 30.]

de servo. Dessa forma, vem a ele a verdade que aponta para a ressurreição dos mortos.

Ora, se o evento da promessa da ressurreição identifica o ser humano consigo mesmo, levando-o ao esvaziamento de si mesmo, essa autoexperiência está diretamente ligada à correspondente experiência do mundo. O ser humano não se conquista no afastamento, na distinção, do "mundo", mas na exteriorização no interior deste mundo. Mas de que modo, portanto, se deve experimentar o "mundo"? Esse não pode mais ser tomado como um cosmo rígido e de fatos consumados e leis eternas. Com efeito, quando já não pode mais acontecer nada de novo, a esperança termina e perde qualquer perspectiva de poder realizar o esperado. Somente quando o mundo está repleto "de todo o possível", a esperança se pode tornar eficaz pelo amor. A esperança pertence ao conhecimento de que a vida lá fora está tão pouco terminada como dentro do eu, que se exerce no que está fora[119]. Portanto, a esperança só tem chance de alcançar uma existência com sentido, quando a realidade mesma do mundo está em andamento, e a história indica o campo aberto do possível. A esperança cristã só tem sentido se o mundo é mutável em direção àquilo que a esperança espera, aberto para aquilo a que ela tende; se está cheio de tudo o que é possível (a Deus) e aberto à ressurreição dos mortos. Se o mundo fosse um conjunto de causas e efeitos fechado em si mesmo, a esperança o consideraria ou como o próprio cumprimento, ou o transcenderia e refletiria gnosticamente sobre ele. Só que, nesse caso, ela renunciaria a si mesma.

A partir do futuro prometido da verdade, o mundo é percebido como história. A direção escatológica do evento da promessa, que é a ressurreição de Cristo, abre o sentido para a história, pela lembrança e pela esperança. Qualquer teoria que tente compreender o mundo como um cosmo fechado em si mesmo, ou a história como um universo que contém em si a verdade e a mostra a partir de si mesmo, é aqui transposta para o "ainda não" escatológico. A promessa e a esperança determinam o caráter precário e provisório de nosso saber como um saber em esperança, o que torna possível perceber o horizonte aberto para o futuro da realidade e assim preservar a finitude da experiência humana. Em razão do evento da promessa da ressurreição de Cristo, o estabelecimento de uma relação entre Deus e a história não significa demonstrar Deus a partir do mundo ou da história, mas, ao contrário, demonstrar o mundo como história aberta para Deus e para o futuro. Por conseguinte, a teologia cristã não pode se acomodar, mas

---

119. BLOCH, *Das Prinzip Hoffnung*, I, 225.

antes deve opor-se à forma de pensar cosmológico-mecanicista, tal como se encontra no campo das ciências positivas, do positivismo de um mundo desmistificado e desencantado, pois assim o mundo não só fica "sem Deus", como dizia Max Weber, mas também se torna um mundo sem alternativa, sem possibilidades e sem futuro. O mesmo se dá com as relações objetivadas e institucionalizadas da civilização científica da sociedade moderna, a qual não só está em perigo de ficar sem futuro, mas também de perder sua própria historicidade. A teologia só conseguirá libertar-se desses perigos esforçando-se por superar tal pensamento e tal visão das coisas, inserindo-as no movimento escatológico da história. Não conseguirá libertar-se delas, retirando-se para explicações e interpretações românticas da realidade. A "madeira" nunca mais se tornará "bosque", a história nunca mais será "história sagrada", nem as tradições do Ocidente voltarão a ser realidades unívocas em uma corrente de história das tradições. A experiência do mundo como história, quando se considera a experiência da história como uma fatalidade, que tem aquela passividade própria do nascimento ou da morte, dificilmente é factível. Nem quando se considera a experiência da história como um acaso. A tendência universal da razão humana se orienta para o aniquilamento do "acaso", observou acertadamente W. von Humboldt. Os esforços científicos e técnicos dos nossos tempos tendem, pelo menos desde a revolução francesa, a induzir o fim de tal história, da história do acaso, da contingência, da surpresa, das crises, das catástrofes. Mostrar a esse cosmo científico-tecnológico, que se fecha sobre si mesmo, sua própria historicidade, não significa descobrir-lhe o caráter de crise, mas mostrar-lhe, bem como ao ser humano que nele está, a história que surgirá do futuro prometido à verdade. As duas formas do espírito – a objetivação do mundo e a subjetividade da existência – vêm do interior *da* história que é experimentada a partir do futuro da verdade. Por isso, "história" não pode significar para a teologia cristã pregar, por sua vez, a verdade de Deus em conexão com as antigas experiências de destino e de acaso e na aceitação delas, mas sim, subordinar este mesmo mundo ao processo da promessa e da esperança que impele para frente. O problema da história nos tempos atuais não se coloca tanto como oposição entre explicação grega do cosmo e esperança histórica bíblica, mas como a oposição entre o quiliasmo científico-tecnológico, que busca consumar a história na história, e a escatologia da história, que surge do evento da promessa da ressurreição, para a qual o "fim da história" no interior da história dos "novos tempos" não representa o fim prometido e esperado, pois para ela os "novos tempos" não são o "tempo novo" em sentido apocalíptico, como quer que esta expressão tenha sido interpretada. O positivismo, que originalmente foi entendido por Auguste Comte como quiliástico, só pode ser historizado quando é transcendido e superado escatologicamente por um novo horizonte de esperança. Então se vislumbrará sua forma e sua natureza histórica e a finitude de seu horizonte cognoscitivo.

A teologia cristã pode demonstrar sua verdade a respeito da realidade do ser humano e do mundo que cerca o ser humano, acolhendo a questionabilidade da existência do ser humano e da realidade como um todo e inserindo-a na questionabilidade escatológica da existência do ser humano e do mundo, revelada pelo evento da promessa. "Ameaçado pela morte" e "sujeito ao nada": eis a expressão da experiência universal do ser e do mundo. "Em esperança": esta é, evidentemente, a maneira como a teologia cristã acolhe essas questões e as orienta em direção ao futuro prometido de Deus.

CAPÍTULO II
Promessa e história

Caso se queira fazer uma ideia da extraordinária variedade e do grande número de expressões que no Antigo Testamento designam "revelação" e torná-las úteis para a teologia, não é aconselhável tomar como ponto de partida o fato de o ser humano – perdido em sua existência terrena, ameaçada de caos e transitoriedade – buscar "revelação". Tampouco é bom colocar a questão de como o Deus escondido, a origem e o absoluto, se torna manifesto ao ser humano alienado. Antes, é muito útil buscar não somente as respostas, mas as próprias perguntas e questões a respeito da revelação, partindo do Antigo Testamento, antes de tirar consequências sistemáticas. É isto que tentaremos fazer nas páginas seguintes. Mas, ser-nos-á impossível entrar em detalhes exegéticos minuciosos. O que queremos agora é clarificar e ordenar os conceitos surgidos da exegese. No decurso desse trabalho aparecerão muitos conceitos da história das religiões que deverão ser utilizados. Mas nem por isso pressupomos um conhecimento peculiar da história das religiões. Nossa tarefa não consiste em subordinar as diferentes representações religiosas e formas de fé a um conceito geral de religião. Entretanto, os contornos daquilo que se chama promessa e esperança aparecerão sob luz mais clara, quando confrontados com outras religiões e formas de fé, com as quais estão em luta e, oposição, sendo assim melhor iluminados por meio de comparações e confrontações.

§ 1. Religião de epifanias e fé em promessas

Se buscarmos um denominador comum para os resultados histórico-religiosos da pesquisa sobre a religião de Israel, em seu ambiente oriental antigo, é fácil reconhecer que, desse ponto de vista, o material religioso do Antigo Testamento se caracteriza como "documentos sincretistas". "Israel conseguiu realizar o sincretismo entre a religiosidade nômade e agrícola de Canaã. Por meio desse sincretismo, ele se tornou o que será nos tempos clássicos"[1]. A expressão "sincretismo" necessita de ser mais bem explicada. Não significa absolutamente uma fusão, sem tensões, de elementos disparatados, e, naturalmente, também não significa uma aliança entre irmãos inimigos contra um adversário comum, como anteriormente fora feito em Creta. Não significa nem mesmo mistura, mas designa o processo combativo de duas formas de fé inconciliáveis entre si. Trata-se de um processo de conflito, que estoura em diversas situações históricas, em diferentes componentes conflitantes, e que, a partir de numerosos elementos em tensão, deixa entrever as particularidades dos adversários em luta. Aquilo que está em jogo nessa luta não se pode delimitar em nenhum lugar, nem espacial nem temporalmente, nem descrever com ideias claras e precisas. Apesar disso, o processo de luta aparece em cada lugar, tanto no conflito de Israel com seus vizinhos, como no próprio Israel histórico. Esse conflito aparece de modo particularmente claro em determinadas situações históricas. Pode, também, por séculos, permanecer latente a ponto de ficar invisível. A "posição religiosa especial" de Israel, portanto, dificilmente é identificável como uma "religião de Israel" peculiar, mas somente pelo fato de esse processo de luta, carregado de tensões, permear toda sua história.

Em minha opinião, a definição mais convincente das determinantes culturais e histórico-religiosas gerais dessas tendências para a tensão foi apresentada por Victor Maag, na esteira de M. Buber e outros. Ele situa essa tensão no fato de que, no Israel que se fixou na Palestina, se sobrepõem os elementos cinético-vetoriais da velha religião nômade e os elementos estáticos da religião agrícola de Canaã.

> Religião nômade é religião de promessa. O nômade não vive no ciclo de sementeira e colheita, mas no mundo da migração[2].
>
> O deus nômade, que inspira, guia, protege, se distingue dos deuses dos povos agrários sob muitos aspectos, e de maneira absolutamente funda-

---

1. MAAG, V., *Malkût Jhwh*, VT, Suplemento VII, 1960, 137.
2. Ibid., 140.

mental. Os deuses dos povos estão presos a um lugar. O deus migrante dos nômades não está ligado nem a um território nem a um lugar determinado; migra com seu povo e está também a caminho[3].

Desse fato, surge uma compreensão diversa da existência humana:

> A existência é sentida e experimentada como história. Este Deus leva em direção ao futuro, que não é mera repetição ou confirmação do presente, mas escopo dos acontecimentos que agora estão em andamento. Esse escopo é o que dá sentido à migração, sendo uma necessidade da mesma. A decisão atual de confiar no Deus que chama está orientada para o futuro. Tal é a essência da promessa, vista da perspectiva da migração dos nômades[4].

É certo que a visão que Maag apresenta da religião de promessa dos nômades, em contraposição à religião mágica e mítica das terras de cultura, contém elementos idealizados e típicos, mas não resta dúvida de que ela torna compreensível a tensão em que Israel vivia, e, o que é mais importante, ela faz surgir a pergunta: como pôde acontecer que Israel, na passagem da vida nômade e seminômade para a vida sedentária em Canaã, não tenha renunciado, como consta terem feito todos os povos e tribos que atravessaram o primeiro limiar cultural da humanidade, à sua religião nômade e ao Deus da promessa, em favor da terra, da vida e da cultura dos deuses epifânicos que santificavam seus ambientes, mas foi capaz de inserir, como uma nova experiência histórica, a ocupação da terra, o cultivo e a fixação agrícola, de acordo com os quadros de sua original religião de promessa? O que há de peculiar com o Israel histórico não parece provir nem de sua origem nômade, que ele tem em comum com outros povos, nem da ocupação da terra cultivável e da passagem à cultura agrária e citadina, que ele também tem em comum com outros, mas do fato – que suscita o já aludido processo de luta manifesto nas mais diferentes situações – de as tribos israelitas conservarem o Deus da promessa, conhecido no deserto, juntamente com a correspondente compreensão da existência e do mundo, entrarem na terra cultivável com suas experiências totalmente novas e aceitarem o desafio e os esforços exigidos para viverem as novas experiências, assimilando-as a partir do Deus da promessa.

O processo de luta, que assim se impôs, aparece muito claramente no relacionamento com Deus, e, consequentemente, nas ideias a respeito das aparições e revelações de Deus. A expressão mais antiga, e certamente

---

3. Ibid., 139 s.
4. Ibid., 140.

comum a todo o Oriente Antigo, consiste em dizer que a divindade "se mostra"[5]. A forma *nifal* do verbo *ra'ah* é o *terminus technicus* para essas hierofanias. Essas estão originariamente ligadas a determinado lugar, o qual a seguir é venerado culticamente como lugar da epifania divina. Em Êxodo 3,2, encontramos essa expressão: "Aí lhe apareceu o *mal'ak* Javé na chama de fogo do meio do arbusto de espinhos". De tais aparições, em que os lugares eram santificados e se tornavam lugares de culto, estão repletos os países agrários do Oriente. Pedras, fontes, árvores, bosques, montanhas etc., podem tornar-se lugares de teofanias. Formam-se legendas cultuais, que transmitem a etiologia desses lugares santificados, e rituais, que garantem a proteção dos deuses à região circunvizinha e àqueles que nela moram e cultivam a terra. Tais lugares cultuais são ao mesmo tempo portas por meio das quais os deuses fazem chegar sua proteção à terra, e onde os seres humanos que aí moram recebem a santificação da vida agrícola. Por meio deles, os seres humanos se tornam "coabitantes com os deuses" (M. Eliade)[6]. Sua cultura é garantida pelo culto realizado no lugar da hierofania, por meio do relacionamento com os sagrados eventos primordiais da cosmogonia, ou pela ligação estabelecida com o centro sagrado do mundo, e assim é preservada do caos. O cultivo dos campos e as habitações são santificados e garantidos por meio de magias e ritos de correspondência com o que é eterno, originário, santo e cosmicamente ordenado.

De modo semelhante, o tempo, que flui e desencadeia os horrores do caos, é ordenado e santificado por meio de dias sagrados e festas que celebram a epifania, a vinda dos deuses, e assim tornam os seres humanos "contemporâneos dos deuses". O tempo, que tudo corrompe, é regenerado pelo retorno periódico do tempo primordial. À santificação pelas epifanias do lugar de morar e cultivar, sempre ameaçado pelo caos, corresponde a santificação do tempo pelo retorno cíclico da epifania dos deuses por ocasião dos tempos festivos[7].

Não constitui diferença essencial, mas simples continuidade e sublimação da piedade epifânica, descrita como que a girar ao redor do *theós*

---

5. RENDTORFF, R., Die Offenbarungsvorstellungen im Alten Israel, in: *Offenbarung als Geschichte*, 23 s.

6. ELIADE, M., *Das Heilige und das Profane. Vom Wesen des Religiösen*, rde 31, 1957, 21 ss. e 53 ss.

7. OTTO, W. F., *Die Gestalt und das Sein*, 1955, 255: "A festividade significa sempre o retorno de uma era do mundo em que o que é mais antigo, mais nobre e mais glorioso está novamente presente; uma volta da idade de ouro em que os antepassados estavam em íntimo contato com os deuses e espíritos. Esse é o sentido da alegria festiva, a qual, sempre que há verdadeiras festas, é distinta de qualquer outra atitude séria ou alegre".

epiphanés, o fato de serem venerados, de forma politeísta, grande número de deuses locais, ou de forma panteísta se afirmar que todos os espaços e tempos estão cheios do divino (Tales de Mileto: πάντα πλήρη θεῶν ["tudo está cheio de deuses"])[8]; ou ainda o fato de o invisível, o mundo original do divino se tornar epifânico por meio de uma sequência de graus intermediários, ou de os senhores das terras se apresentarem como *theós epiphanés*, ou como mestres e taumaturgos, como θεῖος ἀνήρ; ou finalmente o fato de o divino, o absoluto, o eterno e originário ser representado como epifânico por si mesmo. A teologia natural da filosofia religiosa dos gregos e as filosofias religiosas orientais têm como pressuposto esta religião de epifanias, que são seu fundamento permanente. Dela procede a solução a ser dada à questão, para nós decisiva, sobre o que seja "mostrar-se", "aparecer" e "revelar" do divino. Neste ponto é importante observar que tais epifanias têm sentido em si mesmas, em sua própria realização, em seu acontecer. Com efeito, quando acontecem, dá-se a santificação do lugar, do tempo e dos seres humanos, bem como a entrega e a consagração ao eterno cosmo do divino, da sempre ameaçada cultura humana, por meio de atos de correspondência e participação no mundo divino. A ameaça que pesa sobre a existência humana por parte dos poderes do caos e do nada é vencida pela epifania do presente eterno do divino. A existência humana é assim encoberta pelo ser eterno e, por meio da correspondência e participação, acha-se protegida pela presença do eterno.

Chama atenção o fato de que Israel compreendia, rara e só secundariamente, as "aparições" de Javé, quanto a seu significado, como consagração de lugares e tempos, mas relacionava o "aparecer" de Deus diretamente com palavras de promessas divinas[9]. Quando Javé "aparece", claramente não se trata, em primeira linha, de cultuar o lugar e o tempo de sua aparição. O sentido das aparições a determinados seres humanos em determinadas situações está na promessa. Ora, a promessa aponta para além das aparições, em direção ao futuro anunciado e ainda não real. Por conseguinte, o sen-

---

8. Sobre o sentido fundamental dessa afirmação para a religião e a filosofia grega antiga cf. JAEGER, W., *Die Theologie der frühen griechischen Denker*, 1953, 31 ss.
9. RENDTORFF, R., op. cit., 24. Assim também pensa ZIMMERLI, W., "Offenbarung" im Alten Testament, *EvTh*, n. 22 (1962) 16: "A santidade de um lugar deve ser legitimada por narrativas sobre a aparição da divindade nessa localidade. No Antigo Testamento, pode-se observar a existência de histórias em que resta somente o esqueleto do ἱερὸς λόγος, em que sempre se atribui menos peso ao aparecimento sensível de Javé, impondo-se em seu lugar sempre mais a palavra divina da promessa como o único conteúdo das cenas de revelação. O centro de gravidade é deslocado da aparição sensível, da manifestação de Javé, para o anúncio de sua ação".

tido da aparição não está nela mesma, mas na promessa que nela se torna perceptível, e no futuro para o qual ela aponta. Nas diferentes camadas das tradições em que se fala de tais aparições com promessas, os acompanhamentos epifânicos cedem o passo, na fé de Israel, mais e mais em favor do chamado e da orientação para o futuro. Com isso, o conceito de revelação das epifanias religiosas se transforma. A revelação é subordinada ao evento da promessa e compreendida por meio do conteúdo de promessa da revelação. A revelação de Javé não tem por finalidade proteger e amparar o presente, ameaçado em sua eternidade, mas, ao contrário, faz com que os ouvintes da promessa não se preocupem em proteger a realidade que os cerca, antes se orientem em esperança e em direção ao novo futuro prometido. O efeito da revelação não é a sanção religiosa do presente, mas a irrupção para fora do presente em direção ao futuro. Se os cultos míticos e mágicos da religião de epifania têm como escopo aniquilar os terrores da história por meio de uma aliança com o evento sagrado primordial, sendo em sua tendência profunda "anti-históricos" (M. Eliade)[10], o Deus da promessa desperta no evento da promessa o sentido do povo para a história por meio da categoria do futuro, e por isso se torna "historizador"[11]. Essa tendência, que contradiz o mundo mítico, de entender epifania e revelação partindo do evento da promessa, é evidentemente a razão por que os termos que designam "revelação" no Antigo Testamento são usados em tantos sentidos e forma assistemática. No sentido anteriormente definido, Javé não é um "Deus de aparição", pois o significado e o escopo de suas "aparições" não estão nelas mesmas, mas na promessa e no seu futuro.

Os efeitos das interações entre fé na promessa e religião de epifania, surgidas no decurso da história de Israel, foram identificados em muitas passagens pela pesquisa veterotestamentária. Quando os grupos migratórios de Israel chegam à terra cultivada, recebem a terra e as novas experiências da vida sedentária como "cumprimento da promessa", como realização da palavra do Deus da promessa, encontrado no deserto, o qual levou para lá seus antepassados por meio de migrações. A vida de abundância e a multiplicação do próprio povo são igualmente entendidas a partir da promessa. Como se vê, Israel toma consciência da própria existência pelas lembranças históricas das promessas anteriores do Deus-guia dos antepassados nômades, e vê na dádiva da terra e do povo a fidelidade de Deus visivelmente mantida. Trata-se de uma consciência essencialmente diferente

---

10. Eliade, M., *Der Mythos der ewigen Widerkehr*, 1953, 125.
11. von Rad, G., *Theologie des Alten Testamentes*, II, 1960, 117.

da encontrada nos cultos da terra e da fertilidade da Palestina. A terra e a vida não são colocadas sob a égide dos deuses por meio da religiosidade epifânica, mas entendidas como partes de história no grande processo da história da promessa[12].

As festas anuais do ciclo da natureza, que Israel encontrou e incorporou, são submetidas à rigorosa "historização", isto é, interpretadas em vista dos dados históricos da história da promessa[13].

Os rituais míticos e mágicos, os quais deveriam restituir a relação de correspondência entre a ameaçada existência humana e o ser divino protetor, são "futurizados", isto é, interpretados como o futuro da promessa divina. Quanto a este ponto, V. Maag chamou a atenção, apontando para os rituais do culto real de Jerusalém[14]. As fórmulas cultuais, mágicas segundo a origem, são integradas na promessa divina do futuro. O termo "escatologia", geralmente usado para falar do novo sentido com que são reinterpretadas as fórmulas míticas e mágicas, é, com razão, contestado, pois em geral significa as coisas "últimas" e não as "futuras". Por isso, o mais certo é insistir no caráter fundamental da religião de Israel como promessa, pois nela se encontra o motivo permanente e impulsionador de todas as reinterpretações nos diferentes estágios da história de Israel. Assim como não se pode explicar a origem da "escatologia" a partir do vazio resultante das experiências frustrantes de culto e de ritual, também não se pode falar de uma escatologia dos nômades. A fé na promessa deve antes ser vista como o *primum movens* da assimilação das novas situações culturais, e mais tarde da assimilação e do domínio de situações da história universal em Israel, pelo menos em determinados círculos do Israel empírico. É qualidade essencial da promessa e da fé na promessa conseguir manter os seres humanos na condição movimentada e tensa da *inadaequatio rei et intellectus* ["ina-

---

12. ZIMMERLI, W., Verheißung und Erfüllung, *EvTh*, n. 12 (1952) 139 ss.
13. VON RAD, G., op. cit., 117 ss.
14. MAAG, A., op. cit., 150: "Quando o ritual de Jerusalém falava do rei que deve trazer a paz universal, o velho coração nômade entendia isso ainda nas categorias de espera e como as promessas dos pais. Dessa maneira, a fórmula, mágica por origem, se tornava promessa divina sobre o futuro". Interessante também é sua nota à página 114: "O que era a ordem deste mundo foi pelos deuses cosmológicos fixado no princípio, de uma vez para sempre. O mito e o rito da festa de Ano Novo representam a maior sanção possível daquilo que existia e valia positivamente no Estado e na sociedade. Essa estática positivista não conhece horizontes novos, ao encontro dos quais o povo pudesse ser levado, nenhum Deus que esteja a caminho de mostrar aos seres humanos o que ainda não tenham visto [...]. A um tal positivismo YHVH jamais de fato se acomodou, mesmo quando círculos da Corte e do Templo tentaram lho atribuir, como se fosse coisa natural".

dequação entre a coisa e o intelecto"], enquanto a *promissio* que domina o *intellectus* ainda não tiver encontrado sua correspondência na realidade. Na promessa, que mantém a consciência que espera em um "ainda não" que transcende a todas as experiências da história, encontramos o motivo do abandono das correspondências míticas e mágicas, da historização das festas do ciclo natural por meio das datas da história da promessa e do futurizar de seu conteúdo, a ser realizado no futuro da promessa. Da promessa, se origina o elemento da inquietude que não admite a reconciliação com um presente ainda não cumprido. Sob o signo da estrela da promessa, a realidade presente não é experimentada como um cosmo divinamente estabilizado, mas como história em andamento, que deixa as coisas para trás e irrompe rumo às coisas novas, rumo a horizontes ainda não vistos. A partir de agora, a questão propriamente dita é se, e como, as novas experiências na terra ocupada e, mais tarde, nos conflitos da história universal, serão dominadas e assimiladas pela fé na promessa, como serão inseridas na promessa que transcende qualquer presente e como a promessa será interpretada e desdobrada em meio às experiências.

§ 2. A palavra de promessa

Se na promessa temos um conceito que resume o que seja a "religião da esperança" de Israel, é preciso agora explicar melhor o que se entende por "promessa" no sentido de "promessa do Deus-guia"[15].

a) Uma promessa é a palavra dada que anuncia uma realidade ainda não existente. Assim, a promessa manifesta uma abertura do ser humano para a história futura, em que se deve esperar o cumprimento da promessa. Quando se trata de uma promessa divina, isto significa que o futuro esperado não se desenvolverá a partir do círculo das possibilidades que existem no presente, mas se realizará a partir daquilo que é possível ao Deus da promessa. Pode tratar-se, portanto, de coisas que segundo o padrão da experiência presente aparecem como impossíveis[16].

b) A promessa liga o ser humano ao futuro e lhe abre o sentido para a história. Não lhe abre o sentido para a história universal em geral,

---

15. Sobre o termo *Führungsgott*, cf. BUBER, M., *Königtum Gottes*, ²1936, XI; *Der Glaube der Propheten*, 1950, 8.

16. Sobre o que se segue, cf. as definições de promessa feitas por ZIMMERLI, W., *Verheißung und Erfüllung*, 38 ss.

nem para a historicidade da existência humana em si, mas o liga a sua própria história. O futuro da promessa não é um ponto vazio, uma direção sem sentido de possíveis modificações; a esperança que a promessa desperta não é abertura para o futuro em geral. Pois o futuro que ela abre é possibilitado e determinado pelo cumprimento prometido. Ela sempre se refere às "esperanças históricas" (M. Buber). A promessa atrai o ser humano para dentro de sua própria história pela esperança e obediência e, assim fazendo, modela sua existência segundo uma concepção determinada de história.

c) A história, determinada e orientada pela promessa, não consiste no retorno das mesmas coisas, mas tem uma tendência bem definida para o cumprimento prometido, embora ainda ausente. Essa direção irreversível não é determinada por forças que cegamente impulsionam, ou por uma evolução com suas próprias leis, mas pela palavra que a proferiu e que mostra o livre poder e a fidelidade de Deus. Não é a evolução, o progresso e a continuidade que distinguem os tempos em ontem e amanhã, mas é a palavra da promessa que faz a cesura nos eventos e divide a realidade entre a realidade passada que pode ser deixada para trás e a que deve ser esperada e buscada. É na palavra da promessa que se torna inteligível o que seja passado e o que seja futuro.

d) Se uma palavra é palavra de promessa, isto significa que ela ainda não encontrou sua correspondência na realidade, mas está em contradição com a realidade presente e experimentável. A dúvida pode surgir sobre a palavra da promessa, quando ela é medida pelo padrão da realidade presente. Ao contrário, surgirá a fé na palavra se a realidade presente for medida segundo o padrão da palavra da promessa. Por "futuro" se compreende, desse modo, aquela realidade na qual a palavra da promessa recebe sua correspondência, sua resposta, seu cumprimento, em que ela encontra, ou cria, a realidade que lhe é adequada e em que se aquieta.

e) Por isso, a palavra da promessa sempre cria um tempo intermediário, carregado de tensão, que se estende entre o evento e a realização da promessa. Assim, a promessa cria para o ser humano um espaço único de liberdade para obediência ou desobediência, para esperança ou conformismo. A promessa preside a esse espaço de tempo, o qual evidentemente corresponderá àquilo que se espera que aconteça. Isso distingue, como tão bem diz W. Zimmerli, a promessa das predições de Cassandra, que desencadeiam a expectativa histórica caracterizada pelo fatalismo do destino[17].

f) Já que a promessa não pode ser separada do Deus promitente, mas espera sua realização precisamente da livre fidelidade de Deus, ela não produz a necessidade compulsiva de um sistema jurídico fixo, consistente, de obrigações históricas, para poder assegurar a exata correspondência entre promessa e cumprimento, para compreender o seu funcionamento no passado ou para calcular o seu futuro. Ao contrário, sua realização pode apresentar muitos elementos de surpresa e de novidade quando comparada com as promessas recebidas. Por isso, também as promessas não perecem quando desaparecem as circunstâncias históricas e as representações ambientais em que foram recebidas, pois podem ser reinterpretadas e modificadas, sem perder o caráter de certeza, esperança e mobilidade. Como se trata de promessas *de Deus*, Deus deve ser considerado o autor do cumprimento.

g) Pode-se ver o caráter especial das promessas veterotestamentárias no fato de as promessas não terem sido liquidadas pelo decurso da história de Israel – nem por frustrações, nem por realizações – mas, ao contrário, por meio da história concreta de Israel terem recebido explicações sempre novas e amplificadoras. Essa característica torna-se visível quando se faz a pergunta: como pôde suceder que as tribos de Israel na ocupação da terra não trocassem para os deuses de seus ocupantes, mas o Deus da promessa do deserto continuasse seu Deus ainda na terra de cultura? O que se vê é que com a ocupação da terra e a multiplicação do povo, as promessas feitas aos patriarcas se cumpriram e com isto o Deus da promessa do deserto parece ter-se tornado supérfluo depois que suas promessas se tornaram realidade. A sedentarismo alcançado na terra de cultura tem ainda pouco que ver com o Deus da promessa da peregrinação pelo deserto. Para o domínio e a assimilação da cultura da nova terra existem as divindades locais. Pode-se dizer que as promessas de terra, feitas aos patriarcas, se cumpriram e assim estão liquidadas, mas que no "anátema", na guerra santa de Israel, as promessas de guia e de proteção se perpetuam e se tornam atuais. Mas também se pode dizer que o Deus, concebido como

---

17. Ibid., 44.

fiel e verdadeiro em suas promessas, está muito acima de quaisquer cumprimentos experimentados, porque em todos os cumprimentos, a promessa, com o que nela está contido, não achou ainda correspondência de maneira satisfatória, faltando sempre algo por cumprir. O cumprimento atingido na ocupação da terra não realizou a promessa no sentido de ele a ter liquidado, como se liquida uma letra de câmbio, relegando a promessa *ad acta* de um passado glorioso. Os "cumprimentos" são tomados como explicações, confirmações e ampliações da promessa. Com a grandeza dos cumprimentos cresce, nas diferentes camadas da tradição da promessa, a própria promessa, para a lembrança explicativa. Em Israel jamais se verifica o que se poderia chamar de "melancolia das realizações". Esse aspecto tão peculiar da promessa, que sobrevive às experiências de seu cumprimento, pode sempre ser verificado no caso da promessa que suscita esperanças e desejos humanos. No fundo, não são os adiamentos do cumprimento da parusia que trazem frustrações para os cristãos. Tais "experiências frustrantes" são superficiais e banais, e se baseiam em uma abstração jurídica da promessa que a separam do Deus promitente. Na realidade, é a ideia do cumprimento, quando se reflete sobre ele como algo já passado, que suscita a frustração. As esperanças, os anelos e os desejos do ser humano, uma vez suscitados por promessas bem determinadas, chegam muito mais longe do que quaisquer cumprimentos imagináveis e experimentáveis. Aquele que uma vez foi atingido pelo sopro do futuro, por mais limitadas que tenham sido as promessas, será para sempre um inquieto, alguém que agita, pergunta, busca, para além de todas as experiências de cumprimento, pois elas têm, em sua boca, o ressaibo da amargura. O "ainda não" da esperança supera qualquer "já" de cumprimento. Por isso, qualquer realidade de cumprimento já verificada se torna explicação, confirmação e liberação de uma esperança ainda maior. Se quisermos aplicar isto à visão da "história da promessa que se amplia e se desdobra"[18], se perguntarmos pela razão da perene mais-valia da promessa frente à história, torna-se necessário abandonar uma vez mais o esquema abstrato "promessa-cumprimento" e apelar para a significação teológica desse processo: a razão da mais-valia da promessa, seu perene saldo perante a história se encontra na

---

18. VON RAD, G., Typologische Auslegung des Alten Testaments, *EvTh*, n. 12 (1952) 25 s.

inesgotabilidade do Deus da promessa, o qual não se esgota em qualquer realidade histórica, mas só fica "em paz" em uma realidade que lhe corresponda inteiramente[19].

§ 3. A experiência da história

Sob o signo da promessa de Deus, a realidade é experimentada como "história". O campo de ação, daquilo que enquanto "história" é inserido na experiência, da lembrança e da esperança, é produzido, torna-se manifesto e é modelado pela promessa.

As promessas de Deus abrem os horizontes da história, entendendo-se por "horizonte", conforme feliz fórmula de H.-G. Gadamer, "ausência de limites fixos", "algo para o qual entramos e que caminha conosco"[20]. Israel viveu no horizonte móvel da promessa, e, em seu campo de tensões, experimentou a realidade. Mesmo quando cessaram os tempos das migrações nômades na Palestina, esta maneira de experimentar, lembrar e esperar a realidade como história foi conservada, o que modelou sua tão peculiar relação para com o tempo. O ambiente cultural palestinense não caracterizou para esse povo o tempo na forma de um retorno cíclico, mas, ao contrário, sempre fez prevalecer soberanamente a vivência histórica contra uma vivência espacial anistórica, transformando os espaços habitados da terra em espaços temporais de uma história que tudo abrange. Aquilo que era experimentado como "história", como possibilidade de transformação da realidade, coincidia com as promessas de Deus, abrangendo sua lembrança e sua esperança. "Por conseguinte, para Israel só existia história enquanto Deus estava caminhando com ele; somente esta, e nenhuma outra extensão temporal, pode receber essa designação"[21]. Esse acompanhamento de Deus, contudo, sempre era visto dentro do campo de tensão entre uma promessa tornada manifesta, de um lado, e a esperada realização do prometido, de outro. Nesse arco de tensões, a história tinha para Israel sumo interesse. "Somente onde Javé tinha se revelado com suas obras e sua palavra, havia história para Israel"[22]. Isso, por sua vez, significa que a experiência da rea-

---

19. Id., Es ist noch eine Ruhe vorhanden dem Volke Gottes (1933), *Gesammelte Studien zum Alten Testament*, ThB 8, 101 ss.
20. GADAMER, H.-G., *Wahrheit und Methode*, 1960, 231 ss., 286 ss.
21. VON RAD, G., *Theologie des Alten Testaments*, II, 1960, 120.
22. Id., Offene Fragen im Umkreis einer Theologie des Alten Testaments, *ThLZ*, n. 88, 1963, col. 409.

lidade como história se tornava possível para Israel pelo fato de que Deus se lhe tornou manifesto em suas promessas, e Israel entendia a revelação de Deus sempre de novo como comunicação de promessas.

Em tal horizonte de promessas lembradas e esperadas, os acontecimentos experimentados se tornam realmente "históricos". Tais acontecimentos não têm mais o caráter de casualidade, de autonomia e de relatividade, que se costumam atribuir aos acontecimentos da história, mas sempre têm, ao mesmo tempo, o caráter de algo incompleto e provisório que impele para frente. Não só as palavras da promessa, mas os próprios acontecimentos, à medida que, no horizonte da promessa e da esperança, são trazidos à consciência como acontecimentos "históricos", mostram em si algo que ainda está ausente, inacabado e não realizado. "Então tudo permanece em movimento; as coisas nunca acabam, e depois do cumprimento surge sempre de novo a promessa de coisas maiores. Nada tem aqui seu sentido último em si mesmo, mas é arras de algo maior"[23]. Devido a essas promessas excedentes, os fatos históricos nunca podem ser considerados como processos fechados em si mesmos, que tiveram seu tempo e que de si mesmos tiram sua verdade. Devem ser entendidos como estações em uma caminhada, como instantes de um processo que continua. Os acontecimentos recordados como "históricos" não têm, portanto, sua verdade última em si, mas a recebem somente da meta da promessa, feita por Deus, e que só dele deve ser esperada. Acontecimentos conhecidos assim como "históricos" têm a característica de ser prenúncios do futuro prometido. Em face da promessa que sempre os excede, eles têm caráter provisório. Encontra-se neles o elemento da *provisio*, isto é, anunciam e prenunciam algo que neles está, mas ainda não se realizou plenamente. Por isso, as narrativas de fatos assim sentidos e transmitidos obrigam a cada geração a refletir sobre elas e a interpretá-las. Acontecimentos assim experimentados "devem" ser transmitidos, pois neles alguma coisa se verifica que é determinante também para gerações futuras. Lançam para frente sua sombra ou sua luz. Por outro lado, podem ser também livremente interpretados e atualizados por cada nova geração, pois nunca estarão tão fixados que alguém deva limitar-se a simplesmente constatá-los em sua realidade atual[24].

---

23. Id., Typologische Auslegung, 29. Cf. também a página 30: "Portanto, na exposição do fato, muito frequentemente está algo que transcende o que realmente aconteceu".

24. Ver sobre isto WOLFF, H. W., Das Geschichtsverständnis der alttestamentlichen Prophetie, *EvTh*, n. 20 (1960) 218 ss. Sobre o mesmo ponto, VON RAD, G., Offene Fragen, 413 s.

As antigas tradições históricas transmitem experiências que Israel teve com seu Deus e suas promessas. Ora, se essas promessas vão além do futuro que existe no presente, tais narrativas históricas não podem simplesmente ser narradas como experiências do passado. Antes, tudo o que é narrado e transmitido de tal passado conduz a que o próprio presente seja transposto para um novo futuro, pois a realidade da história é narrada no horizonte da ação histórica das promessas de Deus. Os temas das narrativas históricas de Israel – as narrativas dos patriarcas, da peregrinação pelo deserto, de Davi – são tratados como temas que indicam o futuro. Mesmo quando a tradição histórica se transforma em transmissão de lendas, predomina sempre a tradição especificamente israelita de esperanças e expectativas baseadas nas promessas de Javé. Pelo fato de, na história vivida, estar oculto algo que transcende a história em sua "eventualidade" e se orienta para o futuro, essa história sempre deverá ser lembrada, tornada presente e ser explicada a outras gerações; de forma que elas compreendam sua situação e sua direção no futuro a partir da história, e, assim, descubram que também eles estão dentro da ação histórica das promessas de Deus.

Basta compararmos as narrativas históricas de Israel com as de outros povos e religiões para que transpareça o que há de peculiar nessas narrativas como a "historiografia que crê na promessa"[25].

> Nas mitologias gregas e romanas e suas genealogias, o passado se torna atual unicamente como origem sempre presente; conforme a concepção judaica e cristã da história, o passado é uma promessa do futuro. Como consequência, a interpretação do passado se torna profecia voltada para trás[26].

Reiteradamente, aparece na história de Israel o fato de que as promessas, às quais Israel deve sua existência, mostram ser um *continuum* a atravessar todas as peripécias históricas, pois nelas Israel sempre reencontrava a fidelidade de seu Deus[27]. Talvez seja possível dizer que as promessas, realizando-se, se inserem nos acontecimentos, mas não se esgotam nos acontecimentos, deixando sempre um saldo que aponta em direção ao futuro. Por isso, a realidade, que vem e é esperada, que vai e é abandonada, é sentida como história, e não como permanência cósmica e de contínuo retorno. Ela não é experimentada como epifania do presente eterno, mas como espera do apocalipse e do cumprimento do futuro prometido. Por

---

25. ZIMMERLI, W., Verheißung und Erfüllung, 50.
26. LÖWITH, K., *Weltgeschichte und Heilsgeschehen*, ²1953, 15.
27. WOLFF, H. W., Das Kerygma des Jahwisten, *EvTh*, n. 24 (1964) 97.

isso, também o presente não é o presente do absoluto, junto ao qual e no qual se poderia permanecer, mas a linha de frente de um tempo que avança para a meta no horizonte móvel da promessa. Se a promessa de Deus é a condição para que a possibilidade seja historicamente sentida como realidade, então a linguagem dos fatos históricos é a linguagem da promessa; do contrário, os acontecimentos não poderiam ser tidos nem como "históricos", nem como "eloquentes". As promessas de Deus abrem Israel para a história, e em todos os acontecimentos históricos elas são as que indicam a direção a seguir.

Quando se abstrai do processo da promessa, os acontecimentos são privados do horizonte que os torna "históricos". Quando as promessas perdem sua força e sua significação criadora de história, os acontecimentos da história se reduzem aos fatos do passado, aos processos fechados em si mesmos. Começam então a ser contemplados e apresentados sob a luz de outros horizontes. Quando a revelação de Deus não é mais vista à luz da promessa e da missão, começa-se, por exemplo, a refletir sobre a essência eterna, imutável e absoluta da divindade. Os acontecimentos históricos entram, desse modo, na esfera da mera transitoriedade, e não mais apontam, como acontecimentos provisórios, para o futuro da promessa, mas, como acontecimentos passageiros e relativos, refletem a eterna imutabilidade e não-transitoriedade da divindade. Nesse caso, em princípio, "nada de novo debaixo do sol" pode acontecer. A sequência dos fatos pode ser contemplada como uma série de processos terminados, uma sequência de imagens das ideias eternas. No ter-sido busca-se, assim, o ser-eterno. No conjunto de suas causas e efeitos busca-se reconhecer as leis eternas. É verdade que se apontam ainda outras condições para a possibilidade da percepção da realidade como história. Mas, ao se fazer isto, sempre surge a questão se tais imagens da história, e das afirmações dela tiradas, são realmente capazes de tomar a história como "histórica" e de comportar uma comparação teológica e filosófica com o sentido e a experiência da história em Israel, baseadas na fé na promessa e determinadas pela esperança.

A aplicação do conceito "fato", "fato divino na história", não é capaz de reproduzir aquilo que Israel experimentou como história, pois o conceito de "ser" implícito nesses conceitos, e ainda nos de "absoluto", "imutável" e "definitivo", está fechado a qualquer relacionamento com promessa, esperança e futuro, e mesmo com "história"[28].

---

28. O emprego da expressão *göttliche Geschichtstatsache* ["fato histórico divino"] na *Theologie des Alten Testamentes* de G. von Rad é obscuro em algumas passagens e permite

Por isso, a constatação de que as palavras dos profetas anunciadoras do futuro, isto é, suas predições políticas, não se realizaram como foram intencionadas originariamente, e de que a própria história superou muitas palavras da promessa e assim as tornou antiquadas, levou alguns a não mais interpretarem a história a partir das promessas, começando a ver na própria história uma realidade que abrange as promessas. "A história superou as promessas"[29]. Será que, em relação ao Antigo Testamento não se deve falar de um "atraso da história em relação à palavra dada"[30] e, portanto, de expectativas que constantemente transcendem as situações da história e as tornam "históricas", ou é "a história que supera as palavras", e na consciência de Israel já aparece a compreensão de história que já não tem como condição de sua possibilidade a promessa, a esperança e a missão?

É certo que se encontram aí promessas que ficaram pelo caminho da história; mas existem, sem dúvida, também promessas que fizeram de Israel o "Israel" em sentido teológico e histórico, isto é, promessas, por cuja recordação e sempre renovada aceitação e interpretação, Israel sempre reencontrou sua identidade e sua continuidade. Não se trata somente das "promessas básicas" do êxodo e da aliança do Sinai – "Eu sou o Senhor teu Deus"[31] – mas também das promessas feitas a Abraão[32]. Não se pode dizer agora que fórmulas fossilizadas de promessas sejam capazes de assimilar sempre novas experiências históricas, nem que uma história numinosa tenha tomado antiquadas as promessas pelo seu próprio avanço ao longo dos séculos. A relação entre palavra e história era concebida de tal modo que não se esperava ver na história a confirmação formal das antigas promessas, nem de modo que as promessas só fossem entendidas como interpretações da história. As experiências realmente novas, seja na

---

diversas interpretações. Conforme v. I, 112, a "fé de Israel está basicamente fundamentada em uma teologia da história", isto é, "sabe que está fundamentada em fatos históricos e sabe que é formada e transformada por fatos em que vê em ação a mão de Javé"; entretanto – como o próprio G. von Rad acentua a seguir – para a "fé de Israel", os "fatos" com que as promessas de Deus se entrelaçam, orientam-se para o futuro e não são a mesma coisa que a compreensão dos fatos que resultam de uma consideração histórico-crítica. Se, conforme v. II, 117, "os feitos históricos (de Javé), que constituem a comunidade, são absolutos", então isso certamente quer dizer que eles ultrapassam sua transitoriedade temporal em direção ao futuro por meio de seu caráter de promessas, mas não significa que haja um caráter absoluto no sentido de intransitoriedade.

29. Pannenberg, W., *Offenbarung als Geschichte*, posfácio à 2ª ed., 132.
30. Zimmerli, W., "Offenbarung" im Alten Testament, 31.
31. Assim Baumgärtel, F., *Verheißung*, 1952, 133.
32. Wolff, H. W., *Das Kerygma des Jahwisten*, 95 ss.

ocupação da terra, seja mais tarde na ruína da monarquia, eram antes entendidas como explicações das palavras recebidas por intermédio de novos atos de Javé, e os novos acontecimentos eram compreendidos a partir da palavra atestada sobre a fidelidade de Javé. Como se vê, promessa e história são processos de reciprocidade, em que as tradições recebidas sobre as promessas contribuíam para a assimilação das novas experiências históricas, e as novas experiências eram entendidas como modificações e explicações das promessas. Mas jamais desses processos de influência mútua surgia uma compreensão de história fechada em si mesma e não aberta pelas promessas. Jamais apareceram reflexões sobre a "onipotência da história" e a impotência das promessas superadas, abandonando o futuro a poderes outros que não ao Deus da promessa. A tensão existente entre promessa e cumprimento jamais foi eliminada pelo simples passar da história, mas produzia progressos históricos sempre mais válidos em Israel. Nos profetas, essa tensão se tornou ainda mais forte frente a experiências históricas que as antigas tradições sobre a eleição já não podiam explicar. Mas é preciso não representar de forma demasiado esquemática a gama de tensões que tem na promessa sua abertura, e no cumprimento, sua meta, pois entre promessa e o cumprimento encontramos toda uma série de membros intermediários, como seja: explicação, desenvolvimento, início de execução, reavivamento, renovação etc. Entre promessa e cumprimento se estende o processo da influência da palavra na história, isto é, eventos em que a promessa é interpretada e atualizada, transmitida às gerações futuras, sendo cada nova geração encaminhada em direção ao futuro em esperança e obediência. Esse processo de transmissão e tradição, por meio do qual é criada uma continuidade em meio às vicissitudes da história, não deve ser tomado em si mesmo como uma especulação muito profunda da história. O processo da tradição e da transmissão, em que se recorda a história e se fazem novas experiências históricas, só se torna compreensível a partir do *tradendum* da promessa e do futuro da história, que por ela é colocado como antevisão.

§ 4. Revelação e conhecimento de Deus

De que forma Deus se torna conhecido, quando suas revelações são essencialmente promessas que abrem novos horizontes históricos e escatológicos no futuro? Como se deve entender a revelação de Deus, se a eleição, a aliança, a promessa e a missão pertencem essencialmente, não só acidentalmente, ao evento da revelação?

Para W. Zimmerli[33] revelação significa "autoapresentação", "autorrepresentação", "automanifestação" de Deus. Conforme ele, isto estaria indicado nas fórmulas sempre repetidas da expressão: "E eles conhecerão que eu sou Javé"[34]. Nessas sentenças sobre o conhecimento de Deus aparece uma formulação bastante dura e rara, pois em lugar do objeto se encontra uma proposição nominal em que o Eu de Javé aparece como sujeito; assim o conhecimento de Deus não é relacionado como um objeto predicável (ele – Javé), mas com o próprio evento da revelação em que Javé é o sujeito até no processo do conhecimento. Por isso, Zimmerli chama a expressão estereotípica *ani Yahweh* como "fórmula de autoapresentação", e encontra nela o conceito, próprio ao Antigo Testamento, de revelação. Eis como ele entende e interpreta a exegese feita da fórmula muito frequente: a automanifestação de Javé é uma "palavra de revelação, em que o eu se manifesta em sua qualidade de eu"[35]. "Autoapresentação" significa "sair do mistério inconfundivelmente único do eu expresso no nome"[36]. "Alguém que até aquele momento não tinha nome, sai de sua incognoscibilidade, torna-se cognoscível e nominável pelo seu nome próprio. O peso da afirmação está no emprego do nome próprio 'Javé' que contém em si a plenitude e a glória daquele que dá nome a si mesmo"[37]. No nome próprio, usado por ele mesmo, o eu é afirmado como o que há de inconfundivelmente individual e pessoal nele[38]. A manifestação do nome, como nas analogias profanas – "eu sou José, eu sou Davi" – não é uma frase predicativa, mas um ato de autorrevelação, "um evento inteiramente pessoal"[39]. Trata-se do "Deus que se anuncia a si mesmo" como sujeito de seu nome[40]. Que significa "história" para uma tal compreensão personalista da autorrevelação de Deus? História é o "instrumento criado, livremente manipulado por Deus"[41], o "lugar do conhecimento de Deus"[42], o "lugar em que a verdade de sua palavra revelada pode ser conhecida em sua totalidade"[43]. Os acontecimentos, quando

---

33. Cf. ZIMMERLI, W., Gottes Offenbarung. Gesammelte Aufsatze, *ThB* 19 (1963), e seu artigo: "Offenbarung" im Alten Testament, 15-31.
34. Gottes Offenbarung, 16.
35. "Offenbarung", 22.
36. Ibid., 21.
37. Gottes Offenbarung, 11.
38. "Offenbarung", 21.
39. Gottes Offenbarung, 124.
40. Ibid., 126.
41. "Offenbarung", 28.
42. Ibid., 29.
43. Gottes Offenbarung, 22.

Javé suscita anunciadores que proclamam sobre eles o nome de Javé, tornam-se "apelos concretos" ao ser humano, isto é, eventos que hoje podem ser ouvidos como apelos em nome de Javé e que devem ser respondidos em obediência[44]. Nesse caso, a história é algo em "penúltimo", e relacionada à manifestação pessoal de Javé, e tem somente a "função de servir"[45]. Qual é, portanto, o escopo das promessas de Deus? Se a autorrevelação é entendida de forma tão pessoal, é evidente que os anúncios concretos nas promessas perdem seu peso e sua importância. "Antes, na própria fórmula (isto é, na fórmula de autoapresentação) vê-se como a afirmação de coisas está totalmente assimilada pela manifestação única do 'eu'"[46]. "Javé mesmo é o futuro de que falam os profetas"[47]. "Tudo o que Javé tem a dizer e a anunciar a seu povo aparece como uma explicitação da afirmação fundamental: eu sou Javé"[48]. A história da promessa serve, portanto, para um conhecimento sempre mais profundo de Deus por parte do ser humano.

Neste ponto, surgem algumas questões: será que com essa compreensão personalista da revelação de Deus – pela qual a transcendente soberania de Deus é trazida para dentro do próprio processo do conhecimento, e aí expressa – se poderá evitar o mal-entendido "transcendental" da autorrevelação de Deus?

Se a palavra da promessa é o conteúdo próprio dos eventos revelacionais do Antigo Testamento, será que este processo pode ser invertido e fazer da epifania pessoal do "Eu sou Javé", o conteúdo próprio dos eventos históricos da promessa? Se a revelação de Deus é entendida de forma tão personalista, por que deve a autoapresentação de Javé encontrar sua explicação na palavra da promessa? Ao contrário, "se a promessa é constitutiva da revelação de Javé" será que a fórmula de autoapresentação não deve o mistério pessoal a ser manifestado, a saber, a afirmação da fidelidade, que aponta para eventos futuros?[49] Nesse caso, entretanto, a história entrevista por meio da promessa e o juramento de fidelidade de Javé não se tornariam lugar e instrumento, em si indiferenciados, do conhecimento de Deus, mas o nome *Yahweh* não manifestaria simplesmente seu mistério pessoal, tornando-se igualmente um nome de futuro e de promessa, que indica o que há de seguro nas trevas do futuro. Tudo isto Zimmerli também

---

44. "Offenbarung", 28 s.
45. Ibid., 29.
46. Ibid., 21.
47. Verheißung und Erfüllung, 44.
48. Gottes Offenbarung, 20.
49. Ibid., 21; cf. também, 100 s.

afirma[50], só que suas descrições personalistas da autorrevelação de Deus parecem estar em certa contradição com a significação teológica de promessa. A revelação de Javé não se encontra somente no princípio da história da promessa, de modo que promessas e mandamentos são dados em seu "nome", mas também no futuro, para o qual as promessas apontam e os mandamentos indicam o caminho. Lá, entretanto, não se tornará manifesto somente o nome pessoal de Javé, mas seu poder e sua glória se revelarão a todas as terras. Desse modo, a promessa: "Eu sou Javé", se cumprirá no *kabod Yahweh* que a tudo preenche. Dessa forma, o anúncio de coisas e acontecimentos por promessas é idêntico com a glorificação da única e peculiar presença divina em todas as coisas. O fato de "Javé mesmo" ser o futuro de que falam os profetas significa, nesse caso, que em sua glória, que tudo enche, em sua paz e em sua justiça, como acontecimentos que realmente devem ser esperados, toda a criação se tornará boa e justa. Ora, isso é difícil de exprimir por meio da concepção personalista ou transcendental de revelação.

R. Rendtorff objetou contra a concepção de revelação em Zimmerli, indicando que, em relação a Êxodo 3, o próprio Zimmerli já tinha afirmado o seguinte: "Deus se apresenta apontando para trás, para coisas já conhecidas, como o conhecido"[51]. Não é o Deus desconhecido que, ao dar-se um nome, sai de sua incognoscibilidade, mas "o mesmo" que já esteve com os patriarcas. Por isso, para Rendtorff, o elemento propriamente revelador de Deus está no fato de apontar para trás, para a história acontecida e já conhecida. "Por isso, o Deus que aqui fala é aquele que até agora sempre provou o seu poder"[52]. "O olhar é dirigido para os eventos anteriores, e com esse apontar para a ação do Deus dos Pais no passado, os eventos esperados no futuro são inseridos na história desse Deus como um todo"[53]. Assim, para Rendtorff, Deus deve ser concebido como revelado, cognoscível e predicável a partir do conjunto da história por ele causada. Por meio de seus feitos históricos, é ele conhecido por todo aquele que abre os olhos para esses eventos. O "próprio evento" pode e deve produzir o conhecimento

---

50. "Offenbarung", 19: "Dessa maneira, Deus se coloca no meio desta história, cujo futuro ulterior é mostrado nas promessas seguintes, e fala de dentro dela". Gottes Offenbarung, 100 s.: "Antes, a manifestação do nome leva mais longe, para a promessa de Javé de querer agir com Israel dentro da história. Quando, a seguir, se quer conhecer a Javé pelo seu nome, a intenção não é descobrir, a partir desse nome, coisas ocultas, mas, por meio daquele que se revela em seu Nome, entrever a ação histórica referente a Israel (Javé, 'vosso Deus')".
51. Offenbarung als Geschichte, 33.
52. Ibid.
53. Ibid., 33.

de Javé naquele que o vê. A fórmula: "Eu sou Javé", portanto – quando se consideram em cada caso as descrições de atos e obras de Deus em seu contexto próximo – não pode ser tomada como uma fórmula de autoapresentação pessoal, mas é, antes, uma expressão forte para afirmar o poder de Javé manifestado nos eventos. Nesse caso, *Yahweh* não seria um nome próprio que manifesta o mistério do Eu, mas um predicado de Deus conhecido por meio da experiência da história, e significa o mesmo que "o poderoso". Não é o nome o objeto do conhecimento, mas a afirmação de poder nele contida. Javé se torna manifesto por meio de seus feitos históricos. "Toda a história tem por finalidade produzir conhecimento de Javé, conhecimento de que 'Ele somente é Deus e só ele tem poder'"[54]. À nossa questão sobre a total revelação de Deus, ela corresponde no Antigo Testamento à expressão *kabod Yahweh*. A glória de Javé torna-se manifesta nos atos históricos que Israel contempla retrospectivamente. Nos profetas, ela é esperada em um acontecimento futuro, quando todos os povos conhecerão a glória de Javé. Nessa explicação de Rendtorff, a história não só tem a função de servir ao encontro pessoal com Deus, mas a "própria" história o torna revelado. Javé fica cognoscível como "o poderoso", no espelho de seus feitos históricos. O nexo histórico entre os novos atos de Deus e os anteriores torna cognoscível o poder de Deus. Mas é preciso dizer que, nesse caso, a própria história é entendida como manifestação indireta de Deus, e, em lugar do cosmo como teofania, entra a história como teofania[55]. Isso leva necessariamente à ideia de que o único Deus é cognoscível indiretamente na unidade da história universal a partir do todo. Entretanto, no Antigo Testamento trata-se, na contemplação retrospectiva das revelações de Deus, de algo já conhecido, e não de uma conclusão dos efeitos para a causa, nem dos fatos para o fator. O reconhecimento da identidade de Deus parte da promessa para o cumprimento: "Vós conhecereis que Eu, Javé, falei e o faço" (Ez 37,14). A promessa feita é recordada, pois no evento presente se revela a fidelidade de Javé. Também o *kabod Yahweh* futuro, que revelará a todos os povos o poder divino de Javé, não é um evento não atestado, pois Israel é colocado como "testemunha para os povos" (Is 55,4). Não é a história levada a cabo que torna Deus manifesto, mas a revelação universal de Deus na realização da plenitude de seu *kabod* é que levará a história a cabo. Apesar dessas restrições, deve-se, no entanto, manter a complementação que Rendtorff fornece à concepção de história em Zimmerli:

---

54. Ibid., 36.
55. Ibid., 68.

"Deus mesmo" não só pode significar: Deus em pessoa, Deus no mistério de seu Eu, mas deve ainda significar: Deus como Deus e Senhor, Deus no mistério de seu poder. Quando Deus mesmo se manifestar, tornar-se-ão manifestos seu domínio e seu poder, que se manifestarão quando ele realizar em pessoa suas promessas de bênção, paz e justiça. O conhecimento do: "Eu sou Javé", e o conhecimento de sua glória, a ser realizada, são uma só, e a mesma, coisa.

Se quisermos compreender a revelação e o conhecimento de Deus no horizonte da promessa da história, poderemos chegar aos seguintes resultados:

1. Deus se revela como "Deus", quando mostra ser o mesmo, e é reconhecido como o mesmo. Ele se torna identificável quando se identifica consigo mesmo no ato histórico de sua fidelidade. O pressuposto para o conhecimento de Deus é a revelação de Deus por Deus. Nesse sentido, Deus continua sendo. O conhecimento humano é um conhecimento de resposta. Ora, se as revelações de Deus são promessas, Deus "mesmo" se torna manifesto quando "mantém aliança e fidelidade para sempre" (Sl 146,6). Quando Deus, na fidelidade à promessa, faz reconhecer ser o mesmo que ele prometeu ser, ele se torna manifesto em sua identidade e por ela é cognoscível. "Deus mesmo" não pode, portanto, ser compreendido pela reflexão sobre seu eu transcendental, mas como identidade consigo mesmo na fidelidade histórica. Se Deus, por meio de alusões, confirmações, renovações, continuação e cumprimento, é fiel a sua aliança e a suas promessas, Deus confessa ser Deus, confessa ser ele mesmo. Pelo fato de demonstrar historicamente sua fidelidade, ele se revela a si mesmo. Com efeito, a essência, a identidade do Deus da promessa não consiste em ser o absoluto acima da história, mas na continuidade e firmeza da relação por ele livremente escolhida para com as suas criaturas, na continuação de sua misericórdia e fidelidade graciosamente oferecida. Por conseguinte, o conhecimento de Deus não se realiza em um superego transcendente, nem por meio de um obscuro processo histórico, mas na ação histórica de Deus no horizonte das promessas de Deus. Deus se revela em seu nome, manifesta o mistério de sua personalidade à medida que manifesta o mistério de sua fidelidade. O nome de Deus é um nome de promessa, que promete sua presença no caminho da promessa e da vocação. O nome de Deus e as promessas no nome de Deus não

são, portanto, simples fórmulas de autoapresentação, mas comunicam algo "além de Deus", pois nelas ele se compromete em favor deles para o futuro. Elas nos comunicam o que ele será, anunciam que ele será encontrado e onde será encontrado, sê-lo-á no caminho que a promessa aponta para o futuro. Por isso, a revelação de Deus e o correspondente conhecimento de Deus estão sempre ligados a narrativas históricas, à lembrança e à esperança profética. Essas duas coisas não são unicamente desdobramentos de sua autorrevelação, mas pertencem claramente, e de modo constitutivo, à revelação de sua fidelidade, identidade e unicidade.

Martin Buber declarou:

> Deve-se afirmar como princípio fundamental da história das religiões o fato de que a experiência de Deus se inicia com a experiência de uma aparição isolada, mas o conhecimento de Deus principia com a identificação de duas aparições, isto é, o conhecimento principia como reconhecimento[56].

Isto sim, em minha opinião, é um pensamento tipicamente veterotestamentário. Conhecer a Deus significa reconhecer, isto é, conhecer de novo, a Deus. Ora, reconhecê-lo significa reconhecê-lo em sua fidelidade histórica as promessas, reconhecê-lo nelas como o mesmo, como ele mesmo. A identificação de duas experiências só é possível quando existe a autoidentificação, isto é, a revelação da fidelidade histórica, visto que aí Deus garante suas promessas com o seu nome.

2. Se o conhecimento de Deus é um reconhecimento de Deus, porque revelação de Deus significa que Deus confessa ser Deus pela fidelidade histórica às suas promessas, dificilmente se pode dizer que o nexo histórico entre determinados acontecimentos manifesta ou revela a Deus "mesmo". Antes, a história da promessa, isto é, a história entrevista e esperada por meio de promessa e aliança, revela a fidelidade de Deus, enquanto ele mesmo mantém a fidelidade para consigo. Uma vez mais, teríamos a transferência do conceito grego de conhecimento, se disséssemos que conhecimento de Deus sempre só é possível *a posteriori*, sobre a base de promessas cumpridas, a saber, quando o Deus da promessa, pela realização histórica, demonstra ser um Deus cumpridor das profecias. Deus não só é conhecido no termo da história, mas em meio à história, enquanto

---

56. BUBER, M., *Königtum Gottes*, XLIII.

ela acontece, aberta e orientada para o processo das promessas. Por isso, tal conhecimento sempre deve estar consciente das promessas feitas e da fidelidade do Deus que apareceu, continuando a ser, ao mesmo tempo, um saber peculiar em esperança. Trata-se de uma ciência que não só reflete a história acontecida – como imagem espiritual de fatos históricos consumados – mas de uma ciência antecipatória, ciência prática, ciência entregue à fidelidade prometida de Deus. "Conhecer a Deus significa sofrer Deus", diz uma sentença antiga. Ora, sofrer é ser mudado e transformado. Por conseguinte, o conhecimento de Deus é uma ciência antecipatória do futuro de Deus, um conhecimento pela fidelidade de Deus, confiado às esperanças, que serão chamadas à vida pelas suas promessas. O conhecimento de Deus é assim um conhecimento que impele para frente – não para cima – para coisas ainda não válidas, não existentes. E uma ciência que parte das perspectivas das promessas feitas e da fidelidade de Deus prometida, não de aspectos da história passada. Um conhecimento de Deus assim, baseado na perene memória do passado da eleição, da aliança, da promessa e da fidelidade de Deus, antecipa-se em relação ao futuro prometido de Deus. Trata-se de um conhecimento que rompe as fronteiras do horizonte de lembrança e esperança da promessa, pois ciência de Deus é sempre e também ciência da própria vocação histórica que parte do próprio Deus.

Assim como as promessas não são palavras interpretativas da realidade presente, mas palavras de ação orientadas para os eventos esperados da fidelidade de Deus, também o conhecimento de Deus não pode ser uma espécie de resumo da "linguagem dos fatos consumados". A verdade da promessa não está na correspondência demonstrável para com a realidade que existiu ou existe. Ela não está na *adaequatio rei et intellectus* ["adequação entre coisa e intelecto"]. A promessa demonstra, antes, sua verdade em uma típica *inadaequatio intellectus et rei* ["inadequação entre intelecto e coisa"], na qual ela instala os que a recebem. A promessa consiste em uma contradição visível com a realidade histórica[57]. Ela ainda não encontrou sua correspondência e por isso impele o espírito para o futuro, isto é, para uma esperança obediente e criadora, e o leva a resistir à reali-

---

57. Contrariamente ao critério da profecia genuína, apresentado em Deuteronômio 18,21 s. e Jeremias 28,9 como a "realização da palavra", não se apresenta em Jeremias 23,22.29 um outro critério: "Não é a minha palavra como fogo, diz o Senhor, e como um martelo que esmigalha rochas?".

dade presente, que não tem a verdade em si. Provoca, assim, uma peculiar incongruência na consciência do ser que espera confiante. Não transfigura a realidade em seu espírito, mas espera sua transformação. Por isso, não favorece tendências de adaptação, mas libera energias críticas do ser. Ela não transcende a realidade para dentro de um reino irreal de sonhos, mas para dentro do futuro da nova realidade.

3. A correspondência entre a promessa e a realidade reside na fidedignidade e na fidelidade daquele que a faz. Entretanto, tal fundamento permaneceria abstrato e não justificaria o caráter da promessa como palavra, em que Deus mesmo se promete e encontra o ser humano como: "Eu sou Javé", se abstrairmos desse fato que as promessas efetivamente estão orientadas para eventos reais, futuros. O personalismo teológico tenta exprimir esse futuro, para o qual a promessa aponta, somente como futuro pessoal de Deus "mesmo". Mas a esperança nas promessas de Deus não espera a Deus mesmo, ou Deus em geral, mas espera de sua fidelidade futura o cumprimento do prometido. Pode-se afirmar, certamente, que a esperança espera a vinda da fidelidade de Deus, que ela espera o futuro prometido da vinda de Deus mesmo, e não separadamente dele. Mas certamente seria uma abstração que não corresponderia à esperança veterotestamentária, caso se descrevesse essa esperança como *spes purissima in Deum purissimum* ["esperança puríssima no Deus puríssimo"][58]. A esperança, quando se agarra às promessas, espera também "isto e aquilo" com a vinda de Deus, a saber, o seu senhorio salvador e justificador em todas as coisas. Não só espera "nele" de modo personalista, mas concretamente em seu senhorio, em sua paz e em sua justiça aqui na terra. Do contrário, imperceptivelmente, a esperança se transformaria em uma espécie de cumprimento e nada mais haveria em que ela se pudesse realizar.

A compreensão integral da esperança deve abranger estas duas verdades: a verdade pessoal e a verdade histórica concreta. A certeza da esperança provém da fidedignidade e da fidelidade do Deus da promessa. O

---

58. LUTHER, M., *WA* 5, 166: "*Adeo scil. omnia a nobis aufferenda sunt, ut nec optima dei dona, idest ipsa merita, reliqua sint, in quibus fidamus, ut sit spes purissima in purissimum deum: tunc demum homo vere purus et sanctus est*" ["Por isso, todas as coisas nos são tiradas e nem os mais excelentes dons de Deus, portanto, nem os próprios méritos, nos restem para neles colocarmos nossa confiança, para que seja uma esperança puríssima em um Deus puríssimo: somente assim o ser humano será verdadeiramente puro e santo"].

saber da esperança lembra a fidelidade desse Deus na história e antecipa o cumprimento total dela em muitas antecipações e utopias no presente, mas sem ferir a liberdade do Deus promitente. Uma esperança sem tal ciência concreta seria uma aventura no escuro. Uma ciência sem aquela certeza seria especulação histórica, mera utopia.

O Deus presente em suas promessas é para o espírito humano um objeto, no sentido de que está frente ao espírito humano até que seja criada uma realidade que corresponda inteiramente a suas promessas e possa ser chamada "muito boa". Por isso, não são as experiências que produzem a fé e a esperança, mas a fé e a esperança criam as experiências e levam o espírito humano a uma transcendência sempre renovada e sempre insatisfeita de si mesma.

§ 5. Promessa e lei

Se as promessas de Deus criam um espaço de tempo, entre sua prolação e sua realização, carregado de tensões, abrindo assim a possibilidade da "obediência em liberdade", surge a questão referente às orientações que ensinem a preencher esse espaço de tempo e a existência assim determinada. Isso é tanto mais compreensível, visto que promessa não significa um destino inelutável, pois ela coloca os seres humanos em um caminho que leva a outras regiões e a outras realidades. Se de novo apelarmos para a imagem da vida nômade, podemos dizer que originariamente a promessa estava ligada a uma sujeição em obediência, em ordem à mudança de lugar e de existência: é preciso mover-se e ir para onde a promessa dirige, caso se queira participar de seu cumprimento. Promessa, apelo, instrução sobre o destino e indicação do caminho a seguir estão estreitamente interligados.

Nesse contexto, é preciso considerar também o caráter jurídico da promessa. Promessa é o aspecto da aliança em que é instituída a comunidade de Deus e do povo de sua escolha. Nesse sentido, a promessa se fundamenta na eleição e eleição é sempre um chamado para dentro da história da promessa. Aquele que recebe a promessa alia-se com Deus, e Deus o alia consigo. Se a aliança, pela qual Deus se obriga em sua liberdade a guardar fidelidade à promessa feita, se estende a um futuro de realizações a ser efetivadas, então a aliança não pode ser considerada como um fato histórico do passado, mas como um acontecimento histórico que aponta para além de si em direção ao futuro prometido. A aliança, portanto, deve ser entendida como um evento que institui a história, que abre determinadas possibilidades de história. Tal aliança deverá ser entendida como um "processo histórico", ou, como explica Jacques Ellul, a partir de paralelos jurídicos, como um "contrato sucessivo", que não se esgota em um único ato, mas cuja validade continua até o cumprimento prometido[59]. Nesse sentido, a promessa da aliança e suas ordenações têm significação permanente e compromissiva até seu cumprimento.

A obediência, que as orientações pedem, nasce da firmeza da promessa e é uma consequência natural dela. "Manter", "observar" a aliança que Deus institui significa o mesmo que "manter" a promessa feita, o mesmo que "observar", "manter" seus "mandamentos". Os mandamentos são "mantidos" pela obediência. As promessas são "mantidas" quando, "de todo o coração e com todas as forças", se confia e se espera nelas, sem duvidar. Todos os outros mandamentos são explicações do único mandamento de amar a Deus e aderir a ele (Dt 6,5), e esse único mandamento nada mais é que o reverso da promessa; ele manda o que a promessa oferece. Por isso, não é somente a desobediência que sofre o castigo do não cumprimento da promessa, mas também o conformismo, o desânimo, a apostasia da esperança viva. Desalento e desespero são pecados e, até mesmo, a origem dos pecados[60]. Por isso, também, inversamente, os mandamentos são "fáceis" de cumprir na força da esperança e da confiança em Deus. Os mandamentos da aliança, que orientam a esperança da promessa para a obediência concreta, nada mais são do que o reverso da própria promessa. A vida prometida aparece neles como a vida mandada. Por isso, as ordenações da obediência, tal como as ordenações da esperança, se referem ao horizonte que se desenrola diante do presente a partir do dado histórico da aliança e que transforma o presente na frente móvel a avançar ao encontro da novidade prometida. Os mandamentos, nessa conexão com as promessas da aliança, têm ao mesmo tempo uma significação espiritual e parenética, mas não são condições jurídicas, ou aquilo que teologicamente é, em geral, chamado "lei"[61]. Se os mandamentos são o lado ético da promessa, e a obediência, o fruto da esperança, esses mandamentos e essas promessas, portanto, não são normas petrificadas,

---

59. ELLUL, J., *Die theologische Begründung des Rechtes,* 1948, 37 s.

60. Desespero e desalento nada mais são do que o reverso da *superbia*, em que Lutero via a origem de todos os pecados. Sobre isto, ver o belo tratado de PIEPER, J., *Über die Hoffnung,* 1949, 51 ss. e BARTH, K., *Kirchliche Dogmatik,* IV, 2, §65: "Des Menschen Trägheit und Elend" ["A indolência e a miséria do ser humano"].

61. Sobre esta seção ver: VON RAD, G., *Theologie des Alten Testaments,* II, 402 ss.: "Das Gesetz" ["A lei"].

mas caminham junto com a promessa, impulsionando a história e modificando-se com os diferentes tempos do cumprimento. Não são normas abstratas de ordens ideais, que sempre existem e cujas imagens aparecem no tempo, mas faróis que apontam o horizonte histórico esboçado em favor dos seres humanos em razão da aliança. Portanto, os mandamentos, assim como a promessa, têm um teor de futuro. Apontam para a realidade da dignidade de que o ser humano será feito participante pela comunhão com o Deus promitente.

A reflexão teológica sobre a lei nasce no instante em que surge a ideia da não-realização ou do adiamento do cumprimento, o que torna a própria promessa questionável. A reflexão teológica que separa a lei de seu futuro pode surgir no vazio ocasionado pela falha da promessa e a partir de experiências históricas que contradizem o futuro prometido. A não-realização de promessas nas quais se tinha confiado, os sofrimentos que sobrévem na ausência da proteção e da direção do Deus promitente tornam possíveis as seguintes reflexões teológicas:

a) Deus mente. Estava em jogo sua promessa e sua aliança, mas ele não as manteve. "Foste para mim como um regato enganador, como água em que não se pode confiar" (Jr 15,18).

b) Deus é fiel; não se nega a si mesmo; o que ele diz, acontece. Mas se não acontece, é que não se tratava de promessa de Deus, mas de mentira de falsos profetas. A própria história os descarta como falsos profetas. Tais reflexões surgiram com grande frequência em relação aos líderes carismáticos de Israel.

c) A reflexão se dirige para os seres humanos atingidos e mesmo já desenganados. O motivo do não-cumprimento, da distância e ausência de Deus e de seu julgamento está no ser humano, seja pela sua apostasia da esperança no Deus da promessa por meio da idolatria (bezerro de ouro), seja pela desobediência contra as ordenações dos mandamentos. Nesse caso, é preciso investigar a iniquidade e o pecado oculto e buscar expiação, para de novo tornar válida a promessa.

Com esta última reflexão, a promessa se torna um objeto e é abstraída do Deus promitente. Torna-se um objeto cuja eficácia é manipulável por meio de penitência e culto. Enquanto, pela sua natureza, a promessa divina tem a força de seu cumprimento na fidelidade e no poder do Deus que promete, da reflexão sobre o vazio do não-cumprimento surge o condicionamento da promessa. Seu cumprimento é ligado à obediência, e a obediência é entendida como *conditio sine qua non*, como contrapartida: a obediência perfeita à promessa e às suas ordenações traz consigo o cumprimento, enquanto qualquer desobediência dá ocasião a outros adiamentos. Neste ponto aparece uma notável, e historicamente muito diferenciada, troca ou inversão de temas: é a obediência a consequência da promessa, a qual impele à ação e à caminhada rumo à meta e espera o cumprimento em virtude do Deus que promete? Ou vice-versa: pode o cumprimento ser considerado como consequência da obediência humana? Nesse caso, a obediência humana não precisa ser considerada como causa efetiva do cumprimento, mas tão somente como ocasião para o cumprimento por Deus. No entanto, a eficácia da promessa para o seu cumprimento, porém, não mais está na fidelidade de Deus, mas no ser humano obediente. Tais reflexões não são estranhas ao Antigo Testamento. Aparecem, até mesmo, bastante cedo. Brotam sempre que pela perda da salvação anunciada, em meio à desgraça e à distância de Deus, surgem no povo as perguntas: Por quê? Qual a razão? Por quanto tempo? Tais perguntas aparecem vivamente nas lamentações populares, e nas tentativas de respostas são tiradas da aliança e da justiça de Deus. Parece que a última pergunta era a que predominava no rabinismo judaico tardio. Nesse caso, a teologia da Torá do judaísmo tardio teria sua razão de ser naquilo que, do ponto de vista neotestamentário, é frequentemente chamado "adiamento da parusia". Na teologia judaica moderna, a inversão dos temas produziu em muitos judeus a simpatia pelo idealismo alemão, pelo messianismo ativista e pela atitude bolchevista de "construir a Deus". Dessa forma, "a redenção do mundo" é entregue ao poder de nossa conversão. "Deus não pode consumar a sua criação a não ser com o nosso auxílio. Ele não quer revelar o seu reino antes de nós o termos construído"[62].

A isso se poderia chamar "a promessa na forma da lei". Nesse contexto deve-se mencionar que Paulo travou sua polêmica contra o judaísmo da Torá e o judeu-cristianismo que tinha como objeto a lei, lutando em favor da promessa (Gl 3,15 ss.). A promessa na forma de lei ou a promessa na forma de evangelho: esta é a questão. E pode muito bem ser que a "promessa na forma de evangelho" de novo traga à luz o sentido original da lei como orientação ligada à promessa.

---

62. BUBER, M., *Gog und Magog*, 1949, 297; KRAUS, H.-J., Gespräch mit M. Buber, *EvTh*, n. 12 (1952) 76 ss. Com isto está ligado um outro pensamento ainda: no mistério, Javé necessita da ação de Israel como seu filho. Cf. BAECK, L., *Das Wesen des Judentums*, ²1959, 132 ss.; COHEN, H., *Religion der Vernunft aus den Quellen des Judentums*, ²1929, 140, 172, 233, 431.

§ 6. A promessa na escatologia profética[63]

Desde a redescoberta do caráter escatológico da mensagem dos textos bíblicos, tornou-se fluido o conceito de "escatologia". Se na dogmática ortodoxa era relegada para o último artigo, frequentemente em forma de apêndice (*de novissimis*), hoje em dia, na exegese e na teologia, ela se tornou um conceito com muitos sentidos e significa, conforme o objeto e a matéria a que é aplicado, ou "futuro", ou "o que supera o presente", ou "os últimos tempos", ou "transcendente", ou "orientado para um fim último", ou "definitivo". Nos estudos veterotestamentários, a discussão se reduz à questão de se já se pode chamar de "escatológicas" as esperanças históricas de Israel, ou se deve se reservar esse termo para as profecias que falam do fim da história universal, isto é, de acontecimentos que estão fora da história[64]. Pode-se fazer distinção entre a escatologia da história e a escatologia cosmológica, entre a escatologia intra-histórica e a escatologia transcendental? O *éschaton* significa unicamente o "futuro", ou o futuro é tomado nele como algo absoluto, em oposição à história?

É com grande dificuldade que se podem caracterizar determinadas representações como "esquemas escatológicos". É também quase impossível determinar os limites dos conceitos e dizer: aqui termina a promessa profética e aí principia a escatologia. Para criar um pouco de clareza se pode afirmar: são escatológicas as promessas e as esperanças que se referem a algo de futuro na história, no sentido de seu último horizonte. Ora, o conceito de "horizonte", por ser uma linha de espera que migra junto com a história e convida a avançar para mais longe, se adapta muito bem à ideia geral de promessa. "A fé de Israel em Deus se apega ao futuro"[65]. Na realidade, a "presentificação" do futuro na ameaça do julgamento e na promessa da salvação não é algo específico dos profetas dos tempos clássicos; antes, poder-se-ia dizer que a profecia clássica é algo muito es-

---

63. Sobre o que se segue, ver: BUBER, M., *Der Glaube der Propheten*, 1950; VRIEZEN, T. C., Prophecy and eschatology, *VT*, Suplemento I (1953) 199-229; WOLFF, H. W., Das Geschichtsverständnis der alttestamentlichen Prophetie, *EvTh*, n. 20 (1960) 218-235; VON RAD, G., *Theologie des Alten Testamentes*, II, 125 ss.: "A escatologização do pensamento histórico pelos profetas"; PLÖGER, O., *Theokratie und Eschatologie*, 1959; RÖSSLER, D., *Gesetz und Geschichte*, 1960; KOCH, K., Spätisraelitisches Geschichtsdenken am Beispiel des Buches Daniel, *Hist. Zeitschrift*, v. 193 (1961) 1-32.

64. VON RAD, G., op. cit., 128, como pergunta dirigida a G. Hölscher, S. Mowinckel e G. Fohrer.

65. Ver também PROCKSCH, O., *Theologie des Alten Testaments*, 1950, 582. Cf. também BUBER, M., op. cit., 8.

pecífico da fé israelita na promessa⁶⁶. "Essa fé que aponta para o futuro contém em si diferentes motivos, mas é patente que se trata sempre do futuro de Deus"⁶⁷. Isso pressupõe a fé no Deus que promete e é futuro, e não pode ser explicado psicologicamente com base em uma decepção com o *theós epiphanés* do culto, o qual, em seguida, teria sido "escatologizado"⁶⁸. Isso, portanto, significa que a escatologia profética brotou do chão da fé israelita na promessa e que, na escatologia profética, a fé na promessa se ocupa com novas experiências de Deus, de julgamento e de história, sofrendo assim transformações novas e profundas. Apesar de toda a novidade de sua mensagem, os profetas tratam do Deus que faz reivindicações a Israel, o *Deus spei*.

Aquilo que no futuro prometido é futuro último, aquilo que no *novum* histórico é o *novum ultimum*, resulta da perspectiva em que se representa o derradeiro tempo como vazio, e que é depois preenchido. Tais representações de tempo só podem nascer de esperanças. Assim, é muito possível que as perspectivas escatológicas se ampliem, e que aquilo que para uma geração aparecia como o "último" se manifeste para a geração posterior como algo intra-histórico e superável. As representações de "fim" e de "meta" sempre dependem daquilo de que ele é o fim, e daquilo para o qual ele é a meta. O passar que depois é percebido como "tempo" é tempo concreto de processos de modificações históricas já esperadas. Nesse sentido, juntamente com as esperanças, se modifica igualmente a percepção do tempo e sua representação. O conceito abstrato de tempo, tirado das ciências naturais e que, como categoria, domina o pensamento dos tempos modernos desde Kant, não pode ser aplicado aqui antes de ter sido examinado quanto ao seu horizonte escatológico, que para Kant significa "transcendental"⁶⁹.

Quando e como as esperanças históricas se transformam em esperanças que podem ser chamadas "escatológicas"? Quando uma promessa se torna uma promessa escatológica? Pode-se pensar e demonstrar que o horizonte móvel da história, próprio da promessa, atinge os últimos limites?

---

66. Sobre isto ver as novas questões no estudo dos profetas: Bach, R., Die Aufforderung zur Flucht und zum Kampf im alttestamentlichen Prophetenspruch, 1962; Rendtorff, R., Erwägungen zur Frühgeschichte des Prophetentums in Israel, *ZThK*, n. 59 (1962) 145 ss.

67. Jepsen, A., artigo "Eschatologie", em *RGG*, 3ª ed. II, col. 661.

68. Assim, por exemplo, Buber, M., *Königtum Gottes*, X, e Mowinckel, S., *Psalmensstudien* II, 324. Sobre isso, ver von Rad, G., op. cit., 130: "Se nos ativermos às afirmações dos profetas, não tem sentido colocar como fator principal a 'experiência da decepção'".

69. Ibid., 38 ss.

O conceito "escatologia" é aqui empregado para designar o que há de peculiar nos profetas, em oposição aos arautos anteriores da fé em Javé e também em oposição aos apocalípticos posteriores.

Do ponto de vista histórico-religioso, a "assimilação" da cultura do país, depois da ocupação de Canaã, pode ser considerada como o primeiro umbral decisivo transposto pelas tribos de Israel. Essa "irrupção do javismo no âmbito da vida sedentária"[70] produziu nele notáveis amplificações. Pode-se considerar a "assimilação" das cruéis experiências da história universal dos séculos VIII a VI – em que Israel pereceu em termos políticos, mas sobreviveu em termos religiosos[71] – como o segundo grande umbral. Também nesse limiar, a fé na promessa recebe enormes amplificações: ela se desdobra e assume a forma de escatologia profética nas mensagens dos grandes profetas clássicos, estreitamente ligadas com essas experiências de história e julgamento.

A mensagem desses profetas nasce à sombra da ameaça que vinha da Assíria, da Babilônia e da Pérsia, isto é, ameaça do aniquilamento de Israel como povo, como Estado na Palestina, em suas duas monarquias. Os profetas veem com os próprios olhos a destruição da realidade, de toda a história da promessa até aquele momento desenrolada e do cumprimento que Israel espera de seu Deus, e passam a interpretar a história da ruína como julgamento de Javé sobre seu povo apóstata. Para eles, a nova ação histórica de Javé na história dos outros povos – a ação que para Israel se torna história de ruína aparece como a história de Israel e em concorrência com os atos históricos de Javé, celebrados no culto e nas festas, como verificados no passado. Esse novo modo de agir de Javé, ainda obscuro e sem perspectivas claras, levará, conforme os profetas, à superação e à abolição de sua ação anterior para com o seu povo. No julgamento histórico sobre Israel, Javé liquida não só as culpas de Israel, mas também suas próprias ordenações de aliança, estabelecendo uma nova aliança, pela sua liberdade e sem motivação exterior.

"Deve-se falar de mensagem escatológica sempre que os profetas negam a base salvífica até aquele momento válida na história", afirma em sua nova visão das coisas G. von Rad[72].

Mas a isto também se deve restringir o conceito. Não deveria ser empregado quando Israel, como povo crente, fala de seu futuro ou do futuro de

---

70. Maag, V., op. cit., 153, nota 1.
71. Alt, A., Die Deutung der Weltgeschichte im Alten Testament, *ZThK*, n. 56 (1959) 129.
72. von Rad, G., op. cit., II, 131 s.

suas instituições sacrais. Mas quando Israel é arrancado pelos seus profetas do domínio salvífico dos fatos, até aquele momento válidos, e quando o motivo de sua salvação é transferido, de uma vez, para a futura ação de Deus, só assim a pregação profética se torna escatológica[73].

Como se vê, não há aqui lugar para a explicação psicológica da "escatologia", apresentada por Mowinckel e Buber, seguindo o exemplo de A. Schweitzer. Não é a partir de "decepções históricas", sofridas nas promessas que se acreditavam como ligadas à terra, ao culto e ao templo, que a esperança histórica se escatologizou, mas em experiências que foram compreendidas como julgamentos de Javé, e não somente como julgamentos contra um povo desobediente, comensuráveis segundo as ordenações da antiga aliança, mas também como julgamento sobre a história que Javé viveu até aquele momento com esse povo. Até que ponto nessa ruptura do "até agora" e na irrupção de uma ação de Deus nova e desconhecida até aquela época, a mensagem dos profetas é "escatológica"? Essa escatologia não consiste unicamente na passagem do "futuro de Javé que já veio", conhecido até aquele momento, para o "futuro de Javé que há de vir".

Com a ameaça de que da história dos povos que atacavam Israel viria o julgamento de Javé sobre esse povo, verifica-se a decisiva universalização da ação de Deus. A experiência da ruína por obra das grandes potências mundiais é compreendida como julgamento de Javé. Já em Amós, essa ameaça histórica se torna universal: Deus julga tudo o que é injusto, mesmo nos povos que não conhecem sua lei. Por conseguinte, o Deus que julga seu povo apóstata através dos povos é também o Deus desses povos e será também seu juiz. Pois, quando estabelece os povos como executores de seu julgamento sobre Israel, ele evidentemente é também Deus e Senhor desses povos. Se ele julga a Israel segundo sua própria lei através desses povos, também julgará esses povos segundo sua lei, que inicialmente só foi dada a Israel. Pelo ataque contra Israel, como também no fato de que Israel, pela mensagem dos profetas, deve admitir esse ataque como o julgamento de seu Deus, os povos são envolvidos no destino de Israel e entram no círculo da bênção e da maldição de Javé. Ao morrer politicamente, Israel traz os povos para dentro da ação e do futuro de seu Deus. É precisamente assim que as ameaças e as promessas de Javé, referentes ao futuro, são tiradas de sua limitação histórica ao único povo de Deus e se tornam escatológicas. O horizonte móvel das profecias sobre o futuro do

---

73. Ibid., 132.

Deus que promete, pela sua ampliação a "todos os povos", chega até os limites da realidade humana, se torna universal e assim escatológico. Dessa forma, o horizonte do Deus por vir chega a um *non plus ultra*.

Por mais ampla e universal que seja, e por mais profundamente que atinja as raízes mesmas da existência, a mensagem de julgamento dos profetas indica, de outro lado, um futuro diferente, apontando para o "dia de Javé" que surgirá da noite do julgamento. Esse julgamento bem que significa aniquilamento do povo e da história a que esse povo deve sua existência, mas não significa o aniquilamento da fidelidade de Javé para consigo mesmo. Por isso, pode ser entendido como julgamento preparatório de algo derradeiro e novo, e como aniquilamento em favor de uma consumação mais perfeita. Assim surgem nos profetas visões finais a respeito de uma nova salvação futura e nunca antes contemplada, sobre uma "nova aliança", sobre o reino futuro de Javé em seu domínio sobre toda a terra; e isso não só em favor de Israel, mas de todos os povos, que, por assim dizer, participam do julgamento sobre Israel e estão envolvidos na história de Javé com Israel. É por esta universalização do julgamento que a salvação futura de Javé se torna escatológica em toda a sua amplitude e ilimitabilidade.

Como é representado tal futuro? Antes de qualquer coisa, como "o novo", cuja vinda é profetizada e representada em analogia com a costumeira ação salvífica de Deus no decurso da história do cumprimento de suas promessas no passado do povo: como nova ocupação da terra, como entronização de um novo Davi e de uma nova Sião, como novo Êxodo, como nova aliança. É, portanto, representado como "renovação" e como retomo do que foi perdido e do que passou, na correspondência entre princípio e fim[74]. Mas trata-se de analogias que pretendem indicar o que não é absolutamente análogo. Não se trata simplesmente da restituição do passado feliz, pois, da parte de Javé, até aquele momento, já vieram coisas novas e desconhecidas. O julgamento se tornou universal e por isso os povos, primeiramente os que participaram do julgamento e através deles, como *pars pro toto*, todos os povos, são inseridos na nova e futura ação de Deus. Já pelo julgamento, Javé se glorificou neles; quanto mais se glorificará neles quando sua nova ação salvífica se manifestar em Israel. "A salvação se tornou universal, embora seja israelita e encontre seu caminho para o mundo por intermédio de Israel"[75]. Tais visões salvíficas – que devem ser chamadas de "escatológicas" pelo fato de romperem, pela ausência de li-

---

74. Ibid., 131; WOLFF, H. W., op. cit., 224 s.
75. VRIEZEN, T. C., *Theologie des Alten Testaments in Grundzügen*, 1957, 311.

mites, todos os limites espaciais e temporais, e atingirem até os limites da realidade humana em "todos os povos" – são certamente *escatologias israelocêntricas*. Isto transparece na forma assumida pelas analogias com a história salvífica de Javé no passado de seu povo e das experiências de julgamento que estão em sua base e que estão concentradas em Israel. Entretanto, com a ampliação da ameaça do julgamento da promessa da salvação para todos os povos, verifica-se aquilo que T. C. Vriezen chama de "tarefa missionária de Israel": ser luz dos povos e testemunha de Javé no seu processo contra os deuses dos povos. Quanto mais a futura ação salvífica de Deus rompe todas as analogias da história vivida e transmitida por Israel sobre seu Deus, e faz transbordar para a história dos povos o julgamento que principia com Israel, tanto mais nitidamente se delineiam os primeiros vestígios de uma *escatologia humana universal*. Neste ponto já se vislumbra, provavelmente, aquilo que se deve chamar apocaliptismo.

Por conseguinte, de uma verdadeira "escatologia" só se pode falar em relação às passagens em que o horizonte historicamente limitado em suas perspectivas chega até a predição do futuro e, no *éschaton*, é atingido o πρῶτον de toda a criação; em que o horizonte do Deus, que a si mesmo se anuncia e deve vir, é estendido a todos os povos, pois além disso nada há que possa ainda ser imaginado como existente.

De mãos dadas com essa universalização caminha também uma intensificação da promessa até os limites da existência como tal. A antiga fé na promessa esperava da proximidade, e depois da vinda do Deus vindouro, proteção, orientação, guarda, bênção, plenitude de vida, etc., mas essas esperanças deram lugar às privações, fome, sede, miséria, opressão e ameaça dos inimigos. Isso significa que as esperanças de Israel "se cumprem" pela vivência de experiências contrárias, que são atribuídas à distância e ao mistério do Deus da promessa. O positivo é sempre representado pela negação do negativo. Correspondentemente, as representações visionárias das promessas proféticas se nutrem das experiências negativas do julgamento de Javé. Isso significa que as visões sobre a glorificação prometida por parte de Javé são descritas a partir das novas experiências de julgamento. A glória futura de Javé se mostra na superação e mudança do julgamento experimentado, transformado agora em bênção. Usando termos teológicos, dever-se-ia explicar assim: a salvação aparece na derrota de Deus por Deus, na vitória do Deus salvador e vivificador sobre o Deus julgador e destruidor, na derrota da ira de Deus pela bondade de Deus. Quando isso é aplicado aos seres humanos atingidos, deve-se dizer que a ação salvífica futura de Javé se manifesta na superação das experiências de julgamento, na superação de fome e pobreza, de humilhação e sofrimento, das guerras entre os povos, do politeísmo e da idolatria, e, finalmente, da morte no abandono de Deus. Essas superações das negatividades da existência, compreendidas como julgamento de Javé, se resumem na esperança ligada à vinda da plenitude do *kabod* de Javé. O conteúdo das esperanças das "profecias" está, portanto, de um lado, permeado de lembranças e analogias com a história feliz dos cumprimentos realizados por Javé no passado do próprio povo, cujo retorno se espera; de outro lado, está repassado de negações do negativo das novas experiências de julgamento. Por isso, também são assumidas representações de outros povos sobre a paz universal etc., à medida que essas podem ser escatologizadas. Uma fronteira, entretanto, é mantida na mensagem profética: a morte. Enquanto a morte é sentida como termo natural da vida, Deus continua sendo o Deus dos vivos. Mas desde que a morte – pelo menos a morte prematura é sentida como exclusão da vida plena e consumada pela promessa e, portanto, como efeito do julgamento, faz-se, portanto, necessário que, a respeito dessa fronteira, se torne também explícita a esperança na superação do julgamento de Deus por meio de sua glória, criadora de vida. Por isso, à margem da mensagem profética, emerge a morte como aplicação do julgamento divino; e a salvação messiânica, em que o julgamento será superado, é apresentada como vitória sobre a morte. Javé continua sendo um Deus dos vivos. O sofrimento frente ao derradeiro limite da vida não leva a admitir as representações egípcias sobre o além. Mas se a fronteira da morte é sentida como julgamento de Javé, então o poder deste vai além da morte. Também os mortos podem ser recebidos no âmbito de sua promessa e de seu senhorio, e até mesmo a morte aparece em suas mãos como uma possibilidade que pode ser modificada, e não mais como uma realidade fixada que põe um limite à ação de Deus. Por conseguinte, do ponto de vista escatológico, é preciso lembrar ainda uma promessa cujo horizonte de esperança supere e vença todas as experiências de julgamento na vida e na morte. Somente quando o horizonte da esperança vai além dos limites sentidos como a última barreira da existência, isto é, para além da morte, é alcançado o *éschaton*, o *non plus ultra*, o *novum ultimum*.

A universalização da promessa encontra na promessa do senhorio de Javé sobre todos os povos o seu éschaton.

A intensificação da promessa encontra no questionamento da morte o seu limiar escatológico.

Mas deve-se notar que esses limites do escatológico, fixados aqui terminologicamente, nunca aparecem nos profetas clássicos de forma clara e pura. Os profetas estão envolvidos pela história de seu povo e na passagem entre a ruptura do velho e a irrupção do novo. Para eles a história não está parada, como nas visões apocalípticas do fim dos tempos. Eles não estão, à maneira dos conventículos apocalípticos, "dessecularizados" frente ao "mundo", aos povos e a Israel como povo, de modo que se possam entregar às especulações sobre a transitoriedade do mundo e o seu destino futuro. Neles, tudo ainda está em movimento, e a história, cujo futuro eles anunciam, é algo móvel. Eles mesmos estão conscientes de que com sua mensagem são um instante e um elemento do movimento da história de Deus. Por isso, eles falam da "história" como da "obra de Javé", ou do "plano de Javé" (Is 28,29), ou ainda como do "plano total de Javé" (Is 10,12). Mas não se trata de uma história considerada apocalipticamente a partir do fim, no qual as coisas estão paradas, mas de um futuro anunciado em meio ao processo do tempo. Quando falam do plano de Javé, não entendem uma determinação divina a respeito do mundo, mas a firmeza de sua fidelidade na história. Veem os julgamentos e a história na liberdade de Javé, e não como destino imutável. Por isso, os planos de Javé são "revogáveis" para Javé, e o seu anúncio leva a geração presente ao encontro de decisões que terão influência também no futuro da ação de Deus. A mobilidade da história, tal como os profetas a veem e como eles se encontram nela com seu testemunho, de forma contrária ao fatalismo histórico dos apocalípticos, pode ser designada como "diálogo do Senhor do futuro com Israel, tendo em vista um escopo"[76]. Por conseguinte, poder-se-ia dizer: a mensagem profética atinge em sua extensão e em sua profundidade existencial as fronteiras da realidade e, assim, torna-se escatológica; essas fronteiras não são predeterminadas, mas fluidas.

§ 7. A historização do cosmo na escatologia apocalíptica

O fenômeno e o conteúdo do apocaliptismo do judaísmo tardio são difíceis de interpretar[77]. Trata-se de uma continuação legítima da mensagem profética, ou de uma decadência da fé profética nas promessas? Temos aí a irrupção, no judaísmo, da imagem dualística do mundo do Irã, ou a realização de uma abertura já presente na mensagem profética?

Antes de tudo, é preciso dizer que a perspectiva futurístico-escatológica é comum a profetas e apocalípticos; mas é preciso imediatamente apontar as diferenças:

---

76. WOLFF, H. W., op. cit., 231.
77. Cf. o juízo totalmente diferente de VON RAD, G., op. cit., 314 ss., de um lado, e do outro, o de KOCH, K., op. cit. e PANNENBERG, W., *Offenbarung als Geschichte*, 103 ss.

a) O apocaliptismo cultiva uma concepção de história religiosa que é determinista. A sequência temporal dos *éons* está fixada desde o início, e a história desenrola, sucessivamente, um plano fixo de Javé. Na profecia, não existe a ideia de que os *éschata* estejam fixados desde os primórdios do mundo;

b) No apocaliptismo, o correlato da ação histórica de Deus é o "mundo" sob o poder do mal; nos profetas temos "Israel" e "os povos";

c) A esperança apocalíptica não se dirige mais para um aperfeiçoamento da criação pela vitória sobre o mal por parte do bem, mas para a separação entre bem e mal e, por isso, para a substituição do "mundo sob o poder do mal" pelo futuro "mundo da justiça". Temos aí um dualismo fatalista que, como tal, não se encontra nos profetas.

d) O julgamento não é visto, na liberdade de Deus, como possivelmente revogável e modificável pela penitência, mas como destino imutável que está fixado e que vem como *fatum irreparabile*;

e) Os profetas se encontravam no meio do povo de Israel e na história, que os envolvia. Os apocalípticos vivem na comunidade javista dos justos dos tempos pós-exílicos[78];

f) Os profetas, em suas predições, colocam-se abertamente em seu tempo e no meio de seus contemporâneos e, a partir daí, desenrolam suas perspectivas históricas. Os apocalípticos, ao contrário, ocultam sua situação histórica.

Resumindo, pode-se perguntar se no pensamento apocalíptico não transparece, no fundo, um pensamento anistórico. Não será a periodicidade apocalíptica da história universal segundo o plano de Javé uma interpretação histórico-universal de esquemas cosmológicos antigos e estranhos a Israel? O apocaliptismo como "ciência altíssima" tem o mesmo caráter enciclopédico como o apocaliptismo esotérico da teologia pietista e histórico-salvífica dos séculos XVII e XVIII na cristandade.

Por outro lado, com boas razões, chamou-se a atenção para o fato de que a imagem histórica dos apocalípticos se enraíza profundamente no pensamento israelita sobre a história e que está relacionado com a escatologia profética. Nesse sentido, Daniel aparece como o cumpridor do testamento dos profetas com seu primeiro "esboço da história universal"[79].

---

78. Plöger, O., op. cit., 63 ss.
79. Koch, K., op. cit., 31.

Essas impressões contraditórias provêm do fato de que, na escatologia profética, o horizonte da promessa, tanto em sua amplidão como em sua profundidade, atinge os limites daquilo que pode ser chamado de finitude cósmica. Ora, quando o horizonte móvel da história das esperanças históricas atinge os *éschata*, surge a possibilidade de abandonar o lugar da perspectiva histórica e, a partir do fim entrevisto, contemplar retrospectivamente o decurso histórico do mundo, como se a história universal fosse um universo, um cosmo histórico predeterminado. Entram, assim, em jogo antigas especulações cosmológicas sobre números, para introduzir, à maneira da ordem no espaço, uma ordem nos períodos da história universal. Os reinos do mundo são fixados; o *éschaton* se torna *fatum*; em lugar da eleição, que leva à esperança e à obediência, entra a providência, que determina os acontecimentos; em lugar da promessa, em que se confia contra esperanças aparentes, entra o drama final; em lugar do *éschaton*, que Deus realiza em sua liberdade, entra um final da história que se realizará pelo decurso do tempo; em lugar da fidelidade de Deus, a quem se entrega o cumprimento do futuro prometido em sua liberdade, entra o plano de Deus fixado desde os primórdios e que a história revela sucessivamente. A teologia da história se torna uma teologia sobre a história, e a escatologia histórica se torna contemplação da história. Da mesma forma como na teologia histórico-salvífica do século XVIII, encontra-se no apocaliptismo um evidente deísmo do Deus distante. Mas, de outro lado, não se deve esquecer que nos apocalipses especulativos sempre se encontram ainda elementos exortativos, isto é, exortação à perseverança do justo na fé: quem perseverar até o fim, será feliz. Mas ao mesmo tempo fé e descrença, bem e mal, eleição e reprovação, justiça e injustiça estão fixadas, e trata-se de permanecer naquilo que se é. Isso corresponde inteiramente à situação do apocaliptismo na vida dos conventículos separados.

O que, de um lado, resulta da comparação da escatologia profética com a esperança histórica do Israel antigo e, de outro lado com o apocaliptismo cosmológico? Ao pôr essa questão, perguntamos pelas consequências sistemáticas na definição da escatologia como tal.

A primeira coisa que encontramos é uma avaliação extremamente contraditória do apocaliptismo entre os teólogos. Para G. von Rad, a típica periodicidade da história universal, feita pelos apocalípticos a partir da consumação do mundo, "nada mais é que interpretação e atualização de esquemas cosmológico-mitológicos anteriores"[80]. Para K. Koch e W. Pan-

---

80. VON RAD, G., op. cit., II, 321.

nenberg, ela apresenta o primeiro esboço de história universal, permanecendo assim no terreno da escatologia profética. As duas apreciações se fundam na observação de que o apocaliptismo aplica à história esquemas cosmológicos, de modo que, ou "a história" para, ou então "a história", como o suprassumo da realidade, torna-se visualizável em sua totalidade.

Entretanto, na consideração da relação entre escatologia e cosmologia no apocaliptismo, apresenta-se ainda uma terceira possibilidade de interpretação e apreciação. É evidente que na aplicação de esquemas cosmológicos à história, determinada a partir do *éschaton*, surgem os efeitos apontados por Von Rad e Koch. Não obstante, a particularidade e o significado teológico do apocaliptismo podem muito bem consistir em que ele absolutamente não se interessa pela interpretação cosmológica da história escatológica, mas pela interpretação escatológica e histórica do cosmo. Pode muito bem ser que os limites existentes na realidade cósmica – em que o horizonte móvel da história das promessas se embate na escatologia – não sejam considerados como grandezas fixas e predeterminadas, mas também eles sejam colocados no movimento histórico. Aqui a promessa, tornada escatológica, rompe também as fronteiras daquilo que até aquele momento tinha sido afirmado etiologicamente como criação e cosmo, de modo que o *éschaton* não seria o retorno do princípio, nem uma volta da alienação e do mundo do pecado para a pura origem, pois o fim será mais vasto do que o princípio. Consideradas as coisas assim, a escatologia, no apocaliptismo, não se torna cosmológica e estável, mas, ao contrário, a cosmologia faz-se escatológica, e o cosmo é inserido historicamente no processo do *éschaton*. Esse é o outro lado da tensão entre escatologia e cosmologia no apocaliptismo, lado que até agora não foi levado em conta, porque na teologia havia interesse unicamente pela escatologia e não pela cosmologia. Se na mensagem dos profetas é a "esperança histórica" de Israel que está em tensão com as experiências históricas, e a história universal é entendida como função do futuro escatológico de Javé, no apocaliptismo a escatologia histórica está em tensão com a cosmologia, e torna inteligível, por meio dessa tensão, o cosmo como processo histórico dos *éons* na perspectiva apocalíptica. Nesse caso, não é a história que na visão apocalíptica se faz parar, pois é impelida por esperanças históricas, mas, ao contrário, a esperança histórica tornada universal põe em movimento o cosmo. É natural que, nessa tensão e luta, a escatologia sofra sérios prejuízos. Mas não se deve ter em vista unicamente a escatologia, deve-se ver também o que, desse modo, é conquistado. O "todo" não é mais, como na cosmologia pagã, um conceito mítico-astral, ou panteísta, ou mecanicista do mundo e de sua suficiência, pois, no processo apocalíptico, é dividido em *éons*: o mundo que vem, e o mundo que passa. O *totum* apocalíptico tem significação bem diferente do "todo" cosmológico. Todo o mundo passa a fazer parte do processo histórico escatológico de Deus, e não somente o mundo dos seres humanos e dos povos. A conversão do ser humano na mensagem profética tem, portanto, seu correlato na conversão de todo o cosmo, do qual fala o apocaliptismo. A revolução profética no mundo dos povos se amplia para a revolução cósmica de todas as coisas. No sofrimento escatológico do Servo de Deus são inseridos não somente os mártires, mas toda a criação participará do sofrimento do fim dos tempos. O sofrimento se torna universal e põe fim à suficiência do cosmo, e a alegria escatológica ressoará em um "novo céu e em uma nova terra". Resumindo tudo: o apocaliptismo, na verdade, pensa sua escatologia em termos cosmológicos, mas isso não é o fim da escatologia; é, antes, o princípio de uma cosmologia escatológica e de uma ontologia escatológica para a qual o ser se torna histórico, e o cosmo se abre para um processo apocalíptico, isto é, de revelação. Essa historização do mundo pela categoria do futuro escatológico universal é de imensa importância do ponto de vista teológico, pois, por meio dela, a escatologia se torna o horizonte universal de toda a teologia. Sem o apocaliptismo, a escatologia teológica fica reduzida à história dos povos ou à história existencial do indivíduo. Também o Novo Testamento não fechou as janelas que o apocaliptismo abriu para a amplidão do cosmo e para a liberdade além da realidade cósmica existente.

CAPÍTULO III
Ressurreição e futuro de Jesus Cristo

§ 1. Evangelho e promessa

Se perguntarmos pelo sentido da revelação de Deus no Novo Testamento, reaparece a realidade, já conhecida do Antigo Testamento, de que falta um *conceito* claro de revelação. Aquilo que no Novo Testamento é entendido por revelação não pode também ser inferido das palavras empregadas, mas dos eventos a que são aplicados. Esses eventos a respeito dos quais o Novo Testamento emprega as expressões que significam "revelar", e estas recebem uma dinâmica própria do ponto de vista da história da promessa e do ponto de vista messiânico. Em um primeiro instante, a impressão geral que se ganha pode ser expressa da seguinte maneira: na cruz e ressurreição de Cristo, pôs-se em movimento, na direção da humanidade, a revelação de Deus que implica a glória de seu reino, justiça, vida e liberdade[1]. No evangelho do evento de Cristo, esse futuro já se tornou presente nas promessas de Cristo. O evangelho anuncia a irrupção presente desse futuro e vice-versa, o futuro é anunciado nas palavras empenhadas pelo evangelho. Por conseguinte, a pregação de Cristo está contida em uma revelação que encerra a proximidade do Senhor que vem. Dessa forma, ela torna "histórica" a realidade do ser humano e o engaja na história.

A tendência escatológica da revelação de Cristo mostra que as palavras *euangélion* e *epangelía* constituem uma só coisa. J. Schniewind, com

---
1. SCHULTE, H., Der Begriff der Offenbarung im Neuen Testament, *Beitr. zur Evang. Theol.* 13 (1949) 23.

razão, afirmou que, na teologia paulina, *epangelía* é o "complemento" de *euangélion*[2]. O evangelho da revelação de Deus em Cristo estará, portanto, ameaçado de mutilação e ruína, se nele não se considerar a dimensão da promessa. Da mesma forma, corrompe-se a cristologia, se nela não se vê o "futuro de Cristo" como um elemento constitutivo.

Mas de que modo, frente à história veterotestamentária da promessa, é anunciada a "promessa" no Novo Testamento? De que maneira, no embate com as concepções das religiões de mistério helenísticas, o horizonte futuro da promessa é valorizado no Novo Testamento?

A dogmática cristã procurou por diversos caminhos o acesso à cristologia. Destacamos aqui duas formas fundamentalmente diferentes de abordar a cristologia, para nelas mostrar o problema.

Desde a formulação grega da dogmática cristã, os teólogos abordaram o mistério de Jesus por intermédio da ideia geral de Deus na metafísica grega: o único Deus, a quem todos os seres humanos buscam na experiência da realidade, apareceu em Jesus de Nazaré, seja porque a eterna e suprema ideia do bem e da verdade encontrou nele o mais perfeito dos mestres, seja porque o eterno ser, origem de todas as coisas, nele se tornou carne e apareceu no mundo do que é passageiro, mortal e disperso na multiplicidade. Assim o mistério de Jesus consiste na encarnação do ser único, eterno, original, verdadeiro, imutável e divino. Esse caminho foi trilhado de variadas formas na cristologia da igreja antiga. Seus problemas surgiam do fato de que o Pai de Jesus Cristo era identificado com o único Deus da metafísica grega e se lhe atribuíam as propriedades e atributos desse Deus. Ora, caso se considere a natureza de Deus em sua imutabilidade, imobilidade, incapacidade de sofrer e unidade, é, portanto, impossível exprimir a atividade histórica desse Deus, da mesma forma que sua promessa escatológica a respeito do futuro, no evento da cruz e da ressurreição de Cristo.

Nos tempos modernos, frequentemente se buscou acesso ao mistério de Jesus partindo da compreensão da existência humana na história: a história existe desde que há seres humanos; mas o fato de a existência do ser humano também poder ser experimentada e pensada como "histórica", isto é, o fato de a "historicidade" da existência humana ser radicalmente manifestada, é algo que veio ao mundo com Jesus. Pela palavra e pela ação de Jesus foi trazida uma mudança decisiva na compreensão que o ser humano tem de si e do mundo, pois a autocompreensão do ser

---

2. *ThWNT*, II, 575. Artigo *"epangelía"* de Schniewind; Friedrich.

humano na história foi por ele revelada como compreensão da historicidade da existência humana. Em lugar da busca e de uma ideia universal de Deus, aqui se pressupõe um conceito universal de ser humano, a questionabilidade total da existência humana, a qual foi por Jesus revelada e vivida, e assim verificada.

Esses dois modos de se atingir o mistério de Jesus partem do universal, para depois encontrar esse universal no concreto de sua pessoa e de sua história. Ambos os procedimentos com respeito à cristologia não passam necessariamente ao lado do Antigo Testamento, mas também não o encontram necessariamente em seu caminho. Ora, o sentido de Jesus para todos os seres humanos tem como pressuposto necessário o Antigo Testamento com sua lei e sua promessa. Por isso, a questão é se se deve tomar a sério a significação teológica das seguintes constatações:

1. Foi *Javé*, o Deus de Abraão, Isaque e Jacó, o Deus da promessa, que ressuscitou Jesus dos mortos. Quem seja o Deus que se revela por meio de Jesus, resulta unicamente da diferença e identidade com o Deus do Antigo Testamento.

2. *Jesus era judeu*. Quem seja Jesus, e que ser humano nele se tenha revelado, resulta de seu confronto com a lei e a promessa do Antigo Testamento.

Caso se tomem a sério esses dois pontos de partida, o caminho do conhecimento teológico vai do particular para o universal, do histórico para o escatológico-universal.

A primeira afirmação significa que o Deus que se revela em Jesus deve ser pensado como o Deus do Antigo Testamento; isto é, como o Deus do êxodo e da promessa, o Deus que tem o "futuro como propriedade de ser", o qual, portanto, mesmo em suas qualidades, não pode ser identificado com a ideia grega de Deus, nem com a "eterna presença" do ser de Parmênides, nem com a ideia suprema de Platão, nem com o motor imóvel de Aristóteles. O que quer que ele seja, não é o mundo como um todo que o indica, mas a história da promessa em Israel. Suas propriedades não podem ser expressas pela negação da esfera do que é terreno, humano, mortal e transitório, mas tão somente por meio da memória e da narração da história de sua promessa. Em Jesus Cristo, o Deus de Israel revelou-se como o Deus de todos os seres humanos. O caminho vai assim do *concretum* para o *concretum universale*, e não vice-versa. É *nessa* linha que a teologia cristã tem de refletir. Em Jesus, não se tornou concreta uma verdade universal, mas o evento concreto, único, histórico, da crucifixão e ressurreição de Jesus por Javé, o Deus da promessa, que do nada cria o ser, torna-se universal por meio do horizonte universal e escatológico que anuncia[3]. O Deus das promessas de Israel, pela ressurreição de Jesus dentre os mortos, torna-se o Deus de todos os seres humanos. Por isso, a mensagem cristã a respeito desse Deus sempre se moverá no horizonte preanunciado e entendido como universal, reivindicando a universalidade e a obrigatoriedade universal para sua mensagem, ainda que essa universalidade seja de natureza escatológica e não resulte de abstrações do particular para o universal.

Se, por outro lado, teologicamente se toma a sério a constatação de que Jesus foi judeu, isso significa que ele não deve ser compreendido como um caso especial do ser humano universal, mas tão somente em conexão e em relação com a história da promessa veterotestamentária. Pelo evento da cruz e ressurreição – que só é inteligível no contexto da relação entre lei e promessa – ele se torna salvação para todos os seres humanos, quer judeus, quer gentios. Somente do evento de Cristo surge aquilo que teologicamente pode ser designado como "o ser humano", "o verdadeiro ser humano" e "a humanidade": "Nem judeu nem grego, nem servo nem livre, nem ser humano nem mulher" (Gl 3,28). Somente quando as diferenças concretas, históricas e religiosas, de povos, grupos e Estados são rompidas no evento crístico da justificação do pecador, fica perceptível o que pode ser e será o verdadeiro ser humano. O caminho vai aqui do histórico-único ao universal, porque parte do evento concreto para o universal, em uma direção escatológica. A mensagem cristã, mais uma vez, assim se move no horizonte de uma verdade universal e levanta a pretensão de obrigação universal. Ela deverá desenvolver essa sua verdade confrontando-a com outras concepções antropológicas universais sobre o que seja *humanitas*, precisamente porque seu conceito universal de *humanitas* tem conteúdo escatológico. Assim, por exemplo, ela não poderá partir do ponto de vista de que o ser humano é um ser que possui *lógos* e linguagem, para depois verificar esse traço essencial no evento da justificação; mas, ao contrário, partirá do evento da justificação e da vocação, para depois responder como esse evento, do ponto de vista teológico, faz do ser humano um "ser humano", reivindicando a sua verdade em confronto com outras doutrinas sobre a natureza do ser humano.

---

3. Esta ideia se encontra no Novo Testamento no termo ἐφάπαξ, no qual estão reunidas a unicidade histórica e a necessidade escatológica universal. Cf. Käsemann, E., Das Problem des historischen Jesus, in: *Exegetische Versuche und Besinnungen*, I, 1960, 200 s.

§ 2. O Deus da promessa

Se tomarmos a sério esse acesso à cristologia, será de particular importância o fato de que, no Novo Testamento, Deus é confessado e chamado o Deus que promete. Ele é o θεὸς ἐπαγγειλάμενος ["Deus promitente"] (Hb 10,23; 11,11 etc.). Por conseguinte, o predicado essencial de Deus consiste na afirmação: Πιστὸς ὁ ἐπαγγειλάμενος ["fiel é aquele que promete"]. Sua natureza não é o absoluto em si mesmo, mas sua fidelidade, pela qual ele, na história de sua promessa, se identifica e se revela como Deus. Sua natureza consiste na continuidade de sua fidelidade, a qual se torna digna de fé em meio à contradição de julgamento e graça. Por conseguinte, a palavra reveladora de Deus tem basicamente o caráter de promessa e tonalidade escatológica. Ela está fundamentada e continuamente aberta para o evento da fidelidade de Deus. Ela coloca o ser humano em um caminho, cuja meta ela mostra e garante prometendo. Ela coloca aquele que a recebe em uma intransponível diferença e oposição face à realidade presente do mundo. Ela dá as bases para a esperança e para a crítica e guarda a perseverança na esperança.

Daí, basicamente, resulta um tipo de conhecimento de Deus diferente do conhecimento do θεὸς ἐπιφανες ["Deus que se manifesta"] no âmbito das religiões de epifania, das religiões mistéricas helenistas e finalmente da metafísica grega, ainda que, *de facto*, no Novo Testamento apareçam os sincretismos em toda a parte. A vida, obra, morte e ressurreição de Jesus não podem, portanto, ser descritas segundo o padrão das manifestações dos deuses epifânicos, mas pelas categorias de espera e esperança do Deus que promete. Jesus não é nenhum θεῖος ἀνήρ ["deus que apareceu como ser humano"], ainda que em muitas camadas da tradição se usem tais representações. Os evangelhos não são lendas cultuais, mas fornecem lembranças históricas sob os auspícios da esperança escatológica, embora se possam encontrar também traços dessas lendas. A pregação missionária cristã não é palavra de revelação gnóstica[4], embora esse tipo seja ocasionalmente usado também.

---

4. Cf. BORNKAMM, G., *Studien zur Antike und Christentum*, 1959, 128 ss. A pregação paulina deve ser distinguida dos discursos de revelação dos θεῖοι ἄνθρωποι, que se apresentam como encarregados ou representantes de uma divindade, trazem mensagens celestes, apelam para a conversão e prometem salvação. O sinal que os distingue é o "estilo de hierofanta" usado em sua mensagem. O estilo da pregação paulina se parece, ao contrário, com a diatribe cínico-estoica, embora claramente não se entendesse, nem sua pregação, como palavras de sabedoria estoica, mas como "precursora do fim do mundo" dentro da expectativa apocalíptica (cf. KÄSEMANN, E., *ZThK*, n. 60 (1963) 80).

Ainda que o cristianismo se encontre no meio da vida religiosa de seu tempo, a fé epifânica o influenciou somente como elemento formal de apresentação. Pois ele está sob a égide do pensamento veterotestamentário de Deus, o qual espera no futuro a ação de Deus única e universal no mundo[5].

O termo ἐπαγγελία provém da linguagem helenística[6]. Aí é empregado sempre para designar promessas, votos e compromissos que os seres humanos fazem a seus deuses. Um deus que seja o *Deus que promete* é aí totalmente desconhecido. Do ponto de vista linguístico, falta uma história preliminar dessa palavra no Antigo Testamento, ainda que ela já tenha existido quanto ao sentido nas tradições veterotestamentárias. "Por intermédio do judaísmo, a ἐπαγγελία recebeu sua significação particular como palavra de revelação de Deus na história da salvação"[7]. Nele encontramos uma teologia das promessas de Deus, tanto na teologia da Torá dos rabinos, como nas tradições apocalípticas. Entre os rabinos, "promessa" significa a recompensa prometida aos justos e está ligada à piedade da Torá, enquanto no apocaliptismo significa, em conexão com eleição e lei, o "mundo futuro", ao contrário do mundo presente, o qual não tem em si o que foi prometido aos justos. Nas duas tradições, Deus é reconhecido como aquele que promete e cuja fidelidade garante o cumprimento.

Por mais que, para o rabinismo e o apocaliptismo, a figura de Abraão como o modelo do justo esteja no centro do interesse quando falam de promessa, de lei e de justiça de Deus, é, no entanto, Paulo quem coloca essa figura no coração de sua doutrina sobre evangelho e promessa[8]. Entretanto, sua descrição de Abraão como o "pai da promessa", em contraposição a Moisés e à lei, se fundamenta no fato de que, para Paulo, o evento de Cristo não produz a renovação do povo de Deus, mas um "novo povo de Deus", composto de judeus e gentios. Sua polêmica com o cristianismo judaico gira aparentemente em torno da lei e do evangelho, mas tem a

---

5. SCHULTE, H., op. cit., 66. A resultado semelhante chega o estudo de PAX, Elpidius, Epiphaneia. Ein religionsgeschichtlicher Beitrag zur biblischen Theologie, *Münchener Theol. Studien* (1955).
6. Sigo aqui o artigo *"epangelía"*, no *ThWNT*.
7. *ThWNT*, II, 578.
8. Cf. sobre isto, DIETZFELBINGER, C., Paulus und das Alte Testament, *ThEx NF*, n. 95 (1961); SCHLINK, E., Gesetz und Paraklese, in: *Antwort. Festschrift für Karl Barth*, 323 ss.; WILCKENS, U., Die Rechtfertigung Abrahams nach Röm. 4, in: *Studien zur alttestamentlichen Überlieferung*, 1961, 111 ss.; KLEIN, G., Röm. 4 und die Idee der Heilsgeschichte, *EvTh*, n. 23 (1963) 424 ss.; JÜNGEL, E., Das Gesetz zwischen Adam und Christus, *ZThK*, n. 60 (1963) 42 ss.

promessa como centro propriamente dito. Para ele, Cristo é o "fim da lei" (Rm 10,4), mas não o fim da promessa; é antes seu renascimento, sua libertação e validação.

Paulo liga as promessas tradicionais feitas a Abraão à promessa da vida e entende "vida" não mais em conexão com terra prometida, fertilidade e multiplicação, mas como "vida a partir da morte" (Rm 4,15-17). Como o judaísmo, também ele tem certeza de que Deus mantém sua palavra. Mas o fundamento dessa certeza confiante é novo: já que Deus tem o poder de suscitar os mortos e de chamar à existência o que não é, eis a razão por que o cumprimento de sua promessa é possível; pelo fato de ter ressuscitado Jesus dentre os mortos existe a certeza do cumprimento de sua promessa. Falta de confiança e dúvida quanto à vontade do cumprimento por parte de Deus é, portanto, um roubo à glória de Deus. A falta de fé é dúvida contra a veracidade de Deus, sua onipotência e sua fidelidade (Rm 4,20). A descrença não permite que Deus seja Deus, pois duvida da fidedignidade de Deus, que garante sua promessa. A forma concreta dessa descrença, Paulo a vê claramente na teologia da justiça da Torá, na qual a força da promessa, para ser cumprida, está ligada ao cumprimento da lei. Ora, se a promessa de Deus está ligada à lei, ela perde sua força: não está mais no poder do Deus que promete, mas no poder do ser humano que obedece. Ora, a ira de Deus se manifesta sobre todos os que deixam a lei sem cumpri-la ou a transgridem. Por isso, lei e promessa se excluem, da mesma forma que se excluem o gloriar-se nas obras da lei e na glória de Deus que justifica os pecadores e ressuscita os mortos. A lei não tem em si o poder da vida prometida e da ressurreição, mas abre a vida para a morte e a leva para a morte. A lei não tem em si a força da justificação, mas tão somente o poder de descobrir os pecados e de tomá-los mais numerosos. Pois a promessa foi tornada impotente pelo aparecimento da lei. Já que, para Paulo, a justificação do ímpio e a vida da ressurreição dos mortos pertencem um ao outro, também estão estreitamente ligadas entre si a justiça da fé e a validação da promessa na ressurreição de Cristo. "Se são herdeiros os da lei, a fé se torna vã e a promessa sem força" (Rm 4,14). Mas, se, ao contrário, a promessa feita por Deus se torna efetiva, ela concede a justiça pela fé. "Está dito pela fé que é pela graça, a fim de que a promessa permaneça firme (βεβαίαν) para toda a descendência, não somente para aquele que está debaixo da lei, mas também para aquele que é da fé de Abraão, que é o pai de todos nós" (Rm 4,16). A promessa não seria mais promessa de Deus, que ressuscita os mortos e chama o que não é à existência, se dissesse respeito à lei. "Se a herança provém da lei, já não vem mais da promessa" (Gl 3,18). Caso se quisesse alcançar a herança da promessa pelo cumprimento da lei, perder-se-ia essa herança, pois Deus se mostrou gracioso com Abraão por meio da promessa (Gl 3,18). Herdeiros da promessa e filhos de Abraão são, na verdade, aqueles que, pela fé em Cristo, tornam-se participantes da promessa (Gl 3,29). É pelo evangelho que os povos participam da promessa em Cristo (Ef 3,6).

Pode-se reconhecer claramente como o evangelho aqui, em sua antítese à lei, está relacionado com a promessa. Abraão não é utilizado por Paulo como figura exemplar para sua nova compreensão da justiça da fé, pois na contenda pela herança de Abraão, entre o evangelho sobre a ressurreição do Cristo crucificado e a Torá, está em jogo a "força da promessa". Se Cristo é o "fim da Torá" (Rm 10,4), ele está aí para Israel "por causa da veracidade de Deus, para confirmar as promessas feitas aos pais" (Rm 15,8). Se os verdadeiros herdeiros de Abraão, o pai da promessa, são aqueles em que, no evento de Cristo, se realiza a promessa de Abraão, pelo poder do Deus que justifica e que da morte cria vida, acaba-se, portanto, o privilégio histórico-salvífico dos judeus frente aos gentios. O que foi prometido a Israel vale agora para todos os crentes, tanto judeus como gentios. A promessa não é mais exclusiva, mas se torna inclusiva. Torna-se universal. Essa universalização da promessa provém de sua libertação da cerca da lei e da eleição de Israel. Se a promessa do poder de Deus, tal como ela se manifesta na ressurreição do crucificado por Deus e, por conseguinte, na justificação e vocação dos ímpios, não tem mais pressupostos – sendo da graça e não da lei – por isso também se tornou sem barreiras e assim vale "sem distinção". Portanto, se no evento de Cristo está a validação (βεβαίωσις) da promessa, isso significa simplesmente que a promessa em Cristo pela fidelidade e veracidade de Deus se torna verdadeira de forma total, imperecível, para sempre e para todos. Nada mais se opõe a sua realização, pois nele os pecados são perdoados (Hb 9,15). Entre essa validação da promessa, verificada uma vez para sempre, e o seu cumprimento na glória de Deus, só se encontra ainda a veracidade de Deus. Por isso, a promessa determina a existência, a ação e o sofrimento daquele que a aceitou. Não é o contrário, a saber, a promessa que é determinada pela existência e pelo comportamento daquele que a recebeu. O evangelho tem na história da promessa do Antigo Testamento seu pressuposto imprescindível. A história veterotestamentária da promessa não encontra simplesmente no evangelho o cumprimento que a suprime, mas encontra nele seu futuro. "Todas as promessas de Deus encontraram nele seu sim; por isso, por meio dele que dizemos: Amém" (2Cor 1,20). Em Cristo, elas se tornaram certeza escatológica, pelo fato de se terem tornado eficazes, livres das amarras, sem pressupostos, e universais. A história da promessa, que o evangelho pressupõe, não é anulada. Israel que está incluído na promessa pressuposta não é profanado[9], mas no evangelho lhe é aberto o futuro pela certeza de suas próprias promessas. O evento de Cristo pode ser entendido como uma reviravolta da história da promessa: os primeiros serão os últimos. Não são os pagãos que virão e adorarão, quando, no fim dos tempos, Sião for libertada de sua vergonha, mas Israel voltará, quando a plenitude dos povos tiver em Cristo participado da promessa (Rm 9–11). Como se vê, o evangelho não deve ser entendido como a superação e muito menos como o fim das promessas de Israel. Em um sentido último, escatológico, das promessas, ele é idêntico a essas promessas.

Por outro lado, o próprio evangelho se torna incompreensível se nele não são reconhecidas as estruturas da promessa. Ele perderia a sua força escatológica, orientada para frente, e se tornaria simples revelação gnóstica ou pregação moralista, se não ficasse claro que o evangelho, no mundo e no tempo, é promessa do futuro de Cristo. O evangelho é promessa e, como promessa, arras do futuro prometido.

> A palavra de Deus é nova em Cristo, unicamente porque seu cumprimento não pode mais, como antes, ser posto em perigo e prejudicado, mas se torna indestrutível; ele é único apesar de estar sempre em movimento na terra e ser testemunhado, e apesar de sua prolepse no Antigo Testamento, porque em Cristo ele revela de novo não somente a única salvação escatológica, mas garante, além disto, a realização final e definitiva dessa salvação. Como tal, já está presente na história e ao alcance da mão, mas somente como promessa, isto é, como orientação e designação de um futuro ainda ausente[10].

§ 3. Paulo e Abraão

Como se deve entender a relação entre evangelho e promessa, e assim, em um sentido mais vasto, a relação do Novo para com o Antigo Testamento? Duas concepções, que se contradizem radicalmente, se apresentam: de um lado, fala-se em continuidade, no contexto de uma concepção histórico-salvífica da história[11], e, de outro lado, afirma-se a descontinui-

---

9. Contra KLEIN, G., op. cit., 436.
10. KÄSEMANN, E., *Das wandernde Gottesvolk*, ⁴1961, 12 s.
11. Isso é mostrado muito bem pelo estudo de WILCKENS, U., op. cit.

dade, no quadro de uma interpretação existencial do evangelho[12]. Ambas as formas de interpretação empregam conceitos históricos pelas quais dificilmente são compreensíveis as numerosas perspectivas sob as quais Paulo considera a relação do evangelho para com a lei e a promessa.

Do ponto de vista da história da salvação e da promessa, como quer que a *continuidade* seja entendida, o evangelho, nesse conceito, deve ser entendido como cumprimento da história anterior. O evento de Cristo não deve ser, portanto, tomado como um fato isolado em si mesmo, mas necessita sempre de novo do testemunho da história, da qual é o cumprimento, para se tornar compreensível em seu sentido universal-escatológico. Somente pelo "testemunho" da "Escritura" do Antigo Testamento, o evangelho mostra o evento de Cristo como o cumprimento da história da eleição de Deus. Isso tem como consequência não somente o fato que o evento neotestamentário da salvação se torna o fio condutor para a interpretação do Antigo Testamento, mas também, vice-versa, que o evento salvífico do Antigo Testamento se torna o fio condutor para a compreensão do evento de Cristo. É verdade que Paulo colocou a promessa feita a Abraão no Antigo Testamento em um horizonte universal-escatológico: a "terra" se tornou o mundo, a "semente" tornaram-se todos os povos[13]. Mas essa nova interpretação necessita ser demonstrada como o verdadeiro sentido dos textos interpretados. A interpretação cristã de Abraão deve pretender que "o início da história da eleição, com a promessa de Deus e a fé de Abraão, aponta *essencialmente* para seu fim como seu cumprimento"[14]. Daí, por um lado, resulta uma compreensão "histórico-eletiva" do cumprimento no evento de Cristo, e, por outro lado, uma compreensão "essencial" do sentido dessa história, isto é, visível a partir do fim da história, que "na verdade" estava no fundo da história de Abraão. Dessa forma, o evento de Cristo está em uma determinada história cuja essência e verdade são apresentadas como seu cumprimento. A fé cristã se fundamenta na história, está em meio à história e confia na história. Fé e história pertencem um ao outro. A fé não é uma possibilidade sempre ao alcance do indivíduo e, por isso, universal, mas é devida a uma determinada história da eleição e é uma confiança concreta na ação futura de Deus.

---

12. Isso aparece da forma mais clara no escrito dirigido contra Wilckens por KLEIN, G., op. cit.

13. Enquanto U. Wilckens fala de uma ampliação da promessa de Abraão na exegese paulina (op. cit., 124), outros se inclinam a falar de uma "redução paulina" das promessas a Abraão ao simples fato da promessa feita a Abraão, levando o seu conteúdo cada vez menos em consideração. Cf. DIETZFELBINGER, C., op. cit., 7 ss.

14. WILCKENS, U., op. cit., 125.

Aquilo que é assim afirmado como continuidade histórico-salvífica, ou histórico-eletiva entre Abraão e Cristo, é, do ponto de vista noético, acessível somente a partir do evento de Cristo. A interpretação e apropriação da promessa de Abraão na fé cristã não podem, portanto, apresentar-se como uma relação "essencial" entre Abraão e Cristo. A fé cristã não é a contemplação da essência da história por trás das palavras temporais e concretas da tradição veterotestamentária. O "novo" do Novo Testamento não consiste no descobrimento da essência e da verdade do Antigo Testamento. Assim, a continuidade não pode ser determinada por uma essência da história, que se torna visível a partir do término da mesma.

Para a interpretação existencial da *descontinuidade*, ao contrário, a "história" é retirada do horizonte iluminado pela promessa para ser levada ao horizonte da lei. Aqui a história toma o sentido de existência sob a lei, a necessidade de o ser humano se entender a partir de suas obras e, em analogia com isto, a partir de conexões certas e demonstráveis na história. Aqui "história" é entendida como poder generativo. Assim ela se torna um conceito que implica também transitoriedade e degeneração. Ela se torna o terreno das possibilidades calculáveis, objetivamente demonstráveis e disponíveis, do ser humano. Todas as concepções de história que oferecem nexos panorâmicos pertencem assim fundamentalmente ao campo do pensamento deficiente, objetivante. Entender-se a partir da história significa, portanto, o mesmo que a autocompreensão do ser humano a partir do mundo. Se a história for entendida dessa forma a partir da lei, então fé e história jamais se pertencem; antes, a fé é "vertical" com referência à história e destrói qualquer forma de continuidade histórica, também a que é entendida do ponto de vista da história da salvação e da promessa. A fé liberta da história e é a crise escatológica da história no indivíduo. O *continuum* entre Abraão e o crente não é, portanto, um "produto da evolução histórica", mas simplesmente "um esboço da fé no passado"[15], que historicamente não é demonstrável e que, por sua vez, deve ser objeto de fé.

Nessa antítese de fé e história, a fé é dialeticamente fixada contra um conceito negativo de história, do qual ela sempre e de novo precisa se libertar. Por outro lado, a história é fixada dialeticamente contra um conceito subjetivista de fé, em razão do qual ela necessariamente identifica sempre pensamento legal e objetivante. Torna-se claro como desta identificação entre pensamento legal e objetivante surge o conceito positivista de história dos tempos modernos. Dele provém ainda o fato de

---

15. Cf. KLEIN, G., op. cit., 440.

que o sujeito investigante, cognoscente e objetivante, por meio dessa mesma reflexão, liberta-se do poder da história, do passado e da tradição e se refugia na interioridade objetivamente inalcançável e em uma subjetividade e espontaneidade transcendentais. Aquilo que a fé, assim subjetivada, conhece da história, se torna "expressão" da própria fé. O que a fé assim entendida afirma sobre Abraão se torna um "esboço" de fé no qual a fé vê sua indemonstrabilidade. Mas, assim se torna incompreensível por que Paulo não exemplifica na figura de Abraão sua própria compreensão de fé, antes polemiza contra o judaísmo e o judeu-cristianismo sobre a herança de Abraão. O "novo" do Novo Testamento, nessa oposição à "história" em geral – sob a qual *eo ipso* cai também a história das promessas do Antigo Testamento – se torna tão inexprimível como o "novo" da gnose. Mas pelo fato de o "novo", em sua antítese frente à história como algo objetivo, demonstrável e disponível, fixar dessa maneira o "antigo", o próprio "novo" nada mais é senão a fé na forma da subjetividade imediata, primitiva e indisponível. Considerado assim, o "novo" não é muito novo, pelo menos não no sentido patético, entusiástico e gnóstico da novidade. Dessa forma, o Antigo Testamento não é apresentado como testemunho histórico da promessa, juntamente com seu cumprimento no Novo Testamento, mas pode ser ainda apresentado apenas como a antítese, como algo sempre superado e abolido pela fé em Cristo, entendida transcendentalmente.

É verdade que Paulo rejeita a conexão histórico-genealógica dos judeus com Abraão como algo soteriológico *per se*. De outro lado, ele não apresenta nenhuma descrição de Abraão a partir da fé cristã, mas considera Abraão e sua promessa claramente como objeto de polêmica, tanto do ponto de vista teológico como objetivo, contra o judaísmo da Torá. Ora, sobre esboços de fé indemonstráveis, e que devem ser cridos, não se pode polemizar. Uma visão da essência da história é simplesmente aceita ou rejeitada. Paulo, entretanto, trata Abraão e sua promessa como algo "objetivo", no sentido de que os entende como objeto de polêmica, em um processo necessário contra o judaísmo. Portanto, nele está em jogo a correta interpretação da promessa de Abraão, situada entre as pretensões da Torá e a reivindicação do evangelho. Por conseguinte, a continuidade com a promessa de Abraão não pode ser explicada como produto de uma evolução histórica nem como projeção de fé no passado. A continuidade da fé de Abraão é para Paulo uma realidade, visto que a promessa é escatologicamente ativa. Se, nessa questão, Paulo está preocupado com a "realidade objetiva" da promessa de Abraão, então sua explicação e a apropriação desta não é um dado prévio da evolução histórica, nem produto de sua fantasia crente. Seu evangelho não resulta necessariamente da história da eleição, mas a promessa de Abraão também não emerge arbitrariamente em seu evangelho. Pelo fato de seu evangelho anunciar a promessa como realizada no evento de Cristo, ele insere em uma nova história a promessa de Abraão, transmitida pela tradição. A promessa encontra no evangelho seu futuro escatológico, enquanto a lei encontra seu fim. O "novo" do evangelho não é, portanto, inteiramente novo. Mostra sua novidade porque se afirma contra o antigo, contra o ser humano enquanto sujeito à lei, ao pecado e à morte, fazendo assim do antigo algo de "velho" e antiquado. Mostra uma novidade escatológica no fato de se explicitar na promessa preanunciada de Deus. Paulo reconhece no evangelho de Cristo, mais uma vez, a promessa de Abraão e, assim, une também a promessa de Abraão ao evangelho de Cristo. A história da lei e do evangelho se caracteriza pelo problema do passado. A história da promessa e do evangelho, porém, se caracteriza pela sua perspectiva de futuro. Sem a relação do evangelho para com aquilo que é anunciado antes dele, o evangelho perde sua orientação escatológica para o futuro e está ameaçado a se transformar em uma revelação gnóstica. Sem relacionar-se com a promessa contida no evangelho, a fé perde a força da esperança que a impele, e se torna mera credulidade.

Quando o evangelho se apresenta como a validação da promessa do Deus de Abraão por obra do mesmo Deus, é inevitável que entre em contenda jurídica com o judaísmo sobre o futuro da promessa enquanto, por outro lado, deve trazer os gentios à esperança no Deus que promete. Dessa forma, ele não considera o Antigo Testamento nem como prova histórica do cumprimento, nem como história exemplar do fracasso do ser humano perante Deus. Na mesma medida em que a promessa é validada pelo evangelho, também o Antigo Testamento, sendo testemunha da história da promessa, é validado e renovado no Novo Testamento.

Do ponto de vista formal, entre a promessa de Abraão, atestada em muitas camadas do Antigo Testamento, e o evangelho, testemunhado no Novo Testamento a respeito de Cristo, verifica-se uma "história da palavra"[16], uma história da tradição, ou a história do agir da esperança transmitida na tradição. Essa história da palavra e da tradição é objetivamente determinada pelo futuro, anunciado e prometido pela promessa transmitida e compreendida de forma sempre nova. Por isso, Paulo vê claramente

---

16. Assim JÜNGEL, E., *ZThK*, n. 60 (1963) 46.

a continuidade presente na "Escritura", cujo sentido e escopo ele descobre na esperança do presente (Rm 15,4). Aquilo que a Escritura "antes escrita" nos oferece, deve conter possibilidades e um futuro a que a esperança presente possa se dirigir. A interpretação e atualização do que foi escrito "anteriormente" deve, portanto, considerar aquilo que aí está prometido, aberto, não realizado, indicador do futuro. Pelo fato de o evangelho se orientar para o futuro da esperança escatológica, ele tem como pressuposto aquilo que anteriormente foi revelado e escrito a respeito das promessas e juntamente com o futuro de Cristo torna presente também o futuro daquilo que foi antes prometido (Rm 1,2)[17]. O evangelho se refere às promessas já dadas, mas ainda não cumpridas, e as incorpora a si. Trata-se de um processo de história de promessa: a promessa anteriormente feita não é interpretada do ponto de vista histórico-salvífico, nem é tomada como motivo ocasional para um novo esboço de fé, mas é validada. Com isso, acontece à promessa – tal como o Novo Testamento a compreende – algo de "novo" do ponto de vista escatológico, e essa novidade realmente se opera nela. A lembrança da promessa anteriormente feita interroga sobre o futuro no passado. É dominada pela expectativa entreaberta com a validação e libertação da promessa. Recorda-se a promessa de Abraão para anunciar o evangelho de Jesus Cristo a judeus e a gentios e para chamá-los ao novo povo de Deus. Por isso, essa recordação do passado da promessa pertence necessariamente à pregação do evangelho. Em uma tal forma de recordação de promessas feitas, e para a esperança que surge dessa memória, não mais existe a alternativa entre um nexo histórico-salvífico – que a história atestaria – e esboços de fé indemonstráveis projetados no passado, mas atestados unicamente pela fé. As promessas passadas são assumidas no próprio futuro escatológico aberto pelo evangelho, que as amplia. Não existe aí interpretação de história passada. Não que haja emancipação da história, pois que, pela forma descrita, entra-se na história determinada pelo *éschaton* prometido e garantido, e dela se espera não somente o futuro do presente, mas também o futuro do passado.

---

17. JÜNGEL, E., op. cit., 45. "Frente ao evangelho, pertencem ao passado, por um lado, a promessa, por outro, a lei. A promessa pertence ao passado como o pressuposto histórico do evangelho, no sentido de que o evangelho *mesmo* pressupõe a promessa (cf. Rm 1,2). Já que, no evangelho, a promessa tem seu futuro, e, a partir desse futuro, seu próprio tempo, denomino a maneira como a promessa, quanto ao evangelho, pertence ao passado como *o antecipado* [*das Zuvor*] do evangelho. E como a lei tem no evangelho o seu fim, e a partir desse fim é considerada como pertencente ao passado, denomino a forma como a lei pertence ao passado em relação ao evangelho, de *o anterior* [*das Vorher*] ao evangelho".

§ 4. O entusiasmo cristão-primitivo do cumprimento e a *eschatologia crucis*

O caráter de promessa, próprio do evangelho, não somente pode ser visto na linguagem usada sobretudo por Paulo e pela Carta aos hebreus, mas aparece ainda mais claramente nos conflitos em que Paulo esteve envolvido com as diferentes tendências do cristianismo primitivo. Enquanto o cristianismo permaneceu confinado ao campo do judaísmo apocalíptico, que vivia esperando o Messias, era natural a compreensão escatológica do evento de Cristo e do evangelho. Os cristãos se conservavam dentro das fronteiras das esperanças judaicas e se entendiam como o "povo de Deus renovado", e consideravam o evangelho como a "aliança renovada" com Israel. A abertura dessa aliança para os gentios foi que favoreceu uma nova compreensão do evangelho. O evangelho mostra seu poder pelo fato de justificar os ímpios e de chamar os gentios ao Deus da esperança. A igreja de judeus e gentios que daí surge não pode mais ser compreendida como "povo renovado de Deus", mas somente como "novo povo de Deus". Nessa passagem para o terreno não israelita, o helenístico, surgiram problemas espinhosos. Se a partir daí não se podia mais entender a igreja como a "sinagoga cristã", por outro lado assomava o perigo de se compreender mal a igreja como uma religião cristã de mistérios. E surge aqui a questão: o que impediu que o cristianismo se apresentasse no helenismo como uma religião de mistério? O que resistia em sua herança contra uma tal assimilação?

A interpretação da fé cristã como religião de mistério é compreensível em meio ao entusiasmo helenístico, contra o qual Paulo polemiza em Corinto[18]. Também os diferentes fragmentos de hinos e de confissões de fé, que se encontram nas cartas paulinas e deuteropaulinas, mostram que ideias semelhantes criaram traços característicos no cristianismo que vivia sob a influência ambiental das religiões helenísticas de mistérios. Encontramos a influência clara da piedade epífana daquele tempo sobre o cristianismo, a respeito da qual se pode dizer: "Visto que o ser humano místico só vive para o presente, a epifania é para ele já o cumprimento. O pensamento escatológico lhe é estranho"[19]. A influência de tal piedade não aparece somente como elemento formal da autoapresentação do cristianismo em terreno helenístico, mas penetra fundo na compreensão do próprio evento de Cristo. Por meio dela, o evento de Cristo pode ser entendido de forma inteiramente não-escatológica, como epifania do pre-

---

18. Sigo aqui os trabalhos exegético-teológicos de E. Käsemann.
19. Pax, E., op. cit., 266.

sente eterno sob a forma do *Kyrios* cultual que morre e ressuscita. Nesse caso, a legitimação da verdade κατὰ τὰς γραφάς ["segundo as Escrituras"] é substituída pela epifania cultual como legitimação de si mesma em sentido atemporal. Com o batismo, a imersão dentro da morte e da ressurreição de Cristo a meta da salvação já está alcançada, pois nele a eternidade é uma presença sacramental. O participante crente é transportado do reino da morte, dos poderes e do velho *éon* da transitoriedade para dentro do reino da liberdade eternamente presente, da vida celeste e da ressurreição. O que lhe resta fazer é representar na terra, em liberdade, seu novo ser celestial. Na presença sacramental e pneumática de Cristo, os participantes já possuem a ressurreição dos mortos, a qual é para eles uma eterna presença. O corpo terreno e as situações mundanas desaparecem para ele como realidades sem essência e sem substância, em meio a cuja inutilidade se deve demonstrar a liberdade celeste[20].

> Entre esses gentios-cristãos, como claramente mostra 1 Coríntios, está em voga uma interpretação global da tradição, cuja moldura representativa não mais é – como em Paulo – a escatologia da antiga tradição judaica, mas a clara ideia helenística de epifania. A partir daí, toda a vivência e todo o pensamento religioso estão de tal maneira orientados para a experiência presente do Espírito como presentificação epifânica do *Kyrios* exaltado em que, nesse aspecto geral, também está incluída a realidade da tradição orientada pela escatologia[21].

Qual é a relação dessa religião cristã de mistério – aqui apenas esboçada de maneira imperfeita – com as esperanças cristãs primitivas, apocalípticas, as quais se inflamam tanto no enigma e na questão aberta das aparições pascais de Jesus? Será que já no apocaliptismo cristão primitivo se encontravam pressupostos que tornariam possível sua transformação em piedade epífana das religiões helenistas de mistério? Será que a religião helenista de mistério depois de ter sido cristianizada continuou a ser o que fora anteriormente?

É evidente que o entusiasmo da religião cristã de mistério tem como pressuposto o entusiasmo apocalíptico do cristianismo primitivo, o qual, por meio da experiência que teve do Espírito, acreditava poder reconhecer

---

20. SCHNIEWIND, J., Die Leugner der Auferstehung in Korinth, in: *Nachgelassene Reden und Aufsätze*, 1952, 110 ss.; KÄSEMANN, E., Zum Thema der urchristlichen Apokalyptik, *ZThK*, n. 59 (1962) 277.

21. WILCKENS, U., Der Ursprung der Überlieferung der Erscheinung des Auferstandenen, in: *Dogma und Denkstruktur*, 1963, 61.

o cumprimento de promessas longamente esperadas. Esse entusiasmo apocalíptico, não helenístico, que surgiu da certeza de que se vivia no tempo do cumprimento das promessas de Deus, oferecia condições para que, mais tarde, esse cumprimento fosse identificado com a epifania atemporal da eterna presença de Deus. Do ponto de vista teológico, estava em condições de traduzir as afirmações teológico-temporais sobre o cumprimento das promessas, para afirmações da presença do eterno, tipicamente atemporais. Inversamente, porém, existia também a possibilidade de interpretar a eterna presença, que os gregos procuravam em cultos de mistério, como se realizando no culto de Cristo, a verdadeira presença do eterno. Temos aí, portanto, um processo de influência mútua, o qual podia apresentar resultados tanto do lado da "escatologia presente", como da "presença da eternidade". A escatologia entusiasta do cumprimento podia se apresentar por meio da forma grega, e a ideia grega da presença da eternidade podia ser entendida como o cumprimento de esperanças escatológicas. Esta é a razão por que também na religião cristã de mistério continuou a existir o *páthos* do definitivo e da unicidade não repetível, mesmo depois que se perdeu a conexão expressa com as antigas esperanças escatológicas sobre o futuro. Entretanto, o final tornou-se o definitivo e o definitivo passou a ser o eterno[22]. A partir desse processo de transposição pode se compreender o *páthos* do absoluto na igreja antiga, a qual de modo algum se relativizou com o abandono de categorias da expectativa escatológica, nem se diluiu em meio às religiões e aos cultos existentes, antes, ao contrário, relacionou a confissão do Deus único, a qual se pôde formular com o auxílio da metafísica grega, com o *páthos* da revelação definitiva e última do único Deus em Cristo. Essa transposição, tantas vezes mencionada pelos autores, não se realizou sobre o terreno da renúncia à escatologia por causa de esperanças frustradas pela parusia de Cristo, que não se realizava, mas sobre o terreno fértil do entusiasmo pelo cumprimento, o qual transformou o *éschaton* a

---

22. Esta transformação foi notada com muito acerto por H. von Soden. Cf. Id., *Urchristentum und Geschichte* I, 1951, 29: "O cristianismo em sua forma original é sabidamente uma mensagem sobre o fim do mundo, sobre um *éon* novo, celeste, e assim se mostrou crítico contra qualquer cultura. Entretanto, na concepção fortemente transcendental do novo *éon*, como uma renovação a ser operada milagrosamente por Deus, baseia-se o fato de que a atitude crítica para com o velho *éon*, sobrexistente, era, na prática, fortemente conservador. Como ordem *final no tempo*, a ordem vigente aparecia como a *ordem definitiva* na história [...]. É de suma importância que se veja claro essa tão peculiar compreensão de *fim* como *definitivo*, a saber, a transposição do conceito de fim para o de definitivo, do conceito de transitoriedade para imutabilidade, no cristianismo antigo; deve ficar claro que a revolução escatológica teve o efeito de uma força conservadora [...]".

ser esperado, na presença da eternidade, como ela é vivida no culto e no Espírito. A aguda helenização do cristianismo e a não menos aguda cristianização do helenismo se deu menos devido a expectativas frustradas do que devido ao pretenso cumprimento de todas as esperanças. "Expectativa próxima e parusia se tornaram aí sem sentido, pois tudo o que fora esperado pelo apocaliptismo aparecia como já cumprido"[23].

Que consequências resultaram dessa compreensão da escatologia presente como presença da eternidade? O evento da promessa, a partir do qual tinham sido interpretadas a palavra, a obra, a morte e a ressurreição de Jesus, se tornou assim um evento de salvação que podia ser celebrado sob a forma de um drama de mistério no culto. O evento sacramental faz participar na morte e na ressurreição da divindade. A representação solene no culto tomava a ressurreição de Jesus, conforme já verificado, da mesma maneira que sua entronização como *Kyrios* exaltado, a qual, portanto, somente e ainda podia ser representada.

> Em lugar do Senhor oculto do mundo, na verdade, apenas designado, cujo retorno em glória para apoderar-se do domínio da terra a igreja ainda esperava, entra aquele que já domina sobre principados e potestades, isto é, sobre o mundo até agora dominado por eles[24].

Por essa mudança do apocaliptismo do Senhorio de Cristo prometido e ainda por vir, para a presença cultual de seu senhorio eterno e celestial, verifica-se concomitantemente uma diminuição na percepção do significado da cruz de Cristo. A ressurreição de Jesus é entendida como sua exaltação e entronização e relacionada com sua encarnação. A verdade é que seu rebaixamento até a cruz pode ser entendido como a consumação de sua encarnação, por meio da qual tudo atrai ao seu senhorio; entretanto, a cruz assim se torna um estágio passageiro de seu caminho para o senhorio celeste. A cruz não é assim o sinal permanente de seu senhorio no mundo até o *éschaton* consumador de tudo. Se sua ressurreição é entendida nesses termos como sua entronização celeste, então o evento cultual-sacramental que o representa aparece como paralelo de sua encarnação e é tomado como sombra e representação de seu senhorio celeste, de sua vida celestial assim presente no nível terreno, passageiro e dividido em grande número de poderes dominantes.

Com isso, a história perde sua direção escatológica. Ela não é o campo do sofrimento e da esperança em meio à expectativa suspirante pela fu-

---

23. Käsemann, E., *ZThK*, n. 59 (1962) 278.
24. Ibid., 274.

tura vinda de Cristo ao mundo, mas o campo da manifestação eclesiástica e sacramental do senhorio celeste de Cristo. Em lugar do "ainda não" escatológico surge um "só mais" cultual, que se torna a nota característica da história *post Christum*. Torna-se, portanto, compreensível ser essa manifestação do eterno e celestial senhorio de Cristo tida como a continuação de sua encarnação. Nela o passageiro é visto à luz do que é celeste e não-passageiro, o mortal à luz do imortal e a realidade, despedaçada pela multiplicidade, é transfigurada pelo domínio do divino único. Em lugar do terreno-escatológico entra a expectativa do futuro sacramental e histórico-salvífico: a igreja penetra o mundo aos poucos com sua verdade celeste, com as forças vitais do céu e a salvação celestial. Pela única igreja, o mundo é levado para o único Cristo, que é uma só coisa com Deus, e, dessa forma, para a unidade e para a salvação. A espera escatológica daquilo que "ainda não" aconteceu se torna uma espera noética e teórica da manifestação e da transfiguração universal daquilo que já se deu no céu. O velho dualismo apocalíptico, que distinguia o *éon* presente do *éon* vindouro, torna-se dualismo metafísico, compreendendo o futuro como o eterno e o passageiro como a transitoriedade. Os cidadãos do mundo futuro se transformam em redimidos pelo céu. Os cidadãos do *éon* presente se tornam os "terrenos", os que são do mundo. A cruz, finalmente, transforma-se em um sacramento atemporal de martírio, que torna o mártir perfeito e o une com o Cristo celeste.

Podemos parar aqui com essas poucas indicações. É evidente a tendência para um "catolicismo primitivo" na vida e no pensamento da igreja antiga. O entusiasmo com o cumprimento escatológico no evento de Cristo é o pressuposto desse processo de transformação do cristianismo em uma forma entusiasta da religião de mistério helenística e em uma igreja universal ecumênica. Essa forma de "escatologia presente", ou essa religião da presença do eterno, apenas subliminarmente ainda determinada pela escatologia, pode ser chamada *eschatologia gloriae*, na medida em que ainda é possível abrangê-la dentro das categorias escatológicas.

Nesse contexto, a apaixonada polêmica de Paulo contra o entusiasmo helenístico em Corinto, bem como as correções que fez na teologia helenística do cristianismo – e que desde esse momento são o padrão da teologia – conserva um significado permanente. Sua crítica tem claramente dois centros de gravidade: de um lado, ele se opõe ao entusiasmo do cumprimento de uma "ressalva escatológica"[25], isto é, os assim chamados "res-

---

25. Ibid., 279.

tos de teologia apocalíptica", valorizados em sua concepção da ressurreição de Cristo, do sacramento, da presença do Espírito, da obediência do crente na terra, e, naturalmente, em sua esperança a respeito do futuro. De outro lado está sua teologia da cruz, com que se opõe ao entusiasmo que abandona a terra em que essa cruz se encontra. Esses dois pontos de partida para a crítica de estilo estão profundamente relacionados entre si. Por isso, chamamos o fundamento de sua visão crítica de *eschatologia crucis*, abrangendo de uma só vez as duas objeções.

A interpretação que R. Bultmann dá de Paulo coloca no centro da teologia paulina a significação antropológica e existencial da escatologia do presente, que é típica de Paulo. Com isso, temos certamente uma importante modificação da teologia da eterna presença, mas não uma alternativa fundamental a ela. A escatologia presente pode apresentar-se tanto com vestes mitológicas quanto existenciais. A "presença da eternidade" pode ser expressa tanto em linguagem mitológica e de visão cósmica, como também pode, paradoxalmente, ser traduzida na linguagem do *nunc aeternum* histórico-existencial. Se a crítica paulina consistisse somente nessa transposição, teríamos nela, certamente, uma importante modificação da igreja helenística, mas não uma correção realmente transformadora. Ora, a polêmica que Paulo trava contra o helenismo está, por um lado, sob o signo de uma nova compreensão do significado da cruz de Cristo e, por outro, sob o signo de uma nova compreensão da escatologia futura e real, e, dessa forma, ela se torna uma crítica geral contra a escatologia presente como tal[26]. "A luta do apóstolo contra o entusiasmo é, em última análise, travada sob o signo do apocaliptismo"[27]. Com isso não se tem em mente meras repetições ou lamentáveis restos do apocaliptismo do judaísmo tardio em Paulo, mas seu apocaliptismo, o qual acende sua chama na escatologia da cruz e assim está em oposição a qualquer entusiasmo de cumprimento escatológico.

Contra a união do crente com o Senhor cultual morto e ressuscitado, à maneira dos mistérios gregos, Paulo afirma uma nova realidade escatológica: o batismo concede a participação no evento de Cristo que é sua crucificação e sua morte. Comunhão com Cristo é comunhão de sofrimento com o crucificado. Os batizados morrem juntamente com Cristo quando são batizados em sua morte. Mas não estão ainda ressuscitados, à maneira de um "perfeito" culto nem transportados para o céu. Participam da ressurreição de Cristo por meio de nova obediência, a qual se desenrola em meio

---

26. KÄSEMANN, E., *ZThK*, n. 54 (1957) 14.
27. Id., *ZThK*, n. 59 (1962) 279.

à esperança da ressurreição. Na força do Espírito, que ressuscitou Cristo dos mortos, eles podem tomar sobre si, em obediência, os sofrimentos ligados ao seu seguimento e assim esperar a glória futura. "Na participação na ressurreição não se fala no tempo perfeito, mas no tempo futuro"[28]. Cristo ressuscitou e foi arrancado à morte, mas os seus ainda não estão arrancados da morte; tão somente através da esperança eles têm participação na vida da ressurreição. Como se vê, a ressurreição está presente neles como esperança e promessa. Trata-se da presença escatológica do futuro, e não da presença cultual do eterno. O crente já não encontra, no culto e no Espírito, a participação plena no senhorio de Cristo, mas pela esperança é introduzido nas tensões e oposições da obediência e do sofrimento no mundo. Por isso, em Romanos 12,1 ss., a vida diária é apresentada como a esfera do verdadeiro culto de Deus. Ora, na medida em que o chamamento e a promessa indicam ao crente o caminho para a obediência corporal e terrena, o corpo e o mundo são colocados dentro do horizonte da expectativa da vinda do domínio de Cristo. "A realidade da nova vida fica de pé ou cai, com a *promissio* de que Deus permanecerá fiel e não abandonará sua obra"[29]. Por isso, os sofrimentos corporais e as contradições do mundo não são vistos como uma presença paradoxal do eterno, mas recebidos como questionamentos e apelos que levam ao encontro da futura liberdade no reino de Cristo. Não é mais somente na esfera da transitoriedade que o crente deve demonstrar sua liberdade celeste, mas na situação em que a igreja, juntamente com toda a criação, está à espera da redenção dos poderes do nada pela vinda de Cristo, pela qual anela (Rm 8,18 ss.). O imperativo paulino de uma nova obediência não é, portanto, somente um apelo para demonstrar o indicativo do novo ser em Cristo, mas tem seu pressuposto escatológico na vida prometida e esperada do Senhor que vem para o juízo e o reino. Por isso, esse imperativo não deveria ser explicado somente pela afirmação: "Torna-te o que és!", mas deve ainda ser sublinhado com a intimação: "Torna-te o que serás!"

Ao crente não é dado o eterno Espírito dos céus, mas as arras escatológicas do Espírito, a saber, do Espírito que *ressuscitou* a Cristo dos mortos e que *vivificará* os corpos mortais (Rm 8,11). A palavra que leva o crente à verdade é a promessa da vida eterna, mas não ainda essa mesma vida. A percepção dessa diferença escatológica aparece igualmente na cristologia do apóstolo. Se em 1 Coríntios 15,3-5 ele insere a tradição cristã primitiva do querigma da ressurreição, sua explicação nos versículos seguintes,

---

28. Ibid.
29. KÄSEMANN, E., Paulus und der Frühkatholizismus, *ZthK*, n. 60 (1963) 83.

contudo, é original: traça as linhas em direção ao futuro e apresenta o que deve ser esperado, porque pela ressurreição de Cristo isso se tornou perspectiva e certeza confiante para o ser humano (1Cor 15,25): "Pois *é* necessário que ele reine até que todos os seus inimigos sejam postos debaixo de seus pés"[30]. Dessa forma, Paulo aponta, dentro do possível futuro, algo que é necessário acontecer no sentido do confiável e do previsível. As linhas de tendências e de latências do evento da ressurreição são traçadas em direção ao futuro aberto por ela. Com a ressurreição de Jesus nem tudo já aconteceu. O término do domínio da morte ainda não se deu. Ainda falta a derrota da contradição em relação a Deus, que está reservada para o futuro, da qual Paulo diz que "Deus será tudo em todos" (1Cor 15,28). Finalmente, mesmo o senhorio vindouro de Cristo sobre todos seus inimigos ainda pode ser superado pelo fato de que também seu domínio ainda não é em si mesmo a eterna presença de Deus, mas em sua provisoriedade escatológica está a serviço do senhorio único e universal apenas de Deus.

Com essas perspectivas em mente, fica patente que as aparições pascais do Cristo ressuscitado invalidam claramente a resposta teológica de que elas são a presença do eterno e nos obrigam a desenvolver uma nova escatologia. Com a ressurreição originou-se e foi posto em andamento um processo histórico escatológico bem determinado, o qual tem como meta o aniquilamento da morte pelo domínio da vida a partir da ressurreição e que se orienta para a justiça na qual Deus terá seus direitos reconhecidos em tudo, e na qual a criatura chegará a sua salvação. Em 1 Coríntios 15, somente a partir da escatologia presente ou da teologia da eterna presença, é que o pensamento escatológico e antecipatório de Paulo pode ser visto

---

30. O pensamento escatológico de Paulo une sempre o perfeito da ressurreição de Jesus com o futuro da escatologia. As duas coisas são vistas como um nexo de causalidade mútua. A confissão do cristianismo primitivo de "que Jesus morreu e ressuscitou" recebe, assim, uma explicação totalmente diferente da do culto de mistério da divindade que morre e ressuscita. O evento de Cristo é apresentado dentro da moldura da expectativa escatológica, em relação com aquilo que há de vir, e a espera do futuro é baseada no evento de Cristo. 1 Tessalonicenses 4,14 ("cremos que Jesus morreu e ressuscitou, por isso Deus também ressuscitará os que dormiram [...]") é, sob esse aspecto, tão típico como a explicação da fórmula de confissão de 1 Coríntios 15,3-5 em 1 Coríntios 15,20 ss. O nexo entre a ressurreição de Jesus e o futuro esperado não é nem unilinearmente apocalíptico, nem unilinearmente cristológico, mas recíproco: se não há ressurreição dos mortos, também Cristo não ressuscitou; se Cristo ressuscitou, também os mortos ressuscitarão, e assim Cristo "deve" dominar sobre todos os inimigos, também sobre a morte. Não se trata de um $\delta\epsilon\tilde{\iota}$ / histórico-salvífico, mas de um que descobre a necessidade e a tendência de futuro no evento da ressurreição de Jesus. Por isso não se relaciona com a expectativa fatalista da apocalíptica, mas com o título de *Kyrios* de Jesus. Cf., sobre isto, WILCKENS, U., Der Ursprung der Überlieferung, 57 ss.

como uma recaída na mitologia apocalíptica superada. Não é pela interpretação existencial da religião da eterna presença que se supera essa mitologia, mas unicamente pela escatologia da promessa é que se pode vencer a forma mítica e ilusória de ver o mundo e a existência humana, pois somente esta toma realmente a sério a hostilidade, a contradição e a impiedade deste mundo, dando-lhe seu verdadeiro sentido. Com efeito, essa visão escatológica não exige a fé e a obediência neste mundo pelo fato de tornar insignificantes as contradições, mas torna possível a fé e a obediência por meio da esperança na vitória de Deus sobre essas contradições. A fé não se alcança por uma radical desmundanização, mas pela exteriorização cheia de esperança no mundo, ela se torna vantagem também para o mundo. Ao aceitar a cruz, o sofrimento e a morte juntamente com Cristo, recebendo em si a contradição e o combate da obediência no corpo, e ao entregar-se à dor do amor, a fé anuncia o futuro da ressurreição, da vida e da justiça de Deus no dia a dia do mundo. O futuro da ressurreição vem a essa fé se ela tomar sobre si a cruz. Dessa forma, a escatologia futurista e a teologia da cruz se entrelaçam uma na outra. Não se toma isoladamente a escatologia do futuro, como no apocaliptismo do judaísmo tardio, nem a cruz, como em Kierkegaard, se torna o sinal da presença paradoxal da eternidade em cada instante. A expectativa escatológica do domínio universal de Cristo sobre o mundo corporal e terreno traz consigo a percepção e a aceitação das contradições da cruz e da ressurreição.

Por fim, se deve observar que Paulo pouco se preocupa com o equilíbrio entre a escatologia do presente e a do futuro, isto é, com o equilíbrio entre apocaliptismo e helenismo. O conteúdo da ideia helenística da presença do eterno é colocado, por ele, no futuro e aplicado ao *éschaton* ainda por vir. A verdade universal pela qual a criatura chega a uma correspondência salvífica com Deus; a justiça universal pela qual Deus receberá seus direitos em tudo e em que tudo se tornará justo; a glória de Deus, em cujo reflexo todas as coisas são transfiguradas e em que a face oculta do ser humano é revelada, tudo isso é colocado por Paulo dentro do horizonte da esperança no futuro, o qual a fé entrevê na ressurreição do crucificado. Para Paulo, a plenitude de todas as coisas a partir de Deus, em Deus e para Deus, está colocada na consumação, ainda não realizada, das promessas garantidas em Cristo. O "presente eterno" é, portanto, a meta escatológica futura da história, e não sua essência interna. Por conseguinte, a criação não é o que é dado e, presente, mas o futuro disso tudo, a ressurreição e o novo ser.

Deus não está em alguma parte no além, mas ele vem e está presente, como aquele que vem e promete um novo mundo de vida plena, de justiça e de verdade, e com essa promessa põe novamente em questão este mundo. Não por que o mundo nada é para o que espera, mas por que ainda não é aquilo que está colocado à sua frente. Pelo fato de o mundo e a existência humana serem assim questionados, eles se tornam "históricos", pois são postos em jogo e colocados na crise do futuro prometido. Quando o novo aparece, o velho se manifesta. Quando algo de novo é prometido, o antigo se torna passageiro e superável. Quando é esperado e aguardado algo de novo, o antigo pode ser abandonado. Assim a "história" resulta a partir de seu término, a história daquilo que acontece, o qual é percebido na promessa prévia e iluminadora. A escatologia não é soterrada pela areia movediça da história, mas, ao contrário, mantém a história viva por meio da crítica e da esperança; ela é, por assim dizer, a própria areia movediça da história que vem do fim. A impressão da transitoriedade universal, que é tão evidente ao triste olhar de quem olha para trás, para o que não pode ser segurado, na realidade nada tem a ver com a história. A história é, ao contrário, aquela transitoriedade que resulta da esperança, do êxodo e da irrupção do encontro com o futuro prometido e que ainda não é visível. Por isso, mesmo a igreja de Cristo não tem aqui sua "cidade permanente", pois está em busca da "cidade futura"; por isso ela sai do acampamento para carregar o opróbrio de Cristo. Ela não tem aqui uma cidade permanente porque dentro da história simplesmente não existe nada de permanente; para a esperança cristã é "passageiro" não somente aquilo que, conforme a impressão universal, está sujeito ao destino do passar, mas aparece-lhe como passageiro aquilo que segundo a impressão universal sempre existe e que precipita toda a vida na transitoriedade, isto é, a morte e o mal. A morte se torna transitória na ressurreição prometida; o pecado se torna passageiro na justificação do pecador e na justiça esperada.

A história não engole a escatologia (A. Schweitzer), nem a escatologia engole a história (R. Bultmann). O *lógos* do *éschaton* é a promessa daquilo que ainda não existe e, por isso, *faz* a história. A *promissio*, que anuncia o *éschaton* e na qual o *éschaton* se anuncia, é o motor, a motivação, a mola propulsora e o tormento da história.

§ 5. A "morte de Deus" e a ressurreição de Cristo

O cristianismo fica de pé ou cai com a realidade da ressurreição de Jesus dentre os mortos por obra de Deus. No Novo Testamento não existe fé que não se baseie *a priori* na ressurreição de Jesus. Paulo evidentemente transmite uma peça fundamental da confissão do cristianismo primitivo quando diz em Romanos 10,9: "Se você confessar com a sua boca que Jesus é Senhor e crer em seu coração que Deus o ressuscitou dentre os mortos, será salvo". A confissão da pessoa de Jesus como o Senhor e a confissão da obra de Deus que o ressuscitou dentre os mortos pertencem inseparavelmente uma à outra, ainda que as duas fórmulas não sejam idênticas, mas se expliquem mutuamente. Uma fé cristã que não é fé na ressurreição não pode por isso ser chamada nem de cristã nem de fé. A partir do reconhecimento do ressuscitado e a partir da confissão daquele que o ressuscitou, é mantida viva e formulada, nos evangelhos, a memória da vida, obra, sofrimento e morte de Jesus. Da ideia do Cristo ressuscitado se origina a ideia da missão dos apóstolos aos povos. Na recordação de sua ressurreição, fundamenta-se a esperança inclusiva da futura e universal vinda de Cristo. As afirmações germinais e centrais da pregação missionária cristã primitiva soam assim: 1. "A Jesus crucificado Deus ressuscitou dentre os mortos" (At 2,24; 3,15; 5,31; 1Cor 15,3; *passim*); 2. "disto somos testemunhas"; 3. nisso se baseia o futuro da justificação para os pecadores e o futuro da vida para os detidos pela morte. A realidade da ressurreição, o testemunho e a esperança escatológica estão ligados entre si no querigma pascal. É certo que podem ser distinguidos entre si nas questões que surgem no decurso da pesquisa sobre circunstâncias, representações e expectativas, mas não podem ser separados. A questão: o que posso saber do ponto de vista da história? Não pode ser separada da pergunta ética e existencial: o que devo fazer? Nem da pergunta escatológica: o que posso esperar? E vice-versa, as outras questões também não podem ser isoladas. Somente no inter-relacionamento dessas três questões se manifesta toda a realidade da ressurreição.

Se hoje se interroga sobre a realidade da ressurreição de Cristo, a pergunta geralmente soa dessa maneira: ele *de fato* ressuscitou? Em que *modus esse* a realidade da ressurreição deve ser compreendida? Ele ressuscitou no sentido de uma realidade "historicamente" acessível? Ressuscitou no sentido de uma realidade representável, de caráter histórico e transmissível? Ele ressuscitou no sentido de uma realidade que se refere a nossa própria existência? Ele ressuscitou no sentido de uma realidade de esperança que o ser humano deseja e espera também para si?

A questão da realidade da ressurreição de Cristo pode, portanto, ser feita e desenvolvida a partir de modos bem diferentes, que hoje são possíveis, para compreender a realidade. Por isso, não só está em questão o modo da ressurreição, mas também aquela realidade a partir da qual é suscitada, motivada e formulada a questão dessa realidade.

Por isso, deveremos antes de tudo tentar descobrir o ponto de origem de tal questão, que por sua vez pode lançar luz sobre a resposta a ser dada à questão sobre a realidade da ressurreição de Cristo. Não se trata de uma questão isolada do contexto daquilo que hoje se pode perguntar sobre a realidade hodierna, mas é uma questão que abrange toda a experiência hodierna de mundo, de ser humano e de futuro; uma questão que diz respeito à maneira como nós mesmos agimos frente a nossa realidade. A determinação mais exata das questões sobre a realidade da ressurreição, como a questão da atualidade e da significação dessa doutrina da igreja, a questão da probabilidade histórica da facticidade da ressurreição de Jesus ou, ainda, a questão de seu significado real para o coração e a consciência, bem como, a questão de seu possível conteúdo de esperança: qualquer que seja a tentativa de determinação, ela deixa no mesmo lugar e intocada a situação daqueles para quem ela é coisa evidente por si mesma. Mas pode acontecer que o reconhecimento da realidade da ressurreição ponha em questão precisamente esta situação, tida como evidente por si mesma.

Claro que é muito difícil reduzir a um denominador comum as situações a partir das quais hoje se pode perguntar, desta ou daquela forma, pela realidade da ressurreição de Cristo. Mas não será acaso se a situação for interpretada a partir da afirmação de Hegel e de Nietzsche:

"Deus está morto."

Essa não é somente uma afirmação filosófica, ou metafísica ou mesmo teológica, mas uma afirmação que parece traduzir igualmente o ateísmo metódico das ciências, que se encontra nos fundamentos mesmos da experiência do mundo e do ser humano nos tempos modernos. Todas as formas de questionamento da realidade da ressurreição que apresentem essa realidade, quer como "histórica", quer como "existencial", quer como "utópica", baseiam-se na forma ateísta da concepção de história, da autocompreensão do ser humano e da representação utópica do futuro. Ora, em nenhuma dessas formas de encarar a realidade se apresenta como necessário o pensamento de Deus. Tal pensamento é parcialmente supérfluo e parcialmente arbitrário, pelo menos, em sua tradicional forma teológico-metafísica. Por isso, também a mensagem da ressurreição de Jesus dentre os mortos, por obra de Deus, tornou-se em parte supérflua e em parte arbitrária, na medida em que com o termo "Deus" se compreende uma realidade da história, ou do mundo, ou da existência humana. Somente quando o "Deus da ressurreição", juntamente com a afirmação da ressurreição de Jesus, é demonstrado como "Deus" a partir da "morte de Deus" presenciada na história, no mundo e na própria existência, somente nesse caso a mensagem da ressurreição, a fé e a esperança no Deus da promessa se torna algo necessário, e novo, e real, e objetivamente possível.

A gênese da impressão de que "Deus está morto" oferece algumas indicações a esse respeito. O poeta Jean Paul, do início do romantismo, em sua visão de horror intitulada *A fala do Cristo morto de cima do edifício do universo, dizendo que Deus não existe*, coloca apropriadamente essa declaração na boca do Cristo ressuscitado que está retornando[31]. Sua intenção era dar uma ideia da sensação resultante da hipótese de que o ateísmo fosse verdadeiro. Com isso, ele, como nenhum outro autor, influenciou o niilismo romântico dos tempos modernos. Em Stifter, Keller, Dostoiévski e Nietzsche se encontram os vestígios dessa influência. Os "monges do ateísmo" (H. Heine), os mártires da "ditadura do nada" (F. Schlegel), bem como os "demônios" de Dostoiévski foram todos influenciados por ele[32]. No poema de Jean Paul, *A hora do juízo final*, o Cristo que os mortos estão esperando vem e anuncia: "Não há Deus; eu me enganei; em toda a parte só existe o nada, mudo e imóvel, a imobilidade mortal do infinito. A eternidade paira sobre o caos; ela o corrói e rumina". Essa visão é como que um comentário a 1 Coríntios 15,13 ss. Por isso, é de se notar que o anúncio: "Não há Deus" seja apresentado como sinal do desespero que nega a esperança da ressurreição dos mortos. É evidente que, para Jean Paul, tanto a realidade de Deus como a esperança da ressurreição estão ligadas entre si tanto na fé como na descrença.

Hegel, em 1802, denominou a "morte de Deus" como o sentimento básico da religião dos tempos modernos e nele vê uma nova compreensão para a sexta-feira santa:

> O conceito puro, o infinito abismo do ser em que submerge todo ser, significa o sofrimento infinito que anteriormente só existia como ideia histórica, mas que agora é o sentimento sobre o qual se baseia a religião dos novos tempos, isto é, o sentimento de que Deus de fato está morto, ideia que só tinha sido exprimida empiricamente nas expressões de Pascal: *la nature est telle qu'elle* marque *partout un Dieu perdu et dans l'homme et hors de l'homme* ["A natureza é tal que *sinaliza* por toda parte um *Deus perdido* tanto dentro quanto fora do ser humano"]. Tal conceito significa

---

31. Cf. o texto em BORNKAMM, G., *Studien zu Antike und Urchristentum*, 1959, 245 ss.
32. REHM, W., *Experimentum medietatis, Studien zur Geistes- und Literatur- geschichte des 19. Jahrhunderts*, 1947. Reimpresso parcialmente in: *Jean Paul – Dostojewski. Zur dichterischen Gestaltung des Unglaubens*, 1962.

que o sofrimento infinito é um puro instante e nada mais que um instante, da suprema ideia, e agora dá existência filosófica àquilo que antes era simples prescrição moral de imolação do ser empírico, ou conceito de abstração formal; com essa existência filosófica se impõe à filosofia a ideia da liberdade absoluta, e com ela o sofrimento absoluto, aceitando a sexta-feira santa especulativa, que até agora só era histórica, em sua total verdade e dureza do abandono de Deus. Somente a partir dessa dura verdade – em que deve desaparecer a serenidade, bem como o fundamento e a individualidade das filosofias dogmáticas e da religião da natureza – pode e deve ressurgir a suprema totalidade em toda sua seriedade e em seus mais profundos fundamentos, que tudo abrange na forma da mais serena liberdade (*Glauben und Wissen*, op. cit., 123 s.).

Com isto Hegel queria dizer que o ateísmo e o niilismo modernos, que fazem desaparecer todas as filosofias dogmáticas e todas as religiões da natureza, podiam ser entendidos como a universalização da sexta-feira santa histórica do abandono de Jesus por Deus, tornando-se a sexta-feira santa especulativa do abandono de todos os seres por Deus. Nesse caso, a ressurreição significa ressurreição da totalidade do ser a partir do nada; e então poderá nascer a liberdade e a serenidade a partir da dor infinita, em uma perspectiva extensiva a todo o ser. Se é dessa forma que o mundo ateístico moderno é posto na sombra da sexta-feira santa, e se a sexta-feira santa é concebida por ele como abismo do nada no qual afunda todo ser, de outro lado, existe também a possibilidade de compreender teologicamente este mundo, que está afundando, como um instante no processo da revelação de Deus que se torna universal-histórica na cruz e na ressurreição da realidade. Nesse caso, sua corrupção não consiste tanto na dureza de seu ateísmo, pois sua perdição só se inicia quando abstrai, no processo dialético de Deus, o instante do esvaziamento e da morte de Deus e se fixa nela. O niilismo romântico da "morte de Deus" tal como o ateísmo científico-metódico (*etsi Deus non daretur* ["mesmo que não houvesse Deus"]), são instantes da dialética absolutizados, e por isso não são mais entendidos em seu movimento. Em todo caso, do ponto de vista teológico, uma coisa fica memoravelmente clara em Hegel: que a ressurreição e o futuro de Deus não ficam evidentes só no fato de Deus ter abandonado Jesus, mas também por Deus ter abandonado o mundo[33]. Essa dialética especulativa

---

33. Cf. uma explicação em G. Rohrmoser, G., op. cit., 83 ss.; Löwith, K., Hegels Aufhebung der christlichen Religion, in: *Einsichten. Festschrift für G. Krueger*, 1962, 156 ss.

da realidade de Deus ou da ideia suprema já não era mais compreensível para Kierkegaard, o qual retornou ao dualismo de Kant e o radicalizou. O método da reflexão infinita não deixara de sobra nenhuma certeza objetiva a respeito do ser ou da mudança dos objetos. A dúvida e a crítica dissolvem qualquer relação do absoluto com o presente. Assim resta, como dialética insolúvel, a contraditoriedade paradoxal entre ateísmo teórico e interioridade existencial, entre ateísmo objetivo e fé subjetiva. À interioridade da relação direta e imediata entre existência e transcendência corresponde o desprezo do exterior como absurdo, sem sentido e sem deus. O "indivíduo" de Kierkegaard abandona a dialética da mediação e da reconciliação, retirando-se para o puro imediatismo. Sua "interioridade" é, mesmo nos paralelos verbais, a "consciência infeliz" arrancada da dialética e afastada de seu movimento, como era o caso da *Fenomenologia do espírito* de Hegel. Enquanto a infeliz consciência da "bela alma" se fixa sobre si mesma e busca dentro de seu imediatismo interior toda a glória, bem como a transcendência, ela, ao mesmo tempo, fixa o mundo dos objetos em sua imutabilidade e assim sanciona suas relações inumanas e ímpias. Visto que não se pode esperar qualquer reconciliação entre interior e exterior, fica igualmente sem sentido a exteriorização na dor do negativo, a aceitação da cruz da realidade. O abandono por Deus e a absurdidade do mundo, que se tornou um mundo calculável e tecnicizável de produtos só serve ainda como escândalo negativo que impede o alcance da pura interioridade. Essa dialética, imobilizada em paradoxo eterno, é o sinal do romantismo e de qualquer teologia romântica.

O surgimento da afirmação "Deus está morto" tem uma explicação diferente em Nietzsche e em Feuerbach.

> Deus morreu! Deus continua morto! E nós o matamos! [...] A grandeza deste ato é demasiado grande para nós. Não será preciso que nós próprios nos tornemos deuses para parecermos dignos dele? Nunca houve ação mais grandiosa e quaisquer que sejam aqueles que poderão nascer depois de nós pertencerão, em função dessa ação, a uma história mais elevada do que toda história que já existiu! (F. Nietzsche, *A gaia ciência*, n. 125 [trad. Jean Melville]).

Aqui a morte de Deus é atribuída ao ser humano que o mata e não ao esvaziamento do próprio Deus. A morte de Deus é a exaltação do ser humano acima de si mesmo. A história, que o próprio ser humano toma em suas mãos, se levanta sobre o cadáver de Deus. A cruz se torna o símbolo da vitória do ser humano sobre Deus e sobre si mesmo. "Mortos estão todos os deuses: agora queremos que viva o super-homem". A fundamentação do sentimento dos tempos modernos: Deus está morto, pela afirmação: "Nós o matamos", está muito próxima da "superação de Deus" de Feuerbach, por meio da qual o ser humano volta a si mesmo, enquanto em Nietzsche, ela significa um evento e um novo destino do ser e não simplesmente uma ressubjetivização de objetivações religiosas. A consequência, para ele, não é a volta do ser humano a sua presencialidade e imediatez sensíveis, mas a autotranscendência e a exaltação do ser humano sobre si mesmo. Em Nietzsche o lugar que na reflexão metafísica era próprio de Deus, apresenta-se como lugar de atividade produtora, não mais pela passividade, mas pela atividade do sujeito humano (H. Heidegger, *Holzwege*, 1957, 237 ss.). O "mundo" se torna o projeto e o objeto da subjetividade. Em consequência, ele é "desencantado", tornando-se matéria de modificações possíveis. Ele já não pode mais harmonizar a subjetividade consigo mesmo. O ego onipotente se torna identidade abstrata consigo mesmo. Essa nova transcendência de si mesmo, por meio da experiência da possibilidade de domínio do mundo, é certamente o fim de qualquer metafísica e teologia cosmológica, mas não o fim da metafísica em si, pois ela mesma contém uma metafísica de subjetividade. O seu "ateísmo" é um ateísmo puramente teórico referente ao mundo dos objetos. O sujeito, que na atividade do ser humano é o *fundamentum inconcussum* ["fundamento inabalável"] seguro de si mesmo, atribui a si todos os predicados tradicionais metafísico-teológicos de Deus (*causa sui* ["sua própria causa"], em Feuerbach e Marx; transcendência, em Nietzsche). Se a fé cristã é situada teologicamente nesse tipo de subjetividade, ela se torna necessariamente a *creatrix divinitatis*, uma força que cria Deus e ousa ser Deus. Uma tal mística da fé se torna um complemento necessário da matemática, pela qual o ser humano prescreve suas leis ao mundo. Com isso, entretanto, o sentido da afirmação "Deus está morto" aparece como totalmente contrário à consciência de ser dos tempos modernos, cuja reconciliação consigo mesma era o escopo da dialética de Hegel. Com efeito, Hegel tinha tentado compreender e aceitar tanto a desdivinização matemática do mundo, como a correspondente revolta do ser humano em sua imediata subjetividade, como instantes do processo do automovimento do Espírito absoluto. As sentenças com que Feuerbach caracteriza a solução dada por Hegel e tenta levá-la *ad absurdum* são extremamente dignas de reflexão do ponto de vista teológico:

> A filosofia de Hegel é a última grandiosa tentativa de restabelecer, por meio da filosofia, o cristianismo perdido e ultrapassado, e faz isso do modo como sempre se faz nos tempos recentes: a *negação* do cristianismo é *identificada*

> *com o próprio cristianismo.* [...] Em Hegel essa contradição é ocultada, obscurecida, somente pelo fato de que a negação de Deus, o ateísmo, é transformada em uma determinação objetiva de Deus – Deus é definido como um processo e o ateísmo como um instante desse processo. Mas assim como a fé renascida da descrença nunca será uma fé verdadeira, porque sempre continua ligada ao seu oposto, tampouco, o Deus restabelecido a partir de sua negação poderá ser um Deus verdadeiro; ele será, antes, um Deus contraditório em si mesmo, um Deus ateístico (*Grundsätze der Philosophie der Zukunft*, 1843, §21).

Aqui fica evidente que Feuerbach só conhece o Deus da filosofia dogmática e da religião natural, pois somente este pode ser reduzido, em sua identidade abstrata, a ser humano. A fé cristã, ao contrário disso, sempre se eleva sobre o chão da descrença superada e sempre tem esta consigo como tentação. O Cristo ressurrecto é e continua sendo o Cristo crucificado. O Deus que nos eventos da cruz e da ressurreição se revela como "o mesmo" é o Deus que se revela na autocontradição. A partir da noite da "morte de Deus" na cruz, da dor da negação de si mesmo, ele é experimentado, na ressurreição do crucificado, na negação da negação, como o Deus da promessa, como o Deus que vem. Se o "ateísmo" tem suas raízes no reconhecimento da significação universal da sexta-feira santa, então o Deus da ressurreição de fato é algo como um Deus "ateístico". Com certeza, é isso que Bonhoeffer também tem em mente quando escreve no mesmo sentido de Hegel, e não no sentido de Feuerbach:

> E não podemos ser honestos sem reconhecer que temos de viver no mundo – *etsi deus non daretur* ["mesmo se Deus não existir"]. E reconhecemos justamente isso – perante Deus! [...] Deus nos faz saber que temos de viver como pessoas que dão conta da vida sem Deus. O Deus que está conosco é o Deus que nos abandona [...]. Perante Deus e com ele vivemos sem Deus. Deus deixa-se empurrar para fora do mundo até a cruz; Deus é impotente e fraco no mundo e exatamente assim, somente assim ele está conosco e nos ajuda (*Resistência e submissão*, 2003, 487 s. [trad. Nélio Schneider]).

Mas, da cruz do abandono de Deus não se pode produzir, como Hegel o fez, um instante do processo imanente a Deus. Uma teologia de automovimento dialético do Espírito absoluto é simplesmente uma variante dialética da epifania do eterno como sujeito. Hegel tentou reconciliar fé e ciência, mas ao preço de destruir a historicidade do evento da revelação e de entendê-la como evento eterno. "Pois o conceito destrói o tempo". A cruz – o mistério de Deus e a liberdade do ser humano – não é "superada" pelo *lógos* da reflexão e da consciência, pois só é provisoriamente superada pela promessa e pela esperança de um *éschaton* ainda ausente, mas real, que é um estimulante para a consciência, mas que não se confunde com a consciência da fé. A cruz designa uma abertura escatológica que ainda não foi fechada pela ressurreição de Cristo nem pelo espírito da comunidade, mas fica aberta para além dessas realidades para o futuro de Deus e o aniquilamento da morte. E se justamente em Nietzsche o "ser humano louco" grita sem cessar: "Eu procuro a Deus", isso aponta na mesma direção. Uma coisa é dizer que a "morte de Deus" é a entronização do ser humano divinizado e outra coisa bem diferente é dizer que a "morte de Deus", com base na ressurreição de Cristo, faz buscar vida, reino e justiça. Com essa busca e essa esperança, e com suas consequências na crítica, na resistência e no sofrimento no mundo – o qual se firma sobre o cadáver de Deus –, ela coloca o ser humano dentro do processo histórico do futuro da verdade. Nesse caso, o mundo não afunda no abismo do nada, mas seu negativo é superado pelo ainda-não da esperança. O mundo não é estabilizado no ser eterno, mas "mantido" no ainda-não-ser de uma história aberta para o futuro.

§ 6. A questão histórica da ressurreição de Cristo e a questionabilidade da maneira com que a ciência histórica lida com a história

A primeira questão sobre a realidade da ressurreição de Cristo sempre se refere ao objeto narrado e anunciado pelas testemunhas pascais. Visto que esse objeto se refere a um evento, isto é, à "ressurreição de Jesus dentre os mortos por obra de Deus", a questão da realidade deste evento assume imediatamente a forma de uma questão histórica. Mesmo se as testemunhas não procuravam simplesmente informar, à maneira dos antigos cronistas ou dos historiadores modernos, aquilo que se passou, eles, não obstante, falaram do objeto de um evento cuja realidade para eles estava fora de sua consciência e de sua fé, realidade essa em que sua consciência se inflamava pela lembrança e pela esperança. Pela fé pascal eles não somente queriam dar a conhecer sua nova autocompreensão, mas informar também sobre a vida de Jesus e o evento da ressuscitação de Jesus. Suas afirmações não só contêm certezas existenciais à maneira da frase: "estou certo", mas igualmente a certeza objetiva de algo, à maneira da frase: "a coisa é certa". Não só anunciavam que criam e aquilo que criam, mas também aquilo que ficaram conhecendo. Todos eles são "testemunhas abnegadas"[34]. Por isso, não se pode dizer que o sentido de suas afirmações seja simplesmente a nova autocompreensão alcançada pela fé[35]. As narrativas pascais nos obrigam a perguntar pela realidade do evento de que falam. Não é a sua própria fé, nem são as exigências e o oferecimento da fé na pregação que correspondem à realidade de suas afirmações, mas tão somente a realidade do que foi por eles anunciado e afirmado é que corresponde a suas afirmações e aos seus testemunhos. Os textos pascais seriam interpretados contra sua intenção se unicamente se buscasse o "sentido" dessas afirmações no nascimento da fé. Por isso, não se pode deixar de perguntar pelo que está por trás de seu querigma, de buscar a realidade que corresponde a suas afirmações e que as torna seguras e dignas de fé[36].

Ora, desde o dia em que ruiu a aceitação ortodoxa da verdade, as questões concernentes à certificação da realidade que comprova e torna legítimo e fidedigno o anúncio da ressurreição, as quais têm todas a forma da pergunta histórica a respeito do passado. Isso corresponde aos textos, visto que eles mesmos falam de um evento passível de datação; mas é estranha aos textos a atitude moderna quando e enquanto afirma que a forma histórica da questão das realidades pressupostas implica em uma determinada compreensão prévia do possível-histórico, compreensão esta que desde o início dos tempos modernos não corresponde à visão do possível-histórico enquanto possível-divino que os próprios textos apresentam. O conceito de histórico, de histórico-possível e de histórico-provável foi desenvolvido nos tempos modernos a partir de experiências outras da história que não a experiência da ressurreição de Jesus dentre os mortos. Desde o tempo do Iluminismo, tudo é aferido pela experiência da calculabilidade e da factibilidade da história pelos seres humanos. A contenda entre os discípulos e os judeus girava em torno da pergunta: Deus o ressuscitou dos mortos conforme suas promessas? ou: Deus não pode tê-lo ressuscitado

---

34. Sobre esta expressão cf. GADAMER, H.-G., Zur Problematik des Selbstverständnisses, in: *Einsichten*, 84.

35. Sobre isso, cf. BULTMANN, R., *Das Verhältnis der urchristlichen Christusbotschaft zum historischen Jesus*, SBA Heidelberg, 1960; CONZELMANN, H., Jesus von Nazareth und der Glaube an den Auferstandenen, in: *Der historische Jesus und der querigmatische Christus*, 1961, 191: "As aparições do ressuscitado são entendidas naturalmente como dando-se no tempo e no espaço, isto é, no mundo. Mas a questão é: o que constitui o *sentido* das aparições e, assim também, o de sua transmissão. [...] O sentido da transmissão é claro e simples: afirmar a salvação de Deus como o fim do ser-do-mundo".

36. Isto foi acentuado, com razão, por Von Campenhausen, Grass, Pannenberg, Wilckens e outros.

conforme suas promessas? A contenda moderna sobre a ressurreição, porém, gira ao redor da pergunta: a ressurreição é historicamente possível? Muitas vezes já se sublinhou[37] que as experiências históricas, a partir das quais são formados os conceitos sobre o que é histórico, têm nos tempos modernos um caráter antropocêntrico, pois hoje "história" é a história do ser humano e o sujeito propriamente dito da história é o ser humano no seu *hypokeímenon* metafísico; assim, fica claro que com tais pressupostos a afirmação da ressurreição de Jesus por obra de Deus é uma afirmação "historicamente impossível" e, por isso mesmo, "historicamente" sem sentido. Entretanto, ainda dentro desse pressuposto, é um procedimento válido perguntar "até que ponto e com que grau de probabilidade ainda podem ser reconstituídos os acontecimentos reais e seu decurso"[38], mesmo que desse modo se atinja rapidamente os limites do histórico, que são postos com a compreensão mesma da facticidade histórica. As respostas às questões sobre o que está por trás das narrativas, à luz do horizonte conceitual de história nos tempos modernos, não levam nem à demonstrabilidade fundamental da ressurreição nem ao ceticismo histórico total e impedem a teologia de, por razões dogmáticas, postular situações "históricas", bem como de abandonar desesperada o terreno da história. Nem para o historiador nem para o teólogo são admissíveis métodos segundo o princípio: não pode ser o que não deve ser.

Entretanto, a questão histórica sobre a realidade da ressurreição de Jesus não é apresentada nos textos bíblicos unicamente como os *realia* históricos, mas dentro de um horizonte de experiência e sentido de história em que os acontecimentos narrados recebem luz diferente. A ideia de história, expressa nas diferentes abordagens históricas, encontra diante de si não simplesmente fatos mais ou menos bem atestados ou mais ou menos narrados de maneira fantástica, mas encontra outra ideia de história baseada em outras experiências históricas. Por isso, a questão histórica da realidade da ressurreição de Jesus questiona também aquele que a aborda historicamente e coloca em questão a experiência básica da história, a partir da qual ele a questiona historicamente. A questão histórica da historicidade da ressurreição de Jesus é extensiva à questionabilidade da abordagem de história. Com efeito, na questão histórica da ressurreição, ao lado desta questão, sempre se aplica aos textos que falam da ressurreição de Jesus uma deter-

---

37. LÖWITH, K., *Weltgeschichte und Heilsgeschehen*.
38. VON CAMPENHAUSEN, Hans F., *Der Ablauf der Osterereignisse und das leere Grab*, 1952, 7.

minada compreensão histórica do mundo. Ora, no processo da ressurreição também tal compreensão histórica deve ser posta em jogo, da mesma forma como ela põe em jogo, do ponto de vista histórico, a mensagem da ressurreição de Jesus. Portanto, deixando o retorno da pergunta histórica pela ressurreição de Jesus, voltemo-nos agora para aquele que pergunta.

Hoje se admite universalmente que, nos tempos modernos, compreensão histórica é compreensão analógica e que, portanto, deve permanecer dentro do que é compreensível analogicamente. E. Troeltsch fundamentou esse método da analogia da compreensão histórica ontologicamente na "correlação existente entre todos os processos históricos".

> Com efeito, o meio pelo qual a crítica de modo geral é possível é a aplicação da *analogia*. A analogia entre o que está acontecendo diante de nossos olhos [...] é a chave para a crítica. Os enganos, [...] as formações de mitos, as mentiras, o partidarismo que temos diante dos olhos são os meios de reconhecer coisas semelhantes naquilo que nos foi transmitido. A correspondência com procedimentos normais, costumeiros ou mais vezes atestados, [...] tal como os conhecemos, é a marca da probabilidade dos processos que a crítica pode reconhecer ou manter como realmente acontecidos. A observação de analogias em processos semelhantes do passado fornece a possibilidade de lhes atribuir probabilidade e de explicar o desconhecido pelo conhecido. Porém, essa onipotência da analogia encerra a similaridade básica de todos os eventos históricos, que, no entanto, não se constitui em uma igualdade, [...] mas que, em cada caso, pressupõe um núcleo de similaridade comum, a partir do qual podem ser compreendidas e sentidas as diferenças[39].

Ora, se a compreensão histórica e a crítica histórica dependem do postulado e do pressuposto da igualdade básica de tudo nos acontecimentos, fica patente que elas dependem de uma determinada compreensão do mundo. Essa compreensão do mundo, tal como a cosmologia grega, pressupõe que no fundo de toda mudança e transformação histórica esteja "um núcleo de similaridade comum" e que no fundo "tudo seja eternamente semelhante". Portanto, sobre o chão dessa igualdade nuclear o histórico permanece algo meramente acidental. Os *eventos* históricos se tornam compreensíveis quando entendidos como *manifestações* do núcleo de similaridade comum a todos. Mas, com isto se anula seu caráter

---

39. TROELTSCH, E., *Über historische und dogmatische Methode*, 1898, Gesammelte Schriften, II, 729 ss. (especialmente a página 731).

de acontecimento, e a historicidade da história é aniquilada em favor de uma metafísica da substância do universo histórico. Em L. von Ranke e nos grandes historiadores românticos, esse núcleo foi intuído de maneira panteísta: todos os tempos e acontecimentos se seguem logicamente uns aos outros, "para que em *todos* aconteça o que não é possível em nenhum isoladamente, para que toda a plenitude da vida espiritual, insuflada no gênero humano pela divindade, se manifeste na sequência dos séculos"[40]. Para H. von Sybel, a similaridade contém uma perspectiva mecanicista: "O pressuposto pelo qual a certeza do conhecimento fica de pé ou cai é a absoluta regularidade da evolução, a unidade comum na continuidade das coisas terrenas"[41]. Também na hermenêutica das ciências humanas, que trata da história das manifestações vitais da humanidade, adotada por W. Dilthey, a compreensão histórica se apoia na pressuposição da similaridade da vida basilar e insondável. É certo que não existe uma essência fixa do ser humano, que existiria como idêntica consigo mesma antes da história e independente dela. "O tipo 'ser humano' se dissolve no processo da história"[42]. Mas o fato de a existência humana ter em si mesma uma estrutura hermenêutica aparece como o núcleo permanente e impulsionador na história das manifestações vitais do ser humano e das interpretações que ele faz de si mesmo. O cerne daquela similaridade comum que torna possível e também necessária a compreensão histórica é constituído pelo fato de que o ser humano deve, a partir de sua insondabilidade criadora, constantemente se buscar e se encontrar, se formar e se definir.

Em vista dessa fundamentação da compreensão histórica a partir da determinação metafísica de um cerne, de uma substância ou de um sujeito da história, a teologia cristã, que tenta refletir sobre o querigma da ressurreição, encontra grandes dificuldades. Frente à descrição panteísta da essência da história, de acordo com a qual a ideia eterna não se apresenta totalmente em um indivíduo, torna-se impossível admitir como absoluto uma pessoa ou um evento da história[43]. Frente à descrição positivista e mecanicista da essência da história como um conjunto fechado em si mesmo de causas e efeitos, de causalidade e consequência, a afirmação da ressuscitação de Jesus, por obra de Deus, aparece como um mito de intervenção

---

40. Citado conforme HINRICHS, C., *Ranke und die Geschichtstheologie der Goethezeit*, 1954, 168.
41. *Über die Gesetze historischen Wissens*, 1864, 16.
42. *Werke*, VIII, 6; cf. também VII, 278 e, sobretudo, BOLLNOW, O. F., *Die Lebensphilosophie*, 1958, 41.
43. STRAUSS, D. F., *Das Leben Jesu*, II, 1835, 734.

sobrenatural, à qual contradizem todas as experiências do mundo. Finalmente, frente à descrição que a filosofia vitalista faz em relação ao núcleo da vida, que é criador e se manifesta e se objetiva na história, os textos pascais só podem ser tomados como expressões de atos vitais de uma fé que em si mesma é impossível de fundamentar.

A teologia da ressurreição pode tentar resolver de diferentes maneiras o problema da história que lhe é assim apresentado. Se – como se pode ver por meio das alusões já apresentadas – o ressuscitado não se adapta ao conceito que temos do que é histórico[44], a teologia pode apresentar a mensagem da ressurreição de Jesus por obra de Deus como "anistórica" e partir em busca de outros acessos e maneiras de se aproximar da realidade da ressurreição mais adaptados ao ser humano moderno historicamente condicionado[45]. Mas, desta maneira ela deixa o campo do conhecimento e da abordagem histórica às teorias históricas sobre o mundo. Se a realidade da ressurreição não é traduzível pelos meios da ciência histórica de nosso tempo, então por sua vez também o método cognoscitivo moderno de história é teologicamente inatingível para a fé. A *fides quaerens intellectum* deve, portanto, renunciar a atingir o *intellectus fidei* no campo da história. Em teologia, esta posição se apresenta principalmente quando se renuncia a tratar da questão histórica da realidade da ressurreição e se concentra na segunda questão, isto é, na questão do caráter de testemunho e de apelo do querigma da fé pascal. O conhecimento da história é assim abandonado a todo tipo de princípios panteístas ou ateístas para se concentrar no encontro pessoal, na experiência não-objetivada ou na decisão existencial, a que leva o querigma pascal. "Dessa maneira, simplesmente somos perguntados se cremos que nessas vivências pascais visionárias, Deus está agindo, como aqueles criam e como o querigma afirma"[46]. Nesse "simplesmente" está claramente recomendado o salto para fora do conhecimento mediato, objetivado e histórico, e para dentro da decisão pessoal. Neste caso a ressurreição de Cristo não é nem mítica nem histórica, mas deve ser captada unicamente "pela categoria da revelação"[47]. Dessa maneira, porém, o querigma da ressurreição fica no ar, assim como a existência por ele atingida, sem que a premência da proclamação e a necessidade de se decidir frente a ela se torne compreensível.

---

44. Cf. WEBER, O., *Grundlagen der Dogmatik,* II, 1962, 83.
45. Cf. meu estudo: Exegese und Eschatologie der Geschichte, *EvTh,* n. 22 (1962) 40 s.
46. BULTMANN, R., *ThLZ,* n. 65 (1940) col. 246.
47. BARTH, K., *Die Auferstehung der Toten,* 1924, 79 s.

Uma outra possibilidade está em que o método histórico e sua compreensão de história não são mais tomados em sua forma substancial-metafísica ou positivista, como se fossem algo de definitivo e inevitável, mas afastam-se dele e se põem na decisão subjetiva da fé, buscando assim novos caminhos que desenvolvam ulteriormente os métodos históricos, "de forma que a *totalidade* da história seja captada em sua multiplicidade"[48]. Tal alargamento do acesso à história e do campo da história pode se orientar para o outro aspecto do procedimento analógico da compreensão histórica. Com efeito, a possibilidade de conhecimento da inteligência não só consiste, necessariamente, em reconhecer na desigualdade dos acontecimentos históricos aquilo que é igual e comum, mas também em orientar-se para descobrir no que é igual e semelhante, aquilo que é desigual e individual, isto é, o ocasional e o totalmente novo[49]. O interesse unilateral no que é igual e sempre repetido, e típico, e regular nivelaria aquilo que é propriamente histórico na história e que consiste no contingente e no novo, e assim se perderia, por fim, todo o sentido de história. Por conseguinte, o método comparativo do conhecimento pode ser alargado para mostrar a desigualdade, o nunca-acontecido e o novo. E certo que este só se torna possível por meio da comparação. Mas, para chegar a divisá-lo, é necessário libertar-se previamente de todas as fixações pressupostas de cerne e substância da história e considerar tais pressupostos também como provisórios e mutáveis. Entretanto, se a teologia cristã frente ao que é regular e repetido (pelos quais se interessam os métodos históricos), só se ocupar, como campo de seu interesse, do que é individual, contingente e novo teríamos nela uma variante muito interessante da imagem histórica do universo, mas este, no fim das contas, também seria pensável e inteligível sem a teologia da ressurreição. Com o redescobrimento da categoria do contingente não consta necessariamente a descoberta de uma categoria teológica[50]. Com efeito, a ressurreição de Cristo não está ligada à categoria do ocasional-novo, mas à categoria da expectativa, do escatológico-novo. O escatológico-novo da ressurreição de Cristo, por seu lado, se apresenta como o *novum ultimum*, tanto do que a sempre repetida realidade tem de igual como do que é relativamente desigual nas possibilidades históricas novas. Pelo simples alargamento do método de consideração histórica,

---

48. Rendtorff, R., Geschichte und Überlieferung, in: *Studien zur Theologie der alttestamentlichen Überlieferungen,* 94, nota 39.
49. Pannenberg, W., Heilsgeschehen und Geschichte, 266.
50. Ibid., 277. Cf., a respeito a crítica de Geyer, H. G., *EvTh*, n. 22 (1962) 97.

por meio da admissão da contingência, a realidade da ressurreição ainda não se torna visível nem compreensível. Não é por meio de uma possível superação da forma antropocêntrica da analogia histórica que esta recebe um caráter teológico. Somente quando a totalidade do universo histórico é demonstrada, juntamente com a contingência e a continuidade, como algo que em si mesmo não é necessário, mas contingente, começa a ficar visível e inteligível aquilo que é pregado no querigma como o escatológico-novo da ressurreição de Cristo. A ressurreição de Cristo não significa uma possibilidade do mundo e de sua história, mas uma nova possibilidade de mundo, de existência e de história em sua totalidade. Somente quando o mundo for entendido como criação contingente (*contingentia mundi*), a partir da liberdade de Deus e *ex nihilo*, a ressurreição de Cristo se torna inteligível como *nova creatio*. Por conseguinte, frente ao que é afirmado e prometido na mensagem da ressurreição de Cristo, é necessário mostrar claramente a profunda irracionalidade do cosmo racional do mundo moderno, científico e técnico. Pela ressurreição de Cristo não se entende um processo possível dentro da história universal, mas uma realidade escatológica da história universal.

Finalmente existe para a teologia a possibilidade de, a partir de um entendimento teológico e escatológico da realidade da ressurreição de Cristo, chegar a um conceito próprio de história e a uma compreensão própria da historicidade da história[51]. Dessa maneira, a teologia da ressurreição não mais seria inserida dentro de um conceito preexistente de história, mas se deveria fazer a tentativa de, em comparação e confrontação com as outras compreensões históricas, chegar a uma compreensão de história com suas últimas possibilidades, pressuposta a ressurreição de Cristo dentre os mortos. Assim, em confronto com outros conceitos de história, deveria ser desenvolvido um *intellectus fidei resurrectionis*, o qual capacitaria a falar "cristicamente" sobre Deus, história e natureza. A ressurreição de Cristo é sem paralelo na história conhecida. Precisamente por isso ela pode ser considerada como "acontecimento fundador de história", a partir do qual todos os outros acontecimentos da história são iluminados, questionados e modificados[52]. O tipo de pregação e de lembrança, repleta de esperança, desse evento deve por isso ser compreendido como uma forma de lembrança histórica que é dominada, em relação a seu conteúdo e pro-

---

51. NIEBUHR, R. R., *Auferstehung und geschichtliches Denken*, 1960. Cf. a respeito LANDGREBE, L., Philosophie und Theologie, *NZSTh*, n. 23 (1963) 3 ss.
52. LANDGREBE, L., op. cit., 10 s.

cessamento, a partir desse evento. Por meio da recordação em esperança desse evento não são deduzidas leis universais para a história, mas a partir desse evento único e não repetido, afirma-se a esperança futura de toda a história universal. Dessa forma, a ressurreição de Cristo não se apresenta como uma analogia daquilo que sempre e em toda a parte é cognoscível, mas como analogia daquilo que deve sobrevir a tudo. A espera daquilo que deve vir em razão da ressurreição de Cristo, necessariamente fará aparecer toda a realidade experimentável e toda experiência real, como coisas provisórias e como realidades que ainda não contêm em si o que lhes está reservado. Por isso, necessariamente contradirá toda fixação de substâncias metafísicas do núcleo de uma igualdade comum da história universal, bem como toda compreensão histórica baseada nelas por meio do fio condutor da analogia. Será necessário desenvolver uma compreensão histórica que se norteará pelo fio condutor da analogia escatológica, isto é, amostra prévia e antecipação do futuro. Nesse caso, a ressurreição de Cristo não deve ser chamada "histórica" pelo fato de que se deu *dentro* da história e é representada por muitos tipos diferentes de categorias históricas, mas é histórica por que *constitui* história, dentro da qual se pode e se deve viver, pelo fato de mostrar o caminho para os eventos futuros. Ela é histórica porque abre o futuro escatológico. Tal definição deverá fazer-se valer em confronto com outras conceituações de história, em cuja base são encontrados outros acontecimentos "instituidores de história", isto é, os terrores e as revoluções da história.

É natural que aqui surja como objeção a questão da obrigatoriedade universal de conclusões teológicas de tal enfoque da história. Quando se admite a abordagem moderna da história como a que hoje é a única possível, honesta e obrigatória, se é obrigado aceitar a compreensão da realidade por ela pressuposta como roteiro também do pensamento teológico. Com efeito, a compreensão da realidade "nos é imposta na situação histórica em que nos encontramos"[53], isto é, aquilo que para esta sociedade, em que cristãos e não-cristãos vivem lado a lado, é evidente por si mesmo e dentro de cuja moldura somente se pode e se quer "compreender". Se dentro dessa compreensão da realidade – hoje obrigatória e compromissiva para toda a sociedade –, os deuses se calam nas ciências naturais e na história, e se a submissão a eles se tornou livre e dependente do arbítrio do indivíduo, então à teologia da ressurreição resta ocupar o lugar que foi deixado intacto por esta compreensão da realidade e entregue à subjetividade de cada

---

53. Esta é a objeção de MILDENBERGER, F., *EvTh*, n. 23 (1963) 5, 274.

um, a saber, a subjetividade e a interioridade do ser humano, deixada livre pela racionalização do mundo e a historização da realidade. Nesse caso, a teologia da ressurreição não pode mais falar usando a moldura da metafísica da história, das realidades da ressurreição, mas tão somente pode usar a moldura da metafísica da subjetividade e falar da fé pascal, sendo a "ressurreição de Jesus" simplesmente a expressão de uma fé superável do ponto de vista histórico. Dessa forma, a fé na ressurreição, abstendo-se de definições sobre a ressurreição, se adapta à compreensão da realidade do mundo moderno, tornando-se algo como a derradeira religião dessa sociedade. Ora, se por seu lado, a teologia deve se esforçar por chegar a uma compreensão teológica da história e a uma revolução no modo de pensar histórico, tem sua razão de ser a objeção muitas vezes já feita de que desta forma a teologia é impelida para o gueto de uma ideologia intraeclesiástica, sem poder entender-se com mais ninguém[54].

Ora, a igreja, e com ela a teologia, não é a religião nem a seita dessa ou daquela sociedade. Dela não se pode exigir nem que se adapte a qualquer compreensão da realidade que se apresenta como obrigatória para todos, nem se pode admitir que ela se apresente como a linguagem arbitrária de conventículos exclusivos os quais existem somente para os crentes. Da mesma forma que a igreja se encontra em um combate pela verdade dentro da sociedade em que vive, também a teologia participa da missão da igreja. Ela necessariamente se encontra dentro de um combate pelo futuro da verdade, com as diferentes compreensões de história e cosmovisões históricas, e assim deve participar da luta a propósito da realidade da ressurreição de Jesus. Quando nas discussões, em meio à decomposição dos modernos conceitos de realidade histórica, se toma posição a respeito da misteriosa realidade da ressurreição de Jesus não se discute simplesmente um detalhe de um passado longínquo, pois a respeito desta realidade até mesmo os instrumentos científicos do conhecimento da história são postos em questão. Aqui se luta pelo futuro da história e pela forma do conhecimento, da esperança e do trabalho que respeita esse futuro; aqui se luta pelo sentido da missão na atualidade e pela definição da tarefa do ser humano.

O sentido da confrontação histórica que surge a propósito da ressurreição de Cristo nunca foi meramente histórico, pois a questão peculiar da realidade histórica da ressurreição, além da pergunta: "O que posso saber?", leva às perguntas derivadas desta: "O que devo fazer?", e: "O que posso esperar?". Que horizonte futuro de possibilidades e perigos se abre a

---
54. Ibid., 275.

partir da história passada? A pergunta pela ressurreição, colocada exclusivamente do ponto de vista histórico, como já vimos, é estranha aos textos das narrativas pascais. Estas, por sua vez, como já mostramos, causam estranheza ao historiador em seu contexto de experiência do mundo, a partir do qual ele se esforça por ler os textos. Todo compreender verdadeiro começa com essas estranhezas.

§ 7. A investigação histórico-formal das narrativas pascais e a questionabilidade de sua interpretação existencialista

A investigação crítica das narrativas da ressurreição em relação a sua correção, vigente desde os tempos do Iluminismo, foi modificada e em grande parte substituída pela investigação que a história das formas fez dessas narrativas[55]. Do ponto de vista da história das formas não se pergunta mais pelos acontecimentos enquanto historicamente verificáveis, dos quais as narrativas nos informariam e que possivelmente levaram à fixação das narrativas, mas pergunta-se pelos motivos querigmáticos que formaram tais narrativas e pelo seu *Sitz im Leben*, isto é, pela sua situação na vida e no comportamento de determinadas comunidades. Das formas se fazem inferências sobre a vida da comunidade, e da vida da comunidade, sobre as formas. O objeto propriamente dito das narrativas não é mais o assunto narrado, mas a vida da comunidade que nele encontra sua expressão. O método da história das formas é, em sua origem, um método sociológico. Os textos pascais, considerados desse ponto de vista, se apresentam principalmente como querigma, como afirmações da comunidade – da fé para a fé. Os textos se encontram dentro de uma tradição de pregação bem específica, na qual variam livremente conforme a situação, os destinatários e os adversários nos diferentes estágios da tradição e, do ponto de vista teológico, são enriquecidos e transformados conforme os novos condicionamentos da situação. O levantamento das transformações querigmáticas de determinados materiais da tradição e da história de suas formas, sob as quais são expressas no culto, na catequese, na parênese, na polêmica etc., trouxe consigo uma enorme quantidade de novos conhecimentos. Com isso não foi posta de lado a questão dos fatos que estão na base e os fundamentam, mas mesmo assim o interesse da pesquisa se deslocou decisivamente. Não se pergunta mais, como no velho sentido histórico-crítico, pela historicidade do narrado, mas do ponto de vista histórico pergunta-se

---

55. Cf. Fascher, E., *Die formgeschichtliche Methode*, 1924.

apenas pelos motivos e formas, pelas mudanças de motivos e formas das narrativas. Entretanto, o reconhecimento de que nesses textos não temos narrativas históricas, mas testemunhos de fé da comunidade cristã primitiva também é um reconhecimento histórico.

A questão relevante para a teologia só surge quando os resultados das análises da história das formas da pregação cristã primitiva são, como teologia, explicados de modo histórico distinto da realidade por eles afirmada, isto é, quando não se quer mais saber como a coisa realmente foi, mas tão somente como os crentes a viram e, consequentemente, a representaram para sua fé; quando os textos não são mais tomados como expressão de uma realidade, mas simplesmente como expressão da fé da comunidade. Esses testemunhos e pregações se baseiam em uma nova autocompreensão que as testemunhas e os pregadores têm da existência humana? O caráter querigmático dessas afirmações fundamenta-se em uma missão recebida em revelação e que do ponto de vista histórico não é mais alcançável? A partir do método da história das formas apresenta-se a possibilidade de se fundamentar essas afirmações de maneira distinta de como foram, na verdade, os acontecimentos pregados, isto é, entendendo-os não mais como "declarações sobre", mas como "expressões de" uma fé pessoal ou comunitária. Essa mudança de objeto se consumou na aliança entre pesquisa histórico-formal e teologia dialética, isto é, na interpretação existencial surgida no segundo decênio do século XX.

Se a realidade da ressurreição não pode ser compreendida como uma realidade atingível pela história, ela pode, entretanto, tornar-se real para o ser humano em um sentido diferente de "realidade". Pode ser realidade para o ser humano no sentido em que ele mesmo é realidade para si. O ser humano se torna consciente de sua própria realidade existencial, não pela distância histórica, mas por meio da experiência imediata de si mesmo como realidade que sempre deve ser novamente tornada real. Desse ângulo, a ressurreição de Cristo lhe aparece não mais como uma duvidosa imagem de uma tradição histórica ou de reconstrução histórica, mas se torna, na fé pascal dos discípulos, uma realidade que o atinge no plano da questionabilidade da própria existência, e assim o coloca diante de uma decisão. Por mais duvidosa que seja a ressurreição na consideração histórico-objetiva, tanto mais próximo e imediato é o encontro da fé pascal dos discípulos com o ser humano no apelo da pregação e na exigência da decisão da fé. A fé pascal dos discípulos aparece assim como uma possibilidade de existência que se pode repetir e reviver dentro da questionabilidade do próprio existir. Somente através do encontro direto e imediato na pregação presente, hoje sob o olhar do Senhor, na obediência de hoje frente ao seu apelo absoluto, em que se abre a salvação para a atualidade, nós compreendemos a "realidade" da ressurreição[56]. A "realidade da ressurreição" nos encontra como palavra de Deus, como querigma frente ao qual não podemos mais colocar a questão da legitimação histórica, mas o qual nos pergunta se queremos crer ou não[57]. A pregação que anuncia a Jesus como o ressuscitado deve subjugar "nosso coração e nossa consciência". Ela deve falar de sua ressurreição de tal modo que esta não apareça como evento histórico ou mítico, mas como "uma realidade que toca nossa própria existência"[58].

Aqui se encara a "realidade" da ressurreição de modo diferente do histórico. Aquele que pergunta não pretende chegar a uma imagem historicamente segura daquele evento, mas a pergunta que dirige às narrativas pascais é a questionabilidade de sua própria existência histórica. Fazendo isto para ter uma visão de seus nexos causais não está fora da história, mas pela existência e pelas decisões próprias está colocado no meio da história. Assim, o interesse pela história é idêntico ao seu interesse pela própria existência histórica. Por conseguinte, na abordagem dos textos pascais busca-se uma exegese existencial na qual coincidem a explicação da história e a explicação de si mesmo. Quando a radical questionabilidade da própria existência histórica propõe questões ao querigma da ressurreição, suas perguntas não se orientam mais para o acontecimento passado da ressurreição dentro da moldura de analogias possíveis na história universal, mas para a compreensão da existência humana contida nessas narrativas[59]. Em lugar do núcleo histórico – representado à maneira de uma substância metafísica, do ponto de vista da qual todos os eventos são iguais e a qual possibilita uma compreensão analógica – entra uma igualdade, afirmada como ontológica, da historicidade de toda existência humana, o que torna possível uma compreensão de existência para existência no encontro pessoal. Com isso não se nega absolutamente o acontecimento objetivo da ressurreição, mas ele não está no campo de interesse. O fato de Deus não ser cognoscível fora da fé, absolutamente não significa que fora da fé ele não exista, nem que "Deus" seja só a "expressão" da existência crente, mas esse *extra nos* de

---

56. Cf. Conzelmann, H., op. cit., 196.
57. Bultmann, R., *KuM*, I, 50.
58. Id., *ThLZ*, n. 65 (1940) col. 245. A respeito, cf. Grass, H., *Ostergeschehen und Osterberichte*, ²1962, 268 ss.
59. Cf. os princípios hermenêuticos desenvolvidos por Bultmann, R., *Glauben und Verstehen*, II, 1958, 232.

Deus e de sua ação não está no campo de interesse do crente. Grande interesse existencial tem, porém, a fé pascal das testemunhas e a compreensão existencial, que no cristianismo primitivo aparece como nova possibilidade do existir humano. Essa compreensão da "realidade" como evento que toca a existência, ou evento que se dirige "ao coração e à consciência" pode, por sua vez, levar a uma nova forma de compreensão histórica. "O evento pascal como ressurreição de Cristo não é um acontecimento histórico; acontecimento histórico *é tão somente a fé pascal dos primeiros discípulos*". A essa visão histórica corresponde, por sua vez, a visão teológica de que a fé pascal não está interessada na questão histórica. "Nesta visão, o acontecimento histórico do surgimento da fé pascal significa, como para os primeiros discípulos, a autorrevelação do ressuscitado, a ação de Deus em que se consuma o evento salvífico da cruz"[60]. Com isso, porém, desloca-se a "realidade" da ressurreição, de um evento verificado com o Jesus que foi crucificado, para um evento na existência dos discípulos. A ação de Deus é assim o surgimento da fé pascal, na medida em que a fé pascal é entendida como causada pela autorrevelação do ressuscitado. A "realidade" da ressurreição não é mais uma realidade em Jesus, mas é idêntica com a realidade do querigma e da fé, dentro de um "hoje" historicamente indemonstrável, mas sempre e sempre presente, sem passado e sem futuro.

A inegável evidência de que as narrativas pascais não pretendem ser "informes", mas proclamações para a fé, e que essa realidade da ressurreição de Jesus, parte inseparável do testemunho da pregação missionária universal, leva, pelo caminho descrito, a não mais buscar a legitimação histórica dessa pregação, mas a que em lugar dela se coloque a verificação existencial dessa proclamação no coração e na consciência ou em uma autocompreensão histórica dentro da moldura da questionabilidade histórica universal do existir humano. A passagem da pesquisa da história das formas para a interpretação existencialista frequentemente se dá na seguinte sequência:

1. Em lugar da pergunta "que dizem objetivamente as narrativas?", faz-se a pergunta "quem fala nessas narrativas?".
2. Depois de constatar que, nessas narrativas e em suas formas, a comunidade exprime sua relação com Jesus, continua-se a perguntar: "Como a comunidade compreende sua relação com Jesus?".
3. Após estabelecer suas ideias cristológicas a respeito de Jesus, pergunta-se: "Como a comunidade compreende a si mesma?". Depois

---

60. Id., *KuM*, I, 47.

se vê que sua compreensão de Cristo é baseada na compreensão da fé, e a compreensão da fé, na compreensão da própria existência, entendida como expressão de uma autocompreensão de acordo com a qual todos os seres humanos se questionam a si mesmos. Como se vê, a cristologia é a variável, enquanto a antropologia é a constante.

Como o questionamento histórico com o horizonte de questões históricas o qual ele pressupõe, transforma a pregação da ressurreição em um mero informe sobre os acontecimentos, também a busca da autocompreensão revelada e expressa nesses textos, afasta-se deles com o horizonte das questões pressupostas sobre a questionabilidade universal da existência humana. Dentro desse horizonte de "realidade" referente à existência, fica fora de consideração o fato de que esses textos falam de Deus e de sua ação em Jesus e querem falar deles, falam do mundo e do futuro, e não são somente "expressão" de uma nova autocompreensão. A interpretação existencialista interroga os textos quanto ao "sentido" de suas expressões, e com esse sentido entende, desde o início, a verdade existencial e não a verdade das coisas. Trata-se certamente de uma maneira – que hoje "tem sentido" – de apropriar-se de uma pregação antiga, mas de modo algum corresponde à intenção dos próprios textos. Por outro lado, não é absolutamente evidente que "compreensão" hoje deva situar-se unicamente dentro do contexto da "autocompreensão" de cada existência própria. Isto é tão pouco evidente quanto a moderna fixação da realidade do mundo em uma "visão de mundo" e a retroprojeção da época dessa visão de mundo para tempos anteriores que tinham um relacionamento totalmente diferente com o mundo.

As narrativas pascais do Novo Testamento proclamam, narrando, e narram a história proclamando. A alternativa moderna – se elas devem ser lidas como fonte histórica ou como apelo querigmático para a decisão? – é totalmente estranha a elas, da mesma forma como lhes é estranha a distinção moderna entre verdade das coisas e verdade da existência. Surge, portanto, a pergunta sobre se os resultados da pesquisa histórico-formal, a saber, que, em breves palavras, não foi o "arquivo", mas a "missão" que formou essa tradição, não devem, por sua vez, ser relacionados de forma diferente à questão sobre os acontecimentos históricos de que a pregação faz falar. Se a realidade da ressurreição de Cristo só nos foi transmitida sob a forma de pregação missionária, e se este modo de transmissão e tradição claramente pertencem à realidade mesma da ressurreição, deve-se perguntar se a necessidade interna dessa forma de expressão e comunicação não se fundamenta na natureza mesma do evento. Com efeito, como acréscimo posterior ou como acaso, ela não pode ser explicada. A realidade que está por trás das narrativas, deve evidentemente ser de tal natureza que obrigava a pregar a mensagem a todos os povos e *forçou* o surgimento de sempre novas concepções cristológicas. Assim, a comissão e a autorização para essa missão universal devem ser parte integrante do próprio evento que a comunidade anuncia e prega. Quando não se pergunta apenas *como* a comunidade pregou e que mudanças de formas sua pregação recebeu, mas também *por que* falou assim e o que a impeliu à pregação, entra-se por uma nova estrada na colocação da questão histórica que fundamenta a verdade existencial da fé sobre a verdade das coisas que devem ser cridas. Não se trata mais de perguntar se essa pregação concorda com o sentido "histórico", mas se e como a pregação é legitimada pelo evento do qual fala, e como por ele é chamada a existir. Assim, do ponto de vista histórico, não se perguntará somente por aquilo que uma vez se passou, nem se interpretará só existencialmente como apelo atual, mas também se perguntará por aquilo que está à frente, inacabado, irrealizado e ausente, isto é, aquilo que está no futuro e é anunciado por este evento. Se neste evento está contido algo que ainda não se realizou e que ainda está no futuro, então se torna evidente que sobre este evento não se pode falar à maneira de um informe que trata de um acontecimento fechado em si mesmo e terminado, com a devida distância histórica, mas tão somente à maneira de esperança baseada na lembrança. Se o evento da ressurreição de Jesus só pode ser compreendido conjuntamente com seu futuro escatológico universal, então a única forma de comunicação correspondente a esse evento é o anúncio missionário a todos os povos, sem distinção, isto é, a missão que sabe que está a serviço do futuro prometido. Somente a pregação missionária está à altura do caráter histórico e escatológico desse evento. Ela representa a forma de experiência da história correspondente à existência histórica e à expectativa histórica.

Aquilo que une o tempo de hoje com os tempos passados da história – na medida em que se trata de uma relação "histórica" – não é o núcleo de uma similaridade comum nem a historicidade comum ao existir humano, mas o problema do futuro. O sentido de qualquer tempo presente só se aclara à luz da esperança do futuro. Uma relação "histórica" para com a história, por conseguinte, não transparece na simples sequência factual e na regularidade do que sempre se repete novamente, mas quando a partir de realidades passadas se pergunta sobre as possibilidades que nela se ocultam. O futuro ainda não realizado se encontra no passado. O passado realizado pode ser esperado no futuro. O historicismo positivista reduz a história a realidades passíveis de datação e de ser localizadas, sem olhar para o espaço do possível que circunda essas realidades, enquanto se trata de realidades "históricas", de onde resulta um procedimento de redução e abstração que o historiador pode e deve certamente usar para chegar a resultados unívocos, mas sem deixar de ver claramente as perspectivas futuras de seus esquemas. A interpretação existencial, ao contrário, busca as possibilidades de existência em existências anteriores, a fim de repeti-las e alargá-las, mas sem considerar se realmente são possíveis por meio de acontecimentos que fazem história e que revelam a historicidade da existência. Também aqui temos um procedimento de redução e abstração, que o hermeneuta certamente deve usar para chegar a resultados concretos; mas é preciso também que ele sempre esteja consciente da transparência de seus esquemas. Para além do historicismo e do existencialismo existe a tentativa de não fundamentar os fenômenos históricos nem na regularidade positivista nem na historicidade do existir humano, mas de compreendê-los em sua significação quanto ao futuro[61]. Isso não significa que o sentido futuro e mesmo escatológico dos fenômenos históricos seja encampado por uma teleologia da história universal. Tampouco, significa que o futuro dos fenômenos históricos se esgote no presente chamado à responsabilidade pelo futuro. "Significar" tem aqui o sentido de algo que tende e ruma para aquilo que pretende significar, anunciar, prenunciar, mas que ainda não existe plenamente nessa forma. Aceitam-se os fenômenos históricos em sua historicidade somente quando se reconhece seu significado para "seu" futuro. Somente assim resulta a percepção de seu significado para o nosso futuro e a percepção de nosso significado no futuro deles.

Dentro dessa linha de pensamento, o evento da ressurreição de Cristo é um evento que só é compreendido pelo *modus* da promessa: ele ainda tem diante de si o seu tempo, só é entendido como "fenômeno histórico" em sua relação com *seu* futuro e comunica ao que o aceita um futuro em que ele pode entrar de forma histórica. Por isso, é necessário ler sempre as narrativas da ressurreição como escatológicas e sempre levantar a pergunta orientadora: o que posso esperar? É somente com essa terceira pergunta que a lembrança e o conhecimento histórico que lhe é inerente são colocados no horizonte que corresponde à realidade que deve ser lembrada. Somente a partir dessa pergunta a historicidade da existência e a autocompreensão

---

61. O próprio R. Bultmann aponta para essa terceira possibilidade in: *Glauben und Verstehen*, III, 113 ss., 148 s.

que lhe corresponde entram em um horizonte que corresponde à história que fundamenta e revela a historicidade do existir.

§ 8. A pergunta escatológica pelo horizonte futuro na proclamação do ressuscitado

Experiência e julgamento estão sempre ligados a um *horizonte* que ilumina a realidade e dentro do qual as coisas são vistas e experimentadas, e em que o julgamento passa a ter sentido. Tal horizonte pressupõe um conhecimento prévio daquilo que é trazido à experiência. Não é mais um sistema fechado, mas traz consigo aberturas e antecipações, e por isso está aberto para o novo e para o desconhecido[62]. Tais horizontes podem ser transmitidos por tradição e podem também provir do contexto da própria experiência e da abordagem da realidade. Podem provir do significado transcendente de certos acontecimentos, como também ser estabelecidos por elucubrações próprias por meio das quais conscientemente é idealizada a história. Sem tal horizonte ou abstraindo-se dele, nenhum acontecimento é experimentável ou exprimível.

Nas narrativas da ressurreição, as experiências e os julgamentos dos discípulos estão decididamente dentro de um *horizonte escatológico* de expectativas, esperanças e questões relativas ao futuro prometido. Já as expressões "ressuscitação" e "ressurreição" etc., incluem em si todo um mundo de lembranças e esperanças. As narrativas da ressurreição, portanto, não estão diretamente enquadradas no horizonte cosmológico das questões sobre origem, sentido e natureza do mundo; também não estão diretamente dentro do horizonte existencial das questões sobre o sentido, a origem e a natureza da existência humana. E, por fim, não estão diretamente dentro do horizonte teológico geral das questões sobre essência e manifestação da divindade. Elas se encontram, sim, expressamente dentro do horizonte das expectativas, das esperanças e das interrogações proféticas e apocalípticas concernentes àquilo que, conforme as promessas deste Deus, estão por vir. Aquilo que transparece nas aparições do ressuscitado é, portanto, explicado pelo que antes foi prometido, e esta explicação, por sua vez, é feita sob a forma da pregação profética e da perspectiva escatológica do

---

62. Seguimos aqui o conceito de "horizonte", tal como foi formulado na fenomenologia de Edmund Husserl. Cf. Husserl, E., *Erfahrung und Urteil*, 1939, 26 ss.; Landgrebe, L., *Der Weg der Phänomenologie*, 1963, 181 ss.; Gadamer, H.-G., *Wahrheit und Methode*, 286 ss., 356 ss.

futuro de Cristo, que já brilha nessas aparições. A escatologia cristã nasceu da experiência pascal, e a profecia cristã deu forma à fé pascal. Mas a escatologia cristã explicou e fez falar as experiências pascais com a lembrança e a aceitação do que fora prometido anteriormente e – no que se refere ao próprio Jesus – por meio da lembrança e da aceitação do que fora antes prometido e anunciado sobre ele. As aparições pascais estão estreitamente ligadas a esse horizonte escatológico, tanto naquilo que elas pressupõem e trazem à lembrança, como naquilo que elas mesmas esboçam para o futuro e provocam nele. As questões concernentes à natureza de Deus, do mundo e do ser humano não são relevantes dentro dessa perspectiva, senão à luz das aparições pascais pelas quais entram em um horizonte todo especial, tanto do ponto de vista da colocação das questões como daquele em que se busca resposta. Na medida em que o que foi anteriormente prometido se torna geral e universal no evento da ressurreição, as questões que se referem ao que é universal também se tornam relevantes. Na medida em que essa universalidade e generalidade aparecem no evento pascal como escatológicas, isto é, orientadas para a frente em esperança e perspectiva, as questões que suscitam também se transformam, pois não são mais respondidas a partir dos conceitos abstratos de Deus, da autoexperiência do ser humano e da experiência do mundo, mas a partir do evento da ressurreição e dentro do horizonte escatológico desse evento.

A escatologia cristã se distingue da fé veterotestamentária na promessa, bem como da escatologia profética e apocalíptica, pelo fato de ser escatologia cristã e falar de "Cristo e de seu futuro"[63]. Ela está objetivamente relacionada com a pessoa de Jesus de Nazaré e com o evento de sua ressurreição, e fala do futuro que principia com esta pessoa e este evento. A escatologia cristã não investiga as possibilidades gerais do futuro da história; também não desenvolve as possibilidades gerais do ser humano que se orienta para o futuro. Por isso, é justo sublinhar que a escatologia cristã é, em seu cerne, "cristologia em perspectiva escatológica"[64].

Por mais que os modos de experiência e as formas de comunicação da "revelação de Jesus Cristo" nas aparições pascais assumam em si representações e esperanças da tradição do judaísmo tardio, tanto mais o conteúdo dessa revelação rompe a moldura do apocaliptismo judaico. Com efeito, conforme a

---

63. Cf. a feliz formulação de THURNEYSEN, E., Christus und seine Zukunft, *Zwischen den Zeiten*, n. 9 (1931) 187 ss.
64. KRECK, W., Die Zukunft des Gekommenen. Grundprobleme der Eschatologie, 1961, 120 ss.

pregação dos fatos pascais Deus mostra neles não o decurso da história, nem os mistérios do mundo celeste, nem o resultado final do futuro juízo universal, mas o futuro do Cristo crucificado em favor do mundo[65]. A escatologia cristã ou a cristologia escatológica não podem, portanto, ser entendidas como um caso especial de um apocaliptismo genérico. A escatologia cristã não é um apocaliptismo cristianizado. O contato com o material representativo e as esperanças apocalípticas é evidentemente eclético nas narrativas pascais e na teologia pascal do cristianismo primitivo. Determinadas características surgem por ocasião desses eventos e são lembradas juntamente com a pregação pascal, outras são deixadas de lado. São utilizadas certas representações da revelação sobre os últimos tempos, mas não se restaura a totalidade da visão do mundo e da atitude do apocaliptismo judaico tardio. "A ressuscitação dentre os mortos" pertence, é verdade, às esperanças apocalípticas sobre a revelação final de Deus, mas nem sempre nem de maneira central e decisiva. Quando Jesus é designado como o "primogênito dos que dormiram", isto está fora da moldura do apocaliptismo, pois desse modo se afirma que neste único a ressurreição dentre os mortos já se realizou em favor de todos, e que esta ressurreição não se deu com alguém que foi fiel à lei, mas com o crucificado, e que, portanto, a ressurreição futura não deve ser esperada da obediência à lei, mas da justificação do pecador pela fé em Cristo. Em lugar da posição central da Torá no apocaliptismo judaico tardio, entra a pessoa e a cruz de Cristo; em lugar da vida na lei, entra a comunhão com Cristo e o seguimento do crucificado; em lugar do resguardo do justo perante o mundo, entra o envio do crente ao mundo; em lugar da Torá, que é dada em meio ao esplendor da plenitude da *kabod* divina, entra a *apokálypsis kyríou*, o tribunal de Jesus diante do qual tudo será manifestado. Não são os mistérios cósmicos e histórico-universais do fim dos tempos que, segundo um plano divino, são previamente revelados – "o que sucederá a teu povo no fim dos dias" (Dn 10,14) –, mas o futuro universal do senhorio do Cristo crucificado sobre todas as coisas brilha já agora nas aparições pascais. Mas é conservada a esperança veterotestamentária, profética e apocalíptica da revelação e glorificação universal de Deus em todas as coisas. Esta aceitação e a integração do material representativo do apocaliptismo e das esperanças apocalípticas não nivelam absolutamente a unicidade do evento de Cristo, mas o escatológico de "uma vez por todas" se torna assim exprimível por meio da recordação do que foi prometido anteriormente.

---

65. Sobre isso, cf. WILCKENS, U., Der Ursprung der Überlieferung der Erscheinung des Auferstandenen, 63 ss.

A esperança cristã quanto ao futuro nasce da visão de um evento determinado, único, isto é, da ressurreição e da aparição de Jesus Cristo. Entretanto, a reflexão teológica a partir da esperança só pode perceber esse evento enquanto encara o horizonte de futuro que esse evento antecipa. Por isso, admitir a ressurreição de Cristo significa reconhecer nesse evento o futuro de Deus em relação ao mundo, e o futuro do ser humano, o qual ele encontra em Deus e em sua ação. Sempre que se dá esse conhecimento, verifica-se também a lembrança da história da promessa no Antigo Testamento por meio de uma presentificação, ao mesmo tempo, crítica e transformadora. A escatologia cristã que tenta medir o inesgotável futuro de Cristo não insere o evento da ressurreição em uma moldura apocalíptica ou histórico-universal. Antes, ela pergunta pela *tendência* interna do evento da ressurreição, por aquilo que pode e deve ser esperado, com motivo, para o ressuscitado e o exaltado. Pergunta pela missão de Cristo e pela *intenção* de Deus que o ressuscitou dos mortos. Como tendência interna desse evento ela reconhece o futuro domínio dele sobre todos os inimigos e sobre a morte. "Ele, porém, *deve* dominar [...]" (1Cor 15,25). Ela reconhece como tendência exterior, ou em consequência dessa tendência, sua própria missão: "O evangelho deve ser pregado a todos os povos" (Mc 13,10)[66]. A escatologia cristã fala do futuro de Cristo, o qual ilumina o ser humano e o mundo. Mas não fala da história universal ou do tempo, como se estes iluminassem a Cristo, ou do ser humano cuja boa vontade iluminaria a Cristo. Portanto, fica excluída uma inserção histórico-universal-apocalíptica do evento da redenção e uma datação de seu futuro ou de seu retorno. Não é "o tempo" que o trará à luz nem é a história que o justificará, mas é ele quem ilumina os tempos pela luz de seu próprio dia. O retorno de Cristo não vem "por si mesmo" como o ano de 1965, mas vem dele, quando e como Deus quiser conforme sua promessa. Portanto, está excluída também a eternização para o futuro da esperança cristã. A abertura da existência cristã tem um fim, pois não é abertura para um futuro que ficará vazio, mas tem como pressuposto o futuro de Cristo e nele encontra sua consumação.

Poder-se-ia dizer que a escatologia cristã é conhecimento por meio da tendência da ressurreição e do futuro de Cristo e por isso passa imediatamente à ciência prática da missão. Nesse caso, a alternativa – ou cál-

---

66. Cf. também a correspondente ἀνάγκη [obrigação] da pregação, escatologicamente determinada, em Paulo, 1 Coríntios 9,16. Sobre isto, KÄSEMANN, E., *ZThK*, n. 56 (1959) 138-154, sobretudo 152 s.

culo apocalíptico dos tempos e fé apocalíptica no destino final ou ética da esperança – é falsa. A visão especulativa da história do apocaliptismo cósmico não é simplesmente substituída por uma escatologia moral. É verdade que tais alternativas aparecem em muitas passagens: "Não sabeis o fim, por isso estai vigilantes e orai". Não obstante, as experiências históricas são relevantes para a escatologia cristã. Trata-se das experiências por que passam Jesus e seus enviados, a saber, perseguições, acusações, sofrimentos e martírio. O Apocalipse de João, assim como o pequeno apocalipse de Marcos 13, mostram que aí não se trata absolutamente de especulações apocalípticas ou de apelos moralistas, mas da compreensão escatológica da história que se deve esperar e é experimentada pelos enviados de Cristo como martírio. O conteúdo de experiência da escatologia cristã não é, por conseguinte, a "história universal" que se origina da pesquisa, da comparação e da seriação dos grandes acontecimentos histórico-universais no tempo, de modo a surgir daí um sistema apocalíptico da história universal, mas são as experiências feitas na missão "a todos os povos" na história universal. A concepção cristã de história não é a ciência a respeito dos milhares de anos do universo histórico, por meio de um conhecimento secreto de um pretenso plano de Deus para a história, mas é a consciência da missão pelo conhecimento do comissionamento divino, a saber, a consciência da existência da contradição entre este mundo e o sinal que é a cruz, sob cujo signo estão a missão cristã e a esperança dos cristãos.

As aparições pascais de Cristo são evidentemente aparições de comissionamento. Por essa razão, nelas coincidem o conhecimento de Jesus Cristo e o conhecimento de sua missão e de seu futuro. Por isso, também coincidem o autoconhecimento e o conhecimento do próprio chamado e missão no futuro. O horizonte dentro do qual a ressurreição de Cristo é cognoscível como "ressurreição" é o horizonte da promessa e da missão no futuro de seu domínio. Somente dentro dessa perspectiva – a partir dela e em direção a ela – surgem as questões que se relacionam com o futuro da história universal. Afloram assim na forma de pergunta sobre o destino de "Israel e dos povos", e são respondidas a partir daquele ponto de inserção na história que é a crucifação de Cristo pelos judeus e gentios e sua ressurreição em favor de judeus e gentios. São respondidas dentro do horizonte da missão de Cristo e da missão da igreja, que abrange judeus e gentios.

É somente nesse contexto que surge a questão da "verdadeira natureza do ser humano", a questão sobre aquilo que o torna um ser humano, e que é respondida com a apresentação de um caminho, de uma promessa e de um futuro nos quais "a verdade" vem aos seres humanos, e eles são levados à verdade. A comunhão com Cristo e a nova existência em Cristo aparecem como o caminho para a humanização do ser humano. Nele se anuncia a verdadeira natureza do ser humano, e o futuro ainda oculto e encoberto e não realizado da natureza do ser humano pode nele ser entrevisto. Trata-se de uma abertura do mundo e do futuro da existência humana, que é fundamentada, entreaberta e mantida viva pela abertura para o futuro da revelação de Deus que se anunciou no evento da ressurreição de Cristo, na qual este evento aponta para além de si mesmo, para um *éschaton* de plenitude para todas as coisas. A abertura da existência humana não é um caso especial de uma abertura mais genérica; não é forma peculiar da cor *inquietum* de toda a criação. Ao contrário, a cor *inquietum* histórico e impulsionador da história do ser humano nasce da *promissio inquieta*, depende dela e se orienta para ela. A ressurreição de Cristo é *promissio inquieta* até que encontre sua *quietas* na ressurreição dos mortos e na plenitude do novo ser. Pelo conhecimento da ressurreição do crucificado, a contradição perene e universalmente perceptível de um mundo não redimido, sua tristeza e seu sofrimento são assumidos dentro da certeza da esperança, e a certeza da esperança, por sua vez, se torna mundial e universal. Por conseguinte, qualquer docetismo da esperança, o qual deixasse perder-se em sua contradição as relações terrenas ou a corporeidade do ser humano, e que fosse só igreja, culto ou interioridade crente é negação da cruz. A esperança nascida da cruz e da ressurreição transforma o nulo, contraditório e torturante do mundo em seu "ainda não" e não permite que acabem no "nada".

§ 9. A identidade daquele que apareceu ressuscitado com o Cristo crucificado

De que forma estão relacionadas entre si, na pregação pascal, a cruz e a ressurreição de Jesus, isto é, o histórico e o escatológico?

Nenhuma das narrativas pascais faz mais do que narrar as aparições do ressuscitado. Nunca o processo da ressuscitação de Jesus é descrito de forma histórica ou mitológica. Aquilo que aconteceu entre o fato de sua crucificação e sepultamento, de um lado, e as aparições pascais, de outro, permanece na obscuridade do Deus ainda desconhecido e ainda oculto. De seu lado, o evento entre as duas experiências da cruz e das aparições de Jesus vivo é chamado, desde o início, como "ressuscitação dentre os mortos". Fala-se desse evento com uma expressão para a qual até então não havia outra experiência como base. Portanto, é designado por algo a respeito de que não existem analogias na história conhecida, mas tão somente promessas apocalípticas e esperanças da demonstração do poder de Deus contra a morte no fim dos tempos. "Ressurreição dos mortos" é uma expressão que se orienta para a expectativa da demonstração futura do poder criador de Deus sobre o não-ser. Por conseguinte, as narrativas pascais não afirmam saber o que propriamente é "ressurreição dentre os mortos" e o que "de fato sucedeu" na ressuscitação de Jesus. Das duas experiências radicalmente contraditórias de cruz e aparições de Jesus elas concluem para o evento que está entre ambos como evento escatológico, para o qual a experiência verificadora só está no futuro e ainda deve vir. Isso significa que eles, com a expressão "ressuscitação", não proferem um juízo sobre um evento acontecido em Jesus somente, mas, ao mesmo tempo, exprimem uma esperança escatológica. Esta esperança é verificada em Jesus pelas experiências de cruz e suas aparições, permanecendo, entretanto, expectativa e esperança, que vai adiante da experiência mesma da ressuscitação de Jesus propriamente dita.

Ora, sobre o acontecimento da ressuscitação do crucificado se pode dizer algo mais do que ser ela simplesmente um mistério escatológico e que o testemunho dos discípulos deve ser crido. A mensagem dos discípulos de que ele fora ressuscitado dentre os mortos não nasceu de uma imaginação especial nem de uma inspiração peculiar, mas surgiu necessariamente da comparação entre as duas experiências contraditórias que tiveram de Cristo. A experiência da cruz de Jesus significava para eles a experiência do abandono por Deus do enviado de Deus, isto é, um *nihil* absoluto que inclui o próprio Deus. A experiência das aparições do crucificado como alguém que vive significou assim para eles a experiência da proximidade de Deus junto do abandonado por Deus, a proximidade do poder de Deus junto ao Cristo crucificado e morto, isto é, um *totum* novo que aniquila o *nihil* total. Essas duas experiências estão entre si em uma radical contradição como vida e morte, nada e tudo, não-Deus e Deus. Ora, como é possível identificar as duas experiências, em uma e na mesma pessoa, sem fazer evaporar uma das duas experiências ou então torná-las irrelevantes?

Para fazer compreender esse processo de identificação é preciso partir do fato de que nas aparições pascais não se verificaram somente visões mudas, mas, como fundamento, entraram também as assim chamadas audições. Isto é demonstrado pelo fato de que nessas visões sempre se trata de visões de chamamento. Sem ter ouvido suas palavras, teria sido improvável, e mesmo impossível, identificar aquele que aparecia como o Jesus crucificado. Sem ouvir palavras faladas, as aparições pascais teriam permanecido fantasmas. As aparições – que do ponto de vista das religiões comparadas também ocorrem em outros meios – teriam sido tomadas como hierofanias de um outro e novo ser celeste, se não estivessem ligadas às palavras e aos discursos daquele que aparecia. O entusiasmo do cristianismo primitivo mostra que esta possibilidade de entender as aparições pascais como hierofanias de um novo ser divino e espiritual estava à mão. Por meio das aparições tomadas em isolado dificilmente teria surgido a possibilidade de identificação daquele que apareceu com o crucificado. Por isso, se deve buscar essa possibilidade nas palavras do que apareceu. Em suas palavras deve ter existido aquilo que podemos chamar de autoidentificação ("Sou eu"); neste caso, a autoidentificação daquele que aparecia no brilho da vida divina prometida como crucificado, podia ser vista como ato da autorrevelação de Jesus. Dessa maneira, o sentido básico e fundamental das aparições pascais está claramente na revelação da identidade e da continuidade de Jesus em meio à contradição total de cruz e ressurreição, de abandono por Deus e proximidade de Deus. Por isso, o Novo Testamento inteiro pode afirmar que na páscoa os discípulos não viram qualquer novo ser celeste, mas a Jesus em pessoa. O Senhor crido e pregado depois da páscoa está, portanto, em continuidade – que sempre deve ser buscada e afirmada, e nunca abandonada – com o Jesus terreno, que já veio e que foi crucificado. A única ponte para que haja continuidade entre a pregação cristã primitiva e a história da pregação do próprio Jesus, passa pela ressuscitação do crucificado. Trata-se de uma continuidade em radical descontinuidade ou de uma identidade em meio a uma contradição total. O enigma dessa misteriosa identidade do Cristo crucificado e ressurrecto é claramente o motivo impulsionador das afirmações cristológicas do cristianismo primitivo. Em sua questionabilidade sempre emergente esta é a única constante nas disputas cristológicas. Aparecem aqui as seguintes possibilidades de desvios:

1. O Jesus terreno e crucificado foi totalmente absorvido na entidade celeste do ressuscitado e do exaltado. A lembrança de suas palavras e de sua morte é de tal maneira sufocada pela consideração de sua realidade celeste atual que não mais se percebe o escândalo do abandono por Deus na sexta-feira santa. Esta tendência leva diretamente ao docetismo.

2. As aparições pascais são tomadas somente como confirmações, por parte de Deus, das pretensões do profeta morto, de modo que suas palavras continuam a ter efeito, mas ele mesmo não tem mais nenhuma atividade. Nesse caso, a "ressurreição" é somente a le-

gitimação e o meio de interpretação da história de Jesus. A linha da continuidade passa das palavras do mestre morto à pregação da igreja, a qual leva adiante sua palavra. Sua morte é igualmente superada pela confirmação divina visível nas aparições pascais. A continuidade resultante, portanto, é diretamente repetitiva e passa ao largo da cruz e da ressurreição para chegar à compreensão de Jesus sobre si mesmo ou sobre a existência. Nesse caso, as aparições pascais não são sinais de um novo evento verificado com Jesus, mas o nascimento da fé na mensagem de Jesus. Esta tendência levou outrora ao ebionismo.

3. Jesus Cristo, ontem crucificado, hoje ressuscitado, é "o mesmo" nas duas maneiras de se manifestar. Nesse caso, cruz e ressurreição são somente duas formas de ser de sua pessoa única, eterna e em si mesma imutável. Sua morte terrena e sua vida na ressurreição se tornam, assim, relativas à única substância de sua pessoa, a qual em si mesma está fora do alcance de morte e vida. Com esta concepção, que está, sobretudo, presente na cristologia da igreja antiga, não é percebido nem o que há de mortífero em sua morte, nem de totalmente novo em sua ressuscitação. Essa tendência levou ao modalismo.

Frente a essas tentativas de explicação deve-se dizer que a identidade de Jesus só pode ser entendida como identidade *na* cruz e *na* ressurreição, mas não acima da cruz e da ressurreição, o que quer dizer que ela deve continuar ligada à dialética da cruz e da ressurreição. Assim as contradições de cruz e ressurreição pertencem à sua mesma identidade. Nesse caso, não se pode reduzir nem a ressurreição à cruz, como seu significado, nem a cruz à ressurreição, como seu prelúdio. Do ponto de vista formal, trata-se de uma identidade dialética que só existe por meio da contradição, e de uma dialética que subsiste na identidade.

A expressão apocalíptica "ressuscitação dentre os mortos por obra de Deus" introduz nas designações pessoais "crucificado-ressuscitado" uma fórmula ativa. Pela "ressuscitação por obra de Deus", Jesus é identificado como o crucificado ressuscitado. Dessa maneira, o ponto da identidade não se situa na pessoa de Jesus, mas centra-se no Deus que do nada cria vida e novo ser. Jesus depois morreu totalmente e ressuscitou totalmente. Dentro dessa linha de pensamento, na autorrevelação de Jesus e em suas aparições, está a revelação do poder e da fidelidade de Deus. Com isso é preciso dizer que neste evento, experimentável na crucificação e nas aparições pascais, Deus confessa ser Deus e revela sua fidelidade. E assim este evento, que é revelado na cruz e nas aparições pascais, aponta para trás, para as promessas de Deus; e para frente, para o *éschaton* da revelação de seu poder em todas as coisas. Deve assim ser compreendido como o evento da fidelidade escatológica de Deus, e, ao mesmo tempo, como garantia escatológica de sua promessa e como irrupção da consumação final de tudo. Assim é natural e lógico que o futuro de Cristo não só seja esperado em sua glorificação universal, mas que, como Paulo dá a entender em 1 Coríntios 15,28, seu domínio seja subordinado à revelação escatológica do poder de Deus em todas as coisas, naquilo que é e que não é. Aquilo que aconteceu entre a cruz e as aparições pascais é assim um evento escatológico que está orientado para a revelação futura e a consumação universal. Aponta, para além de si mesmo e também para além de Jesus, para a revelação vindoura da glória de Deus. Dessa maneira, Jesus, nas aparições pascais, se identifica como aquele que vem e sua identidade na cruz e na ressurreição aponta em direção aos eventos vindouros e lhes prepara o caminho. Assim, aquele que aparece como ressuscitado não é reconhecido como o eternizado ou o glorificado nos céus, mas como luz prévia da prometida glória de Deus. Aquilo que nele aconteceu é assim compreendido como irrupção e promessa certa do domínio vindouro de Deus em todas as coisas, como vitória da vida de Deus sobre a morte. Assim cruz e ressurreição não são simples *modi* da pessoa de Cristo. Ao contrário, sua dialética é uma dialética aberta que encontrará sua síntese superadora somente no *éschaton* de todas as coisas. De fato, se cruz e ressurreição são tão somente dois estados da eterna pessoa de Jesus, então o evento entre cruz e ressurreição não é mais compreendido como revelação do poder de Deus sobre a morte nem tomado como obra criadora de Deus, mas é antes entendido com αὐτοβασιλεία de Jesus: o crucificado ressuscitou sem uma intervenção especial de Deus, porque ele mesmo é Deus. Tal concepção, por sua vez, faz da páscoa o nascimento de um novo *Kyrios* cultual que dificilmente pode se afirmar frente à experiência real da continuidade do domínio da morte e dos poderes do nada sobre o ser humano.

Quando se olha em conjunto as narrativas pascais, parece que nas palavras proferidas por aquele que se mostra como vivo não só encontramos o instante da autoidentificação, mas também sempre o motivo da missão e da promessa. As aparições do ressuscitado foram experimentadas pelos interessados como comissionamentos para o serviço e a missão no mundo, e não como vivências beatificadoras de união com o divino que nelas apareceria. O comissionamento para o serviço apostólico no mundo era visto como a palavra propriamente dita do ressuscitado. Suas aparições eram aparições de chamado, que colocavam os interessados no seguimento da missão de Jesus. A revelação do ressuscitado identificava os interessados com a missão de Jesus e assim os inseria dentro de uma história aberta e determinada pela missão de Jesus e pelo seu futuro, que se tornou manifesto e esperável na aurora da páscoa. Por conseguinte, a percepção do evento da ressurreição como acontecido com ele levou necessariamente à percepção da própria missão e do próprio futuro dos interessados. Isso só se torna compreensível se o mistério da pessoa de Jesus e de sua história na cruz e na ressurreição for entendido a partir de sua missão e em vista do futuro de Deus para com o mundo, a cujo serviço está sua missão. Somente quando sua história é vista como determinada a partir do *éschaton*, e somente quando ela representa a consciência de história e de missão propriamente dita, a ressurreição de Jesus "dentre os mortos" pode ser chamada de "histórica". Sua enigmática identidade em meio à contradição da cruz e da ressurreição deve, portanto, ser entendida como uma identidade escatológica. Os títulos cristológicos com que ela é expressa antecipam seu futuro. Não são, portanto, títulos fixos que determinam o que e quem ele é, mas títulos abertos, móveis, que anunciam, por meio da promessa, o que ele será. Portanto, também são, ao mesmo tempo, títulos dinâmicos. São conceitos móveis e que movimentam a missão, que querem indicar aos seres humanos sua tarefa no mundo e sua esperança no futuro de Cristo.

§ 10. O futuro de Jesus Cristo

Se perguntarmos agora sobre os conteúdos de promessa e de expectativa a respeito do futuro do Cristo ressuscitado, encontramos promessas cujo conteúdo já transparece, em alguns de seus traços, nas esperanças proféticas do Antigo Testamento, mas cuja forma é determinada pela pregação, pelo sofrimento e pela morte de Cristo. O futuro de Cristo a ser esperado só é exprimível por promessas, que antecipam e manifestam aquilo que está oculto e apenas iniciado como prelúdio e amostra prévia nele e em sua história. Também aqui, a promessa está entre o conhecer e o não conhecer, entre necessidade e possibilidade, entre aquilo que ainda não é e aquilo que já é. O conhecimento oriundo da promessa sobre o futuro é um conhecimento em esperança e por isso é prospectivo e antecipatório, e por isso também é provisório e fragmentário, mas aberto, e tende para além de si mesmo. Conhece o futuro pelo fato de procurar descobrir as tendências e as latências do evento de Cristo na crucificação e na ressurreição e procurar medir as possibilidades abertas por este evento. As aparições pascais do Cristo ressuscitado são, nesse processo, incitamento perene para a consciência que espera e antecipa e, de outro lado, também é crítica da realidade e sofredora. Com efeito, essas "aparições" deixam entrever algo do futuro escatológico do evento de Cristo e assim levam a buscar e questionar a revelação futura desse evento. O conhecimento de Cristo se toma conhecimento antecipatório, provisório e fragmentário de seu futuro, isto é, daquilo que ele há de ser. Nesse sentido, todos os títulos de Cristo o antecipam messianicamente. Mas, por outro lado, o conhecimento do futuro não é suscitado senão pelo mistério de Jesus de Nazaré. É, portanto, conhecimento de Cristo na premência de conhecer quem ele é e o que nele está posto e oculto.

Assim, se tomarmos o *absconditum sub cruce* ["oculto sob a cruz"] como *latência* e o *revelatum in resurrectione* ["revelado na ressurreição"] como *tendência*, e perguntarmos pela *intenção* de Deus com o envio de Jesus, toparemos com o que foi prometido anteriormente. A *missio Jesu* só se torna compreensível na *promissio*. Seu futuro, em cuja luz ele se toma cognoscível como aquilo que ele é, é iluminado previamente:

 pela *promessa da justiça de Deus*,
 pela *promessa da vida a partir da ressurreição* dentre os mortos, e
 pela *promessa do reino de Deus* em uma nova totalidade do ser.

§ 11. O futuro da justiça

Justiça significa "estar em ordem", encontrar-se na relação certa, significa correspondência e concordância e, como tal, está próxima de "verdade". Mas justiça significa também "ser capaz de ficar de pé", ter firmeza, encontrar razão para existir e assim é um conceito próximo de "existência". No Antigo Testamento, justiça não significa concordância com uma norma ideal ou com o *lógos* do ser eterno, mas uma relação comunitária histórica, instituída pela promessa e pela fidelidade. Quando Israel louva a justiça de Deus, relembra com gratidão sua fidelidade às promessas da aliança, visível no decurso da história de Israel. A justiça de Javé é sua fidelidade à aliança. Por isso, sua justiça "acontece" e por isso ela pode ser "narrada", pode-se confiar nela para o futuro e esperar a "salvação" de sua justiça. Quando os seres humanos confiam na fidelidade de Deus à aliança e vivem de acordo com sua aliança segundo a promessa e sua ordenação, eles dão razão a Deus e alcançam a justiça. Alcançam a justiça não só para com Deus, mas também uns com os outros e em relação às coisas[67]. A história da justiça de Deus evidentemente não é reconhecida só na própria história de Israel nem só na história humana, mas no decurso e no destino de toda a criação. Por justiça de Deus se entende o modo como ele, na liberdade de suas ordenações, mantém a fidelidade a sua palavra e a sua ação e guarda sua estabilidade. Tudo aquilo que deve sua existência à ação de Deus, isto é, toda a criação, tem necessidade da justiça de Deus. A justiça de Deus é o fundamento da existência e a razão da constância no ser. Sem sua justiça e sua fidelidade nada pode subsistir, e tudo afundaria no nada. Por isso, a justiça de Deus é universal. Ela diz respeito à justificação da vida humana e ao fundamento da existência de todas as coisas. Se é da justiça de Deus que se espera a justificação do ser humano e sua harmonização consigo mesmo, com seus semelhantes e com toda a criação, ela pode se tornar o conceito que inclui uma escatologia universal que espera do futuro da justiça um novo ser para todas as coisas. A justiça de Deus, portanto, não se refere a uma renovação do que existe, mas a um novo fundamento do ser e a uma nova ordem de vida da criação em geral. Assim, com a vinda da justiça se pode esperar também uma nova criação.

Paulo, no Novo Testamento, entende a justiça de Deus também como fidelidade de Deus à comunidade, como um evento que Deus cria e como um evento de que procede uma nova criação e uma nova vida. Esta justiça de Deus se torna manifesta para Paulo no evangelho (Rm 1,17) e é apropriada pela fé. É o evangelho da cruz e da ressurreição de Cristo por obra de Deus. Neste evento se revela a justiça de Deus para os injustos e a justificação da vida (Rm 5,18) para aqueles que não podem subsistir diante da ira de Deus, em sentido tanto jurídico como ontológico. É o evangelho escatológico o qual confere salvificamente a justiça de Deus, "em que se deve esperar" (Gl 5,5), como algo já agora presente e que salva da ira de Deus que se manifesta. Finalmente é o evangelho universal que está orientado para a nova criação que leva tudo à perfeição, que traz tudo à justiça de Deus e assim à consistência do ser.

A justiça de Deus "acontece" agora e aqui, e o evangelho a torna manifesta pelo fato de anunciar o evento da obediência de Jesus até a morte na cruz, o evento de sua entrega à morte, sua ressurreição e sua vida como a vinda da justiça de Deus para os injustos. A realização e a revelação de

---

67. G. von Rad mostrou como a justiça de Deus se torna para Israel o conceito que contém em si a verdadeira relação entre Deus e o ser humano, entre ser humano e ser humano e entre ser humano e mundo. Cf. Id., *Theologie des Alten Testaments*, I, 1958, 368 ss.

uma nova justiça de Deus para os pecadores se tornam assim o mistério de Jesus Cristo que é revelado na promessa do evangelho: "Ele foi entregue à morte por nossos pecados e ressuscitado para nossa justificação" (Rm 4,25). "Deus tornou pecado por nós aquele que não tinha pecado, para que nele nos tornássemos justiça de Deus" (2Cor 5,21). Dessa forma, por obra de Deus, nele se realiza a reconciliação dos não reconciliados. Nesse ponto, é importante ver que esta justiça de Deus tem seu fundamento tanto no evento da crucificação como da ressurreição, isto é, tanto em sua morte como em sua vida. Uma teologia unilateral da cruz só chegaria ao evangelho da *remissio peccatorum*, mas não à *promissio* da nova justiça, cuja vida se fundamenta em sua vida e cujo futuro consiste no futuro de seu domínio. "Quanto ao ter morrido, ele morreu para o pecado de uma vez por todas (ἐφάπαξ); quanto a viver, porém, ele vive para Deus. Portanto, também considerai-vos ter morrido ao pecado para que vivei em Cristo Jesus, nosso Senhor" (Rm 6,10-11). A justiça de Deus que se revela não encontra sua medida no pecado que ela destrói, mas na nova vida do domínio do Cristo ressuscitado e exaltado, que ela promete e para a qual aponta.

A isto se refere o fato de que à vista do evangelho da justiça de Deus, fundado na morte e na vida de Cristo, o pecado e a morte são vistos sob um só ângulo. "Pois o salário do pecado é a morte, mas o dom gratuito de Deus é a vida eterna em Cristo Jesus, nosso Senhor" (Rm 6,23; cf. 1Cor 15,55 ss.). Portanto, o pecado deve ser entendido como injustiça, como ausência de fundamento e de justiça, como a incapacidade de permanecer. Isto inclui em si tanto a inclinação à oposição a Deus, e a mentira em si, como a morte e o afundar no nada. A justiça de Deus que se revela na cruz e na ressurreição de Jesus inclui, portanto, reconciliação com Deus e justificação da vida; inclui remissão da culpa e do aniquilamento pela morte destinada a todos. Inclui reconciliação e redenção do corpo mortal. Ela se realiza na imputação da reconciliação e na promessa da vivificação. Visto que a ressuscitação e a exaltação de Jesus como Senhor ainda não perfazem a totalidade de seu senhorio, mas a fundamentação e garantia de seu domínio libertador e justificador de tudo, a justiça de Deus está presente na fé e no batismo somente no sentido de que ela entrou em um processo que só chega a seu fim na parusia de Cristo. Neste processo já temos agora a justiça de Deus como dom imputado, exposto a ataques e devendo ser defendido, isto é, sob o signo de promessa e de penhor[68]. Considerada assim, a justiça de Deus que nos é imputada nos coloca em um caminho,

---

68. Cf. KÄSEMANN, E., Gottesgerechtigkeit bei Paulus, *ZThK*, n. 58 (1961) 368.

cujas tensões e cuja meta ela anuncia. Esta qualidade escatológica na revelação de Cristo caracterizada tanto como evangelho quanto como promessa, fundamenta as afirmações históricas e éticas com que Paulo fala do "domínio da graça pela justiça" (Rm 5,21), da "servidão da justiça" (Rm 6,13; 2Cor 3,9) e da "obediência à justiça" (Rm 10,3). A justiça de Deus não é somente dom revelado, mas também o poder de dar-se, que se torna efetivo na vida do crente. Por isso, o justificado começa por sofrer perante as contradições deste mundo, com o qual está solidário pelo seu corpo, pois deve em obediência buscar a justiça de Deus em seu corpo, na terra e em todas as criaturas.

Se a justiça de Deus é a fidelidade de Deus em relação a sua promessa e à obra de suas mãos, então a justificação tem, em última análise, não só o sentido de que o injusto recebe o direito de estar diante de Deus e de passar por seu julgamento, mas também o sentido teológico de que Deus, neste evento, é justificado em sua criação. Lutero, em sua *Preleção sobre a Carta aos Romanos*, de 1516, tentou interpretar isso como o evento recíproco de *justificatio Dei activa et passiva*: justificação significa que Deus justifica o ser humano por graça e que o ser humano dá razão a Deus na confissão de seus pecados, de modo que nesse evento recíproco não só o pecador, mas também Deus alcança sua justiça, seu direito[69]. Quando se separa esta ideia de Lutero da teologia da *humilitas*, dentro da qual ele a formulou, pode-se dizer que, pelo fato de a justiça de Deus ser dom, e poder, e comunhão de fé com Cristo, ela é tanto "morrer com Cristo para o pecado" como viver debaixo de seu senhorio em vista de seu futuro, isto é, o evento da justificação é arras e promessa do estabelecimento da justiça de Deus que a tudo abrangerá. Se Deus na justificação do pecador é também justificado, então esta justificação é o início e o prelúdio de seu domínio universal e único. A justiça de Deus, latente no evento de Cristo, tem uma tendência interna para a totalidade do novo ser. O justificado segue essa tendência pela obediência em seu corpo. Sua luta na obediên-

---

69. LUTHER, M., *Vorlesung über den Römerbrief* 1515-1516, ed. J. Ficker, v. II. 1908, 65. Sobre isto, Cf. IWAND, H. J., Glaubensgerechtigkeit nach Luthers Lehre, ⁴1964, 11 ss. A posição de Lutero, em que vê no evento da justificação não só o perdão dos pecados e o direito dos ímpios à vida perante Deus, mas também a justificação do direito supremo de Deus, foi novamente apontada por E. Käsemann como pertencente à teologia do Novo Testamento. Cf. KÄSEMANN, E., Neutestamentliche Fragen heute, *ZThK*, n. 54 (1957) 13 s.; Id., Gottesgerechtigkeit bei Paulus, *ZThK*, n. 58 (1961) 367 ss. Esse modo de ver a individualização do evento da justificação pode ser compreendido dentro da revelação da glória de Deus, e só quando isso acontece, a *justificatio impii* entra no horizonte escatológico da *resurretio mortuorum* e da *creatio ex nihilo*.

cia e seu sofrimento por causa da impiedade do mundo se orientam para o futuro da justiça na totalidade. Assim esta luta é fragmento e prelúdio da justiça vindoura de Deus, pois esse prelúdio já justifica a Deus e nele Deus já é justificado em relação ao mundo. Assim também no Novo Testamento devemos entender a justiça de Deus como promessa. Nela o prometido já é presentemente oferecido, mas é ainda recebido na esperança da fé, que torna o ser humano apto para servir ao futuro da justiça de Deus em tudo.

§ 12. O futuro da vida

A esperança da vida e o temor da morte estão estreitamente relacionados no amor. O ser humano só pode ser ferido naquilo que ele ama e somente por meio do amor o ser humano sofre e percebe como é mortífera a morte. Que esperança de vida e que experiência de morte estão presentes e vivas nas promessas de Israel?

É um fato universalmente conhecido e digno de admiração que "a fé de Javé se voltou com uma intolerância toda peculiar contra qualquer forma de culto dos mortos"[70].

O que surpreende é que, no âmbito judaico, a angústia derradeira por muito tempo não foi refletida nem coberta de sonhos. Esse povo era tão imanente quanto os gregos, mas ele vivia com intensidade incomparavelmente maior voltado para coisas futuras e para finalidades[71].

Este enigma de que a fé na promessa de Israel amar com tão teimosa exclusividade os cumprimentos históricos e terrenos das promessas é o pressuposto para que a ressurreição de Cristo seja entendida como a ressurreição do crucificado, e não como símbolo da esperança na imortalidade e da resignação diante da vida, que lhe corresponde.

Tudo o que estava morto representava para Israel o grau supremo da impureza. Essas impurezas excluíam o indivíduo do culto a Deus. É certo que em Canaã houve a tentação de invocar os mortos. Mas é precisamente na luta de Israel contra esta tentação que aparece claramente que a fé na promessa se deve afastar de qualquer comunhão sacral com os mortos. Os mortos estão separados de Deus e da comunhão de vida com ele. Já que Deus e sua promessa significam vida, a amargura própria da morte não está só na perda da vida, mas também na perda de Deus, no abandono

---

70. VON RAD, G., op. cit., I, 275.
71. BLOCH, E., *Das Prinzip Hoffnung*, III, 1959, 1323.

por parte de Deus[72]. Com efeito, vida significa louvar e dar graças na presença de Deus neste mundo. Ora, na morte não é possível qualquer louvor e, por isso, também nenhuma ação de graças e nenhuma obediência a Deus. Poder louvar e não mais poder louvar constituem no Antigo Testamento a oposição entre vida e morte[73]. A morte separa o ser humano de Deus pelo fato de arrancá-lo das promessas e do louvor. Não somente o fim físico, mas também a doença, o exílio e a angústia podem afastar da vida de louvor e da vida prometida, e ser sentidos como a própria morte. A vida consiste no louvor, na esperança e na ação de graças a Deus. Morte é, portanto, estar longe de Deus e ter Deus longe de si.

Sob tais pressupostos torna-se compreensível que a doutrina grega da transitoriedade de tudo no mundo das aparências e da imortalidade essencial do verdadeiro ser da alma tenha encontrado tão pouca aceitação em Israel, ao contrário da esperança na ressurreição que, no fim do Antigo Testamento e no apocaliptismo judaico tardio, foi muito bem recebida. A esperança da ressurreição dos mortos em sua forma israelita não se encontra em contexto antropológico – como esperança do ser humano para além da morte – nem em contexto cosmológico – como a entrevisão de substâncias imortais de que o ser humano participaria –, mas em um contexto teológico, isto é, como explicitação do poder do Deus da promessa, a quem nem mesmo a morte pode privar de seu direito, mas que, para além da morte, deve ser justificado. Assim, conforme Ezequiel 37,11, o povo da promessa se compreende sob a imagem de ossos secos, isto é, da esperança aniquilada que recebe a mensagem profética da promessa de nova vida por parte de Javé: "Farei um espírito entrar em vocês, e vocês terão vida" (Ez 37,5). Trata-se da promessa de uma nova vida, que já não tem como precondição a conversão possível, mas promete o poder criador de Javé em seu povo, para além das fronteiras do tempo e do possível. Tem assim o caráter de uma promessa, incondicional e sem pressuposição, de vida depois da morte, em razão de uma ação criadora de Javé, *ex nihilo*. Por conseguinte, a ideia da "ressurreição dos mortos", entre os israelitas, foi formulada originariamente dentro da moldura da fé na promessa: não se trata de uma revivificação natural, mas do cumprimento pleno das promessas de vida de Javé nos portadores da promessa que estão mortos. Somente a partir do apocaliptismo, a "ressurreição dos mortos" é entendida

---

72. VON RAD, G., op. cit., I, 385.
73. Ibid., 367: "Louvar e não mais louvar contrapõem-se como vida e morte. O louvor se torna o mais elementar 'sinal de vida'".

universalmente no sentido de que este Deus, para além da morte, estenderá seu julgamento e seu direito a justos e injustos. Isto corresponde inteiramente à lenta formação da fé israelita no Deus criador e na fidelidade a sua criação. As ideias tardias em Israel a respeito da *creatio ex nihilo* e da *resurrectio mortuorum* designam as bordas escatológicas mais periféricas da fé nas promessas[74].

Com razão se disse:

> Talvez esse vácuo teológico, por cujo resguardo de todo preenchimento com representações sacrais Israel zelou com todo o ardor, constitua um dos maiores enigmas teológicos do Antigo Testamento? Somente na periferia se ouvem afirmações de que Deus preparará para os seus uma ressurreição da morte[75].

Este "vácuo" de representações religiosas e de imagens de esperança contra a morte fez com que, de um lado, se sentisse o que a morte tinha de mortífero, em toda sua dureza, pela perda da vida prometida e recebida pela promessa de Deus; por outro lado, esse vácuo só pode ser preenchido por uma esperança que possibilite um "sim" pleno e irrestrito à vida, ao corpo e à terra, o qual apesar de tudo vai além da morte. A esperança da ressurreição não põe termo ao que a morte tem de mortífero, fazendo com que apareçam como sem importância a vida e a morte, meros conceitos de uma transitoriedade de todas as coisas; ela anuncia a vitória do louvor a Deus, e por isso mesmo, da vida sobre a morte e sobre a maldição do abandono por parte de Deus, afirmando a vitória de Deus sobre a distância deste mesmo Deus.

No contexto dessas esperanças, o que significam a morte e a ressurreição de Jesus Cristo?

Dentro de tal contexto de esperanças de vida, sua morte na cruz não só significa o fim da vida que ele tem, mas também o fim da vida que ele ama e em que ele espera. A morte de Jesus foi sentida como a morte do Messias

---

74. ZIMMERLI, W., "Leben" und "Tod" im Buch des Propheten Ezechiel, in: Gottes Offenbarung, *ThB* 19 (1963) 191. Zimmerli aponta para o fato de como Ezequiel 37 se aproxima da narrativa sacerdotal da criação e como as promessas condicionais de vida nos profetas – "convertei-vos e vivereis" – estão ancoradas no incondicional princípio (criação) e fim (ressurreição dos mortos) da promessa de vida feita por Deus e que abrange toda a história do povo de Deus. Cf. também BARTH, C., *Die Errettung vom Tode in den individuellen Klage und Dankliedern des Alten Testamentes*, 1947; MARTIN-ACHARD, R., *De la mort à la résurrection d'apres l'Ancien Testament*, 1956, e a recensão de KOCH, K., *VuF*, n. 1/2 (1960/1962), 57-60.

75. VON RAD, G., op. cit., II, 362.

enviado por Deus, e assim contém em si também a "morte de Deus". Por isso, sua morte é sentida, experimentada e anunciada como abandono por parte de Deus, como julgamento, como maldição, como exclusão da vida prometida e louvada como reprovação e condenação. No contexto dessas expectativas de vida, sua ressurreição, portanto, não deve ser entendida como simples retorno à vida, mas como superação do que a morte tinha de mortífero, como superação do abandono por Deus, como superação do julgamento e da maldição, como início do cumprimento da vida prometida e saudada, isto é, como superação daquilo que na morte está morto, como negação do negativo (Hegel), como negação da negação de Deus.

Assim se torna também compreensível que a ressurreição de Jesus não tenha sido uma páscoa particular para sua sexta-feira santa particular, mas o princípio e a fonte de abolição da sexta-feira santa universal, isto é, do abandono do mundo por Deus, o que é precisamente o mortífero da morte. Por isso, a ressurreição de Cristo não só foi compreendida como o primeiro caso de ressurreição universal e como princípio da revelação do poder de Deus sobre o não-ser, mas também como origem da vida de ressurreição de todos os crentes e como promessa confirmada, que se cumprirá em todos e se mostrará irresistível até mesmo contra o mortífero da morte.

A aceitação do evento da ressurreição de Cristo é, portanto, um conhecimento cheio de esperança e de expectativas. Neste evento é percebida a latência da vida eterna, a qual, a partir da negação do negativo, da ressuscitação do crucificado e da exaltação do Abandonado, se eleva até o louvor de Deus. No evento da ressurreição deste único ser humano se percebe a tendência para a ressurreição de todos os mortos. Compreende-se a intenção de Deus, pelo fato de, na dialética do sofrimento e da morte, ser entrevista a esperança de vida e de ressurreição. Tudo isso é descrito como obra do Espírito Santo. De acordo com Paulo, o "Espírito" é o "Espírito vivificador", o Espírito que *ressuscitou* a Jesus dentre os mortos e que "*habita* naqueles" que percebem Cristo e seu futuro e que "*vivificará* os seus corpos mortais" (Rm 8,11).

Aquilo que aqui se chama "Espírito" não é algo que cai do céu ou sobe entusiasticamente ao céu, mas aquilo que nasce do evento da ressurreição de Cristo e é prelúdio e arras de seu futuro, do futuro da ressurreição universal e da vida.

> Como o poder da σάρξ ["carne"] se revela no fato de amarrar os seres humanos ao efêmero, à morte, sempre relacionado ao passado, assim também o poder do πνεῦμα ["Espírito"] se revela no fato de dar ao crente a liberdade, de lhe patentear o futuro, o imperecível, a vida. Pois a liberdade não é outra

coisa que estar aberto para o futuro autêntico, deixar-se determinar pelo futuro. Assim pode-se definir o πνεῦμα como o poder da futuridade[76].

Entretanto, passado e futuro não são caracterizados no Espírito da fé pelo *punctum mathematicum* do presente, nem pelo *nunc aeternum*, que está no ar, mas pelo evento histórico da ressurreição do Cristo crucificado, em quem o poder da transitoriedade e o mortífero da morte são vencidos, e de uma vez para sempre é aberto o futuro da vida. Cristo não ressuscitou para o Espírito ou para o querigma, mas para abrir o espaço ainda não preenchido do futuro para onde apontam as tendências do Espírito e os anúncios do querigma. Este espaço futuro não pode ser simplesmente designado como "futuridade" à medida que é uma simples relação face à existência, mas é o futuro de Jesus Cristo e, portanto, só pode ser medido pelo padrão da aceitação e do reconhecimento daquele evento histórico, a ressurreição de Jesus Cristo que funda e principia a história. O "Espírito" que "traz a morte às obras da carne" e concede a liberdade para o futuro não é um evento eterno, mas surge de um acontecimento histórico e abre possibilidades escatológicas e perigos escatológicos. Como lembrança de Cristo ele é promessa de seu futuro, e vice-versa. Por isso, ele conduz à comunhão dos sofrimentos de Cristo, à conformidade com sua morte, e ao amor que se expõe à morte por que é sustentado pela esperança. Por isso, ele leva em direção ao futuro da transfiguração de Cristo, da qual depende o futuro e a transfiguração do ser humano e das coisas. "Pois, na verdade, foi crucificado em fraqueza, mas vive pelo poder de Deus. Da mesma forma, somos fracos nele, mas, pelo poder de Deus, viveremos com ele para vós" (2Cor 13,4). Assim o Espírito é a força no sofrimento, na participação, no amor e na missão de Jesus Cristo, e em meio a esses sofrimentos ele é a "paixão do possível", do futuro prometido da vida, da liberdade e da ressurreição. O Espírito instala o ser humano na tendência daquilo que está latente na ressurreição de Jesus e intencionado pelo futuro do ressuscitado. Ressurreição e vida eterna são o futuro prometido e, por isso, possibilitam a obediência nesta vida. Qualquer ação é sementeira de esperança. Assim também o amor e a obediência são sementeiros do futuro em direção à ressurreição. Na obediência dos que foram vivificados no Espírito está o caminho da vivificação do corpo mortal.

Assim como a promessa impele ao cumprimento; a fé, à obediência e à visão; e a esperança, à vida prometida e finalmente alcançada, assim a

---

76. BULTMANN, R., *Teologia do Novo Testamento*, São Paulo, Teológica, 2004, 408.

ressuscitação de Jesus também impele para a vida no Espírito e para a vida eterna que tudo preenche. Esta vida eterna está neste mundo oculta sob seus contrários, suas lutas, seus sofrimentos, sua morte e tristeza. Entretanto, esse seu escondimento não será um paradoxo eterno, mas uma latência em tendência, que impele para fora e para o campo do possível, que está impregnado de promessas. Na obscuridade do sofrimento do amor, aquele que espera descobre a desavença entre o eu e o corpo[77]. Na luta pela

---

77. A interpretação de σῶμα e da corporalidade, em R. Bultmann (*Teologia do Novo Testamento*, 247 ss.), parece por demais unilateralmente personalista. Para ele, σῶμα é o ser humano, "a pessoa como um todo". "Ele se chama de σῶμα contanto que pode tomar a si mesmo por objeto de seu agir ou experimenta a si mesmo como sujeito de um evento, de um sofrer. Portanto, o ser humano pode ser chamado de σῶμα à medida que tem uma relação consigo mesmo" (251 s.). "O ser humano não *tem* um σῶμα, mas *é* um σῶμα" (250). A primeira afirmação certamente fala daquilo que a mais recente antropologia filosófica designa como "posição excêntrica" do ser humano. "Ele nem *é* somente corpo, nem *tem* somente corpo. Qualquer exigência da existência física pede um equilíbrio entre ser e ter, exterior e interior" (PLESSNER, H., *Lachen und Weinen*, ³1961, 48). Bultmann, com o que ele chama "uma relação consigo mesmo" do ser humano, vê a possibilidade de "estar em acordo consigo mesmo ou alienado de si mesmo, de viver em discordância consigo mesmo" (252). Por isso, o σῶμα πνευματικόν pode ser entendido como a reconciliação da discordância do ser humano entre eu e eu (255). A essa compreensão da corporalidade como relação do ser humano para consigo mesmo corresponde a afirmação de G. Ebeling de que o ser humano pela fé vem "a si mesmo" e alcança a harmonia consigo mesmo (*Theologie und Verkündigung*, 1962, 84 ss.). Entretanto, a relação do ser humano consigo mesmo não é idêntica com sua relação para com o seu corpo. Sua existência corporal, física, social, não é idêntica com "existência" como relação para consigo mesmo. Ambas as coisas estão tão estreitamente unidas entre si que, à medida que o ser humano chega à consciência de si mesmo e de sua subjetividade na reflexão, desemboca em uma consciência objetiva do mundo, distanciando o seu ambiente corporal, social e cósmico do mundo dos objetos. "Humanização é elevação à abertura para o mundo por força do espírito" (SCHELER, M., *Die Stellung des Menschen im Kosmos*, ²1949, 41). O que se torna consciente para o ser humano como sua corporalidade, não é o "eu", mas aquilo de que o ser humano compreende diferenciar-se. O fato de que por força do espírito, da consciência e da reflexão ele pode diferenciar-se de si mesmo, objetivar-se, constitui precisamente a duplicidade de seu existir: Não pode ser ele mesmo sem ter-se, nem pode ter-se sem ser ele mesmo: não chega nem a uma total diferença e objetivação, nem a uma total identidade com respeito a si mesmo. Se a promessa da justificação lhe põe ante os olhos reconciliação e identidade, ela não pode ser somente reconciliação do ser humano consigo mesmo, mas deve também significar redenção de seu corpo e do mundo que nele se tornou objetivo. Por isso, por força da promessa e do Espírito Santo ele não somente percebe sua reconciliação, mas juntamente também a irreconciliação e irredenção do corpo sujeito à morte e do mundo sujeito aos poderes sem Deus. A reconciliação no Espírito não o reconciliou ainda com o seu corpo e com o seu mundo, de tal modo que esses se lhe tornassem "ambiente", e ele como o animal (ou como os anjos) pudesse chegar à harmonia com que o cerca no existente. Por isso está certo quando E. Käsemann afirma, contra R. Bultmann, que "corpo" não é para Paulo a relação do ser

obediência e pelo direito de Deus no corpo, ele descobre a contradição da carne e sua sujeição sob a inimizade do nada e da morte. E quando começa a esperar pela vitória da vida e pela ressurreição, percebe tudo o que a morte tem de mortífero e não consegue mais estar de acordo com ela. A corporeidade que dessa maneira aparece amparada na esperança é evidentemente o ponto de partida para a solidariedade do crente com toda a criação, que, como ele, está sujeita ao nada – agora, porém, com esperança. O corpo, por cuja redenção espera aquele que tem esperança, embora ainda não tenha ocorrido, é o ponto de partida existencial para a universalidade da esperança cristã e para o que há de inacabado no esperado. A esperança na redenção do corpo e a redenção de toda a criatura em relação ao nada são uma só e mesma coisa. Por isso, dessa esperança de redenção do corpo depende a universalidade da esperança cristã. Mas, por outro lado, aquele "que espera", nas contradições do corpo, na dolorosa oposição entre o que espera e o que experimenta, percebe a ausência do futuro esperado. Por isso, da diferença entre esperança e realidade corporal se descerra a abertura para o futuro da esperança cristã. As representações cósmicas da escatologia cristã, portanto, não são absolutamente mitológicas, mas situam-se no campo aberto ao possível para toda a realidade e constituem a "expectativa da criatura" em relação à *nova creatio*, preludiando a vida eterna, a paz e a pátria da reconciliação de todas as coisas. Não somente manifestam previamente o que significa o futuro da "abertura para o mundo" do ser humano, mas também o que significa futuro na "abertura do ser humano" para o mundo (comparar a "expectativa da criatura" e a "liberdade dos filhos de Deus" em suas correspondências, em Rm 8,20 ss.).

Aquilo que a esperança na ressurreição e na vida reconciliada e realizada constata na realidade presente e experimentável do ser humano e

---

humano consigo mesmo, mas aquela parte do mundo que somos nós mesmos e pela qual somos responsáveis como dom criador. "É, para o apóstolo, o ser humano em sua terrenidade, isto é, em sua capacidade de comunicação" (*ZThK*, n. 59 (1962) 282). Se a percepção de sua corporalidade está, para o ser humano, baseada no fato de sua elevação à abertura para o mundo por força do espírito, se sua corporalidade não é o "eu", mas aquilo de que ele se pode diferenciar a si mesmo, então a percepção da corporalidade, da sociabilidade e da terrenidade coincidem. Então, a percepção da corporalidade irredenta é o ponto de partida para a percepção da solidariedade do ser humano com toda a criação irredenta. Por esse nexo, finalmente, se manifesta também o caráter existencial de todas as afirmações objetivas do ser humano. Afirmações objetivas não são absolutamente afirmações distantes de si mesmo e da existência, mas se baseiam na elevação existencial do ser humano à abertura ao mundo por força do espírito. A partir desse modo de ver, dever-se-iam examinar a demitização e a interpretação existencial.

do mundo como negativo, torna-se positivo no futuro esperado para o ser humano e para o mundo, para o Espírito e para o corpo, para Israel e para os povos, sendo expresso inicialmente como a negação do negativo. O "novos céus e nova terra, onde habita a justiça" (2Pd 3,13), onde "Ele enxugará dos seus olhos toda lágrima. Não haverá mais morte, nem tristeza, nem choro, nem dor, pois a antiga ordem já passou" (Ap 21,4 s.), a face revelada na glória de Deus e o corpo transfigurado pelo Espírito da ressurreição (1Cor 15,35 ss.) são todos representações e imagens por meio das quais é "pro-posto" e "pro-metido" o futuro a partir de experiências negativas do presente. Essas representações e imagens são fragmentos de uma vida que a esperança descobre ser mutilada e, por isso, sofredora. O livro do Apocalipse é o livro dos mártires. Embora essas representações e imagens estejam condicionadas pelo tempo – e devem sê-lo necessariamente, se querem ser críticas de seu tempo –, contudo, por meio delas entende-se alguma coisa que, de uma vez por todas, supera o *status quo* e põe tudo em movimento novamente.

Enquanto tudo não estiver "muito bom", continua a diferença entre esperança e realidade, a fé continua irrealizada e deve lançar-se no futuro, em meio à esperança e ao sofrimento. Dessa forma, também a promessa da vida proveniente da ressurreição de Cristo introduz na tendência do Espírito, que vivifica na dor e está orientado para o louvor da nova criação. Temos aí algo como "revelação progressiva", ou "escatologia em realização", só que se trata do *progressus gratiae*. Não é o tempo objetivo que traz o progresso, nem é a atividade humana que faz o futuro, mas é a necessidade interna do evento de Cristo, cuja tendência é trazer à luz a vida eterna latente nele mesmo e a justiça de Deus em todas as coisas, igualmente latente nele.

§ 13. O futuro do reino de Deus e da liberdade do ser humano

O núcleo propriamente dito e o sentido básico da escatologia, sempre presente e em transformação em relação ao seu conteúdo, situa-se, sem dúvida, naquilo que é prometido e esperado como "reino de Deus" ou "senhorio de Deus". Já nos tempos primitivos de Israel, a esperança baseada nas promessas se orientava para o domínio de Javé. É no seu domínio real e histórico que se manifesta sua glória. No fiel e poderoso cumprimento de suas promessas, ele mostra ser ele mesmo Deus e Senhor. Ligada à esperança e à espera do domínio de Deus está a esperança de que seu povo, os seres humanos e tudo o mais que ele criou, cheguem à salvação, à paz, à felicidade, à vida, ou, em uma palavra: ao seu verdadeiro destino. A fé no reino de Deus encontra sua expressão na confissão de que Javé é rei (Jz 8,23). Se recuarmos até os tempos do nomadismo das tribos israelitas, encontramos a ideia de que Javé é o guia que vai à frente de seu povo, que ele é senhor e enquanto dirige como pastor dá orientações e conselhos e aponta para o futuro desejado por ele[78]. Por conseguinte, seu reino não significa, em primeira linha, uma realeza terrena sobre o ambiente natural do ser humano, mas o conduzir para as regiões da promessa, isto é, uma realeza histórica que se mostra em eventos únicos, infrequentes, repentinos, novos e orientados para um fim.

Reino de Deus significa originariamente reino em promessa, fidelidade e cumprimentos. A vida neste reino significa, portanto, peregrinação histórica, movimento e obediente prontidão frente ao futuro. Trata-se de uma vida que é recebida por promessa e está aberta para a promessa. Foi nas polêmicas contra as religiões naturais da Palestina e contra as representações teofânicas do mundo, em conexão com a formação da fé na criação e da escatologia profética, que a representação do reino de Deus se tornou universal, e esta universalidade do reino do único Deus se tornou escatológica. As celebrações do senhorio de Deus sobre todas as coisas, sua vinda, sua justiça e seu julgamento na terra são relacionados com o Deus que está a caminho com Israel, o Deus da promessa e do êxodo. Dessa forma, as representações sobre a teofania universal podem ser descritas com ideias tiradas das religiões da natureza, estas, porém, colocadas no terreno da fé histórica na promessa, em uma moldura escatológica.

Na ideia do reino de Deus, dois instantes estão relacionados entre si: a lembrança e a esperança em seu reino histórico e a espera de seu senhorio universal, no qual o mundo e todos os povos e coisas se tornam seu universo, seu domínio e seu louvor.

Esses dois aspectos não podem ser opostos entre si afirmando-se que o primeiro é uma limitação nacional e o segundo uma fé cósmica universal. Antes, a esperança universal se funda na lembrança da realidade histórica especial da ação de Deus como senhor em Israel. O fato de que, depois da ruína da independência histórica de Israel, a esperança do reino de Deus se encarnou (na teologia rabínica) na obediência e na observância da Torá, e que (na teologia apocalíptica) ela foi futurizada por meio de especulações sobre a história universal, sendo sua vinda entregue ao decurso natural da história universal, mostra que sem um novo acervo de experiências

---

78. Cf. BUBER, M., *Königtum Gottes*.

era impossível entender a promessa do reino de Deus de forma ao mesmo tempo histórica e escatológica.

No Novo Testamento, a βασιλεία evidentemente é um conceito central, sobretudo na tradição sinótica, mas presente em todas as camadas da tradição. Isto significa que a mensagem e a atividade, os milagres e as parábolas do Jesus pré-pascal são designadas pelo termo "reino de Deus". Jesus prega o reino messiânico de Deus. O que há de peculiar em sua pregação do reino é que a proximidade, a entrada e a herança do reino estão ligados à decisão e à atitude dos ouvintes em relação a sua pessoa. O futuro do reino de Deus está diretamente relacionado com o mistério de sua presença.

Isto pode ser entendido no sentido de que ele, como o último profeta do reino vindouro, qualifica a decisão do ser humano com respeito a sua mensagem como a decisão final e, neste sentido, escatológica.

Mas pode também ser entendido como transformação da tradição do reino de Deus. Nesse caso, Jesus superou a questão apocalíptica dos prazos e circunstâncias históricas da irrupção do reino, "através da concentração no sentido existencial do anúncio do reino"[79]. Ao anunciar sua hora como a derradeira hora da decisão, Jesus demitologiza as imagens apocalípticas do reino em favor da atualização existencial. "A pregação escatológica tanto quanto a exigência ética mostram ao ser humano sua condição de estar colocado diante de Deus, diante da iminência de Deus; elas o remetem ao seu agora como a hora da decisão a favor de Deus"[80]. Nesse caso, o específico da mensagem de Jesus sobre o reino consistiria em sua eticidade existencial, pela qual desaparecem todas as representações cosmológico-apocalípticas. Mas, se é assim, não há motivo nem justificativa para que a comunidade primitiva continue sua mensagem. O motivo e a justificativa da comunidade cristã para levar avante sua mensagem e transformá-la, por sua vez, encontra-se no acontecimento em razão do qual ela recorda as palavras e os atos de Jesus e o anuncia como Senhor de todo o mundo, isto é, nas aparições pascais do ressuscitado. Ora, as aparições pascais são recebidas dentro de um horizonte de esperanças apocalípticas e como tais foram anunciadas: a ressurreição como evento escatológico – Jesus o primogênito da ressurreição. A compreensão de Jesus a qual na comunidade primitiva resultou do evento da ressurreição do crucificado necessariamente foi relacionada pelos discípulos com sua compreensão de Deus e de seu reino e que é ressaltada pelas palavras e pelas ações de

---

79. CONZELMANN, H., Art. Reich Gottes, *RGG*, 3ª ed., V, col. 915.
80. BULTMANN, R., *Teologia do Novo Testamento*, 59.

Jesus[81]. O caráter escatológico de decisão próprio de sua pregação sobre a proximidade do reino de Deus foi naturalmente aplicado ao caráter de decisão da mensagem sobre o Senhor crucificado e ressuscitado. Com isso, a mensagem do reino de Deus recebeu novo teor apocalíptico e podia ser relacionada aos títulos messiânico-apocalípticos de Cristo, tais como "Filho do homem". Temos aí uma descontinuidade entre a mensagem de Jesus sobre o reino, e a mensagem cristológica sobre o reino que a comunidade pregava, como tão claramente aparece nas palavras de A. Schweitzer: "Jesus anunciou o reino e a igreja anunciava – a ele". Entretanto, esta descontinuidade tem sua razão de ser: a igreja não deve continuar a pregar a autoconsciência ou a autocompreensão de Jesus, mas anunciar quem ele é. Ora, isto só é possível a partir do fim, isto é, a partir da cruz e das aparições pascais, vistas como manifestações prévias de sua meta, ainda situada no futuro escatológico. A base das afirmações cristológicas da comunidade não é a autocompreensão de Jesus, mas aquilo que aconteceu com ele na cruz e na ressurreição. Sua morte e sua ressurreição marcam a descontinuidade entre o Jesus histórico e a cristologia do cristianismo primitivo. Mas sua identidade – que consiste em que aquele que apareceu como o ressuscitado não é outro senão o crucificado – é, ao mesmo tempo, a ponte para o Jesus histórico, motivo e ocasião para a recordação histórica da mensagem e da atividade de Jesus. Tal lembrança pode estar turvada na tradição evangélica do cristianismo primitivo por influência do entusiasmo com a ressurreição e com o Espírito, mas, apesar disso, as cristofanias pascais são o único e suficiente motivo para que se recorde no presente de sua mensagem, da mesma forma como sua cruz é o único e suficiente motivo para que, devido à demora da parusia do reino, não se esqueça sua promessa sobre o reino futuro. Nem por isso as narrativas evangélicas caem necessariamente sob o veredicto de uma retroprojeção fantasiosa, obra da fé na ressurreição. Elas recordam Jesus fundamentadas nas esperanças suscitadas pelas aparições do ressuscitado, e que falam de seu futuro, e apresentam o Jesus terreno, como já tendo vindo, à luz

---

81. Sobre o que segue, cf. a discussão a respeito de reino de Deus e Filho do homem: VIELHAUER, P., Gottesreich und Menschensohn in der Verkündigung Jesu, *Festschrift für G. Dehn*, 1957, 51 ss.; TÖDT, H. E., *Der Menschensohn in der synoptischen Überlieferung*, 1959; SCHWEIZER, E., Der Menschensohn, *ZNW*, n. 50 (1959) 185 ss.; VIELHAUER, P., Jesus und der Menschensohn, *ZThK*, n. 60 (1963) 133 s.; das observações sistemáticas deste último a respeito de que Jesus mesmo não se chamou o Filho do homem esperado, mas chamou-o assim com razão a igreja primitiva (173 s.), é que tomamos nosso ponto de partida (agora também: Aufsätze zum NT, *ThB* 31 (1965) 135 ss.).

do futuro esperado em razão da páscoa. Essas esperanças são certamente forte motivo para recordações históricas e também para descobertas históricas. Não é a partir de sua autocompreensão, qualquer que tenha sido, mas a partir da compreensão de seu futuro, tornado crível e previsível com a páscoa, que se infere quem ele "na realidade" foi e é. Não é a lembrança do Mestre morto, à luz de sua morte, mas a experiência da páscoa que obriga a identificar Jesus. Somente a misteriosa identidade dialética do ressuscitado com o crucificado leva a aceitar a continuidade entre a cristologia do cristianismo primitivo e a mensagem do próprio Jesus. A "autoconsciência" de Jesus não leva a que ele seja conservado na memória, mas antes a consciência modelada pelas aparições do ressuscitado leva a colocar a questão da continuidade entre ela e a consciência de Jesus.

Se a ressurreição de Jesus dentre os mortos, dessa maneira, pertence à mensagem cristã do reino, então dificilmente podemos continuar a concentrar a atenção em seu "sentido existencial", e a eticizá-la existencialmente, mas somos obrigados a encarar o horizonte universal da esperança e da promessa da mesma forma como o fez o apocaliptismo – não evidentemente da mesma forma, mas na mesma amplidão cósmica. Por isso, não se deve falar unicamente do *senhorio* [*Herrschaft*] de Deus – entendendo que com ele a existência humana será atingida pelo apelo absoluto de Deus –, mas também entender o *reino* [*Reich*] de Deus em seu sentido mesmo, na amplidão escatológica de seu futuro em todas as coisas, para a qual a missão e o amor de Cristo levam aquele que espera.

Se as aparições pascais de Jesus, percebidas dentro do horizonte das expectativas escatológicas, são motivo para recordação e transmissão da mensagem de Jesus sobre o reino, elas são, ao mesmo tempo, a ocasião para a transformação dessa mensagem. O futuro mantido aberto e iminente por meio da mensagem do reino pregada por Jesus, é agora visto como confirmado pelas aparições do ressuscitado, tornado certo como irrupção de sua parusia e designado como *seu* futuro. Nas camadas posteriores da tradição sinótica prevalece a compreensão cristológica do reino de Deus, onde é desenvolvida – em conexão com a ideia judaica do reino messiânico – a ideia do reino de Cristo e, respectivamente, do Filho do homem. Assim transforma-se também a ideia mesma do reino de Deus. É verdade que se conserva a linha da decisão presente pela obediência, mas este apelo, que, pela obediência, chama para a nova vida, é restringido e ao mesmo tempo orientado pela ação ressuscitadora de Deus. O Senhor do reino é tão somente aquele "que ressuscitou a Jesus de entre os mortos" e que assim prova ser o *creator ex nihilo*. Nesse caso, também, seu reino não pode ser visto como realizado pela transformação histórica das relações ímpias do mundo e dos seres humanos, nem seu futuro resulta das tendências da história universal. Sua dominação é ressuscitar dos mortos e consiste em que ele chame ao ser aquilo que não é, e escolha o que não é para que este aniquile o que é alguma coisa (1Cor 1,28). Com isso, torna-se impossível representar o reino de Deus de forma histórico-salvífica e deística como resultado da história universal ou como um plano de Deus para as épocas do mundo. Assim também se torna impossível representar o reino de Deus "sem Deus" e dissolver o próprio "Deus" como o "bem supremo" no reino ideal.

Finalmente, o enigma das aparições pascais – que nas comunidades helenísticas foram entendidas como "exaltação" – também possibilitou que Jesus fosse compreendido como o *Kyrios* exaltado do culto, e ele e seu reino fossem louvados como seu senhorio celeste oculto. Dessa forma, dentro de horizontes representativos totalmente distintos, o sentido da ressurreição do crucificado sempre aparece como decisivo para a compreensão da promessa do reino de Deus.

Das diferentes compreensões que daí resultam, registramos os seguintes traços:

1. As experiências da cruz e das aparições de Jesus dão uma nova característica à mensagem do reino de Deus. Sua cruz e sua ressurreição "deslocam", em certo sentido, o futuro mantido em aberto por ele, bem como a vinda do reino de Deus. Mas, ao mesmo tempo, o senhorio de Deus assume assim a forma concreta do evento da ressuscitação do crucificado. Neste evento, o reino de Deus não só é deslocado no sentido cristológico, mas é também concretamente apresentado. Se Jesus ressurgiu dos mortos, então o reino de Deus não pode ser nada menos do que *nova creatio*. Se o ressuscitado é o crucificado, então o reino é *tectum sub cruce*. O futuro senhorio de Deus é caracterizado neste mundo pelo sofrimento dos cristãos, os quais por causa de sua esperança não se podem igualar ao mundo, mas pela missão e pelo amor de Cristo são introduzidos no seguimento e na conformação dos sofrimentos dele. Considerado assim, em conexão com a cruz e a ressurreição, o "reino de Deus" não é espiritualizado, nem transformado em uma realidade do outro mundo, mas se torna deste mundo e ao mesmo tempo contradiz e se opõe ao mundo sem Deus e abandonado por Deus.

2. Pela experiência da cruz e da ressurreição de Jesus, o "reino de Deus" não só é entendido cristologicamente, mas se torna escatoló-

gico de forma nova. As comunidades mais antigas não viviam, em razão das experiências da cruz e da páscoa no "tempo cumprido", mas na expectativa do futuro. É verdade que as experiências da páscoa e do Espírito puderam levar a uma escatologia de cumprimento no Espírito, por meio da qual as experiências da cruz e da contradição da realidade pareciam ter sido superadas; mas o realismo da cruz terrena de Jesus e a contradição de um mundo não redimido, coisa fácil de encontrar em toda a parte no decurso da missão, fizeram com que esse docetismo religioso ou cultual aparecesse como falso. Foi precisamente em Paulo que a compreensão escatológica do reino de Deus, que ainda estava ausente, triunfou contra o entusiasmo escatológico e cultual. Se a ressurreição de Jesus dentre os mortos oferece motivo para a esperança de um reino de um novo tipo, então o futuro prometido não pode consistir no dom do Espírito, mas o próprio "Espírito" se torna "arras" do futuro ainda ausente e "luta" contra as "obras da carne". Se o reino de Deus inclui a ressurreição dos mortos, então é nova criação, e o "Senhor exaltado" não pode ser compreendido como um entre muitos senhores cultuais ou como o "verdadeiro Senhor do culto", mas tão somente como o *kosmokrátor*. O senhorio do Cristo ressuscitado e exaltado, tal como foi entendido na teologia da exaltação da comunidade helenística, é, por sua vez, provisório do ponto de vista escatológico e está a serviço do senhorio único de Deus, no qual todas as coisas se tornam novas. Ora, dessa maneira, a compreensão cristológica da mensagem do reino não desfigura a mensagem do reino pregado por Jesus, mas a torna universal, abrindo-a para a totalidade do novo ser. As aparições pascais dão, portanto, a oportunidade de esperar o domínio de Deus sobre a morte e a justiça de Deus para todas as coisas transitórias. Se o reino de Deus se inicia como que com um novo ato criador, então o reconciliador é o criador, e a perspectiva escatológica da reconciliação significa a reconciliação de toda a criação e representa a escatologia de todas as coisas. Na cruz se torna visível o abandono, por parte de Deus, de todas as coisas no mundo, e nela se pode perceber a real ausência do reino de Deus, no qual todas as coisas chegarão à justiça, à vida e à paz. Por isso, o reino de Deus não significa menos que a ressurreição e a nova criação, nem pode a esperança do reino contentar-se com menos. Por causa dessa universalidade, a esperança do reino produz o sofrimento em razão do abandono, da não-redenção, da sujeição de todas as coisas ao nada. Ela conduz a uma solidariedade na angústia e na expectativa de toda a criação pela liberdade dos filhos de Deus (Rm 8,22), solidária com a nostalgia, o tormento, a abertura não consumada, mas orientada para o futuro de Deus em todas as coisas. Dessa forma, o reino de Deus está presente como promessa e esperança dentro do horizonte de futuro para todas as coisas, as quais são apreendidas em sua historicidade porque ainda não têm em si sua verdade. Se ele está presente como promessa e esperança, a realidade presente é caracterizada pela contradição com o futuro, o possível, o prometido para uma realidade má. Os reformadores diziam que o reino de Deus estava *tectum sub cruce et sub contrario*. Com isto se queria dizer que neste mundo o reino de Deus estava oculto sob o seu contrário: sua liberdade sob a contradição, sua felicidade sob os sofrimentos, sua justiça sob as injustiças, sua onipotência sob a fraqueza, sua glória sob a ignomínia. Assim o reino de Deus era reconhecido sob a forma do crucificado. Temos aí uma ideia certa e irrecusável. Só que o reino de Deus não termina nesta forma paradoxal de presença. Seu paradoxal escondimento "sob o contrário" não é sua forma eterna. Com efeito, é a esperança da ressurreição, a missão de Cristo, a fome pela justiça em todas as coisas e a sede pela verdadeira vida que nos introduzem no sofrimento, na fraqueza, na injustiça e na ignomínia. A contradição que o cristão sente, não resulta por si mesma de suas experiências com a história, com a culpa e com a morte, mas resulta da promessa e da esperança que contradizem essas experiências e não mais podem concordar com elas. Se a promessa do reino de Deus faz entrever um horizonte universal escatológico no futuro para todas as coisas – "para que Deus seja tudo em todos" – então é impossível para aquele que espera a resignação religiosa ou cultual na terra. Antes, sente-se impelido a ir misericordiosamente ao encontro da terra, sujeita à morte, e dos poderes do nada para levar todas as coisas ao encontro de seu novo ser. Torna-se apátrida com os apátridas, por causa da pátria da reconciliação; fica um sem-paz com os sem-paz por causa da paz de Deus; torna-se injustiçado com os injustiçados por causa da justiça de Deus que virá.

 A promessa do reino de Deus, no qual todas as coisas chegam à justiça, à vida, à paz, à liberdade e à verdade, não é exclusiva, mas inclusiva. Da mesma forma seu amor, sua solidariedade e sua compaixão são inclusivos, nada excluindo, mas incluindo tudo na esperança de que Deus será tudo em tudo. A *promissio* do reino fundamenta a *missio* do amor no mundo.

Ela fundamenta a exteriorização do Espírito na obediência corporal, de modo que o "interior" se torna "exterior", a realidade se torna racional e a razão, real, como dizia Hegel, ou como se pode dizer teologicamente, se por "razão" se entende o Espírito de Deus, por cujas "arras" surge o anseio por uma realidade cheia do Espírito e impelida pelo Espírito (Rm 8,23 e 1Cor 15,42 ss.).

§ 14. Síntese e justificativa

Queremos agora resumir o que dissemos até aqui e, ao mesmo tempo, tentar justificar o método que seguimos.

1. A escatologia cristã fala de "Cristo e de seu futuro". Sua linguagem é a linguagem das promessas. Ela compreende a história como a realidade aberta pela promessa. O futuro ainda não realizado da promessa entra em contradição com a realidade dada, devido a essas promessas e às esperanças que elas suscitam. A historicidade do real é sentida nessa contradição, na linha de frente do presente orientado para o futuro prometido. A história se manifesta em suas últimas possibilidades e perigos quando posta frente ao evento da promessa que é a ressurreição e a cruz de Cristo. Ao explicar anteriormente aquilo que é prometido nesse evento como aquilo que está latente nele, oculto, iniciado e intencionado, dentro da linha da história de promessa do Antigo Testamento, encontramos igualmente as tendências do Espírito, que nascem dessa compreensão. A *promissio* de um futuro universal leva necessariamente à *missio* universal da igreja para todos os povos. A promessa da justiça de Deus no evento da justificação do ímpio conduz diretamente à fome pela justiça de Deus no mundo sem Deus e, portanto, para a luta por meio de uma obediência aberta e concreta. A promessa da ressurreição dos mortos leva diretamente ao amor pela verdadeira vida de toda a criação ameaçada e ferida. Ao explicar as promessas contidas no evento de Cristo como latência e tendência, encontramos uma relação histórica de sujeito-objeto a qual não permite que o futuro de Cristo se insira nem dentro de um sistema histórico-salvífico e histórico universal –, relacionando assim este evento com algo estranho a ele e que provém de outras experiências e lhe é imposto de fora – nem dentro do futuro existencial do ser humano

que o refletisse. A história do futuro de Cristo e a história das testemunhas e dos enviados se condicionam mutuamente e estão na correlação de *promissio* e *missio*. A consciência cristã de história é consciência de missão e somente assim é também consciência de história universal e consciência da historicidade do ser humano.

2. Empregamos sob diferentes formas o conceito de "revelação progressiva". Esse conceito provém de Richard Rothe e de Ernst Troeltsch. Nestes dois autores, ele significa que o impulso do espírito cristão na história do Ocidente sempre se alia novamente ao espírito dos tempos modernos e progressivamente produz perspectivas melhores para o mundo e para a vida humana. O desenvolvimento progressivo do reino do Redentor é a revelação sempre gradativa da verdade absoluta e a perfeição da mesma. Para eles, "revelação progressiva" significa que a revelação se toma progressiva por meio do progresso do espírito humano, e vice-versa, que o progresso do espírito humano pode ser interpretado como automovimento do Espírito absoluto. Chegam a resultados semelhantes os que pensam poder deduzir a direção e o futuro do evento de Cristo a partir da conexão profunda dos acontecimentos anteriores e posteriores a esse evento na história. Nesse caso, o evento de Cristo é inserido dentro de um contexto histórico que resulta do destino ou da providência, ou ainda da simples sequência da história universal. Mas se a promessa do futuro de Cristo nasce da ressurreição do crucificado, então esta promessa entra em tal contradição com a realidade, que esta já não pode ser ordenada dentro de uma dialética histórica universal, tal como é feito em outras perspectivas expostas. Uma ordenação dentro da história da salvação, ou dentro da história universal só é possível quando essa contradição é minimizada. Só nesse momento, esta torna-se reconciliável com a dialética da história universal. Mas se no evento da ressuscitação do crucificado se vê uma *creatio ex nihilo*, já não se pode falar de possíveis renovações do ser, pois está em jogo tudo ou nada. Assim, fica evidente que este mundo "não pode suportar" a ressurreição e o mundo novo criado pela ressurreição. Uma dialética que queira incluir em si mesma essa contradição deve ser necessariamente uma dialética apocalíptica. A síntese harmonizadora de cruz e ressurreição só pode ser esperada em uma realidade totalmente nova. A teologia da história da salvação admite, é verdade, a dialética de promessas e eventos, mas não a contradição entre promessa e realidade, e as-

sim não vê na cruz de Cristo a revelação de que o mundo está sem Deus. Somente quando se reconhecem no evento contraditório da cruz e da ressurreição esses elementos progressivos e escatológicos, aparecem os verdadeiros problemas. A revelação, isto é, as aparições do ressuscitado, recebe seu caráter progressivo não de uma realidade que lhe é estranha, mas da história que depois da páscoa continua a avançar enigmaticamente; no entanto, ela mesma produz o progresso pelo seu avanço e pela contradição que provoca frente à realidade sem Deus, a saber, a realidade da culpa e da morte. Ela não se torna progressiva pela sua "entrada" na história dos seres humanos, mas, por meio da promessa, da esperança e da crítica, torna progressiva e histórica a realidade do ser humano. A revelação das possibilidades e do poder de Deus na ressuscitação do crucificado, e a tendência aí reconhecível como intenção de Deus constituem o horizonte daquilo que se deve chamar de "história", e se esperar como tal. A revelação de Deus na cruz e na ressurreição se torna assim o campo da história em que aparecem como coisas possíveis o afundamento de tudo no nada e a nova criação. O envio, a *missio* dos que esperam, para esse campo do possível de todas as coisas é uma consequência da direção para a qual tende a ação de Deus, pois procede de sua fidelidade a sua promessa onipotente. Aquele que espera e sai dessa realidade má e se entrega ao mar das possibilidades de Deus, põe assim em jogo decisivo sua realidade, jogo do qual ele espera que a promessa de Deus saia vitoriosa.

3. Quando falamos do "futuro de Jesus Cristo" entendemos aquilo que geralmente é designado como "parusia de Cristo" ou "Retorno de Cristo". O termo "parusia" não significa propriamente o retorno de alguém que se afastou, mas "chegada *iminente*"[82]. "Parusia" também pode significar "presença", não uma presença a qual amanhã já terá passado, mas a presença que ainda será hoje e amanhã, a "presença do que vem a nós, por assim dizer, um futuro que vem chegando"[83]. A parusia de Cristo é algo diferente de uma realidade experimentada e dada neste instante. Ela sempre traz algo de novo em comparação com o que é experimentado agora. Por isso, não é totalmente separada da realidade que agora é experimentada e deve ser vivida, mas age como o futuro realmente ausente por meio

---

82. Assim OEPKE, A., in: *ThWNT* V, 863.
83. SCHÜTZ, P., *Parusie – Hoffnung und Prophetie*, 1960, 78.

das esperanças que suscita, fazendo surgir uma resistência ao presente. O *éschaton* da parusia de Cristo por intermédio da promessa escatológica toma histórico qualquer presente experimentado pela ruptura com o passado e pela irrupção do futuro.

Ora, a parusia de Cristo é também designada como *revelação de Cristo*, como ἀποκάλυψις τοῦ κυρίου. Como então se deve entender o futuro de Cristo? O futuro esperado para ele pode ainda ser pensado na categoria do "*novum*"? Seu futuro, neste caso, traz algo de novo, ou é simplesmente uma repetição universal daquilo que já aconteceu na história de Jesus Cristo? Será o futuro de Cristo simplesmente um *descobrimento* daquilo que em Jesus já aconteceu uma vez e para sempre? Ou se encontra aí algo que ainda não se deu?

Conforme Karl Barth, o futuro de Cristo trata principalmente de uma descoberta, de uma revelação.

> O retorno de Cristo [...] é designado no Novo Testamento como *a* revelação. Ele não só será manifestado à igreja, mas a todos, como aquele que ele é. [...] Em plena clareza e em público, o "está consumado" será trazido à luz do dia. [...] O que trará o futuro? Não uma nova reviravolta da história, mas a revelação daquilo que *é*. É futuro, mas o futuro daquilo de que a igreja se *recorda*: daquilo que de uma vez por todas já aconteceu. O alfa e o ômega são a mesma coisa[84].

Walter Kreck de modo semelhante, diz:

> É a vinda *do* Senhor (que é esperada), do Senhor cuja vinda no passado foi pregada e crida. O cumprimento não pode, no fundo, ser coisa diferente do que a manifestação daquilo que já é realidade em Jesus Cristo, e esta manifestação é ainda entrevista e esperada como uma coisa futura[85].

Aqui, mais claramente que em Karl Barth, se entende a revelação como promessa, e a revelação de Cristo é também concebida como cumprimento da promessa de Cristo. Mas se formos coerentes até o fim, a expressão "manifestação", para designar a revelação, deve ceder lugar à revelação como evento que se realiza como promessa e cumprimento. Nesse caso, a revelação de Cristo não pode consistir somente na manifestação daquilo que já aconteceu de maneira oculta para o conhecimento, mas deve ser esperada em eventos que cumprem o que foi prometido pelo evento de Cristo. E o próprio evento de Cristo não pode, portanto, ser compreendido como cum-

---

84. BARTH, K., *Dogmatik im Grundriss*, 1947, 158 s.
85. KRECK, W., *Die Zukunft des Gekommenen*, 1961, 100.

primento de todas as promessas, de tal modo que, depois deste evento, só restasse o poslúdio da manifestação para o conhecimento universal. "Pois quantas forem as promessas feitas por Deus, tantas têm em Cristo o 'sim' [...] [e] o 'Amém'" (2Cor 1,20), isto é, nele elas são confirmadas e validadas, mas ainda não foram cumpridas. Por isso, a esperança cristã espera do futuro de Cristo não só a manifestação e o descobrimento, mas também o cumprimento final e perfeito. Aquilo que através da cruz e da ressurreição de Cristo foi prometido para os seus e para o mundo deve ser finalmente cumprido. O que traz, portanto, o futuro de Cristo? Não simples repetição nem simples manifestação de sua história, mas alguma coisa que até agora não aconteceu com Cristo. A esperança cristã não se orienta para outro a não ser para o Cristo já vindo, mas dele ela espera algo de novo, algo que até agora não aconteceu; espera o cumprimento e a realização da justiça de Deus prometida em todas as coisas; espera o cumprimento e a realização da ressurreição dos mortos, prometida em sua própria ressurreição; espera o cumprimento e a realização do senhorio do crucificado sobre tudo e que foi prometido em sua exaltação. A não-redenção visível do mundo, que pode ser testada nos sofrimentos, não é para a esperança cristã, como para os judeus, um argumento contra a fé na vinda, já verificada, do Messias, mas antes uma interrogação angustiante em suas orações sobre o futuro do Salvador que já veio. Não por que haja dúvida de que Jesus é o Cristo, mas por que, com ele a redenção foi posta em andamento, e é por isso que eles gemem junto com toda a criação ante a não-redenção do mundo e querem ver o cumprimento universal de sua atividade redentora e justificadora. Mesmo que os cristãos conheçam o redentor e esperem pelo futuro da redenção em seu nome, a não-redenção deste mundo de morte não se torna para eles um mundo de aparências sem importância, à maneira platônica, onde o que importa é simplesmente a demonstração e a manifestação da redenção já operada. É certo que o alfa e o ômega são a mesma coisa no que se refere à pessoa: "Eu sou o alfa e o ômega" (Ap 1,8). Mas não são a mesma coisa no que se refere à realidade do evento, pois "ainda não se manifestou o que havemos de ser" (1Jo 3,2), e "as primeiras coisas" ainda não passaram e ainda não se tornou "tudo" novo. Portanto, é necessário esperar do futuro algo de novo. Entretanto, se este futuro é esperado como o "futuro de Jesus Cristo", ele não é esperado de alguém novo ou diferente. Aquilo que o futuro traz se tornou, por meio do evento crístico da ressurreição do crucificado, "de uma vez para sempre" possível de ser esperado com confiança. A fé em Jesus como o Cristo não é o fim da esperança, mas é a certeza da esperança (Hb 11,1). A fé em Cristo é o *prius*, mas nessa fé a esperança detém a primazia.

CAPÍTULO IV
Escatologia e história[1]

§ 1. Crítica e crise

A consciência histórica dos tempos modernos é uma consciência de crise e toda a filosofia da história é no fundo uma filosofia da crise[2].

A vivência histórica própria do ser humano moderno se baseia na experiência de possibilidades totalmente novas, angustiantes e não mais assimiláveis pelos meios costumeiros fornecidos pelas tradições. Trata-se de novas possibilidades para o bem e para o mal, para o progresso e para a perdição final. Essas possibilidades de um futuro novo são, entretanto, sentidas inicialmente sempre como crise e ruptura das instituições recebidas, da maneira de viver e das formas de assimilação e das possibilidades conhecidas e familiares até agora. A história como que extravasa as margens da tradição. Os diques das tradições e das ordenações começam a rachar por todos os lados. Não estão mais à altura das novas experiências históricas e por isso não mais aparecem aos olhos dos seres humanos como evidentes por si mesmas. Tornam-se antiquadas e só com grande esforço podem ser

---

1. Sobre este capítulo cf. os meus artigos: Exegese und Eschatologie der Geschichte, *EvTh*, n. 22 (1962) 31 ss., e Verkündigung als Problem der Exegese, *MPTh*, n. 52 (1963) 24 ss.

2. MANN, G., Grundprobleme der Geschichtsphilosophie von Plato bis Hegel, in: *Der Sinn der Geschichte*, 1961, 13 ss.; HEIMPEL, H., Geschichte und Geschichtswissenschaft, *Vierteljahrshefte für Zeitgeschichte*, 1957, fase 1, 15: "O senso histórico desde Herder é a reflexão sobre a ordem ameaçada". KOSELLECK, R., *Kritik und Krise. Ein Beitrag zur Pathogenese der bürgerlichen Welt*, 1959; ROSENSTOCK-HUESSY, E., *Die europäischen Revolutionen*, 1931.

conservadas. Não oferecem mais ao ser humano aquela evidência inquestionável dos comportamentos institucionalizados. Por isso, se tornam objeto de reflexão e de crítica e o ser humano é dispensado e mandado para terreno inóspito, vasto e oscilante. Ele encontra-se em meio a uma crise que o põe em jogo e lhe impõe decisão urgente. Dessa forma, a história se torna perceptível a ele como crise, e a crítica histórica das tradições é filha dessa consciência de crise.

Toda reflexão sobre "história" por parte de historiadores, sociólogos e filósofos da história no continente europeu tem em sua base, no decurso do século XIX, o terremoto da revolução francesa e de suas imprevisíveis consequências[3]. Nesta revolução ruiu o edifício das velhas instituições e junto com ele também sua estabilidade metafísica. Com ela perderam-se as evidências e tradições comuns, tanto culturais como espirituais, nas quais se vivia seguro. Com ela a historicidade total das coisas apareceu como criticidade total do mundo dos seres humanos, à luz da consciência. Desde esse momento a "crise" se torna o tema da pesquisa histórica e o conceito inclusivo da reflexão filosófico-histórica. Hegel aplicou, ao passado como um todo, o novo conceito de "crise", juntamente com seu novo conteúdo de experiências. Ele dizia que: "O movimento e a inquietude continuam; esta colisão, este nó, este problema, é aquilo diante do qual a história está

---

3. KANT, I., *Der Streit der Fakultäten*, 1798, Phil. Bibl. 252, 87: "Um tal fenômeno *nunca mais é esquecido*, porque descobriu uma disposição e uma capacidade na natureza humana para melhorar, coisa que até agora no decurso da história nenhum político jamais teria imaginado". SCHILLER, F., *Über die ästhetische Erziehung des Menschen*, 1793/1794: "Uma questão que, outrora, só era respondida na base do poder cego do mais forte, agora, ao que parece, faz-se depender do tribunal da razão pura, e quem quer que seja capaz de se deslocar para o centro do todo e elevar sua individualidade até ao geral pode considerar-se dono desse julgamento da razão, pois como ser humano e cidadão do mundo ele é, ao mesmo tempo, partido e se vê envolvido mais ou menos nos sucessos". HEGEL, G. W. F., *Vorlesungen über die Philosophie der Weltgeschichte*, Werke XI, 557: "Desde que o sol se encontra no firmamento e os planetas giram em torno dele, ainda não se tinha visto o ser humano se colocar sobre a cabeça, isto é, sobre os seus pensamentos, e construir a realidade segundo eles. Anaxágoras disse que o *nous* é o que, em primeiro, dirige o mundo, mas somente agora o ser humano chegou a reconhecer que o pensamento deve reger a realidade espiritual. Isso significa um magnífico nascer do sol". FICHTE, J. G., *Briefwechsel*, I, 349 s., ed. H. Schulz, 1925: "Meu sistema [isto é, a doutrina sobre a ciência] é o primeiro sistema da liberdade. Da mesma forma como aquela nação [a França] arranca das cadeias externas os seres humanos, assim meu sistema os arranca das cadeias das coisas em si, da influência exterior e o coloca sobre seu primeiro fundamento, como ser independente". SCHLEGEL, F., *Athenäumsfragmente*, n. 222: "O desejo revolucionário de realizar o reino de Deus é o ponto elástico de qualquer formação progressista e o princípio da história moderna" (citado segundo K. Löwith, *Abhandlungen*, 1960, 157).

e que nos tempos futuros ela terá de resolver"⁴. Ranke acreditava em uma possível domesticação conservadora dessa crise revolucionária por meio da restauração do equilíbrio das potências europeias e pela reconciliação com as antigas tradições⁵. Jacob Burckhardt, em sua preocupação com o futuro do Ocidente em meio às crises progressivas, buscava "o critério da velocidade e a força do movimento em meio ao qual nós mesmos vivemos"⁶. Johann Gustav Droysen perguntava pela "direção do movimento caudaloso" em que tudo se encontra para quem exerce a contemplação histórica⁷. A "vocação" do século XIX para o estudo da história como necessidade absoluta para a vida data da revolução francesa. A partir disso, a "história" é sentida como *crise permanente* ou como revolução permanente, impossível de se conter ou domar. Em consequência, os historiadores e os filósofos da história se concentram de forma conservadora ou revolucionária, na assimilação espiritual, política e social dessa crise contínua. A história e a filosofia da história são obrigadas a tornar compreensível o que é "história", a fim de tornar possível dominar o caos, a catástrofe e as crises, isto é, a própria história. Em lugar da interpretação cosmológico-metafísica do mundo, entra, desde esse momento, a interpretação filosófico-histórica do presente. Foi precisamente a ruína da continuidade histórica que provocou aquela apoteose da "história" que nos movimentos messiânicos do século XIX levou à religião da história.

O sentido da história, o interesse na história e a necessidade de compreender a história sempre surgem em tempos críticos e inquietos, em que assomam acima do horizonte novas possibilidades, até aquele momento desconhecidas e não imaginadas. Para compreender o novo presente, e poder viver nele, é preciso forçar o passado, seja para sintonizar as novas experiências com as tradições do passado, seja para se libertar do peso do passado em favor do novo presente. Na origem dos grandes pensadores da história está, desde *Cidade de Deus* de Santo Agostinho, a experiência de tais crises. Desde a revolução francesa, entretanto, a história é toda ela entendida como crise. Não se pode mais restringir ao político ou ao social, mas tende a tornar-se total e deixar inseguros todos os domínios da vida. A crise se torna extensiva à história universal e atinge toda a existência

---

4. Werke, XI, 563; RITTER, J., Hegel und die französische Revolution, 15 ss.; MARCUSE, H., *Vernunft und Revolution*, 1962, 15 ss.

5. HINRICHS, C., *Ranke und die Geschichtstheologie der Goethezeit*.

6. BURCKHARDT, J., *Weltgeschichtliche Betrachtungen*, ed. W. Kaegi, 1947, 59, 250 ss.

7. DROYSEN, J. G., *Historik*, ⁴1960, 358: "Ao olhar finito estão escondidos o princípio e o fim, mas pela pesquisa ele pode reconhecer a direção do movimento da correnteza".

do ser humano e de seu mundo. Por isso, também as interpretações dessa crise se tornam totais e totalitárias[8]. Por isso, se tornou inevitável a interpretação histórica universal de todos os domínios incluídos nesta crise da história, mesmo que se tenha tornado evidente que até agora fracassaram, frente a essa crise, todas as tentativas de interpretação, porque não tornaram compreensível em sua totalidade essa crise, mas continuaram imanentes a ela e assim só a favoreceram e ajudaram a ampliá-la. Qualquer crise traz à tona a interrogação sobre o futuro. Com efeito, na crise de tudo o que existe torna-se claro que o futuro não resultará sem mais do passado, que ele já não pode ser sua natural repetição ou continuação, mas nele se encontrará algo de novo. Com isto, se impõe uma decisão ao presente, a qual não conhece antecedentes no passado e nem mesmo encontra antecedentes onde se originou. Desta decisão depende a forma do futuro, e tal decisão encontra sua forma na visão esperada ou temida, desejável ou abominável do futuro. Isso por sua vez significa que a decisão imposta ao presente deve surgir do sonho do futuro. A crítica do existente torna-o coisa do passado, e o liberta para a crise da decisão presente. Historicamente essa decisão está sempre ligada à utopia, a qual antevê as possibilidades e as tendências do futuro, antecipa-as e as insere na decisão atual[9]. Tanto a crítica quanto a utopia nascem da crise. Essa conexão estreita entre utopia e crítica aparece de forma particularmente clara no século que preparou a crise. No século XVIII, por toda a parte a crítica do absolutismo, do eclesiasticismo e das ortodoxias históricas, e a crítica da sociedade dividida em Estados estão ligadas às poderosas utopias do Estado humanitário, do reino de Deus e do novo Estado natural dos seres humanos, e estão a serviço dessas uto-

---

8. TALMON, J. L., *Die Ursprünge der totalitären Demokratie*, 1961; *Politischer Messianismus. Die romantische Phase*, 1963.

9. Isso é mostrado de forma particularmente clara por R. Koselleck, op. cit. A crítica racionalista contra a realidade existente acha-se ligada à esperança da "belle révolution" (Voltaire), da "révolution totale" (Mercier) e da revolução permanente (Rousseau) (133 ss., 208 ss.). "Nous approchons de l'état de crise et du siecle des révolutions" ["Estamos nos aproximando do estado de crise e do século das revoluções"], dizia Voltaire. Os iluministas, os maçons e os racionalistas fundamentam essa crítica e a expectativa da mesma grande crise pelas utopias da harmonia do universo, da superação dos Estados e das classes e do desaparecimento das igrejas no reino humanista da fé moral em Deus. Se, como se disse, o idealismo alemão é a teoria da revolução francesa, ou pelo menos a resposta filosófica às exigências suscitadas por essa crise, então se pode compreender por que o idealismo alemão inicia-se como "teoria do tempo presente" e se esforça por captar, com o pensamento, seu tempo, a crise da revolução, isto é, a história. Também se torna compreensível por que, em Herder, Schiller, Kant, Fichte, Novalis, E. M. Arndt e Hegel, a crítica do espírito da época está ligada às utopias do reino de Deus, do Estado cosmopolita e racional, da igreja invisível, etc.

pias. A consciência filosófico-histórica do Iluminismo, conscientemente não liga mais a crítica, tal como fizeram os movimentos anteriores na história, a um sonho retrospectivo tais como à regeneração, à reforma, à renascença ou à renovação do presente decaído, mas à categoria do *novum*: tempos novos, novo mundo, *novum organon*, *scienza nuova*, progresso, tempo final. A crítica do presente não é mais feita em nome das origens e em nome da idade de ouro primordial, que deveria ser restabelecida, mas em nome de um futuro ainda não existente. Desde 1789, o país "Utopia" não mais está em algum lugar do outro lado do mar, mas no veículo da fé na história e da ideia no progresso ele se deslocou para o futuro possível, que pode ser esperado e desejado. Com isso a utopia se tornou um conceito da filosofia da história e se inseriu na filosofia prática. Pela primeira vez se tornam ativos, na história, o quiliasmo e o entusiasmo apocalípticos e ideais, para os quais o fim é algo diferente da origem e a meta é maior que o princípio, o futuro é mais que o passado. Ora, uma crítica tão radical produz uma crise que coloca tudo o que houve até agora e todo o atualmente existente, "na sombra" da ruína. A crise assim desencadeada não só significa o fim do *ancien régime*, não só o *fin de siècle*, mas põe tudo em jogo, tudo o que para o ser humano significa existir na pátria, na *pólis*, no mundo e na natureza. A identificação dessa crise, que começou com a revolução francesa e, estreitamente ligada a ela, com a revolução industrial trouxe consigo o emprego universal das imagens apocalípticas. Esse tipo de história universal é juízo universal. Com esse tipo de liberdade, a "fúria do desaparecimento" ameaça a humanidade. Para pensadores revolucionários, o reino de Deus ou o reino da liberdade e da humanidade se tornam tangivelmente próximos. O messianismo político se agarra, nessa perspectiva, às novas possibilidades. Para pensadores conservadores, como De Bonald, De Maistre, e mais tarde de Tocqueville e Jacob Burckhardt, nessa crise ressoa a trombeta do juízo final. As duas correntes tomam a crise como prelúdio da luta final.

Para Saint-Simon, "revolução" significava "crise". Em 1813, ele escrevia: "L'espèce humaine se trouve engagée dans une des plus fortes crises qu'elle ait essuyées depuis l'origine de son existence" ["A espécie humana está metida em uma das crises mais fortes já sofridas por ela desde a origem de sua existência"][10]. Esse conceito de crise já aparece em Rousseau, mas é novo em Saint-Simon e Auguste Comte.

---

10. SOMBART, N., St. Simon und A. Comte, in: WEBER, A., *Einführung in die Soziologie*, 1955, 87. Cf. também TALMON, J. L., *Politischer Messianismus*, 21 ss., sobre Saint-Simon.

Ele tem em mente a revolução, mas quando penetra além de suas bases políticas, abre o olhar para a realidade histórico-social em sua totalidade. Em outras palavras, quando Saint-Simon fala de crise, ele tem em mente, em primeira linha, a *história* em um sentido totalmente moderno[11].

Para Saint-Simon e Comte, a meta da reflexão histórica, política e sociológica sobre a revolução é "terminer la révolution" ["terminar a revolução"]. "Devemos levar até o fim o amplo empreendimento que Bacon, Descartes e Galileu iniciaram, e então os abalos revolucionários terão terminado."[12] Quando a revolução é compreendida em suas circunstâncias, leis de movimento e causas, ela é calculável e também evitável. Por meio da "física social" os abalos revolucionários da sociedade se tornam tão calculáveis e compreensíveis em suas leis como os fenômenos da natureza na nova ciência da natureza. A "filosofia positiva" de Comte tem, a partir desses pressupostos, um tom visceralmente messiânico. O conhecimento científico do mundo e da história abolirá a época metafísica, tornada inútil, e a época teológica, ainda mais antiga. Os fenômenos do mundo se tornam calculáveis em suas relações de causa e efeito. A civilização científica e técnico-social se tornará a terceira e derradeira época do mundo. As crises se tomarão domesticáveis, as guerras evitáveis; virá o tempo da paz eterna em que os sociólogos terão na mão a ciência que tudo dominará. Nessa época, ainda haverá o progresso infinito pelo aperfeiçoamento da ciência e da técnica, mas não haverá mais alternativas radicais nem mudanças revolucionárias. Ora, se revolução significa "crise" e crise, "história", então "terminar a revolução" pela história e "terminar a crise" pela sociologia significam nada menos do que "terminar a história" por meio do conhecimento científico da mesma e pelo domínio técnico sobre ela. O "fim da história" se toma assim de uma proximidade tangível, por ser factível e realizável. A "perda da história" (A. Heuss), a "despedida da história" (A. Weber), a imanente "terminalidade da história" (H. Freyer), por meio da compreensão científica e da manipulação técnica são, portanto, coisas inevitáveis. A história enigmática, caótica termina quando for superada pelo conhecimento da história e pelo domínio sobre a mesma.

Também a "ciência" da história, que surge à sombra da revolução e da crise em permanentemente ebulição, recebe um sentido positivista-apocalíptico. No século XIX, reiteradamente se dizia que a ciência da história nos liberta da história.

---

11. TALMON, J. L., op. cit., 88.
12. COMTE, A., *Die Soziologie*, 1933, 15.

A consciência histórica quebra os derradeiros grilhões que a filosofia e a ciência natural não conseguiram romper. Agora o ser humano está totalmente livre (Dilthey)[13].

Um fenômeno histórico, compreendido pura e perfeitamente, e equacionado como problema de conhecimento, está morto para aquele que o conheceu. [...] A história compreendida como pura ciência e tornada soberana seria uma espécie de encerramento da vida e um ajuste de contas para a humanidade (Nietzsche)[14].

A pesquisa histórica sobre uma representação do pensamento humano sempre tem a finalidade de libertá-lo dela (W. Herrmann)[15].

O estudo da história se torna assim um instrumento para dominar a história. A ciência histórica confere ao ser humano libertar-se da história. Por conseguinte, a história como ciência tem a tendência de abolir a história como lembrança. Este historicismo como "ciência da crise" e como ciência-remédio contra as crises tem, portanto, a tendência de aniquilar o interesse e o sentido da história. O resultado da historização e racionalização da história é a abolição da história e produz a morte da história na vida humana e social. Nesse sentido, o historicismo científico está a serviço da ideia entusiástico-messiânica do "fim da história", além de ser ele mesmo um elemento para "terminar a história".

Este motivo da pesquisa histórica e da descoberta das causas dos fenômenos históricos pode ser compreendido sobre o pano de fundo da crise total que veio à tona com a revolução francesa. Mas é também compreensível que no auge da reflexão histórica, na segunda metade do século XIX, se começasse a perguntar pelo preço que acarretaria essa maneira de dominar a crise. Desde o livro de Nietzsche, *Vom Nutzen und Nachteil der Historie für das Leben* [*Sobre a vantagem e a desvantagem da ciência histórica para a vida*], de 1874, surge a questão da dimensão "anistórica" da "atmosfera" ou do "horizonte", como único meio no qual a vida é possível. O sentido histórico destrói o futuro, porque acaba com a ilusão e retira das coisas a única atmosfera em que podem viver e realizar suas possibilidades.

---

13. Dilthey, W., *Gesammelte Schriften*, VIII, 225.
14. Nietzsche, F., *Vom Nutzen und Nachteil der Historie für das Leben*, Kroener 37, 1924, 12.
15. Herrmann, W., *Verkehr des Christen mit Gott*, ³1896, 42. De modo semelhante, Eichhorn, A., *ZThK*, n. 18 (1908) 156: a pesquisa histórico-crítica está especialmente empenhada em "que, pela história, o homem se torne livre frente à tradição".

Tudo que é vivo precisa de uma atmosfera ao redor de si, de um halo misterioso; quando se tira este invólucro, quando se condena uma religião, uma arte, um gênio a girar como uma estrela sem atmosfera, não se deve ficar admirado de que logo seque e se torne estéril e sem frutos. Assim é com todas as grandes coisas "que jamais se realizaram sem um tanto de ilusão"[16].

Surge assim a questão da historicidade da própria ciência da história pressuposta pelo historiador que investiga os fatos e as leis que os regem. Se as crises revolucionárias da sociedade humana terminam pela pesquisa positivista dos fatos, surge a questão de que se, com isso, também não se termina com a vitalidade da vida humana, com os movimentos e os processos da história mundial, e assim tudo se esclerosa. A questão é se o término da crise histórica alcançado dessa maneira não é, por sua vez, um empreendimento altamente crítico e criticável. Com efeito, "terminar a história na história" resolve talvez os problemas no campo da percepção, mas como empreendimento humano deve ser, por sua vez, submetido como um todo a uma crítica muito séria. Aquilo que no mundo científico-técnico surge como crise, se torna certamente racionalizável; mas o universo científico-técnico como um todo se torna um poder irracional ao qual não é mais possível dominar, pois já não é possível olhar para além dele, para um outro mundo possível[17]. Isso faz surgir a questão de que se o conceito de história que identifica "história" e "crise" é suficiente, e se a ciência histórica que suprime a história pelo conhecimento, faz justiça à historicidade total da história e, até mesmo, à historicidade do conhecimento da mesma.

O "ENIGMA DA HISTÓRIA SOLUCIONADO"

§ 2. O método histórico[18]

Desde que foi metodizada a experiência que o ser humano tem do mundo por obra de Petrus Ramus e René Descartes e seus êxitos nas ciências naturais, empregaram-se todos os esforços para metodizar igualmente

---

16. Op. cit., 60.
17. Essa inversão foi vista principalmente por Max Weber. O "desencantamento" e a racionalização do mundo e de sua história pela ciência moderna produzem a irracionalidade sem sentido de "relações" independentes e autônomas, que agora dominam o comportamento humano. Cf. K. Löwith, Max Weber e Karl Marx, in: *Gesammelte Abhandlungen zur Kritik der geschichtlichen Existenz*, 1960, 26.
18. *Geschichte*, ed. W. Besson, Fischer-Lexikon 24, 1961, 78 ss.

as experiências da história e a experimentação da história pelo ser humano. Por conseguinte, a questão do método histórico não tem em vista as formas técnicas do trabalho do historiador, mas de maneira mais ampla a natureza do conhecimento histórico e o caráter de ciência que tem a história. Sem "método" não se chega a nenhum conhecimento certo. Assim, o método histórico abrange os princípios da pesquisa histórica e os princípios para a crítica controladora de seus resultados. Depois que, no século XIX, as ciências naturais, para além da coleta e da soma dos resultados experimentais, chegaram a esboçar uma sistemática exata e controlável das leis da natureza, passando a "ciência exata" a significar universalmente ciências da "natureza", necessariamente se colocou a questão do caráter científico da história e das leis gerais que regem o decurso da história. Embora, desde o fim do século XIX, tenha sido descrito por W. Dilthey o caráter especial dos métodos das ciências do espírito, não obstante, certas exigências mínimas do conceito de "ciência" para as ciências naturais começaram a fazer parte da ciência da história:

a) A ciência da história não é arte, poesia ou legenda, mas o conceito de verdade que está em sua base é o de verdade objetiva, verdade das coisas, cientificamente verificável. As afirmações da ciência histórica devem poder colocar à prova sua exatidão histórica por meio de documentos, que podem ser controlados por qualquer um a qualquer tempo, para assim por intermédio deles controlar os acontecimentos. A história não é "lenda e fato" (Bertram), mas é – na medida em que busca uma ciência certa – obrigada a buscar a concordância controlável entre afirmação e fato.

b) A exatidão científica do conhecimento dos fatos do passado pressupõe que os conhecimentos sejam controláveis. Sua dependência das fontes e da crítica das fontes significam a controlabilidade de suas afirmativas, com referência à realidade da qual a história fala, e que ela quer conhecer.

c) Ora, controlabilidade pressupõe, fundamentalmente, a possibilidade de repetir aquilo que é objeto do estudo científico. O conhecimento histórico só é digno de confiança se é passível de comprovação a qualquer tempo e por qualquer um que se submeta aos esforços exigidos pelo método. Mas para que se tornem comprovados, os materiais e os acontecimentos atestados pelas fontes devem estar de novo sempre à mão do pesquisador. Essa repetição objetiva se torna assim o sinal distintivo do método para investigar os fatos como fatos. É neste ponto que se distingue a ciência histórica da lenda e da memória viva, da experiência e das verdades vivenciais.

d) Também a ciência histórica trabalha com determinadas hipóteses, projeções, colocação de questões e horizontes interpretativos, nos quais os acontecimentos são iluminados como tais e trazidos para a experiência. Mas, enquanto a hipótese científica tem sua natureza objetiva para lhe responder e para ser verificada e experimentada, os objetos históricos estão sempre ligados a interpretações e horizontes significativos, nos quais se transmitem nas fontes as experiências que deles se teve. Por conseguinte, a primeira tarefa da ciência histórica deve ser ler os testemunhos da história como simples "fontes" e procurar datar, localizar e reduzir os objetos transmitidos a "fatos históricos" por meio de múltiplas interpretações, tendências e ornamentos. Em seguida, o "fato histórico" assim conseguido se torna o ponto de partida da crítica que a consciência histórica faz dos testemunhos, das interpretações e das tradições. Como se vê, o método histórico é, desde o início, crítico, e de forma crítica se relaciona com suas fontes. Ora, qualquer crítica das tradições sobre determinado acontecimento está sempre ligada a representações e fantasias anteriores daquele que julga sobre como a coisa "na realidade" se deu. Isto significa que sempre há uma reconstrução dos "fatos verdadeiros". Ora, tais reconstruções dos eventos "como eles se deram" são, por sua vez, projeções, hipóteses e colocações de questões que devem ser comprovados à luz das fontes. Por isso, a ciência histórica sempre está ligada à imaginação histórica, quer seja à que está dada nas fontes quer seja à que é própria do investigador. Isso significa que a crítica histórica está sempre ligada à heurística histórica.

A metodização da experiência histórica deve "objetificar" a realidade histórica. A consideração histórico-científica deve trazer a história acontecida para uma distância conveniente em que a realidade possa ser investigada como objeto. Ela deve constatar a realidade histórica e, para tanto, deve pressupor que esta realidade é algo seguro, que não mais se modifica. Isso evidentemente se torna tanto mais difícil quanto mais a "história contemporânea" está em jogo, pois aqui o objeto ainda não está fixado, mas continua ainda em andamento. Nesse caso, o pesquisador histórico não se encontra frente à história dos fatos, mas em meio aos eventos e é influenciado em sua diagnose histórica por esses eventos. Devido a isso qualquer história é história contemporânea. Com efeito, o objeto da ciência histórica se encontra em um duplo movimento: "ele decorre, por um lado, do caráter de processo próprio de toda vida já decorrida, e, por outro lado, da perene transformação do ser humano que contempla a história, ele próprio sujeito ao devir histórico"[19]. Por isso, a antiga sentença de que "a história sempre deve ser escrita de novo" é verdadeira. Em razão da "historicidade" do investigador da história constantemente se verifica o processo básico da transformação do "presente" histórico em "objeto" histórico, da história que se encontra em processo e é influenciada pelo conhecimento e pela decisão de cada um em projeção retrospectiva sobre a história que está fixada para sempre. A relação histórica objetivante em relação aos fatos passados é, portanto, ela mesma, uma realidade altamente histórica e criadora de história.

§ 3. Heurística histórica

O método histórico não só trabalha no desmonte crítico de imagens históricas do passado para investigar os fatos "nus", mas deve ainda confrontar o material das fontes com suas ideias e projeções. É certo que a crítica histórica, em nome dos fatos, agride as interpretações das fontes, mas também é certo que os fatos não podem ser conhecidos nem exprimidos sem uma nova interpretação. Na ciência histórica os fatos não são dados em primeiro lugar, mas são o último produto da abstração feita sobre as interpretações recebidas, em nome da "objetividade", tal como esta é hoje universalmente aceita e compreendida[20]. "O fato" é o substrato resultante, depois de afastadas as interpretações transmitidas nas fontes e tradições. O cientista em sua experiência deve isolar seu objeto de investigação, afastar os fatores que não dizem respeito à questão, abstrai-los de colocações de outras questões, a fim de chegar a resultados claros e unívocos. Este procedimento é tão difícil nos objetos (fatos) históricos, porque sempre se encontram aí formações altamente complexas, onde isolar significa destruir as múltiplas contexturas. Por isso, a ciência histórica, ao mesmo tempo em que isola um fato de seu multíplice contexto e o reduz a um único problema, deve esforçar-se por passar imediatamente dos fatos

---

19. Ibid., 80.
20. Cf. ROTHACKER, E., *Die dogmatische Denkform in den Geisteswissenschaften und das Problem des Historismus*, Abhandlungen der geistes- und sozialwissenschaftlichen Akademie der Wissenschaften 6, Mainz, 1954, 55.

isolados e individualizados aos contextos desses fatos e da consideração particular novamente para o complexo de todo o problema. Dessa forma, o individual se torna cognoscível e julgável em conjunto com o universal, e o universal em estreita ligação com o individual. A separação positivista de fato e interpretação, no fundo, não é possível e só pode ser apresentada como tal quando, de forma ingênua, não-crítica e inconsciente, o horizonte interpretativo próprio do pesquisador é apresentado como "fato". Se nas palavras de Max Weber a ciência racional "desencanta" o mundo, e a compreensão total dos fatos cessa quando entra o julgamento de valor; isto só é verdadeiro quando o julgamento de valor vem *a posteriori*, para inserir valores atuais em um mundo que se baseia em outros, mas não quando o julgamento de valor está dado juntamente com o horizonte apreciativo da transmissão dos fatos. E na realidade está sempre dado.

Agora, quando a ciência histórica passa do fato isolado e individualizado para afirmações mais universais que pretendem abranger a totalidade dos processos históricos, surge *o problema da formulação do conceito de história*[21]. O ser humano necessariamente se serve de conceitos generalizadores e de tipificação. Tais conceitos recebem sua força interpretativa de situações e perspectivas próprias de cada época e, portanto, não podem ter a pretensão de refletir os processos históricos como tais, mas são simples considerações heurísticas e meios para explicar e compreender os processos históricos. Necessitam da confirmação dos objetos e por isso são perpetuamente postos em questão. Um desses meios é a *lei histórica*. Um acontecimento torna-se explicável quando suas causas se tornam visíveis. Esta conexão entre causa e efeito, entretanto, pressupõe igualdade de ser, em que causa e efeito estão interligados. Nesse caso, a história deve necessariamente ser história social, ou política, ou cultural, isto é, a substância da história deve ser construída de forma que possa apresentar uma concatenação de causa e efeito. Ora, isto só se dá no que é uniforme e repetível e em determinados processos na história, os quais possuem certo automatismo objetivo. Geralmente os processos históricos são tão complexos que os nexos causais não podem ser todos formulados, mas só parcialmente. Monocausalidades só podem ser firmadas em história quando se abstrai ou se deixa fora toda uma série de outros nexos causais. De mais a mais, falta à causalidade histórica o caráter de reversibilidade[22]. É certo que se pode inferir dos efeitos para as causas, mas dificilmente das causas para

---

21. WITTRAM, R., *Das Interesse an der Geschichte*, 1958, 33 ss.
22. *Geschichte*, Fischer-Lexikon, 83.

os efeitos. Por isso, o histórico propriamente dito está antes no conceito da possibilidade do que no da necessidade: nunca todas as possibilidades passam a ser necessidades unívocas. Por isso, o conceito de causalidade só poderá ter significação heurística.

Um outro instrumento conceitual para compreender os nexos históricos é o levantamento de "tendências". Este conceito é corrente na historiografia alemã desde Ranke. Mas ele é empregado também no materialismo histórico-dialético de Georg Lukács e Ernst Bloch[23]. Este conceito renuncia à necessidade da causalidade das ciências naturais e descreve o processo dos movimentos históricos não como passagem de causa para efeito, mas de possibilidade para realidade. Entre possibilidades e realidades acontecidas não está a necessidade, mas a tendência, o impulso, a "queda", o *trend*, isto é, certas inclinações para algo que podem tomar-se reais em determinadas constelações históricas. Ernst Topitsch afirma que esta expressão encobre "o delicado problema da relação entre ato, valor e evolução espontânea". R. Wittram pensa que a este conceito falta inteiramente a ideia de uma teleologia objetiva e que ele significa simplesmente uma "direção" em um evento histórico concreto[24]. Para G. Lukács e E. Bloch, "tendência" significa algo que liga as possibilidades reais-objetivas às decisões subjetivas, e assim coloca os "fatos" históricos na corrente do processo histórico e as decisões subjetivas do observador da história nesse mesmo processo. Mas, neste caso, o instrumento heurístico que é o estudo das "tendências" significa, de fato, uma direção teológica universal da história.

E. Rothacker recomendou para a compreensão da concatenação histórica o conceito de "estilo".

> Quando se entende "pensamento histórico" no sentido enfático e patético dessas palavras, não se tem primariamente em vista a constatação de fatos, mas a compreensão, mais congenial possível, de fenômenos do *lógos* imanente, de estilos aos quais os fatos estão subordinados[25].

Esse conceito provém evidentemente da história da arte e tem uma visão própria sobre a estética das coisas. Em sua aplicação em contextos históricos, porém, ele é entendido como o relacionamento antropológico e sociológico de eventos e atos com o "ambiente" próprio de cada época em

---

23. LUKÁCS, G., *Geschichte und Klassenbewusstsein*, 1923; BLOCH, E., *Das Prinzip Hoffnung*, 1959.
24. WITTRAM, R., op. cit., 44.
25. Ibid., 23.

que se dão as experiências e a visão do ser humano. Ele é entendido como o "estilo de vida", a *façon de vivre*, a *façon d'agir*. Assim como o animal possui um "ambiente" próprio a cada espécie, necessário para se adequar ao mundo, também os seres humanos vivem em um "ambiente" cultural de experiências, costumes vitais, instituições e esperanças humanas, nas quais percebem a história e agem historicamente. O historiador que interroga os "fatos" sempre destrói esse horizonte de interpretação e experiência histórica própria a cada ambiente, enquanto, na verdade, os fatos e os atos só se tornaram "históricos" em seu próprio "ambiente" de língua, normas jurídicas, visões do ser humano e do mundo, ideias religiosas e formas econômicas. De modo semelhante o conceito de "estrutura" procura compreender as instituições sociais nas quais a história, em cada caso, foi vivida e assimilada como um mundo próprio de manifestações e de ordenações vitais que se mostraram historicamente ativas[26]. Essa moldura representativa leva mais longe, até à história das "formas". A historiografia histórico-formal também tem orientação sociológica ao perguntar pela ancoragem institucional de narrativas na vida de grupos históricos e sociedades, importando-se menos com a expressão individual e única do que com o *Sitz im Leben*, a situação dessas narrativas no culto, no direito, na política e na arte. Finalmente também o conceito de "compreensão existencial" é um meio heurístico[27]. Com ele se interpretam os fenômenos da história passada a partir das possibilidades de compreensão existencial do ser humano que assim são tornados inteligíveis. O modelo heurístico se compõe de "situação" e "decisão", de *challenge and response* ["desafio e resposta"], e a história passada mostra como ela foi vivida pelo sujeito humano em experiência e responsabilidade, e como nelas foram descobertas, compreendidas, ou destruídas, possibilidades do existir. Assim, a ciência histórica está menos interessada nos eventos em si e seus encadeamentos causais ou tendenciais com outros eventos, do que com a historicidade da existência atual em cada época e com as possibilidades da existência humana em geral.

Como se pode ver, a gama de conceituação histórica vai dos "fatos" até às simples possibilidades de existência, desde o "objetivo" (no sentido das ciências naturais exatas) até a unicidade intransferível da subjetividade e espontaneidade humanas. E só apresentamos aqui alguns modelos típicos. R. Wittram[28], com razão, diz: "Todos os conceitos históricos universais têm

---

26. BRAUDEL, F., conforme WITTRAM, op. cit., 44.
27. HEIDEGGER, M., *Sein und Zeit*, [8]1957, 382 ss.
28. WITTRAM, R., op. cit., 43.

algo de fluido". São conceitos heurísticos que devem sempre ser comprovados de novo ao ser empregados. Sua fluidez, pela qual se opõem a uma fixação metafísica em sistema e à univocidade lógica, não só se funda na perspectiva histórica limitada do observador, que os emprega para iluminar uma realidade enigmática; baseia-se também no fato de que conceitos unívocos e imutáveis ainda não existem na história. Os conceitos de "nação", de "classe", de "cultura" etc. não são categorias fixas em que é trazida para a experiência a história da nação, das lutas de classes ou da cultura, pois aquilo mesmo que é "nação", "classe", "igreja" etc. está historicamente em fluxo, é historicamente discutido e, por isso, está historicamente em transformação. Se o pensamento fundamental do historicismo é o de que a essência de uma coisa deve ser compreendida a partir de seu processo histórico e o resultado desse processo é decidido somente no decurso dele mesmo, então "o chão do conceito realizado, absoluto" não está no caminho da abstração do particular para o universal, nem no caminho de uma visão de todo o passado, mas ele ainda é uma terra não descoberta, que está adiante na história e que em relação à história do passado só pode ser alcançada como antecipações fragmentárias. O fato de a história permanecer obscura para ele não decorre apenas da imperfeição do espírito humano, mas também da própria história que ainda não alcançou seu fim e por isso ainda não pode ser dominada pelo conhecimento histórico, a não ser somente de forma fragmentária e proléptica.

§ 4. Historiologia

A heurística histórica conduz por si mesma ao problema da filosofia da história. "Pela crítica a história se torna por si mesma filosofia da história" (F. C. Baur)[29]. Mas como pode ser possível uma filosofia da história no sentido grego de conhecimento e ciência? Se a "essência da história é a mudança" (J. Burckhardt)[30], a "mudança" é o exato oposto de "essência". Por isso, "filosofia da história" aparecia aos olhos de Burckhardt como um centauro, uma *contradictio in adjecto*, pois "história, isto é, a coordenação é não-filosofia; e filosofia, isto é, a subordinação é não-história"[31]. Não obs-

---

29. BAUR, F. C., citado conforme KOSELLECK, op. cit., 6.
30. *Weltgeschichtliche Betrachtungen*, 72.
31. Ibid., 43. Entretanto, o ponto de partida do próprio J. Burckhardt mostra um conceito tipicamente grego do *Lógos*: "*Nosso* ponto de partida se encontra no único centro permanente e possível para nós, isto é, no ser humano que luta e age, tal como ele é e sempre foi e será; essa é a razão por que nossa consideração será, de certo modo, patológica.

tante, todos os conceitos históricos universais com os quais se tenta compreender os nexos históricos, eles estão relacionados com determinados horizontes esclarecedores da realidade e assim pertencem ao conhecimento filosófico do mundo como história. Se o esforço universal da razão humana está orientado para o "aniquilamento do acaso", como dizia Wilhelm von Humboldt, este esforço é aguçado na filosofia da história, para a qual a experiência da história é a experiência da crise e da revolução permanente. O "terror da história" perde seu terror quando é compreendido. Ora, ele é compreendido quando, em meio aos movimentos caóticos da história, se pode descobrir um sentido, um *lógos* imanente, como também quando se descobrem necessidades e dependências no contingente. Assim a história é "apreendida" e onde isto se dá, ela deixa de ser "história".

Vejamos esta passagem – frequentemente inconsciente – da heurística histórica para a filosofia da história, em alguns historiadores mais célebres.

a) Também Ranke se perguntava permanentemente pelo "nexo geral" da história. Ranke é geralmente celebrado como historiador porque abandonou as construções aprioristicas da especulação histórico-universal do idealismo alemão para se voltar aos objetos histórico-empíricos da história em toda sua profusão impossível de abarcar com a vista. Entretanto, também Ranke está preso a certos pressupostos filosóficos em sua historiografia[32]. Assim, por exemplo, ele diz em sua obra *Deutsche Geschichte im Zeitalter der Reformation* [*História alemã na época da Reforma*]:

> Talvez possamos dizer que os tempos se seguem uns aos outros para que em todos suceda o que não é possível em nenhum deles isoladamente, a fim de que toda a plenitude da vida espiritual, insuflada no gênero humano pela divindade se manifeste na sucessão dos séculos[33].

Portanto, de acordo com ele, a vida espiritual da humanidade é "insuflada" pela divindade e, por isso, em "toda sua plenitude", ela é infinita como a própria divindade, e assim no decurso da história só pode aparecer "à luz do dia" sucessivamente. É verdade que as leis, conforme as quais aos poucos ela se manifesta, são obscuras para nós, misteriosas e maiores

---

Os filósofos da história consideram o *passado* como oposição e prelúdio a nós, os evoluídos; nós consideramos aquilo que se *repete, o constante, o típico,* como algo que repercute em nós e é compreensível para nós" (45).

32. HINRICHS, C., *Ranke und die Geschichtstheologie der Goethezeit*, 161 ss.
33. Citado ibid., 162.

do que pensamos³⁴, mas, não obstante, a ordem divina das coisas pode ser entrevista, pois esta "ordem divina" é "idêntica à sequência das épocas"³⁵. Por isso, Ranke emprega para exprimi-la conceitos históricos como "tendências" e "forças":

> São forças espirituais, geradoras de vida, criadoras, elas mesmas são vida, são energias morais que descobrimos em seu desenvolvimento, [...] que florescem, conquistam o mundo, manifestam-se das formas mais variadas, contestam, limitam, dominam-se mutuamente: em sua interação e alternância, em sua vida, em seu desaparecimento ou em sua revivescência, que inclui em si sempre significação maior, alcance mais vasto. Eis onde se encontra o mistério da história universal³⁶.

O modelo histórico-filosófico dessa interpretação do "mistério da história universal" está claramente na imagem neoplatônica, panenteísta, do tempo de Goethe. Para Ranke, a "ideia", "Deus", o "sol" ou a "fonte" não contêm em si mesmos nenhum princípio dialético imanente, como para Hegel, mas emanam enquanto permanecem sempre fora do mundo em seu ser imutável e estável. Suas emanações aparecem no decurso dos fenômenos e movimentos históricos, no jogo recíproco e no seguir-se umas às outras das forças e das tendências, das energias morais e das épocas. Cada uma delas está em uma relação imediata com a ideia superior. Por isso, cada época "é *imediata* em relação a Deus e seu valor não se baseia naquilo que nela sucede, mas em sua própria existência, em si mesma", como consta nas *Palestras de Berchtesgaden*³⁷. "As ideias com as quais as situações humanas são fundamentadas, contêm em si o divino e o eterno do qual emanam, mas nunca de maneira completa em si mesmas"³⁸. Entretanto, para Ranke nunca se deve ignorar a "necessidade interna de sequência". É certo que não se pode ver uma meta final para a história universal. "Se quiséssemos mostrar para ela [isto é, para a história universal] uma meta determinada, obscurecer-se-ia o futuro e se desconheceria o ilimitado alcance do movi-

---

34. Ibid., 164.
35. Ibid., 168.
36. Ibid., 174. Citado de *Die großen Mächte*.
37. Ibid., 165.
38. Ibid. cf. também *Die großen Mächte*, 1955, 3 s. e 43: "Sem dúvida, na ciência histórica também a consideração do momento individual em sua verdade, do desenvolvimento particular em si e para si, tem um valor inapreciável; o particular traz em si o universal. [...] Da mesma forma, o universal significa que por distinção e pura ilustração aparecerá a verdadeira harmonia".

mento da história universal"³⁹. Não obstante isso, existe para Ranke uma meta: a meta dos desenvolvimentos e dos envolvimentos históricos consiste em que "toda a plenitude" do espírito insuflado na humanidade, a ilimitada multiplicidade que é própria da única ideia divina, se manifeste à luz do dia na sequência das épocas. No fim não se encontra plantada uma ideia a ser revelada e realizada, mas a totalidade da história universal, agora impossível de abranger, manifestará como soma das manifestações parciais da ideia, a plenitude do ser divino.

> Para Ranke, a evolução consiste na sequência de formas fenomenais, de valor absolutamente igual, que manifestam a única ideia, formas essas que trazem em si mesmas o seu valor e cuja plenitude ilimitada, tomada em conjunto, resulta na revelação do todo.

Essa é a "teleologia sem *télos*" da história universal, como G. Masur designou a concepção histórica e a historiografia de Ranke. Como se vê, para Ranke a história é um processo, cujo sentido não está contido em um escopo final. Deus aparece na história, mas não se dissolve nela. É tarefa do historiador restituir a vida do passado, e isso naquela harmonia dada na totalidade dos fatos históricos.

Por conseguinte, Ranke possuía uma "visão do todo", uma concepção histórico-filosófica básica e uma fé histórico-teológica. Ele a partilha com a época de Goethe. Entretanto, era suficientemente modesto e comedido para não construir uma história conforme essa concepção e afastar o inexplicável com a observação: "Tanto pior para os fatos" (Hegel). Ele faz valer sua "ideia" somente em determinadas viradas da história e – o que é decisivo – em sua conceituação de história.

b) De modo semelhante Ferdinand Christian Baur, por obra de quem a crítica histórica e o pensamento histórico se tornaram imprescindíveis para a teologia protestante, tentou conceber a história como um todo universal⁴⁰. Para ele, a crítica histórica leva necessariamente à questão da "verdadeira realidade da história".

> Que tarefa mais sublime a história pode ter do que a investigação, sempre mais profunda, da concatenação histórica de todos os fenômenos que

---

39. MEINECKE, F., Deutung eines Rankewortes, in: *Zur Theorie und Philosophie der Geschichte*, 1959, 117 ss.

40. Cf. a introdução de E. Käsemann à nova edição da obra de BAUR, F. C., *Historisch-kritischen Untersuchungen zum Neuen Testament*, Ausgewählte Werke, ed. K. Scholder, I, 1963, e a introdução de E. Wolf a BAUR, F. C., *Ausgewählte Werke*, ed. K. Scholder, II, 1963.

estão diante dela como objeto dado? Por isso, também seu esforço, muito naturalmente, com todos os meios que estão a seu alcance, tanto pela pesquisa do individual como pela subordinação do individual sob pontos de vista mais elevados e diretores, por intermédio dos quais somente recebe sua firme posição no todo, se dirige a penetrar também naquilo que está diante dela, como massa firmemente fechada, a fim de dissolvê-la e torná-la fluida e inseri-la na corrente geral do devir histórico, no qual – na ilimitada concatenação de causas e efeitos onde um é sempre o pressuposto do outro – tudo forme um só conjunto que se carregue e se sustente mutuamente, e onde só deve ser considerado como para sempre incompreensível o que desde o início apresentar a pretensão de, estando em meio à história, estar fora do contexto histórico[41].

Ora, quando se entende "contexto histórico" dessa maneira, assim, por razões histórico-filosóficas – e não historiográficas – o "milagre" e o "salto" devem ser eliminados. Com efeito, "no final das contas só se pode manter aquela visão que traz unidade, nexo e consequência racional para nossa cosmovisão, para nossa concepção da história evangélica, para toda nossa consciência". "Uma verdade histórica recebe sua consistência unicamente no contexto do todo, no qual se possa designar-lhe uma posição certa"[42]. Assim, para F. C. Baur, a crítica histórica leva inapelavelmente para a especulação histórica[43], pois a crítica histórica não pode e não deve levar – como no Iluminismo – à atomização dos fatos, mas significa para Baur a mesma coisa que a compreensão do particular em relação ao todo.

"Histórico-crítico" significa que nenhum instante isolado é absolutizado ou negado, mas que cada qual é compreendido como membro passageiro na contextura do progresso histórico imanente, e assim é entendido como revelação do Espírito ou da ideia que se realiza em sua totalidade[44].

Dessa maneira, a crítica histórica nada mais é que o reverso da filosofia da história. Entretanto, que é feito da "história" nessa visão total da especulação histórica?

1. A história se torna um "objeto dado que está diante de nós".

---

41. *Epochen der kirchlichen Geschichtsschreibung*, 1852, citado conforme Wolf, E., op. cit., XI.
42. *An Dr. K. Hase. Beantwortung des Sendschreibens der Tübinger Schule*, 1855, citado conforme Wolf, E., op. cit., XI.
43. Käsemann, E., op. cit., XIX.
44. Ibid.

2. Os "eventos" históricos individuais se tornam "fenômenos" históricos de um todo que abrange tudo.
3. Os "instantes" históricos são tomados como simples "passagens" nos movimentos do contexto histórico universal.
4. O contexto histórico é apresentado como "ilimitada concatenação de causas e efeitos em uma consequência racional".
5. A "história" se torna um conceito que exprime a realidade em sua totalidade, um todo em movimento e universal, em que "tudo em conjunto se carrega e sustenta mutuamente".
6. A história se torna assim o campo fenomênico de um todo espiritual. Ela se torna o "espelho eternamente claro em que o espírito contempla a si mesmo, contempla sua própria imagem". É na história que se realiza e se manifesta o espírito. Na ciência histórica, ele é sempre concebido de novo. Dessa forma, à concepção especulativa da história como mundo fenomênico do espírito corresponde o princípio da subjetividade do espírito que, pela ciência histórica, se torna consciente de si mesmo. O método histórico-crítico, a especulação histórica do todo da história e o fato do espírito ser subjetivado novamente no conhecimento da história estão relacionados entre si e se condicionam mutuamente.

Mas aí surge a questão: será que com esse método histórico-crítico e com essa especulação histórica, a "história" ainda pode ser entendida de forma realmente "histórica"? Ou será que nesse processo de conhecimento e conceituação de história, a historicidade da história não é abolida completamente por um *lógos* grego não-histórico? A história se torna assim um cosmo que carrega a si mesmo. O enigma da história é resolvido por meio da filosofia platônica, da dialética hegeliana e de ideias panteístas. A história se torna um universo de epifanias cambiantes, autotransformadoras da eterna presença do ser. Não é possível, por esse caminho, ver como "pela aplicação inescrupulosa da crítica histórica, em uma situação mudada, foi repetida a decisão dos reformadores em prol do uso do *sola fide*"[45].

---

45. Contra EBELING, G., Die Bedeutung der historisch-kritischen Methode, in: *Wort und Glaube*, 45, e GOGARTEN, F., *Verhängnis und Hoffnung der Neuzeit*, 1958, 154, cujas teses K. Scholder, no prefácio à já citada nova edição das obras de F. C. Baur, levanta como questões dirigidas à obra de F. C. Baur.

c) Para Johann Gustav Droysen, "o campo do método histórico" é "o cosmo do mundo ético"[46]. Compreender este mundo ético em seu devir, e em seu crescimento, e conforme a sequência de seus movimentos, significa compreendê-lo historicamente. Assim, para Droysen a substância, cujas manifestações históricas devem ser investigadas de maneira histórica, já existe perfeita desde o início. Seu "cosmo do mundo ético" é desenvolvido em uma história universal de teleologia ética. Em lugar do princípio de causalidade entra o princípio da enteléquia ética. O mistério dos movimentos históricos é iluminado a partir de seus objetivos.

Enquanto a visão histórica do movimento do mundo ético observa seus progressos, reconhece sua direção, vê como um objetivo realiza e revela um outro, ela conclui na existência de um objetivo todos os objetivos em que o movimento se completa, em que aquilo que move este mundo dos seres humanos o impele e sem descanso faz avançar para frente, que é paz, perfeição e presença eterna[47].

Todo devir e crescer é movimento em direção a um objetivo, o qual, completando-se pelo movimento, quer chegar a si mesmo[48].

O objetivo supremo, que, sem ser condicionado, a todos condiciona, a todos move, a todos abarca, a todos explica, o objetivo dos objetivos não pode ser investigado empiricamente[49].

Ao olhar finito está oculto o começo e o fim. Mas pela observação ele pode reconhecer a direção do movimento torrencial. Preso nos estreitos limites do aqui e do agora, ele vê de onde e para onde[50].

Assim resulta "da certeza que temos de nosso próprio eu, do impulso proveniente de nosso dever e querer moral, do desejo do perfeito, do uno, do eterno [...] da busca de outras 'provas' da existência de Deus, a prova mais apodíctica"[51]. A certeza assim adquirida a respeito do supremo objetivo de todos os objetivos, que a todos dá sentido, é chamada por Droysen de "teodiceia da história", sem a qual a história cairia no absurdo de um movimento circular que simplesmente se repete. Como se vê, Droysen, para explicar a "história", se agarra à fé de uma sábia ordenação do

---

46. DROYSEN, J. G., *Historik*, 345.
47. Ibid., 345.
48. Ibid., 356.
49. Ibid.
50. Ibid., 358.
51. Ibid., 356.

mundo por Deus, a qual abrange todo o gênero humano, e "no fato de que os seres humanos lutam por esta fé – que é 'certeza firme naquilo que não se vê' – procurando compreendê-la; nisto e somente nisto ela se conhece como ciência"[52].

Em Droysen, a relação entre história e filosofia da história é particularmente interessante. Os movimentos históricos são movimentos na moldura do "cosmo" do mundo ético. O lugar do cosmo da causalidade das ciências naturais é tomado pelo cosmo teleológico que tem seu ápice metafísico unitário no supremo objetivo final, no objetivo de todos os objetivos. Este é certamente o cosmo das entelequias de Aristóteles, em sua Metafísica. Esse cosmo aristotélico é conectado aos postulados da razão prática de Kant, pressupondo a fé em "Deus e no mundo futuro". A escatologia da esperança cristã é transformada na teleologia da razão ética. O *éschaton* se torna o *télos* de todos os *téle*: paz, perfeição, um só pastor e um só rebanho, Estado mundial, liberdade plena e total do ser humano moral, novo céu e nova terra, retorno de toda a criação a Deus[53]. A especulação neoplatônica sobre o *lógos* e a dialética hegeliana da volta a si do Espírito absoluto descrevem mais de perto esse *éschaton-télos*.

Também aqui o enigma da história aparece como solucionado. Aquele que age eticamente sabe que está no caminho de sua solução final. A última citação mostra claramente que a questão do sentido ou do sem-sentido da história é respondida de forma "pré-científica", como diz R. Wittram, não em uma pré-cientificidade anticientífica, mas, como diz Droysen, por meio dos fundamentos e motivos impulsionadores em direção à ciência histórica, a saber, naquela esperança crente em um futuro ainda não visível, que impele ao conhecimento e à ciência histórica, pela qual "luta" o conhecimento. Isso parece significar que a consciência histórica, a lembrança e o conhecimento da história sempre existem quando a consciência da missão histórica antecipa, pela esperança do futuro e pela certeza da fé, o *éschaton* dos últimos objetivos e fins. A consciência da história recebe suas possibilidades e seus limites perceptivos da consciência de uma missão histórica, que insere o futuro na responsabilidade de seus objetivos e fins. Se a isso se dá uma formulação ética, como faz Droysen, então o campo do método histórico se torna o cosmo do mundo ético. É digno de nota o fato de que Droysen, para confirmar esta teleologia ética pode até acolher no "presente eterno" as promessas bíblicas da nova humanidade,

---

52. Ibid., 373.
53. Ibid., 357, nota 11.

da liberdade dos filhos de Deus, da consumação de todos os movimentos históricos e finitos, mas não o ponto de inserção da escatologia cristã: a ressurreição dos mortos.

d) Para Wilhelm Dilthey a história é uma ciência do espírito, e as ciências do espírito se baseiam na relação entre vida, expressão e compreensão. "O conteúdo daquilo que nos acontece na vivência e no entendimento é a vida como contextura que abrange o gênero humano"[54]. Em toda parte na história, encontramos manifestações vitais, relações vitais, objetivações da vida única e incondicionada. *"Cada manifestação particular de vida representa algo em comum*, no reino desse espírito objetivo (no sentido da objetivação da vida)"[55]. Todas as manifestações vitais se encontram em uma esfera de universalidade e só são compreensíveis como tais. O "fato básico" do mundo dos seres humanos é "a vida" e a "essência da história" deve, portanto, ser buscada na ideia das "objetivações da vida"[56]. "A história consta da vida com toda a multiplicidade de suas mais diferentes relações. A história nada mais é que a vida entendida do ponto de vista da totalidade da humanidade, a qual forma um conjunto"[57]. Contra o ponto de partida de Hegel no "espírito absoluto", Dilthey coloca a "realidade da vida": "Na vida se encontra ativa a totalidade do espírito". Por isso, ele não entende o "espírito objetivo" a partir da "razão", mas como unidade vital de manifestações vitais e objetivações vitais. O "conjunto dos efeitos" da história, portanto, consiste, para ele, não no nexo causal da natureza, mas na estrutura da vida do espírito do ser humano, o qual gera valores e realiza objetivos. A vida, que jorra incondicionadamente, se torna compreensível para nós nas ilimitadas objetivações históricas desta mesma vida, na medida em que nós mesmos dela participamos. A compreensão das manifestações vitais na história pressupõe o embasamento da própria vida na torrente vital anterior a nós, assim

---

54. *Gesammelte Schriften*, 1921 ss., VII, 131. Sobre a obra de Dilthey, cf. Misch, G., *Lebensphilosophie und Phänomenologie*, ²1931; Rothacker, E., *Einleitung in die Geisteswissenschaften*, 1920; Plessner, H., *Zwischen Philosophie und Gesellschaft*, 1953, 262 ss.; Bollnow, O. F., *Dilthey*, ²1955; Id., *Die Lebensphilosophie*, 1958.

55. *Gesammelte Schriften*, VII, 146.

56. *Gesammelte Schriften*, VII, 147. "Somente pela ideia da objetivação da vida chegamos a uma visão da essência do histórico [...]. Aquilo que hoje o Espírito depõe de si mesmo em suas manifestações vitais, amanhã, quando existir, é história".

57. *Gesammelte Schriften*, VII, 276.

entrando em interação com ela. Compreendemos o que vivemos e podemos viver o que compreendemos. "Somos seres históricos antes de ser observadores da história, e só porque somos aquilo é que nos tornamos isto"[58].

Dessa forma, a ciência compreensiva do espírito, ou a "ciência vital", alarga o horizonte do que é universal na vida e se aproxima do todo ilimitado e incondicionado que é a história; a visão da finitude e da relatividade de todas as manifestações históricas da vida não leva assim ao relativismo, mas liberta para uma atividade ilimitadamente criadora da vida. O caos da relatividade histórica é ambivalente frente à produtividade criadora da vida.

> Um novelo de questões atormentadoras e arrebatadoras, de prazer intelectual, de dores de insuficiência, e de contradições: eis o enigma da vida, o objeto único, negro, assustador, de toda a filosofia [...] a face mesma desta vida [...] esta esfinge com corpo de animal e rosto de ser humano[59].

Nessa visão se insere a história no horizonte da filosofia vital, tomada como plenitude das objetivações finitas e das manifestações limitadas. Para Dilthey, a isso também está unido um fim: "A capacidade de desenvolvimento do ser humano, a esperança de formas de vida mais elevadas no futuro, eis o potente sopro que impele para frente"[60].

Também nessa concepção diltheyana, os "eventos" históricos são interpretados a partir de uma substância original, sempre transbordante, da história – a vida – e se tornam, em relação ao incondicionado processo vital, "objetivações" de alguma coisa. Na base de todos os eventos, ideias e movimentos da história está algo de comum e universal que se mostra em todos eles e os torna compreensíveis e aceitáveis como enriquecimentos da própria vida. O "enigma da história" não é solucionado racionalmente. A história não é reduzida a uma fórmula universal de matemática. Mas o enigma da história é identificado com o enigma da vida, cujas soluções aparecem de forma fragmentária, finita, superável nas relações e nas objetivações vitais. Só a vida incondicionada é perene. As relações e ob-

---

58. *Gesammelte Schriften*, VII, 278.
59. *Gesammelte Schriften*, VIII, 140. Sobre isto, LANDMANN, M., *Der Mensch als Schöpfer und Geschöpf der Kultur*, 1961. Landmann transmuda a "anarquia do pensamento", temida no historismo, e o "relativismo dos valores" no aspecto positivo da inesgotável plenitude da força criadora: "Ciência da pluralidade como desenlace do poder criador" (72 ss.).
60. NOHL, H., posfácio a DILTHEY, W., *Die Philosophie des Lebens, Philosophische Texte*, ed. H.-G. Gadamer, 1946, 98.

jetivações vitais mudam. A história se torna compreensível quando é relacionada com algo de fundamental, com alguma coisa que perenemente impele e jorra, com o *hypokeímenon* que é a "vida". Sendo assim, a "história" é história da vida e, na medida em que "vida" é espírito, ciência histórica é ciência do espírito. O conhecimento e a compreensão da história do passado são conhecer e compreender o igual no diverso. Também aqui a história se torna um universo em cuja incompreensível totalidade a "vida" se torna uma epifania.

e) Martin Heidegger toma como ponto de partida a concepção de história própria da filosofia vital de Dilthey[61]. Entretanto, para ele a "falha básica" dessa concepção filosófico-vitalista da história consiste em que a "vida" não foi ontologicamente transformada em problema. Para ele, a "vida" "essencialmente só é acessível na existência". Por "existência" (*Dasein*) ele entende exclusivamente a existência do ser humano ou – mais tarde – aquilo em que o ser humano encontra e tem o ser. Com isso, para Heidegger, a "vida insondável" é substituída pela existência humana tal como ela se apresenta à análise fenomenológica. A história não se fundamenta mais no caráter insondável da vida, mas na historicidade da existência.

A determinação de "historicidade" está localizada diante daquilo que se chama história (evento histórico universal). A historicidade se refere à constituição ôntica do "acontecer" da existência como tal, a única base em que se torna possível algo como uma "história universal" e algo como fazer parte historicamente da história universal[62].

Isto significa que se deve buscar a origem e a essência da história na finitude, na temporalidade e na historicidade da existência do ser humano. A existência é finita, pois se estende entre nascimento e morte. A morte pertence à extensão temporal da existência. "*O ser, propriamente dito em relação à morte, isto é, a finitude da temporalidade, é o fundamento oculto da historicidade da existência*"[63]. A existência humana é "ser para a morte" como possibilidade insuperável da existência.

Somente o estar livre para a morte dá à existência sua meta e a lança em sua finitude. A finitude assumida da existência arranca da ilimitada mul-

---

61. Cf. Müller-Lauter, W., Konsequenzen des Historismus in der Philosophie der Gegenwart, *ZThK*, n. 59 (1962) 226 ss.
62. Heidegger, M., *Sein und Zeit*, 195.
63. Ibid., 386.

tiplicidade das possibilidades que constantemente se oferecem, [...] e introduz a existência na simplicidade de seu *destino*[64].

Se a essência da história é vista na historicidade assim analisada da existência, então se abstrai da multiplicidade das coisas e eventos e já não se pergunta pela sequência histórica e nem mesmo pela sua realidade, mas tão somente pela sua possibilidade básica: "Aquilo para o qual a existência efetivamente se decide já não pode basicamente discutir a análise existencial"[65]. Ela simplesmente apresenta uma conexão firme de estruturas, que oferece os condicionamentos de todos os eventos em particular.

Que concepção de história resulta desse embasamento de história na historicidade fundamental da existência? Da mesma forma que Dilthey, em sua interpretação filosófico-vital da história como ciência do espírito e da vida, assim também a interpretação existencial de Heidegger para a história como ciência quer demonstrar sua origem ontológica a partir da historicidade da existência mesma, e o evoluir da ideia de história a partir da historicidade da existência. Com isso, porém, não só está dada a historicidade do sujeito histórico, mas também uma nova caracterização do objeto da história. Heidegger distingue, muito acuradamente, entre o "primariamente histórico" e o "secundariamente histórico"[66].

O objeto primário e próprio da história não está nas qualidades individuais ou nas "leis" da sequência dos acontecimentos, mas na "possibilidade que efetivamente existiu". "[...] O tema central da história é sempre a *possibilidade* de uma existência que aconteceu"[67]. Por conseguinte, a historicidade propriamente dita significa, na ciência histórica, a história "como o 'retorno' do possível, e sabendo-se que a possibilidade só retoma quando a existência está no instante fatal aberta para a repetição nela contida"[68]. Com isso a ciência histórica se torna a volta para a possibilidade (que existiu), a repetição da possibilidade, a réplica da possibilidade. A ciência histórica "descobrirá de modo tanto mais penetrante a força do possível quanto mais simples e concretamente com-

---

64. Ibid., 384.
65. Ibid., 383.
66. Ibid., 381: "A existência – afirmamos – é *primariamente* histórica. *Secundariamente* histórico, porém, é o que se encontra no mundo, não somente a matéria atual no sentido mais amplo, mas também a *natureza* ambiente enquanto 'chão histórico'. O existente não existencial que, em razão de sua relação para com o mundo é histórico, chamamos de história universal".
67. Ibid., 395.
68. Ibid., 391 s.

preender e 'apenas' apresentar a existência passada no mundo a partir de suas possibilidades"[69].

A repetição é a tradição expressa, isto é, a volta às possibilidades da existência passada. A repetição propriamente dita de uma possibilidade existencial passada – contanto que a existência escolha seu herói – se funda em uma determinação anterior[70].

Dessa forma, a ciência histórica interroga a história passada pelas diferentes compreensões de existência que estão em sua base, e das compreensões de existência deduzirá as possibilidades da existência, apresentando-as como possibilidades do poder-ser de hoje, para que a existência escolha seu herói. Com isso a ciência histórica se torna mais uma vez "tradição", a saber, tradição de possibilidades existenciais que já existiram.

O histórico secundário, ao contrário, está radicado na historicidade impropriamente dita da existência. Em sua fuga da morte, ela se perde no "se" (*man*) e no que acontece no mundo, ficando dispersa na multiplicidade do que diariamente se passa. Ela compreende o ser indiferenciadamente como ser-aí e historicamente se torna cega às possibilidades[71]. Ela conserva e recebe por isso somente o "real" que sobra do que acontece no mundo, as relíquias e o conhecimento delas. Subtrai-se à escolha. Esmagada pelo "passado" que lhe sobrou sem o compreender, ela busca o que é "moderno". Esse tipo de "história" acaba por privar a existência de sua historicidade propriamente dita.

Foi pela distinção feita por Heidegger entre ciência histórica própria e imprópria que surgiu aquele dualismo que divide a relação do ser humano para com a história em contemplação objetiva e encontro direto, em positivismo dos fatos e interpretação existencial das possibilidades existenciais passadas. Daí ele parte para "interpretar os fenômenos da história passada, baseado nas possibilidades da compreensão humana da existência, para assim trazer estas à consciência como possibilidades também da compreensão atual da existência"[72]. Verifica-se, entretanto, que, com a fundamenta-

---

69. Ibid., 394.
70. Ibid., 385.
71. Ibid., 391.
72. BULTMANN, R., *Das Urchristentum,* 1954, 8. Cf. sobre este dualismo OTT, H., *Geschichte als Heilsgeschichte in der Theologie R. Bultmanns,* 1955; MOLTMANN, J., Exegese und Eschatologie der Geschichte, *EvTh,* n. 22 (1962) 38 ss. Essa contraposição de consideração histórico-crítica e interpretação querigmática, sobretudo quando acentuada pela antítese de lei e evangelho, não corresponde ao que, segundo Heidegger, é primária e secundariamente histórico, mas representa uma interpretação subjetivista do histórico-existencial.

ção da história real na estrutura formal da historicidade da existência, são postos na sombra seus movimentos realmente acontecidos, as individualidades e os nexos históricos[73]. É verdade que o relativismo histórico é superado pela possibilidade ontológica da história a partir da historicidade da existência. Essa historicidade, por sua vez, não está sujeita à história, mas se manifesta na eterna tematização e problemática da existência pela morte. Com isso, se perde totalmente a visão da história. "A intenção de superar o historicismo se torna a superação não intencionada da própria história"[74]. Em nome da "historicidade" e da elaboração de uma interpretação existencial de história, mais uma vez, é realizado o aniquilamento da história. O enigma da história é a historicidade da existência, e o ser humano em sua historicidade tem consciência de ser sua solução. Por sua "determinação", ele corta o nó górdio. Mas quem derrota o historicismo dessa maneira acaba perdendo a própria história.

f) Se agora tentarmos apresentar os resultados dessa breve visão geral da filosofia da história, que nasce da heurística histórica, chegamos ao seguinte: na denominação, conceituação e compreensão da história, inexoravelmente se verifica uma abolição, uma negação, um aniquilamento da história. A questão central da origem, da substância e da essência da história relaciona os movimentos concretos, as transformações, as crises e as revoluções, que constituem a história, com algo imutável, sempre presente e de igual valor em todos os tempos. Ao fazê-lo, a ciência e a filosofia da história se esforçam por introduzir o *lógos* grego nas experiências modernas da realidade e inserir as experiências modernas, cheias de crises, no *lógos* grego.

Com razão, muitas vezes, se ressaltou que "história" desde o começo era algo estranho ao pensamento grego. O pensamento grego interrogava principalmente sobre o que sempre era, sobre o imutável, sobre o sempre verdadeiro, sempre bom, sempre belo. A "história" como devir e passar, sendo inconstante e fluida, não mostra nada que seja sempre estável ou permanente. Por isso, os gregos não eram capazes de encontrar nos *prágmata* ocasionais e casuais da história nenhum *lógos* do ser eterno e verdadeiro. História não podia ser objeto de "ciência", nem havia na história algo que fosse digno de ser conhecido. Este conceito de *lógos* e ciência, de verdade

---

73. Müller-Lauter, W., op. cit., 254, nota 1. De modo semelhante Graf von Krockow, C., *Die Entscheidung*, 1958, 131 s.
74. Müller-Lauter, W., op. cit., 253.

e essência baseia-se evidentemente na antiga religião grega da fé nos deuses e no cosmo. Tucídides, o historiador da guerra do Peloponeso, mostra grande intuição do que é essencial e típico no ser humano e nas potências, mas ele também procura nessa guerra o que é permanente e imutável. "Ele é um ser humano sem esperança e por isso também sem amplas perspectivas"[75]. Ele retrata uma imagem coerente de "uma história", mas não pergunta pelo que é "a história". Falta-lhe o sentido da mudança e do novo, porque no mutável e no repentino não pode haver sentido divino. Este devia ter a dignidade do permanente e do constante.

Por outro lado, chamou-se a atenção para o fato de que o conceito de história é uma criação dos profetas de Israel.

> Na consciência grega história significa simplesmente a mesma coisa que ciência. Por isso, entre os gregos a história só se refere ao passado. O profeta, ao contrário, é um vidente. Esta sua qualidade de vidente gerou o conceito de história, como do ser do futuro [...]. O tempo se torna futuro [...], e o futuro é o conteúdo principal deste pensamento de história [...]. Em lugar de uma era de ouro no passado mitológico, no futuro escatológico eles propõem uma verdadeira existência histórica sobre a terra[76].

Isso tem sua razão no fato de que, para judeus e cristãos, história significa história de salvação e história da promessa divina. O "divino" não é visto como aquilo que sempre é, na ordem permanente e constante e nas estruturas que se repetem, mas o que é esperado do Deus da promessa no futuro. Por conseguinte, as transformações históricas não são "o mutável", medido pelo padrão do permanente, mas aquilo que contém o possível, medido na promessa de Deus. A "história" não é um caos, em que o observador deve introduzir a ordem divina e o *lógos* eterno, mas, antes, a história é percebida pelas categorias do *novum* e do prometido que nela se buscam. Em lugar de uma contemplação e visão desapaixonadas, em lugar de uma visão geral da história, entra a expectativa apaixonada e a missão participante, que impele para frente. Em lugar da pergunta sobre a essência permanente e a fonte eterna dos tempos passados, entra a pergunta básica sobre o futuro e sobre suas preparações e anúncios no passado. A categoria propriamente dita da história não é mais o passado e o transitório, mas o futuro. A percepção e a interpretação da história passada não

---

75. MANN, G., *Der Sinn der Geschichte*, 15. Sobre isto cf. também LÖWITH, K., *Weltgeschichte und Heilsgeschehen*; AUERBACH, E., *Mimesis*, 1946.

76. COHEN, H., *Religion der Vernunft aus den Quellen des Judentums*, 1919, 302.

é mais arqueológica, mas futuro-escatológica. As narrativas históricas são subordinadas ao *genus* da profecia, da profecia voltada para trás, mas que se orienta para o futuro. Se o sentido da história é esperado do futuro e concebido como missão do presente, então a história não é nem um tecido de necessidades e leis, nem o campo de provas de um arbítrio sem sentido. O futuro como missão confere à tarefa presente e à decisão do dia de hoje o real possível, mostra no real as possibilidades abertas e no possível as tendências que devem ser aproveitadas.

Agora se, como mostramos anteriormente, a ciência histórica moderna e a filosofia moderna da história são uma "filosofia da crise", assim, pela própria definição da "história" como "crise", o *lógos* grego é aplicado à "filosofia" da história. Com efeito, a palavra "crise" mede os eventos não compreendidos e os novos pelo padrão da ordem estabelecida da vida humana, a qual agora entrou em "crise", está ameaçada, e, portanto, deve ser salva, guardada e renovada. A expressão "crise" sempre se relaciona com "ordem". A "crise" põe a ordem em questão e, portanto, só pode ser dominada pela ordem. Continua despercebido, por outro lado, o fato de que no evento, que é visto como "crise", está oculto o "novo". A filosofia da história como filosofia da crise tem, portanto, sempre um caráter conservador. A ciência histórica como ciência anticrise significa, portanto, uma recaída no *lógos* grego, com todas as implicações cosmológicas e uma volta ao conceito romano de acordo com todas as implicações políticas e jurídicas. No entanto, se na crise se percebe o *novum* e a história não é entendida como crise do que existe, mas esperada na categoria do "futuro", é necessário recorrer a um horizonte totalmente diferente de luz e esperança. A filosofia da história como filosofia da crise tende ao aniquilamento da história. Mas a escatologia da história, que gira ao redor dos conceitos de *novum*, de futuro, de missão, de linha de frente do presente estará em condições de aceitar a história de maneira histórica, pela lembrança e pela esperança, isto é, não aniquilará a história, mas a manterá aberta para o futuro.

§ 5. Escatologia da história – o quiliasmo filosófico-histórico

Somente a valorização teológica do "tempo" pela esperança da vinda do futuro prometido de Deus, própria do messianismo judeu-cristão, abriu o pensamento grego para o problema da história e para a ideia histórico-filosófica de um processo histórico finalista, irreversível e irrepetível.

> Assim como a esfera da verdade grega é um espaço fechado cheio de formas, também a esfera da verdade de Israel é o tempo aberto e sem formas.

Lá temos o círculo do cosmo que se volta sobre si mesmo, aqui a linha que se estende ao infinito da criação; lá o mundo da visão, da contemplação, aqui o da audição e da percepção; lá imagem e parábola, aqui decisão e ação. [...] No espaço existe presença e lembrança, no tempo o perigo e a esperança. [...] Frente à meta espacial da perfeição temos aqui a meta da salvação que deve ser alcançada no tempo[77].

Pela aliança das duas esferas de verdade e de modos de pensar nos numerosos encontros entre o messianismo judeu-cristão e o pensamento grego no decurso da história cristã, o pensamento grego recebeu a virada decisiva do estático para o dinâmico; da substância para a função; da eterna presença do ser para as possibilidades abertas do futuro; da transfiguração metafísica do cosmo para a transformação consciente do mundo em espírito de missão. Esta virada, produzida em diferentes encontros, pode ser reconhecida de modo particularmente claro na filosofia da história do século XIX. No capítulo anterior, expusemos a historiografia e a filosofia da história dos tempos modernos, do ponto de vista do *lógos* grego, descobrindo nelas a tendência para o aniquilamento da história; mas aquelas correntes podem também ser interpretadas sob o ponto de vista da escatologia histórica.

Desde as obras *Ideen zur Philosophie der Geschichte der Menschheit* [*Ideias sobre a filosofia da história da humanidade*], de Herder, *Idee zu einer allgemeinen Geschichte in weltbürgerlicher Absicht* [*Ideia sobre uma história geral com intenção cosmopolita*], de Kant, *Was heisst und zu welchem Ende studiert man Universalgeschichte* [*O que é e qual a finalidade de estudar a história universal*], de Schiller e, por último, *Philosophie der Weltgeschichte* [*Filosofia da história universal*], de Hegel, todos os historiadores e pensadores da história possuem uma consciência de missão e a fé em uma história plena de sentido e na grande tarefa da humanidade. Quer esta meta seja determinada pela "visão da paz eterna" em um Estado mundial que abranja a todos os seres humanos, quer seja determinada, como na historiografia nacionalista, pela "missão da Prússia" (Treitschke), pela "missão da França" (J. Michelet) ou pela "missão do pan-eslavismo", em toda a parte o messianismo secular se torna a ideia-força filosófico-política na concepção de história. Historiografia e filosofia da história se tornam necessárias para justificar a missão de uma nação, a salvação mundial ou as doutrinas da necessidade da revolução e mesmo da restauração salvadora.

---

77. SUSMAN, M., *Das Buch Hiob und das Schicksal des jüdischen Volkes*, ²1948, 16 s.

O messianismo se torna político e impregna o pensamento histórico. Com isso entrou algo de totalmente novo, com relação à historiografia grega, na concepção de história dos tempos atuais.

O resultado de tudo isso é que qualquer concepção de história, em nossos dias, não pode prescindir de apresentar uma ideia-mestra que guie a *história universal ou mundial*. Especulações e considerações histórico-universais sobre a história como um todo, e sobre o todo como história, tornaram-se possíveis a partir da consciência de missão do cristianismo e nunca deixaram de existir e de se realizar nem mesmo onde o cristianismo já não representa o centro dessa missão.

Finalmente, pode-se dizer que somente enquanto existe uma consciência de missão referente ao futuro e a um escopo determinado, e somente enquanto este conhecimento se orienta para um horizonte universal que inclui todo o mundo, mantém-se o conceito do devir no tempo, da unicidade do evento e de um futuro repleto de sentido e de esperança a ser realizadas; em breves palavras, um conceito verdadeiramente histórico de história. Por isso, o historiador holandês Johan Huizinga pode dizer que o futuro é a categoria própria do pensamento histórico[78]. Por essa razão, está certo Ernst Bloch quando afirma: "O nervo de um conceito correto de história é e permanece o *novum*"[79].

É natural que o conceito de história, modelado pelas esperanças do futuro, pela consciência de missão e pela categoria do *novum* possa também obscurecer a história. Isso depende em cada caso do tipo de futuro que é esperado, do qual se origina a missão e para o que ela se orienta. Não obstante, nessa perspectiva, "história" é um conceito que inclui perigos possíveis e salvação possível. A "história" aqui não se torna, no sentido do *lógos* grego, um conceito que abrange a realidade na totalidade ou o universo. Conceber e entender a história como a linha de frente do presente, em esperança e senso de missão, pode constituir tanto um perigo de perdição como uma possibilidade de salvação. Pois é para esta percepção da história que vale a palavra de Hölderlin: "Onde há perigo brota também a salvação", bem como o inverso: onde cresce a salvação, cresce também o perigo (E. Bloch)[80]. A suposta salvação, pela qual tudo é abandonado, atira tudo no ilimitado perigo do sentimento de abandono e da falta de sentido quando deixa muito a desejar. Uma salvação esperada e decidida que não

---

78. Cf. van Ruler, A. A., *Die christliche Kirche und das Alte Testament*, 1955, 36, nota 11.
79. Bloch, E., *Das Prinzip Hoffnung*, III, 1626.
80. Id., *Verfremdungen*, I, 1962, 219.

abrange tudo o que existe e que ainda não existe tem consequências fatais quando se aposta tudo nela. Expor-se com toda a realidade existente às ondas galopantes da história só tem sentido com vistas a um mundo novo. Se esta visão aparece como ilusão, a perda é duplicada. E se não há perspectivas, a história se torna sem sentido. Uma vez desabrochada a experiência da realidade como história e uma vez feita a irrupção na história, não há mais retorno para a fé anistórica no cosmo, no eterno-permanente e no sempre-constante. A apreensão da história, de suas possibilidades para o bem e para o mal, de suas direções e de seu sentido, está no campo das esperanças e só aí pode ser percebida e compreendida.

Se, depois dessas considerações, mais uma vez olharmos para as concepções sobre historiografia e filosofia da história dos tempos modernos, notaremos que o problema propriamente dito dos conceitos de história não é o problema do particular e do universal, nem o problema da ideia e de suas manifestações etc., mas a questão da relação da história para com "o fim da história". Kant em sua filosofia da história observou que também a filosofia pode ter seu "quiliasmo"[81]. Esta observação chama a atenção para o fato de que cada maneira de compreender a história a partir de um todo já preexistente e feito, seja ele ideia, a substância original, a vida, busca a superação da história pelo conhecimento, mas na realidade busca o "fim da história". Assim, a aporia da filosofia da história deve ser vista no fato de que este "fim da história" é buscado *na* história. A filosofia da história dos tempos atuais tem, na realidade, o caráter de um quiliasmo filosófico racionalista: a finalização da "história na história" eis seu escopo, como já no antigo quiliasmo religioso. Há ainda o caráter do entusiasmo escatológico do Espírito. A ideia histórico-teológica de Joaquim di Fiore sobre o terceiro reino, o reino do Espírito, impregna, desde Lessing, a ciência histórica do século XIX e lhe dá vida. Desde Herder e do tempo de Goethe, afirma-se que a história é o "Deus em devir". Por conseguinte, o conhecimento da história faz participar do Deus que se torna Espírito. A ideia de que uma terceira era do Espírito – a era científica – explicará as crises da história, e assim superará a história enigmática, para em seu lugar fazer surgir uma história racional, constituía para Lessing e Kant, para Comte e Hegel e seus seguidores o motivo oculto da nova orientação mundial, que não mais seria "metafísica", mas "histórica". Todas as fixações histórico-filosóficas de uma "essência da história" trazem em si um caráter escatológico

---

81. KANT, I., Idee zu einer allgemeinem Geschichte in weltbürgerlicher Absicht, in: *Geschichtsphilosophie*, 24.

sobre o "fim da história", ainda que formulado no sentido da cosmologia grega. Todos os "nexos universais" ou direções da história de que se fala na historiografia têm, portanto, um tom escatológico.

Mas, se a "história" se torna um novo conceito para "universo" ou para a "realidade em sua totalidade", cunha-se então um novo conceito de cosmo e já não se compreende mais a história de modo "histórico". Se a realidade está na história então também está se afirmando, que ela ainda não chegou a sua totalidade. O "mundo total" seria o mundo salvo, o mundo perfeito, que traz sua verdade em si mesmo e que pode mostrá-la a partir unicamente de si mesmo. Só enquanto o mundo ainda não estiver completo e salvo, só enquanto ele estiver aberto para sua verdade e não a tiver em si mesmo, pode-se falar de "história". Somente enquanto a realidade estiver sob o signo da diferença entre existência e essência, e a existência humana estiver sob a diferença de consciência e ser e como tal for experimentada, somente então existe história e tornam-se imprescindíveis o conhecimento do futuro, a consciência de missão e a decisão atual.

Mas, o que significa conhecimento histórico nesse caso, e que sentido tem assim a historiografia?

§ 6. Morte e culpa como forças impulsionadoras da ciência histórica

Um esforço para conhecer a história que toma a sério sua historicidade deve começar pelo protesto de Friedrich Nietzsche contra o historicismo em nome da vida: "Qualquer ser vivo só pode ser sadio, forte e fecundo em um horizonte"[82]. Para Nietzsche, o historicismo, cujos excessos sufocam a vida, se funda na ideia medieval do *memento mori* e na "desesperança que o cristianismo traz no coração frente a todas as eras futuras da vida na terra"[83]. Por isso, o senso histórico "arranca o futuro pela raiz, quando domina sem freio e tira todas suas consequências, porque destrói as ilusões e tira às coisas existentes a única atmosfera em que podem viver"[84]. Com efeito, "viver" significa ter um horizonte e ter um horizonte significa ser levado por esperanças para o futuro e o possível. Esta é a "força plástica da vida", que é atacada pela ciência histórica e, sobretudo, pelo excesso de ciência histórica. Entretanto, se realmente se quisesse considerar a

---

82. *Vom Nutzen und Nachteil der Historie für das Leben*, 5.
83. Ibid., 68 s.
84. Ibid., 56 s.

história passada sob o signo do *memento vivere* de Nietzsche e entendê-la a partir dele, a "vida" deveria estar à altura da "morte", que fez da história passada um tempo impossível de ser trazido de volta. A compreensão que Nietzsche tem de "vida", conforme a qual ele pergunta pela "utilidade ou prejuízo da ciência histórica para a vida", não consegue se afirmar contra a morte, que torna toda vida histórica, ou só tenta fazê-lo por meio do esquecimento e do apelo à "juventude da vida". Por isso, seu protesto contra o historicismo não é páreo para este e suas consequências. A impressão do historiador continua de pé:

> A mim os grandes acontecimentos históricos do passado se me afiguram sempre como cataratas geladas, imagens congeladas pelo frio da vida que se foi, e que nos mantêm à distância [...]. Gelamos à vista dos grandes feitos: reinos caídos, culturas destruídas, paixões apagadas, cérebros mortos [...]. Se tomamos isso a sério, podemos sentir que nós, historiadores, temos uma ocupação bem estranha: habitamos nas cidades dos mortos, abraçamos sombras e recenseamos defuntos[85].

Só que fica ainda a questão: por que o fazemos e por que não fugimos do reino das sombras do passado? Na base de qualquer história, como esforço científico de conhecimento, está algo que foi chamado "a história como lembrança"[86]. É verdade que nossa capacidade de lembrar a história é sempre seletiva. Lembrar e esquecer estão entrelaçados. É também verdade que nossa capacidade de lembrar a história é influenciada pela fantasia. O que é lembrado muda de cor na imagem da lembrança. Em relação a essa lembrança histórica, a "história como ciência" tem uma dupla consequência: ela pode muito bem transformar um fato conhecido e histórico, destruindo-o, mas a partir de sua posição ela não é capaz de inverter o processo, pois não pode, com seus próprios meios, criar a lembrança, a não ser que se destrua a si mesma (A. Heuss)[87]. A tarefa da ciência histórica frente à "história como lembrança", na medida em que esta existe, é uma tarefa crítica, purificadora. Ela tem a "tarefa de lutar contra o esquecimento inocente e a lenda culpada" (H. Heimpel)[88]. Nesse sentido, R. Wittram chamou a *culpa* de o "motor secreto que mantém a máquina em movimento, geralmente escondido, mas sempre ativo, chamou-a de o *perpetuum mo-*

---

85. WITTRAM, R., *Das Interesse an der Geschichte*, 15 s.
86. HEUSS, A., *Der Verlust der Geschichte*, 1959, 13 ss.
87. Ibid., 53.
88. HEIMPEL, H., *Der Mensch un seiner Gegenwart*, 1954, 163 s.

bile da história universal"⁸⁹. As lembranças, que são experimentadas como "culpa", "se impõem". Elas obrigam o presente a se defrontar com elas, pois naquilo que é lembrado como culpa se encontra algo que ainda não está resolvido, que ainda não foi compreendido em toda sua extensão, que ainda não está explicado em seu significado. Pelo reconhecimento do passado, do acontecido antes, como "culpa", o presente entra em um processo que ainda não encontrou seu fim e sua solução. O passado se toma responsável pelas dificuldades e pelas tarefas do presente. Não é válida para esses processos a seguinte palavra de Hegel:

> Como pensamento do mundo ela [a filosofia] só aparece depois que a realidade termina seu processo formativo e se torna perfeita [...]. Quando a filosofia pinta sua imagem em tom cinzento sobre cinzento, envelheceu uma forma da vida que pela pintura em tom cinzento não pode mais ser renovada, apenas reconhecida⁹⁰.

Quando os processos já ficaram na história e quando certas formas envelheceram, uma consideração histórica à distância é *possível*, só que então ela não é mais *necessária*. Tais acontecimentos terminados em si mesmos estão privados do estimulante da recordação que se impõe. Mas, se, ao contrário, a história ainda não está no fim e se as diferentes formas vitais ainda não estão terminadas, então encará-la com os olhos da coruja de Minerva não é *possível*, mas torna-se *necessária* a percepção de suas possibilidades ainda abertas, das tendências e das orientações em processo nas coisas. Nesse caso, não se trata mais de uma catarata congelada de fatos mortos, mas de um *fieri* aberto para frente, que se encontra no processo das decisões e das esperanças. Então a ciência histórica não poderá apresentar simplesmente "resultados históricos", mas deve tomar consciência que, com suas exposições, "produz resultados" e que suas constatações "estabelecem" as bases de novos atos. Nesse sentido, a ciência histórica está a serviço da vida e da justificação – ainda inacabada – da vida no passado.

Isto vale não somente em relação à "história como lembrança" de culpa, mas também em relação à morte, a qual sempre é o fato mais cruel, mas ao mesmo tempo o mais certo da história passada. Não somente a culpa, mas, sobretudo, a *morte* torna o passado um tempo que não volta mais. O que foi não volta mais. O que morreu, está morto. Se a história fosse história de morte, então a ciência histórica como história da morte seria, na concepção

---

89. WITTRAM, R., op. cit., 17.
90. *Grundlinien der Philosophie des Rechts*, ed. Hoffmeister, ⁴1955, prefácio, 17.

dos seres humanos, a morte de todas as lembranças vivas. Surge aí mais uma vez a questão: o que motiva propriamente o interesse pela história, se toda história é história de morte, senão que nela muita coisa está em andamento e em devir, embora os mortos permaneçam mortos? Do contrário, não haveria mais *fieri*, mas tão somente *facta*, e fatos nus sem nenhum sentido. O interesse pela história e sua utilidade estariam no fim, pois a morte seria vista como algo sempre presente e eterno, como o nada que tudo aniquila. Entretanto, é próprio do historiador poder e precisar lidar com os mortos. "Os mortos estão mortos, mas nós os ressuscitamos, nós lidamos com eles, face a face eles exigem de nós a verdade", diz Ranke[91]. Este lidar com a história dos mortos deve, portanto, ser motivado por algo que ultrapassa a morte e que torna passageira a própria morte; do contrário, a história não teria motivação e se destruiria a si mesma frente à morte inexorável. Walter Benjamin, em suas *Geschichtsphilosophische Thesen* [*Teses histórico-filosóficas*], disse:

> Somente tem o dom de acender no passado a faísca da esperança *aquele* historiador que está convencido do seguinte: *os mortos, tampouco*, se acham seguros diante do inimigo, se ele vencer. [...] Com efeito, o Messias não vem somente como Salvador, ele vem como o vencedor do Anticristo[92].

Isso, por sua vez, quer dizer que somente a esperança da ressurreição dos mortos e o temor diante do Anticristo, diante do nada aniquilador, estão em condições de despertar esperanças no terreno da história passada, de conservar a história na lembrança e, por fim, de tornar possível e viva a história como ciência. Nesse sentido, Otto Weber também diz:

> A "história" como objeto intencionado de pesquisa ou como ponto de partida para a compreensão do presente é sempre um processo que significa uma ressuscitação dos mortos. A "história dos mortos" é tida por aquele que pratica a história, como uma "história de vida"[93].

A ressurreição dos mortos através da ciência histórica, ainda que isso seja feito à maneira do "como que", é uma escatologia antecipada, o evento final projetado sobre a história. A "razão na história" tem uma luz messiânica que mostra as coisas tais quais se encontram despojadas em seus túmulos, mas esperando a salvação final. Ou então não existe nenhuma luz que ilumine a história e a faça ser vista como histórica.

---

91. WITTRAM, R., op. cit., 32.
92. BENJAMIN, W., *Illuminationen*, ed. T. W. Adorno, 1961, 270.
93. WEBER, O., *Grundlagen der Dogmatik*, II, 108.

De que forma a história sob esta luz se torna sensível e cognoscível? O passado já não poderá ser lido de forma meramente arqueológica nem tomado somente como origem do presente. Será necessário interrogar o passado sobre seu futuro. Tudo o que é histórico é repleto de possibilidades, as quais podem ser utilizadas ou não, aproveitadas ou impedidas. Nessa perspectiva, o passado aparece cheio de possibilidades impedidas, de pontos de partida interrompidos, marchas para o futuro atoladas na lama do tempo. Todos os tempos passados devem ser compreendidos a partir de suas esperanças. Eles não são o fundo de onde se origina o presente atual, mas foram, por sua vez, linhas de frente e presente em direção ao futuro. É este futuro aberto que, com respeito aos tempos anteriores, nos coloca em uma mesma frente, em uma certa contemporaneidade, e torna possível o encontro e a discussão, a crítica e a aceitação. Por isso, na história as frentes extintas e os vestígios de esperanças desaparecidas podem ser novamente retomados e ressuscitados para uma nova vida. A dialética do evento passado e da compreensão presente é criada pelas antecipações do futuro e pela questão da possibilidade do futuro. No passado se encontra futuro e há possibilidades naquilo que já foi. Pela história recorda-se aquilo que não foi realizado, mas estava cheio de promessas nos tempos anteriores. O dualismo, com o qual o historiador positivista procura descobrir a realidade que foi, e o hermeneuta existencial, a possibilidade de existência de seres que existiram, desconhece até que ponto na história a realidade e a possibilidade estão entrelaçadas, o quanto as novas possibilidades de existência devem aos eventos históricos e o quanto os eventos históricos estão repletos de possibilidades. As perspectivas de futuro e grande número de metas não alcançadas ainda transparecem claramente na transmissão de tantas constelações de sujeito-objeto que, no passado, não aconteceram, mas em que decisões humanas evocam possibilidades reais, e novas possibilidades provocam novas decisões. Isso não é percebido pelo positivismo histórico, visto que para este não existe qualquer horizonte, o qual, portanto, não pode ser posto em questão no reconhecimento de outros horizontes. E a interpretação existencial só o consegue fazer no terreno do ser humano individual que pergunta por si mesmo, mas não no terreno universal do ser total, aberto para o futuro.

§ 7. A peculiaridade dos conceitos históricos universais

Qual é, nesse contexto, o sentido dos conceitos históricos universais que o método histórico emprega, visto que sempre precisa generalizar? O pressuposto histórico-filosófico do conhecimento histórico, como vimos, não pode ser encontrado em uma metafísica do ser, da ideia, da vida incondicionada ou de Deus. Na medida em que a realidade ainda não "ficou pronta" nem se arredondou ainda em um todo uma metafísica do universo histórico no sentido do *lógos* grego é impossível. Por isso, todos os conceitos históricos universais aparecem como conceitos fluidos, sendo eles mesmos históricos, pois põe a história em movimento. Mas pelo fato de o absoluto não lhes ser inerente, designá-los como "relativos" também é uma forma insuficiente para caracterizá-los. Em lugar de uma metafísica universal da história deve surgir a missão, que se orienta para o universal futuro, ainda não presente. Os conceitos universais da ciência histórica, ou simplesmente factual, pelos quais se tenta compreender o que é o ser humano e o que é a essência do mundo etc., só aparente e falsamente provêm da abstração. Na realidade, encontra-se neles o elemento da profecia e da missão para o futuro mundo do "conceito genérico realizado". Neles sempre se encontra uma escatologia futurologicamente antecipada. Em sua abstração os conceitos universais mostram a verdade, que tentam abranger, na forma de antecipação (em sentido literal!) de uma realidade que ainda está ausente. Os universais da metafísica da história não são *realia* nem simples *verbalia*, mas apresentam tendências; são *potentialia*. Demarcam antecipações como precursoras da missão histórica. Por isso, não são relativos no sentido do relativismo histórico, mas sim superáveis no sentido de processos históricos abertos e já iniciados. O que quer que seja história "universal" é decidido por aquilo que é desejado, esperado e antecipado como mundo futuro e uno. O que quer que seja história da "humanidade" é decidido por aquilo que a única humanidade algum dia deve ser e será. Ambas as coisas se referem à missão presente de maneira direta e imediata. Como se pode ver, por enquanto só existem "histórias" precursoras da história universal, pois essa ainda não existe. As linhas orientadoras pelas quais essas histórias se dirigem *para* a história universal dependem todas da consciência de missão para com a história universal.

Jacob Burckhardt declarou em relação à ocupação do historiador:

> Propriamente falando, deveríamos viver perpetuamente na intuição do todo universal. Só que para isto seria preciso uma inteligência sobre-humana, superior ao que é sucessivo no tempo e limitado no espaço, e simultaneamente em perene contemplação e perfeita participação nele[94].

---

94. Burckhardt, J., op. cit., 372.

Com isso ele não afirma que a contemplação da história universal seja sem sentido, mas indica a posição dialética do ser humano diante da história. O ser humano não se encontra *acima* da história, de modo a poder abranger a totalidade do mundo, nem está inteiramente *na* história, de modo a não poder ou não dever perguntar pela totalidade e o escopo da história, sendo tal questão sem nenhum sentido. Ele está, ao mesmo tempo, *na* história e *acima* da história. Ele experimenta a história pelo *modus* do ser e pelo *modus* do ter. Ele é histórico e *tem* história. É preciso que, pela investigação e contemplação, ele se distancie da história, para assim poder experimentar o *modus* do ter. É necessário que ouça a história e nela aja, para se poder experimentar no *modus* do ser. Mas ele não pode elevar-se a si mesmo para uma contemplação fora da história, tornando-se por assim dizer um grande telescópio, nem pode entregar-se sem sentido e sem reflexão à história, de modo a tornar-se nada mais que uma pequena decisão. Ele está, ao mesmo tempo, na história e acima dela e deve levar adiante sua vida e seu pensamento nessa situação dialética e excêntrica. Assemelha-se a um nadador que, na correnteza da história – ou contra ela – se agita, mas, não obstante, eleva a cabeça acima da correnteza para se orientar e, sobretudo, ter uma meta a ser atingida. Os conceitos e as representações de conexões históricas que consegue formular são, portanto, históricas em dois sentidos: são adquiridos no processo da história e se dirigem para frente, para a terra futura e possível, e assim mobilizam o movimento histórico. São conceitos historicamente condicionados, mas também condicionadores da história. São conceitos móveis e ao mesmo tempo movidos e moventes. Não querem ser apenas caudatários da história, mas levar o facho avante. Por isso, necessariamente têm o caráter de pressuposição, de postulado, de esboço e de antecipação. Por isso, são menos conceitos genéricos que subsumem a realidade conhecida, do que conceitos dinâmicos de função que se orientem para a futura transformação da realidade.

§ 8. Hermenêutica da missão cristã

1. As provas de Deus e a hermenêutica

Entre os pressupostos de uma teologia cristã racional, as hodiernas considerações hermenêuticas sobre os princípios interpretativos dos textos bíblicos substituíram as provas da existência de Deus, que outrora constituíam como *theologia naturalis* ["teologia natural"] os prolegômenos do discurso cristão sobre Deus. Mas com isso ainda não estão liquidadas as provas de Deus, com as quais outrora se demonstrava a existência e a natureza de Deus, bem como a necessidade universal da busca de Deus, a partir de uma realidade conhecida e experimentável por todos os seres humanos. Ao contrário, nas considerações hermenêuticas em que hoje se formulam os conhecimentos prévios e as questões preliminares à exposição e à pregação dos testemunhos bíblicos sobre Deus e sua ação voltam-se àquelas provas em todas as formas imagináveis. G. Ebeling com razão afirma: "A compreensão daquilo que significa a palavra 'Deus' tem seu lugar no horizonte da questionabilidade radical"[95]. Certamente se faz necessária uma análise compreensiva da realidade para se perceber a questionabilidade radical da realidade, que hoje é pressuposição universal para que surjam as questões especificamente cristãs e o discurso da teologia. Na questionabilidade radical da realidade aparece o problema da transcendência ou simplesmente a *questão* de Deus, em que as afirmações cristãs sobre Deus se devem inserir e comprovar. Ora, isso tem muitas relações com as antigas provas de Deus, ainda que hoje se demonstre não mais a existência e a essência de Deus, mas a necessidade da questão de Deus. Aquilo que é entendido pela palavra "Deus" só se torna compreensível quando é referido a uma questionabilidade radical, e por isso necessária, da realidade. "Deus" é aquilo que se interroga na questionabilidade da realidade e juntamente com ela.

As provas tradicionais da existência de Deus podem ser divididas em três grupos: 1. as *provas de Deus a partir do mundo*, do cosmo ou da história da realidade; 2. as *provas de Deus a partir da existência humana*, da alma, ou da consciência da possibilidade – ou da necessidade – da existência do ser humano; 3. as *provas de Deus a partir de "Deus"*, as provas da existência de Deus ou da busca por ele a partir do conceito ou do nome de Deus. "Deus" pode ser procurado e entendido como a própria questão que surge da questionabilidade da realidade como um todo ou da questão da unidade, origem e totalidade da realidade. "Deus" pode ser entendido como a própria questão da questionabilidade da existência humana, experimentável por cada um, em contradistinção com as coisas do mundo. Finalmente, "Deus" pode ser entendido como aquilo que deve ser procurado e questionado no conceito, no nome e na autorrevelação de Deus. Uma teologia cristã que pretenda ser racional pode ser teologia do cosmo ou da história, teologia da ética ou da existência e, finalmente, pode ser teologia ôntica. Trata-se de três possibilidades em que ela se torna inteligí-

---

95. EBELLING, G., *Wort und Glaube*, 364 s.

vel em si mesma ou em seus objetos. Essas três possibilidades estão contidas nos princípios da hermenêutica, da exegese e na abordagem científica aí pressuposta juntamente com a história e os testemunhos históricos da Bíblia. Essas três possibilidades também se apresentam para a formulação dos conceitos teológicos universais em que o Deus da Bíblia é compreendido, demonstrado e pregado como o Deus de todos os seres humanos.

a) Nós começamos com a exposição das *provas de Deus a partir da existência humana*, visto hoje serem tão universalmente usadas que dificilmente se tem ainda consciência de que se trata de verdadeira "prova de Deus". Quando G. Ebeling diz que a questionabilidade radical, de que falamos, irrompe aparentemente em um lugar totalmente diferente daquele em que na tradição se firmavam as provas de Deus, isto é, "não na questão do *primum movens* ou semelhantes, mas nos problemas que se referem ao ser individual do ser humano"[96], isso mostra como, com esta alternativa, hoje por "provas de Deus" se têm em vista tão somente as provas cosmológicas de Deus pela razão teorética, para depois, sem o saber, limitar-se à prova de Deus a partir da existência do ser humano, uma continuação e um aprofundamento da prova moral de Kant. A demonstração de Deus a partir da existência própria a cada ser humano significa que "Deus" é a questão dada juntamente com a questionabilidade da existência humana limitada pela morte, por isso finita, e que se origina de decisões, por isso histórica. A afirmação da existência de Deus, nesta perspectiva, não pode ser entendida como uma verdade universal, teórica e objetiva, mas tão somente como "expressão de nossa própria existência"[97]. É evidente que não se trata aqui de "pensar a Deus como princípio do mundo, a partir de quem o mundo e com ele a nossa existência tornam-se compreensíveis"[98]. Deus só pode ser atingido quando os seres humanos atingem a própria existência. Ora, a existência do ser humano é histórica, isto é, a historicidade do ser humano é a sua possibilidade de ser. Assim Deus só pode ser compreendido quando o ser humano o escolhe em si mesmo como sua possibilidade. As duas coisas acontecem juntas no ato da fé. A questão que faz com que o ser humano pergunte por Deus, e que o faz compreender quem é Deus, é a questão que o ser humano mesmo é com sua existência histórica.

---

96. Ibid., 366 s.
97. BULTMANN, R., *Glauben und Verstehen*, I, 32.
98. Ibid.

Se sua existência não fosse (consciente ou inconscientemente) movida pela questão de Deus no sentido agostiniano do "tu nos fecisti ad Te, et cor nostrum inquietum est, donec requiescat in Te", então em nenhuma revelação de Deus ele o reconheceria como Deus[99].

Esse fenômeno é o objeto material da revelação. Nele se encontra aquela compreensão prévia, aquela *theologia naturalis* universal, referente a cada ser humano, em que unicamente a revelação de Deus demonstra ser revelação de Deus.

Os princípios fundamentais da hermenêutica nascem a partir disso por si mesmos.

> A partir dessa perspectiva sempre interpretaremos as fontes históricas como fenômenos genuinamente históricos, isto é, a partir do pressuposto de que nelas sempre está contida e expressa uma possibilidade de existência humana[100].

O sentido da ciência histórica, e respectivamente da exegese, não pode, portanto, mais consistir em que ela reconstrua um pedaço do passado e o ordene no grande contexto de relações chamado história (história universal)[101]. O sentido da ciência histórica e da exegese consiste, neste caso, na interpretação existencial, a qual interroga os textos quanto à sua compreensão da existência, e interpreta os textos bíblicos guiado pelo fio condutor da busca de Deus, da busca da revelação dele, o que, por sua vez, significa a busca da verdade da existência humana como evidente possibilidade de existência. Os princípios de uma explicação inteligível resultam da estrutura hermenêutica pressuposta na própria existência humana. Se a questão que orienta para Deus é idêntica à questão do ser humano a respeito da natureza própria de sua existência, então a interpretação existencial pode apresentar-se como a verdadeira interpretação histórica e teológica dos textos bíblicos. Ela encontra seus pressupostos na busca da compreensão da existência humana expressa na Escritura, pois recebeu o fundamento para essa questão, partindo da prova de Deus que surge da existência humana.

Contra isso se deve objetar, do ponto de vista crítico, que a autocompreensão do ser humano de modo algum resulta da oposição contra a compreensão do mundo, pois a historicidade da existência humana de modo algum pode ser adquirida sem a compreensão da situação do mundo am-

---

99. Ibid., II, 232; *Kerygma und Mythos*, II, 192.
100. *Glauben und Verstehen*, I, 119.
101. Ibid., 123.

biente, sendo as duas sempre recebidas em conjunto[102]. Em lugar da antítese de mundo e eu, existe sempre a correlação. Por isso, a historicidade de uma compreensão passada da existência só pode ser entendida em conexão com o "grande contexto de relações", chamado de "história" ou "história universal". A questionabilidade da existência humana sempre está estreitamente relacionada com a questionabilidade da realidade histórica como um todo. A prova de Deus a partir da existência humana está sempre relacionada com a prova de Deus a partir do mundo. Por conseguinte, a compreensão de Deus só pode resultar da correlação entre a compreensão de si mesmo e a do mundo, da compreensão da história e da historicidade; do contrário, a natureza de Deus a qual se busca não seria universal.

A historicidade da existência do crente não é absolutamente o que há de próprio na existência humana, mas é o caminho, o testemunho, a missão, com vistas àquela qualidade e verdade da existência humana que está no futuro e que, portanto, ainda está ausente, que está em jogo na missão da fé cristã. A interpretação de toda a história a partir da historicidade perene da existência humana, na verdade, supera um certo historicismo positivista, mas, ao mesmo tempo, faz desaparecer os verdadeiros movimentos, as diferenças e as perspectivas da história.

O *cor inquietum* agostiniano não é um pressuposto humano universal para a compreensão cristã de Deus, mas é sinal do povo peregrino de Deus e escopo da missão cristã para com todos os seres humanos. Somente a partir da compreensão bíblica de Deus a existência humana se experimenta como movida pela questão de Deus.

b) A *prova de Deus a partir do mundo*, desde a crítica de Kant, nunca mais recuperou sua influência na teologia. Entretanto, esta prova, quando a realidade do mundo como um todo não é mais entendida como cosmo, mas de maneira nova como história universal, pode entrar ao lado da prova de Deus a partir da existência humana e formular também ela princípios hermenêuticos. Nela, "Deus" é visto a partir do mundo[103]. "Deus" é aqui a questão colocada juntamente com a questão sobre a única origem, a unidade e a totali-

---

102. Quanto a esse ponto concordo com a crítica de Pannenberg, W., *ZThK*, n. 60 (1963) 101 ss., com a diferença de que, em lugar do primado da relação "mundo-Deus", coloco a correlação "mundo-Deus" e "mundo-existência". O ser humano não é explicável como um pedaço de mundo, nem o mundo é a mesma coisa que o "estar-no-mundo" do ser humano.

103. Pannenberg, W., op. cit., 101, nota 18; *Dogma und Denkstruktur*, 1963, 108 s. e nota 28.

dade de todo o real. Na questão da unidade e da totalidade da realidade está incluída a questão de Deus. Inversamente, se a questão da ideia de Deus se torna insustentável, também se torna insustentável a questão da totalidade da realidade. De Deus só se pode falar em conexão com a percepção da unidade de todo o real. Ora, esta unidade do real não pode mais ser entendida hoje como cosmo no sentido do monoteísmo grego, visto que para a fé grega no cosmo o casual dos acontecimentos históricos não tinha sentido e por isso era impossível de se compreender. Entretanto, quando se entende a realidade como totalidade de continuidade e contingência, isto é, como história, então as estruturas do pensamento bíblico sobre Deus se tornam visíveis. As ideias a respeito de Deus contidas nos testemunhos da história de Deus em Israel e no cristianismo tornam necessária a compreensão da realidade total como história. Ora, isso significa que a "história universal" se torna o horizonte mais vasto do discurso cristão sobre Deus. Isso também significa que esta compreensão total da realidade em sua totalidade, que, por sua vez, é histórica, só pode ser formulada em conexão com a experiência presente da realidade como um todo. Por isso, ela está aberta do ponto de vista histórico e é provisória com vistas àquele fim da história em que aparecerá a totalidade da realidade.

Do ponto de vista da hermenêutica resulta daí o princípio fundamental de que os textos que nos vêm da história não devem ser interrogados somente sobre as possibilidades da existência humana de hoje em existências passadas, mas também é preciso lê-los em seu lugar e de sua hora histórica, em seu próprio contexto histórico anterior e posterior. A conexão entre o então e o agora não resulta da perene finitude e historicidade da existência humana, mas do nexo da história universal que liga o passado ao presente. A diferença temporal, histórica, entre o então e o agora não é nivelada, pela redução das possibilidades de então e de agora à existência humana, mas é, ao mesmo tempo, preservada e nivelada no contexto que une os dois acontecimentos.

Isso significa que o texto só pode ser entendido no contexto da história universal que une o passado ao presente, não só ao que é atual, mas também ao horizonte futuro do possível atual, porque o sentido do presente só se ilumina à luz do futuro[104].

---

104. Id., Hermeneutik und Universalgeschichte, *ZThK*, n. 60 (1963) 116.

Somente a concepção do processo histórico que liga de fato a situação de então à de hoje e a seu horizonte futuro, é capaz de constituir o horizonte amplo e vasto em que se fundem o limitado horizonte presente do intérprete e o horizonte histórico do texto[105].

O então e o hoje recebem uma unidade, conservando-se sua peculiaridade e suas diferenças, quando "entram como elementos na unidade de um contexto histórico que a ambos abarca"[106]. E visto que este nexo histórico abrangente da história só é formulável como perspectiva finita, provisória e superável, ele permanece fragmentário frente ao futuro aberto diante dele. Aqui se afirma a necessidade de fazer falar a "Deus" por meio da totalidade da realidade, mas ao mesmo tempo se confessa a impossibilidade de se poder compreender como "totalidade" uma realidade ainda inacabada e, portanto, histórica. Por isso, seria melhor abandonar a intenção da prova cosmológica de Deus, pois enquanto a realidade do mundo e do ser humano ainda não for "total", estando sua totalidade historicamente ainda em jogo, por meio dela não se pode demonstrar Deus. O "nexo histórico abrangente" que une o então ao agora, o horizonte histórico ao atual horizonte futuro, não é um nexo de eventos encadeados uns nos outros, mas o nexo de uma história de missão e de promessa. Os horizontes não "se fundem" pela simples questão a respeito do nexo entre os eventos de ontem e de hoje, mas somente na questão sobre o futuro intencionado então e agora. Visto que em razão do presente inacabado se interroga ainda sobre o futuro, tornam-se presentes também as intenções, esperanças e visões futuras do passado. Nas reformas e nas revoluções percebem-se marchas passadas em direção ao futuro. Juntamente com o futuro do presente é preciso ter em mente – se este futuro deve ser universal e escatológico – também o futuro do passado e o futuro dos mortos. Não se trata de um "nexo histórico" que simplesmente "descobre" ou manifesta a verdade de todo o real[107], mas de um laço na história que "leva", e quer levar para a verdade da realidade. O horizonte futuro sobre o qual se interroga o presente não pode ser compreendido como interpretativo para a realidade do mundo existente até agora, mas tão somente como horizonte de promessa e missão em direção a uma realidade futura e nova, em que tudo chega à verdade, ao repouso e à sua natureza. O "sentido do presente", que só se manifesta a partir do futuro, não é a ordenação deste no curso da história

---

105. Ibid.
106. Ibid.
107. Ibid., 119, nota 37.

decorrida até agora, mas seu "sentido" é sua promessa e tarefa, sua irrupção para fora da realidade passada e atual em direção a uma nova realidade. Aquela totalidade e unidade da realidade, sobre a qual se interroga na história universal, não resulta do simples decurso do processo do mundo, o qual, uma vez no término, completa a realidade como um todo, mas "totalidade" e "unidade" da realidade devem ser realidade totalmente nova, frente à realidade atual, e na qual todas as coisas se tomam novas e completas. Aquele mundo feliz que demonstrará a realidade de Deus, não será atingido por meio dos pensamentos e das esperanças quando a história tiver sido pensada inteiramente, mas somente quando Deus se tornar tudo em tudo. Isso do ponto de vista bíblico é aquela ἀνακεφαλαίωσις τῶν πάντων ["restauração de tudo"] em que mesmo os mortos não permanecem fixados, mas retornam e ressuscitam. É uma nova realidade que não finaliza a realidade histórica existente até aquele momento, mas que também acaba com ela. Por isso, tem sentido perguntar pelo futuro do passado e dos que passaram; não somente para levar a luz do entendimento ao obscuro campo da história, mas para, "no passado, encontrar a faísca da esperança".

c) A *prova de Deus a partir de "Deus"* mesmo é a chamada prova ontológica de Deus. Provém de Anselmo de Cantuária, não foi rejeitada por Kant, e foi novamente tomada por Hegel como fundamento do conceito de Deus. Não é por acaso que Karl Barth, no livro que escreveu em 1913 sobre Anselmo, tão importante para sua teologia, a tenha acolhido, ainda que de forma modificada, e a tenha relacionado com a própria concepção sobre a autorrevelação de Deus. Esta prova da existência de Deus a partir do conceito de Deus como "algo acima do qual nada se pode pensar de maior", ou a partir de seu nome, ou de sua autorrevelação, não afirma que com base na experiência da realidade do mundo, ou da existência vivida individualmente, se chega necessariamente a pensar em Deus ou à questão sobre Deus de modo a iluminar a realidade do mundo e do ser humano. Esta prova afirma que, quem pensa "Deus", deve necessariamente pensar também sua existência; ela não tem a pressuposição em uma determinada imagem do mundo ou em uma determinada compreensão do ser humano, mas no fato de que o ser humano, mesmo o ateu, "ouve" que na sua inteligência está contido o conceito de Deus, ou que o nome e a revelação de Deus simplesmente estão anunciados em seu nome. Não é necessário pensar a Deus, mas se alguém o pensa, é necessário pensá-lo como necessário. Deus só é conhecido através de "Deus". Somente em sua luz vemos a luz.

Os princípios hermenêuticos daí decorrentes afirmam que qualquer exegese dos textos bíblicos históricos deve partir do evento indemonstrável de que aí temos a palavra na qual Deus é conhecido por meio de Deus, na qual Deus mesmo fala e se revela. Trata-se, certamente, frente às possibilidades discutidas até aqui, de "um ponto de partida no indisponível"[108], mas que nem por isso deixa de ter consequências hermenêuticas e históricas. No prefácio à primeira edição de seu *Carta aos Romanos*, de 1919, Karl Barth ainda formulou, ao modo platônico, essas consequências:

> Mas toda minha atenção estava dirigida a ver *por meio* do histórico, o Espírito da Bíblia, que é o Espírito eterno [...]. A compreensão histórica é um diálogo continuado, sempre alerta e penetrante entre a sabedoria de ontem e a sabedoria de amanhã, que é uma só e a mesma[109].

No prefácio à segunda edição (1921), ele diz que se deve conscienciosamente estabelecer o que é real, refletir sobre ele, isto é, dialogar com ele até que o muro existente entre o século I e o nosso século se torne transparente, até que Paulo fale lá e o ser humano escute aqui, até que o diálogo entre o documento e o leitor esteja inteiramente concentrado no objeto (que aqui e lá não pode ser diferente!).

> Devo, como intérprete, avançar até o ponto onde unicamente esteja diante do enigma do *objeto*, e não mais diante do enigma do *documento* como tal; até o ponto onde como que me esqueça de não ser o autor, onde o compreenda por assim dizer tão bem que em meu próprio nome o faça falar e eu mesmo possa falar em seu nome[110].

Mas, que "objeto" pode produzir essa fusão de documento e leitor, de autor e ouvinte? Aquilo que aqui se chama "objeto e documento" é mais tarde chamado por Barth "a palavra e as palavras". Antes de quaisquer métodos para se apropriar do texto e do que nele está dito, e antes de quaisquer fusões dos horizontes de então e de hoje, Karl Barth coloca o acontecimento de que "Deus mesmo fala", que o "objeto" dos documentos é esta palavra em que Deus mesmo se revela e a si mesmo demonstra e anuncia. Somente esse acontecimento de que Deus em sua palavra – que fala ao ser humano – se prova a si mesmo e que, portanto, a demonstração de

---

108. Eichholz, G., Der Ansatz Karl Barths in der Hermeneutik, in: *Antwort, K. Barth zum 70. Geburtstag*, 1956, 63.
109. Agora in: *Anfänge der dialektischen Theologie*, ed. J. Moltmann, I, 1962, 77.
110. Ibid., I, 112.

Deus acontece a partir de Deus na palavra de Deus, eis o que unicamente pode ser o escopo de qualquer exegese histórica e teológica para produzir aquela fusão de tempos e pessoas. Isto, para o conceito de "história", significa – pressupondo que não esteja o escopo da exegese nem na historicidade da existência nem no nexo de história universal – que o problema das narrativas e palavras bíblicas se encontra no fato de ter acontecido em Cristo a história de Deus em favor dos seres humanos. Essa história não deve ser compreendida nem como histórico-salvífica, nem como histórico-universal, nem como histórico-existencial, mas somente como histórico-querigmática, falada por Deus em favor dos seres humanos e, como tal, deve ser repetida. Por conseguinte, o escopo da exegese não é nem a autocompreensão crente nem a orientação histórico-universal, mas a pregação. A "palavra de Deus" nas palavras da Bíblia impele da exegese das palavras para a pregação da palavra. Assim, em lugar da chave hermenêutica da historicidade da existência entra a "história de Deus *em favor* dos seres humanos". Em lugar da compreensão da existência entra a soberania da palavra de Deus.

Tal como as outras provas da existência de Deus, também a prova ontológica é, propriamente falando, uma antecipação do *éschaton*. Com efeito, que "Deus seja provado por meio de Deus" e que "Deus seja Deus" inclui necessariamente que "Deus é tudo em tudo", que ele demonstra sua divindade em tudo o que existe e não existe. Ora, desta onipotente presença de Deus existe aqui na história somente o reflexo que é a ressurreição de Cristo dentre os mortos. Por conseguinte, que Deus seja Deus não pode ser a base e o fundamento da pregação de Cristo, mas deve ser considerado como a meta do futuro da pregação cristã, meta prometida, mas ainda não alcançada. Não há dúvida de que as formulações platônicas originais de Barth sobre o "Espírito eterno" e o "objeto" eternamente idêntico a si mesmo da Bíblia mostra uma tendência ao pensamento não escatológico e, por isso, também anistórico, tendência que ainda pode ser encontrada na ideia posterior da palavra de Deus e da autorrevelação. A ideia da "palavra nas palavras", quando entendida corretamente, só pode ter um sentido apocalíptico, a saber, de que no decurso da história ela somente significa a "palavra" a ser testemunhada, esperada e aguardada, palavra que Deus um dia falará, como prometeu. Que a exegese deva levar à pregação, caso ela observe corretamente as intenções dos textos, não se pode fundamentar no fato transcendente da autorrevelação de Deus, mas somente no fato de que o evento da ressurreição de Cristo, acontecido uma vez para sempre, leva à necessidade escatológica da pregação missionária a todos os povos, no decurso da história. Isso só é possível em um horizonte escatológico, e não sobre a base de uma eterna autorrevelação de Deus. Uma fundamentação teológico-ôntica da pregação só pode conduzir ao nivelamento das diferentes tarefas e horizontes escatológicos da missão cristã no decurso da história.

2. Missão e interpretação

Todas as provas de Deus são, no fundo, antecipações da realidade escatológica na qual Deus será manifesto a todos e em tudo. Elas pressupõem essa realidade como já presente e diretamente perceptível para qualquer ser humano. Os princípios hermenêuticos desenvolvidos a partir daí consideram a presença de Deus como demonstrável, experimentável ou perceptível no mundo, na existência humana ou no nome revelado de Deus; ou consideram a necessidade de colocar a questão sobre ele como ponto de partida para exposições e apropriações dos testemunhos históricos da Bíblia.

Ora, tal "teologia natural", em que Deus é manifesto e demonstrável a cada ser humano, não é um pressuposto da fé cristã, mas o escopo futuro da esperança cristã. Esta presença universal e direta de Deus não é o nascedouro da fé, mas a direção dela. Não é o apoio da fé, mas o que ela busca. Somente em razão da revelação de Deus, no evento da ressurreição do crucificado, carregado de promessas, a fé pode interrogar e procurar a revelação universal e direta de Deus em tudo e para todos. O mundo que demonstra a realidade de Deus e a existência que necessariamente é movida pela busca de Deus são, por enquanto, esboços de futuro da esperança cristã. São antecipações da terra ainda não encontrada do futuro em que Deus será tudo em tudo. São esboços antropológicos e cosmológicos da fé cristã, nos quais o Deus de Jesus Cristo, como Deus de todos os seres humanos e de toda a realidade, é "suposto" e constituído Deus para todos os seres humanos e para toda a realidade. Isto é possível à medida que a realidade e os seres humanos se encontrem dentro do movimento da história.

E é necessário para descrever o futuro horizonte universal da missão cristã. Sem tais antecipações, que se referem ao todo e dão sentido à existência e ao destino de todos os seres humanos, o cristianismo se tornaria uma seita, e a fé, uma religião privada. Tais explicações da realidade total e do ser que é próprio ao ser humano, entretanto, permanecem simples "esboços" que apontam para o universo e o ser humano prometidos para o futuro. São esboços históricos e mutáveis e todos se referem ao movimento da missão cristã. *Theologia naturalis* é, no fundo, *theologia viato-*

rum, e esta sempre se esforçará por apresentar em esboços fragmentários a futura *theologia gloriae* ["teologia da glória"].

a) Hermenêutica do apostolado

O ponto de referência próprio, móvel e impulsionador, da interpretação e apropriação dos testemunhos históricos da Bíblia se encontra na missão do cristianismo e no futuro universal de Deus em relação ao mundo e a todos os seres humanos aos quais se dirige a missão.

A chave para a hermenêutica dos testemunhos históricos da Bíblia é o "futuro da Escritura". A questão da correta exposição dos escritos veterotestamentários e dos neotestamentários não se pode orientar para o "centro da Escritura". Os escritos bíblicos não são organismos fechados em si mesmos, com um coração, ou um círculo com um centro no meio. Antes, todos os escritos bíblicos estão abertos para o cumprimento futuro das promessas de Deus, cuja história narram. O centro dos escritos neotestamentários é o futuro do Cristo ressuscitado que eles anunciam, prenunciam e prometem. Por conseguinte, para compreender os escritos bíblicos em sua mensagem, em sua compreensão existencial e em sua compreensão do mundo, é necessário olhar na mesma direção em que eles olham. As Escrituras são testemunhos históricos abertos ao futuro, assim como são abertas ao futuro todas as promessas. Nesse sentido, R. Bultmann tem razão quando diz:

> Eventos ou vultos históricos, de modo algum, são fenômenos históricos "em si mesmos", nem mesmo como elos de uma corrente causal. Eles o são tão somente *em sua relação com o futuro*, para o qual elas têm significação e pelo qual o presente tem responsabilidade[111].

Assim, vale também para a Escritura o princípio de que aquilo que ela é, só o é pela sua história e pelo seu futuro[112].

Só que esse "futuro da Escritura" ainda não se encontra no presente de cada ser humano, mas naquilo que cada presente projeta no futuro universal e escatológico. O "futuro da Escritura" é, portanto, compreendido no presente pela missão participante na história e em suas possíveis transformações. Os testemunhos bíblicos são testemunhos de uma missão passada e histórica que se dirige para frente, e devem, portanto, ser compreendidos pelo fio orientador da missão presente como aquilo que eles realmente são.

---

111. BULTMANN, R., *Glauben und Verstehen*, III, 113.
112. Ibid., 140.

O ponto de referência e de orientação para a exposição dos testemunhos bíblicos não é algo de universal, que no fundo da história ou no fundo da existência tudo move, mas é o envio concreto e presente do cristianismo ao mundo, orientado para o futuro. Poder-se-ia também dizer que o ponto de referência da exposição verdadeira e escatológica da Bíblia é a justificação dos ímpios, se com "justificação dos ímpios" entende-se também o chamamento dos gentios para a participação na missão histórica do cristianismo. O relacionamento entre história vindoura e passada verifica-se pelo fio condutor da missão histórica que impulsiona para frente. O nexo histórico-tradicional do passado com o presente é um nexo de história de promessa e de missão, pois tradição significa, no sentido cristão, missão para frente e missão para o mundo. O evento da palavra, em que os eventos passados são postos a falar, significa o evento do chamado para o futuro da salvação em Cristo e para a tarefa presente da esperança a serviço da reconciliação. Somente pela missão e promessa, pelo comissionamento e pela visão do futuro, pela tarefa da esperança, o "sentido da história" é entendido de maneira histórica e impulsionadora de história. O relacionamento da história passada com a vindoura se realiza, portanto, não em um terreno de substância abstrata e artificial da história, nem sobre a base da perpétua historicidade do existir humano. A direção da missão é a única constante na história. Pois, na atual linha de frente da missão, novas possibilidades de história são concebidas, e realidades insuficientes da história, abandonadas. Esperança e missão escatológicas tornam, portanto, "histórica" a realidade dos seres humanos. A revelação de Deus, no evento da promessa, revela, produz e provoca uma história aberta que é compreendida pela missão da esperança. Ela transforma a realidade em que os seres humanos vivem e se organizam, em um processo histórico, isto é, em uma luta pela verdade e pela justiça da vida.

A condição humana do ser humano se torna histórica à medida que o destino do ser humano se manifesta na missão histórica.

A realidade do mundo se torna histórica à medida que ele se manifesta na missão como o campo de provas da missão, e é interrogado sobre as possibilidades reais de, pela esperança da missão, transformar o mundo.

Deus é manifestado na missão como o Deus que chama e promete. Ele não demonstra sua existência na busca presente de Deus por parte do ser humano, nem na busca da unidade do mundo presente, nem no conceito sobre ele mesmo, mas prova sua realidade e sua divindade pelo possibilitar das possibilidades históricas e escatológicas da missão.

Assim, as perguntas pela verdadeira condição humana do ser humano, da unidade do mundo e da natureza de Deus são retiradas de uma ilusória *theologia naturalis*. Todas essas perguntas são feitas e devem ser respondidas a partir do movimento da missão. São perguntas da *theologia viatorum*.

b) *A humanização do ser humano na esperança da missão*

Nas narrativas bíblicas, a questão que orienta toda a antropologia, "o que ou quem é o ser humano? Quem sou eu?", não é colocada a partir da comparação do ser humano com os animais ou com as coisas do mundo. Também não é colocada simplesmente *coram Deo*, como diziam Agostinho e os reformadores. Ela é colocada tendo em vista a missão, o comissionamento e o destino estabelecidos por Deus, e que ultrapassam as fronteiras do possível para os seres humanos. Assim, Moisés pergunta (Ex 3,11) por ocasião de seu chamamento para liderar o êxodo dos israelitas do Egito: "Quem sou eu, para ir ao Faraó e tirar os israelitas do Egito?". Assim, Isaías (Is 6,5) reconhece seu ser pecaminoso no meio de um povo culpado frente a sua missão: "Ai de mim, estou perdido, pois sou um ser humano de lábios impuros e habito no meio de um povo de impuros lábios". Assim, Jeremias reconhece quem ele é e quem foi, tendo em vista sua missão: "Ah, Senhor, não sei falar e sou muito moço" (Jr 1,6). O autoconhecimento se verifica na Bíblia frente ao chamamento divino e à missão vinda de Deus, a qual exige do ser humano coisas impossíveis. É, ao mesmo tempo, autoconhecimento, conhecimento do ser humano e conhecimento da culpa, reconhecimento da impossibilidade da própria existência em vista das possibilidades exigidas pela missão divina. O ser humano chega ao conhecimento de si mesmo descobrindo a discrepância entre a missão divina e seu próprio ser, experimentando quem ele é de fato e quem ele deve ser, mas não pode ser por si mesmo. Por isso, a resposta dada à pergunta do ser humano sobre si mesmo e sobre seu ser humano soa dessa maneira: "Eu estarei contigo". Com isso, não se diz ao ser humano quem ele era e quem propriamente ele é, mas quem ele será, e pode ser, na história e no futuro para o qual o leva a missão. Pela vocação, diante do ser humano põe-se uma nova possibilidade de ser. Alguém só experimentará aquilo que é e o que pode fazer pela confiante esperança na presença de Deus com ele. O ser humano experimenta seu ser humano não a partir de si mesmo, mas de seu futuro, para o qual o leva a missão. "O que o ser humano é, só a história lhe diz", afirmava W. Dilthey. Podemos aceitar essa definição se acrescentarmos: para a qual o leva a esperança da missão. O mistério próprio do ser humano, o ser humano o descobre na história que lhe abre o futuro. É precisamente nessa história de possibilidades, ainda desconhecidas e ilimitadas, da missão que aparece o fato de que o ser humano não é um "ser fixo", mas que está aberto às novas possibilidades de ser que lhe são prometidas. Precisamente no chamamento para as possibilidades ainda obscuras do futuro, o ser humano parece estar oculto para si mesmo, que é *homo absconditus*, e que será revelado nas perspectivas que lhe abrem os horizontes da missão. O chamamento e a missão revelam o ser humano não somente a si mesmo, de modo que ele sempre se possa compreender como aquele que ele é; ela lhe revela e abre também novas possibilidades, de modo a poder tornar-se aquele que ainda não é e ainda não era. Por isso, segundo a linguagem do Antigo e do Novo Testamentos os seres humanos, juntamente com o chamamento, recebem um nome novo e com o nome novo uma nova natureza e um novo futuro.

Ora, no Antigo Testamento, todos os chamamentos e todas as missões são especiais e contingentes. Referem-se a um único povo e a alguns profetas e reis. Contêm certas tarefas históricas bem determinadas. Por isso, a partir delas não se pode ainda afirmar nada sobre a natureza do ser humano em geral. Mas, no Novo Testamento, o chamamento e a missão se dirigem "sem distinção" a judeus e a gentios. O chamamento à esperança e à participação na missão tornam-se aqui universais. O chamamento por intermédio do evangelho contém o apelo para a esperança escatológica e para a salvação definitiva e universal. O chamamento por intermédio do evangelho é aqui idêntico à justificação dos ímpios e ao estabelecimento da obediência da fé entre todos os seres humanos. Ora, se o evangelho chama todos os seres humanos para a esperança e a missão do futuro de Cristo, a partir desse evento bem determinado pode-se começar a refletir sobre a estrutura universal do ser humano. Com efeito, o crente não se sente como o seguidor de uma religião possível entre outras muitas religiões possíveis, mas sabe que está a caminho da verdadeira existência humana do ser humano, para aquilo que está reservado para todos os seres humanos. Por isso, ele não pode apresentar aos outros sua verdade como se fosse a "sua" verdade, mas somente como "a verdade". O ser humano concreto, revelado pela missão cristã, em confronto com outras definições universais de ser humano na antropologia filosófica, deve por isto também esboçar, a partir de si mesmo, estruturas universais do ser humano, em que já agora brilhe o futuro da fé como o futuro de toda a humanidade. O chamamento do evangelho se dirige a todos os seres humanos e lhes promete um futuro escatológico universal. Esse chamamento se faz "em público" e, por isso, deve também apresentar em público sua esperança no futuro do ser humano. Uma antropologia cristã sempre deve tender a que uma antropologia filosófica universal compreenda o ser humano historicamente, mas compreenda sua historicidade a partir de seu futuro. Aquilo que o ser humano é no corpo e na alma, na relação com os outros e na sociedade, na dominação da natureza, tudo isto só se revela em sua plena realidade quando visto do ponto de chegada da vida a ser vivida. O ser humano só é definível a partir do escopo em cuja direção caminha. A comparação com a natureza, com os animais, ou com os outros seres humanos da história passada presente ainda não manifesta a natureza do ser humano, mas tão somente a comparação com suas possibilidades futuras, que se mostram a partir da direção imprimida a sua vida, da *intentio vitalis* ["intenção vital"]. O ser humano não tem consistência em si mesmo, mas está sempre a caminho, em direção a algo, e se realiza a partir de uma totalidade futura e esperada. O ser humano não é *sub-sistente*, mas *ex-sistente*. Não se pode compreendê-lo a partir de uma *substantia hominis* ["substância humana"] que esteja em sua base, mas somente a partir das perspectivas vitais de tendências corporais e anímicas. O ser humano é "aberto ao mundo" somente porque está dirigido para um escopo e um futuro. Em outras palavras: a *natura hominis* ["natureza humana"] só resulta da *forma futurae vitae* ["forma da vida futura"]. Do ponto de vista desta, a natureza do ser humano está em devir, e em relação a ela está em jogo no decurso da história. Pela esperança na nova criação, prometida por Deus, o ser humano se encontra agora *in statu nascendi*, no processo de efetivação por intermédio da palavra de Deus que chama, atrai, impele.

A exposição dos testemunhos bíblicos a partir da história da missão, e que tenha por objeto a história e a missão do ser humano, interrogará, da mesma forma como a interpretação existencial, sobre as novas possibilidades que por intermédio de Israel e do cristianismo entraram no mundo. Também ela apresentará as possibilidades já existidas de existência humana como possibilidades da presente compreensão da existência. Mas interpretará essas possibilidades de existência como novas possibilidades do futuro do ser humano. Não interpretará os fenômenos da história passada a partir das possibilidades do existir humano, mas vice-versa, as novas possibilidades de existência humana serão interpretadas por ela a partir dos "fenômenos" de promessa e missão de Deus e a partir dos "fenômenos" da ressurreição e do futuro de Cristo. Pode abrir para o ser humano de hoje novas possibilidades, perspectivas e metas por intermédio da apresentação daquele evento que prepara o caminho para o futuro escatológico. Para isso, é necessário tomar o ser humano em seu próprio ser no contexto, e não separadamente, da presente constelação da sociedade humana, para encaminhar a totalidade da presente realidade humana ao futuro de Cristo e às possibilidades da missão para o futuro. Toda a situação presente deve ser compreendida a partir do futuro da verdade em suas possibilidades e suas tarefas históricas.

c) *A historização do mundo na missão*

Não é para a *theoría*, que investiga a essência divina do mundo como cosmo, mas para a práxis histórica, que quer produzir transformações, que o mundo aparece como questionável em sua forma histórica. Suas questões não se dirigem a entrever a unidade e a totalidade do mundo, nem a pôr ordem na realidade caótica, mas à transformação do mundo. Com efeito, a esperança escatológica mostra o possível e mutável no mundo como algo sem sentido em si mesmo, e a missão prática executa aquilo que agora está em possibilidade. A teoria da práxis transformadora do mundo e tendente para o futuro não procura ordens eternas na realidade existente do mundo, mas possibilidades neste mundo que se orientam para o futuro prometido. A vocação para a transformação do mundo não teria nenhum objeto se este mundo fosse imutável. O Deus que chama e promete não seria Deus, se não fosse o Deus e Senhor daquela realidade para a qual leva sua missão e se não criasse para a sua missão possibilidades reais e objetivas. Por conseguinte, a práxis da missão transformadora necessita de determinada cosmovisão, de confiança no mundo, de esperança no mundo. Ela busca o que é real e objetivamente possível neste mundo, para apoderar-se dele e realizá-lo em direção ao futuro prometido de justiça, de vida e de reino de Deus. Portanto, para ela o mundo é um processo aberto, no qual a salvação e a perdição, a justiça e o aniquilamento do mundo estão em jogo. Na perspectiva da missão não somente o ser humano está aberto ao futuro, mas também o mundo está repleto de futuro e de ilimitadas possibilidades para o bem e para o mal. Por conseguinte, ela sempre se empenhará por compreender a realidade do mundo como história do ponto de vista do futuro ainda ausente. Por isso, ela não interrogará, como os gregos, sobre a natureza da história e sobre o que é constante em meio às mudanças, mas antes interrogará sobre a historicidade da natureza e sobre a possibilidade de mudança do que está aí. Ela não pergunta pela totalidade oculta que mantém unido este mundo, no mais íntimo e no mais profundo, mas sobre o *totum* futuro, em que tudo o que agora está em movimento e se encontra ameaçado pelo nada se tornará completo e realizado. O conjunto do mundo não aparece aqui como o cosmo autônomo da natureza, mas como meta de uma história universal que deve ser compreendida de forma dinâmica. Assim, o mundo aparece como o correlato da esperança. Somente a esperança entende a "expectativa da criatura" pela liberdade e verdade. A obediência que nasce da esperança e da missão é a ponte entre o prometido e o esperado e as reais possibilidades da realidade do mundo. Apelo e missão do "Deus da promessa" não permitem mais, ao ser humano, viver no círculo fechado da natureza ou no mundo como sua pátria, mas o obrigam a existir dentro do horizonte da história. Esse horizonte o enche de uma expectativa cheia de esperança e, ao mesmo tempo, exige dele responsabilidade e decisão para com o mundo da história.

O ser humano chamado pela promessa de Deus para a transformação do mundo sai do âmbito do pensamento cósmico dos gregos. Ele não tem aqui "cidade permanente", pois busca a "cidade futura" de Deus. Por isso, seu pensamento não transfigurará a realidade de modo metafísico, à luz do absoluto. Seu pensamento não está orientado a harmonizar os entes múltiplos com o único e eterno ser.

Sua experiência da realidade, com suas possibilidades de transformação como história, por outro lado, não está condicionada à "factibilidade" da história pelo arbítrio do sujeito humano. Para ele o mundo é transformável para o Deus de sua esperança, e assim também para a obediência à qual o leva essa esperança. O sujeito da transformação do mundo é, portanto, para ele o Espírito da esperança divina. Dessa forma, sua experiência e sua expectativa a respeito da história estão abertas e ligadas às promessas futuras do Deus em que crê. Assim também, para ele, a realidade mundana não se torna como para o ser humano moderno, matéria do dever ou da técnica. Seu pensamento a respeito do mundo não relaciona as coisas com o sujeito humano em suas necessidades imaginárias ou seus propósitos arbitrários. Seu pensamento relaciona as coisas com o mundo da reconciliação futura, messiânica. Por isso, sua obediência transformadora do mundo está, da mesma forma que seu conhecimento e sua reflexão sobre o mundo, a "serviço da reconciliação". Ele não relaciona o existente tal qual é, por intermédio de uma transfiguração metafísica, com o absoluto. Não relaciona as coisas, como no positivismo técnico, com a própria subjetividade. Antes, relaciona o existente com o futuro de Deus que tudo leva à perfeição. Dessa forma, sua atividade serve à reconciliação do mundo com Deus. Sua compreensão das coisas não consiste em considerações práticas sobre a apropriação técnica das coisas. Sua compreensão consiste em que ele, cheio de compaixão pela miséria do existente, antecipa o futuro reconciliador das coisas, e assim estabelece a reconciliação, a justificação, a consistência. Lutero diz:

> [...] uma estranha linguagem e uma nova gramática [...]. Pois ele quer que sejamos novos seres humanos, mas que também pensemos de modo diferente e novo, que entendamos e reflitamos e não vejamos nada conforme a razão, não como é para o mundo, mas como é a seus olhos; que nos orientemos para o ser futuro, invisível e novo, o qual esperamos, e que sigamos a esta existência sofredora e miserável [...][113].

Nesse sentido, pode-se entender também a palavra final de T. W. Adorno na obra *Minima Moralia. Reflexionen aus dem beschädigten Leben* [*Minima Moralia. Reflexões a partir da vida danificada*]:

> A filosofia, na única forma ainda justificável frente ao desespero, seria a tentativa de contemplar todas as coisas, como elas se apresentam do ponto de vista da salvação. O conhecimento não possui nenhuma outra luz, a não ser a que brilha a partir da redenção: tudo o mais se esgota em reconstruções e constitui algo técnico. É preciso produzir perspectivas em que o mundo seja decomposto, alienado, em que revele rachaduras e fendas, tal como se apresentará um dia, necessitado e deformado, à luz messiânica. O que importa para a reflexão é chegar a tais perspectivas sem arbítrio e sem violência, totalmente a partir da sintonia com os objetos[114].

Isso, no campo da pesquisa e da investigação da história passada, significaria que o escopo da história não pode ser uma teodiceia da história, nem uma autojustificação da história, passada ou atual. O brilho e a miséria dos tempos passados não precisam da justificação de Deus ou da razão que está neles. Não toleram igualmente a ditadura positivista da subjetividade presente. A "expectativa da criatura" que neles se encontra tende antes a exprimir-se e a orientar-se para a libertação dos poderes do nada. À luz messiânica da razão o que espera e da ciência histórica deve manifestar algo das "rachaduras e fendas", em meio às quais os tempos passados esperaram pela sua justificação e redenção. Assim, haverá a solidariedade do presente com os tempos passados e uma certa contemporaneidade tanto na exteriorização histórica como na esperança escatológica. Essa solidariedade é o verdadeiro cerne da igualdade sobre cuja base é possível um

---

113. WA 34, II, 480 s.
114. ADORNO, T. W., *Minima Moralia*, 1962, 333 s.

entendimento analógico por cima dos tempos. Somente esta solidariedade de expectação em meio aos gemidos sob o poder do nada e na espera da verdade libertadora, compreende a história de modo histórico e com os mortos da história realiza o serviço da reconciliação.

d) A tradição da esperança escatológica

As tradições são vivas e compromissivas, certas e aceitas, quando e enquanto ligam, como algo evidente por si mesmas, entre si pais e filhos na sequência das gerações e estabelecem continuidade no tempo. Logo, porém, que essa inquestionável confiança e fidedignidade tornam-se um problema, perde-se um elemento essencial da tradição. Quando vem a reflexão, e as tradições são questionadas do ponto de vista crítico, tornando consciente o ato de sua aceitação ou rejeição, elas perdem seu amigável poder. Não somente a ruptura com as tradições, mas já seu consciente problematizar suprime a tradicionalidade na vida humana. Pois, nesse caso, as tradições já não são a base e o objeto do pensamento presente e da ação atual, mas se tornam objeto de um pensamento tradicional em si mesmo e em sua raiz. Podem, portanto, ser rejeitadas revolucionariamente, ou restauradas conservadoramente. Entretanto, a partir do momento em que se fala "conservadoramente" da tradição, ela não mais existe[115].

Início e princípio da moderna ruptura com a tradição é a tentativa de fundamentar o conhecimento certo pelo método da dúvida, desde Descartes. Se até os tempos modernos o espírito ocidental foi formado pelos textos da tradição, a partir desse momento ele se forma – iniciando já no fim da Idade Média – por meio da experiência e pela elaboração metódica da experiência própria. Para Pascal é nesse ponto que se separam o caminho da teologia e o das ciências modernas.

> Quando virmos claramente essa distinção, lamentaremos a cegueira daqueles que na física só querem fazer valer a tradição, em lugar da razão e da experimentação; ficaremos assustados com a falta de razão daqueles que na teologia introduzem a argumentação da razão em lugar da tradição da Escritura e dos Pais[116].

A teologia só pode ensinar com base na palavra recebida da tradição. Ora, nos meios em que hoje se busca a verdade, para sobre ela fundar a

---

115. Krüger, G., *Freiheit und Weltverwaltung*, 1958, 223.
116. Pascal, B., *Oeuvres*, II, 133, citado por Pieper, J., *Über den Begriff der Tradition*, 1957, 10 s.

vida humana e social, as tradições significam preconceitos ultrapassados, ídolos, como dizia Francis Bacon. Em lugar das formas históricas do espírito, vivas nas tradições, entra a autocerteza abstrata do espírito humano: *sum cogitans* ["sou alguém que pensa"]. Para ele, as *res gestae* ["os feitos"] da história, no fundo, nada mais são que as *res extensae* ["coisas extensas"] da natureza. Por isso, também no campo da história buscar-se-á a experiência metodicamente certa, histórico-crítica. Esse conceito anistórico de razão faz das tradições verdades históricas casuais e encontra as eternas verdades da razão nela mesma. A história do passado não mais se torna presente para ele nas tradições, mas é historizada por meio da reflexão científica.

> A relação da história para com o passado não só pressupõe que o passado é passado, mas claramente tende também a confirmar e selar essa inatualidade do que existiu. A ciência histórica entrou em lugar da tradição, e isso significa que ela lhe ocupa o lugar e torna [...] impossível seguir realmente os antigos, isto é, ficar dentro de sua tradição[117].

Assim, a razão histórica pode, certamente, abolir tradições, mas não criar novas tradições. "A pressão que a tradição exerce pré-conscientemente sobre nosso comportamento vai decrescendo mais e mais na história por meio da *ciência* histórica"[118].

Com tal comportamento frente à história, surge imediatamente uma ruptura com a tradição que, em seus efeitos, ainda é imprevisível. Trata-se, antes de tudo, da ruptura com tradições ocidentais bem determinadas. Se com isto também está em jogo a ruptura com a tradicionalidade da natureza existencial humana como tal, eis a questão. Desde o começo dos tempos modernos, a razão emancipada faz novas experiências históricas que fazem rebentar o edifício recebido da tradição. As viagens de descobrimento à América e à China trazem ao conhecimento populações que não podem ser ordenadas dentro da genealogia da humanidade do cristianismo antigo. A razão, segura de si em meio a suas reflexões, faz descobertas na natureza que tornam antiquada a velha imagem do mundo. Finalmente, nas sociedades surgem novas formas econômicas e novas relações sociais que destroem a ética cristã tradicional. A revolução francesa nada mais fez do que cumprir o testamento do Iluminismo racionalista e foi, por sua vez, continuada na revolução industrial e na civilização científico-técnica. O apelo às tradições

---

117. KRÜGER, G., op. cit., 216.
118. SCHELER, M., *Die Stellung des Menschen im Kosmos*, 1927, 31. Cf. sobre isto a crítica de GADAMER, H.-G., *Wahrheit und Methode*, 267.

e às autoridades, que desde a Antiguidade constituía um nexo essencial para as consciências na transmissão da verdade, não tem mais significação constitutiva. Em lugar da citação entra a experimentação vitoriosa e a técnica triunfante. Como produtor, consumidor e participante desse movimento, o ser humano é o mesmo em toda a parte, sem consideração de suas diferentes origens. Com isso, as ciências e as técnicas se tornam independentes e indiferentes perante as diferenças da origem histórica.

Todas essas perspectivas sempre suscitaram entre os tradicionalistas, desde o romantismo até hoje, visões niilistas e de terror.

> Se a tradição realmente fosse abolida totalmente, o niilismo seria total, pois, se nada houvesse que sempre fosse firme, já não se poderia mais apelar com razão para os fundamentos evidentes e comuns de nosso ser humano[119].
>
> O ser humano que se apoia em si mesmo se dissolve em visões puramente subjetivas a respeito do mundo, de modo que no fim nada mais seria firme nele mesmo, e o niilismo seria o fim da festa[120].
>
> Entramos assim em um tempo em que a perda da tradição atinge como uma fatalidade de desgraça, como perda de segurança e firmeza, como um descarrilamento de tudo o que é constante, como um esvaziamento e um aniquilamento destruidor da vida espiritual[121].

Essas razões romântico-niilistas, apresentadas para a necessária restauração das tradições, não estão, contudo, em condições de integrar os "tempos modernos" nas tradições da história, porque não entendem o novo tipo de progressividade do pensamento e do trabalho modernos. Só veem a perda da origem, e não o ganho de um futuro possível, na irrupção dos novos tempos. Por isso, julgam necessário limitar o espaço histórico aberto e antecipado pelas visões dos tempos modernos, levantando diques contra a inundação por meio dos atrativos da historicidade. Mas, dessa maneira, as tradições são formalizadas. Não se sabe, de resto, que tradições estão à altura da ruptura da tradição dos tempos modernos, e simplesmente se recomenda o tradicionalismo no pensar e no agir.

---

119. Krüger, G., op. cit., 123; cf. também a página 94: "*Existimos ainda somente devido a nossa inconsequência*, por que não fizemos calar ainda toda a tradição. Mas nossa vida está se tornando, de forma patente, mais histórica, mais inconsistente, mais catastrófica. Estamos indo ao encontro da *impossibilidade radical de uma existência que tenha sentido e comunhão* [...]. Nessa situação, é absolutamente necessário que rompamos com esta época paradoxal, inquieta, e *afirmemos de novo os princípios da tradição*".

120. Geiselmann, R., *Die hl. Schrift und die Tradition*, 1962, 81.

121. Ebeling, G., *Die Geschichtlichkeit der Kirche*, 1954, 36.

Entretanto, o motivo fundamental e propriamente impulsionador da emancipação da razão e da sociedade frente à tutela e ao poder das tradições se encontra no *páthos* escatológico-messiânico dos "tempos modernos". O "antigo" foi superado porque o "novo" parecia estar em uma proximidade e em um ponto atingível em curto prazo. As esperanças contidas nas velhas e antigas tradições se tornaram virulentas e ativas na busca do futuro da história. A "secularização" não foi uma apostasia das tradições e ordenações cristãs, mas antes de tudo a tentativa de realização histórico-mundial das esperanças cristãs e, depois, uma superação quiliasta das esperanças cristãs. Não são os "terrores da história" que romperam os diques das velhas tradições e obrigações, mas a esperança, que nelas estava domesticada, irrompeu para fora. Em lugar das tradições recebidas entrou um messianismo historicamente ativo e de conteúdo cambiante. Portanto, não se deve partir do ponto de vista de que os "tempos modernos" nada mais são do que uma época a mais e que a consciência histórica moderna não é algo de radicalmente novo, nada mais do que um novo instante naquilo que sempre constituiu o comportamento humano desde os tempos mais remotos[122]. No pensamento histórico, só se descobre o elemento da tradição quando se levam a sério os elementos revolucionários e quiliastas que nele se encontram. Por isso, é preciso perguntar: que tradições foram interrompidas na virada dos tempos modernos? Contra que conceito de tradição a *ratio* revolucionária foi capaz de se impor? O que é a tradição e o que exige a mensagem da tradição cristã do ser humano? Por isso, será necessário distinguir muito bem o conceito de tradição arcaica e antiga do conceito da tradição cristã, por serem diferentes seus conteúdos e diferentes os procedimentos.

O conceito de tradição, antirrevolucionário e antirracionalista, do romantismo aparece sempre como a restauração do pensamento tradicional antigo e arcaico. Nele, a religião e a participação no divino estão ligadas à tradição ininterrupta que existe desde tempos antigos.

No pensamento arcaico sobre a tradição[123], o tempo passado se regenera nas festividades sagradas. Cada festa e cada tempo litúrgico trazem de volta o tempo do começo, o tempo da origem, *in principio*. O tempo profano do devir e da passagem da vida é como que suspenso nos tempos de festas. O tempo do mundo se renova todos os anos. Com cada ano novo, ele recebe novamente sua santidade original. Nas celebrações festivas, os se-

---

122. GADAMER, H.-G., op. cit., 267.
123. Sobre esta seção, cf. os trabalhos de M. Eliade.

res humanos periodicamente se tornam de novo contemporâneos dos deuses e vivem com eles novamente como no princípio. História aqui significa apostasia e queda da origem e degeneração do santo princípio. Tradição significa a recuperação da vida perdida e volta aos primórdios e à origem. O evento mítico da origem está presente nela. Para este pensamento relativo à tradição, "verdade" e "antiguidade" sempre se identificam. A prerrogativa da tradição é expressa pela expressão "desde tempos antigos".

De modo semelhante, o pensamento antigo sobre a tradição afirma que os *antiqui*, os antepassados, os maiores, οἱ παλαιοί, οἱ ἀρχαῖοι, são "os que estão próximos da origem, do princípio, do começo"; têm autoridade "os que são melhores do que nós e mais próximos dos deuses se encontram"[124]. "Os antigos conhecem a verdade; se a encontrássemos, não mais precisaríamos de nos importar com as opiniões dos seres humanos"[125]. "O dom dos deuses foi trazido para o mundo, com um facho brilhante, por um certo Prometeu; e os antigos, melhores do que nós e mais próximos dos deuses, nos transmitiram este conhecimento"[126]. Na expressão πάλαι λέγεται está a prova da verdade. O divino, transmitido pelos antigos, envolve toda a natureza pelos antepassados[127]. Portanto, para esse pensamento referente à tradição, a revelação está no princípio. Os antigos, que existiram antes de nós e viveram perto do princípio, recebem desse fato sua autoridade. Por isso, o que é antigo se torna o depósito e a garantia. A *anámnesis* traz novamente ao conhecimento a verdadeira e inicial essência das coisas. A tradição é, portanto, *mnemosyne*, guardar pela memorização. A ela pertence a ideia mítica do *thesaurus*, o tesouro da verdade original a ser guardado, e a ideia do *depositum*, o bem que foi confiado.

Josef Pieper observa o seguinte sobre a citação tirada do *Filebo*, de Platão:

> O mais importante da sentença é que [...] essa ideia platônica é bem idêntica à reposta que a teologia cristã oferece à mesma questão. Quando se reflete sobre os elementos da natureza dos antigos em Platão [...], deve-se perguntar se, de um lado, existe uma distinção essencial entre a descrição platônica dos "antigos" e, de outro lado, a definição com que a teologia cristã descreve o autor "inspirado" em sentido estrito, o compositor de um livro sagrado. O que há de decisivamente comum é isto:

---

124. PLATÃO, *Filebo*, 16e 5-9.
125. Id., *Fedro*, 274e 1, citado por PIEPER, J., op. cit., 22.
126. Ibid.
127. ARISTÓTELES, *Metafísica*, 1074b 1.

ambos são pensados como os primeiros receptores de um θεῖος λόγος, de um oráculo divino[128].

Mas será realmente assim? Será que o sentido da tradição grega desde a Antiguidade é idêntico à mensagem cristã? Devem-se identificar os apóstolos com os homens antiquíssimos de Platão? O Cristo ressuscitado pode ser conhecido conforme o conceito antigo de tradição?

O que seja tradição e como ela se processa resulta sempre da matéria a ser transmitida. A matéria, o objeto, determina a tradição até dentro do processo de transmissão. Em Israel não se transmitia um evento mítico primordial, nem ele se tornava presente como acontecido *in principio*. O que se transmitia era um evento histórico, o significado, a vida, o caminho e o destino de Israel. Quando em Israel se pensava no "dia da Antiguidade" e nos "anos das gerações passadas", não se tinha em mente um tempo primordial mítico, mas a história, isto é, os eventos produzidos por Javé no êxodo e na ocupação da terra. Os antigos não são os "antiquíssimos", mas é aquela geração que recebeu a promessa de Javé e experimentou os atos de sua fidelidade. "Deus", aqui, não é o "antiquíssimo", mas o Deus de Abraão, de Isaque e de Jacó. O conteúdo da tradição constitutiva de Israel era composto pelos grandes atos e as promessas de Javé, únicos e irrepetíveis, e que, por isso, determinam, ao mesmo tempo, o futuro de Israel. Visto que pelas promessas de Javé, feitas no passado, abriu-se para Israel o futuro, isto é, um futuro na história, o pensamento de Israel a respeito da tradição não deve ser interpretado somente como busca retrospectiva, pois olha ao mesmo tempo para frente. A fidelidade de Javé no passado é narrada e recordada aos "filhos do futuro" (Sl 78,6), para que o "novo povo criado por Javé" o louve e reconheça seu domínio no presente e no futuro (Sl 71,18). Por conseguinte, as experiências históricas do passado são narradas para despertar a confiança na fidelidade de Javé. A fidelidade de Javé não é um ponto doutrinário que foi recebido dos antigos desde os tempos míticos, mas uma história que se deve narrar e que pode ser esperada. Por conseguinte, essa tradição vem da história e se orienta para uma história futura. Ora, essa meta futura pode transformar-se no decurso da própria tradição de Israel. Inicialmente, ela se refere à confissão confiante: Javé é assim; como ele foi, assim ele será. Nisso está o instante da repetição, não a volta ao princípio mítico, mas repetição como fidelidade e constância histórica. Quando, nos profetas, se verifica a ruptura que foi chamada "a escatologização do pen-

---

128. Pieper, J., op. cit., 238.

samento histórico" (G. von Rad), nela se pode encontrar também a *escatologização do pensamento referente à tradição*. A profecia também chega à formação de tradições. Só que se trata de um novo tipo de formação de tradições. As palavras proféticas, como prenunciadoras de história, suscitam uma expectativa na história. "Guardarei a revelação e selarei a instrução em meus discípulos e esperarei no Senhor que oculta a sua face da casa de Jacó, e nele esperarei" (Is 8,16 s.). A palavra profética é guardada e escrita "para que no dia futuro se torne um testemunho para sempre" (Is 30,8)[129].

Se tivermos uma noção de conjunto da ideia de evolução em Israel, frente ao conceito de tradição na Antiguidade, sobressai sua relação firme e não mitológica, para com a história passada e futura. As promessas são transmitidas, e os eventos da fidelidade de Deus são narrados, e ambos apontam para um futuro ainda não acontecido. Nesse pensamento relativo à tradição, predomina acima do presente sempre mais o futuro anunciado e prometido. Essa tradição de promessas dirige o olhar não para um evento original, em um começo antiquíssimo, mas para o futuro e finalmente para o *éschaton* do cumprimento das promessas. Israel não passa pela história com as costas voltadas para o futuro, com o olhar sempre dirigido para as origens, mas, confiantemente, ele vai ao encontro do futuro prometido. Não são os "homens da Antiguidade" que estão próximos da verdade nem habitam mais perto dos deuses, mas sim as futuras gerações a quem são transmitidas as promessas para que vejam a sua realização.

A tradição da mensagem cristã, em confronto com o pensamento de tradição da Antiguidade, tem o seguinte em comum com a compreensão da tradição do Antigo Testamento: 1. aqui também a tradição acha-se ligada, e liga, a um evento histórico único, irrepetível: a ressurreição do Cristo crucificado; 2. o processo de tradição é necessitado e motivado pelo horizonte futuro que esse evento esboça "de uma vez para sempre". O evento ἐφάπαξ da ressurreição de Cristo e o horizonte escatológico do futuro da missão cristã não podem ser compreendidos pelo conceito arcaico e antigo de tradição. Por isso, é falsa a definição da tradição cristã segundo o padrão da tradição da Antiguidade – como desde os tempos do romantismo antirrevolucionário diversas vezes se tentou no catolicismo e no protestantismo. Tanto o *tradendum* cristão quanto o processo dessa tradição da mensagem cristã rompem aquela moldura.

    a) A mensagem cristã se inicia com a ressurreição por parte de Deus do Cristo crucificado, e com a sua exaltação como Senhor do mundo vindouro de Deus. "A tradição cristã existe desde a páscoa, desde que

---

129. Cf. WOLFF, H. W., *EvTh*, n. 20 (1960) 220, nota 3.

existe a igreja pela confissão do ressuscitado"[130]. Por isso, pode-se dizer que a tradição cristã sempre foi mensagem, transmitida como mensagem. Nisso temos uma distinção muito importante para compreender a tradição cristã em confronto com a tradição na Antiguidade e nos meios rabínicos. O que distingue a pregação do evangelho, da tradição tomada naquele sentido? Pregação do evangelho não é transmissão de sabedoria e verdade por meio de sentenças doutrinárias. Também não é transmissão de atitudes e comportamentos segundo a lei. É manifestação, revelação e proclamação de eventos escatológicos[131]. Revela o domínio do ressuscitado sobre o mundo e liberta os seres humanos pela fé e pela esperança da salvação vindoura. Como proclamação, o evangelho está relacionado com a vinda do futuro reinado de Cristo e é ele mesmo um instante dessa vinda; revela a presença do Senhor que vem. Por isso, em Paulo, o anúncio do evangelho e a missão aos gentios não são derivados daqueles que existiram no princípio e que, no tempo, estiveram mais próximos do divino, isto é, dos apóstolos originais, mas diretamente do Senhor exaltado (Gl 1,2 ss.; 1Cor 9,1; 15,8), a cujo serviço ele tem consciência de estar. Por isso, seu evangelho não pretende transmitir sentenças doutrinais de Jesus ou sobre ele, mas sim a presença do Senhor exaltado e vindouro. O processo da pregação do evangelho, ou da revelação desse mistério, não é, por conseguinte, apresentado com a terminologia rabínica relativa à tradição, mas com vocábulos novos como κηρύσσειν ["proclamar"] e εὐαγγελίζεσθαι ["evangelizar"].

Paulo não é um rabino cristão que se distingue dos mestres do judaísmo tardio simplesmente pelo conteúdo de sua tradição. Sua compreensão da tradição também não resulta de uma simples ruptura pneumática do princípio judaico de tradição, mas é algo de especificamente novo no campo do pensamento sobre tradição do século I depois de Cristo[132].

Compreendendo seu evangelho como a revelação escatológica do Senhor exaltado, pois ele chega àquela notável liberdade frente às tradições cristãs primitivas, em questões doutrinárias, confessionais e parenéticas. Mas essa liberdade não significa indiferença por razão de inspirações pessoais. O evangelho que revela a presença do Senhor que há de vir, necessita, ao contrário, de uma sempre firme continuidade com o Jesus terreno,

---

130. DINKLER, E., *RGG*, 3ª ed., VI, col. 971.
131. WEGENAST, K., *Das Verständnis der Tradition bei Paulus und den Deuteropaulinen*, 1961, 44.
132. Ibid., 164.

pois, do contrário, há o perigo de, em lugar de Jesus de Nazaré, entrar o mito de um novo ser celeste, e o evangelho se transformar em um discurso gnóstico de revelação. Por isso, a história de Jesus é constitutiva para a fé, a qual espera o presente e o futuro de Deus no nome de Jesus. Essa identidade entre o exaltado e o terreno une, no evangelho e no processo de sua pregação, o escatológico com o histórico, o apocalipse do futuro com a memória. Por isso, Paulo necessita, para o seu evangelho, que ele não recebeu de homens, mas do Senhor (como ele diz), da confirmação e até mesmo da autenticação da tradição de Jesus e da páscoa por intermédio da comunidade de Jerusalém (cf. 1Cor 15,3 ss.). Também, essa aceitação da tradição histórica em Paulo não justifica a afirmação de que ele tenha compreendido seu evangelho como tradição no sentido tradicional, mas mostra que ela tem bases cristológicas e, portanto, significa algo de novo frente às ideias comuns, ou divergentes, sobre tradição. A continuidade entre o ressuscitado e o Jesus terreno e crucificado leva necessariamente à aceitação dos testemunhos históricos a respeito dele e dos eventos que lhe dizem respeito. As experiências pascais do Jesus ressuscitado e exaltado como Senhor que vem, rompem, entretanto, a continuidade unilinear da tradição em relação ao passado. O acontecimento fundamental para o evangelho não é a continuidade a ser instituída no processo da história, da qual resultaria uma duração que englobasse o tempo anterior e posterior, mas a ressurreição do Cristo crucificado e morto para a vida escatológica. O acontecimento fundamental não é a vitória do permanente sobre o passageiro, mas a ressurreição dentre os mortos, que antecipa o escopo da história, a vinda da salvação futura, a vida, a liberdade e a justiça na ressurreição de Cristo. É compreensível que esse processo, revelado pelo evangelho, influencie necessariamente, até mesmo, o processo da pregação, formando-o e modelando-o. O processo da pregação cristã implica, por isso, necessariamente, uma cristologia. Não nasce do problema geral sobre história e duração. O evangelho estaria a serviço de deuses e ideologias estranhas se dele se esperasse, no sentido romântico moderno, uma continuidade antirrevolucionária – segundo a mente ocidental – de culturas que estão se dissolvendo.

    b) Se o evento de Cristo determina o processo da pregação até no modo como é apresentado, com que se parece esse processo? A pregação cristã tem em comum com as tradições veterotestamentárias sua orientação para o futuro. Tradição é missão para o futuro, envio para o *novum* do futuro prometido. A novidade, porém, da mensagem cristã está em sua missão universal para todos os povos.

"Tradição" cristã é missão para frente, missão para a amplidão. Ela não se baseia nem se prende ao nexo geracional de pais e filhos, mas marcha para a vastidão de todos os seres humanos. Não é pelo nascimento, mas pelo renascimento, que a fé se expande. Isso, mais uma vez, aparece de forma particularmente clara no apostolado de Paulo, desde sua "conversão", enviado para a missão entre os gentios (Gl 1,15 s.; Rm 1,5). Anunciar o evangelho e voltar-se para os gentios são, para ele, uma só e a mesma coisa[133]. Ambas se fundam na sua compreensão de Cristo. O Deus que ressuscitou a Jesus dentre os mortos é o Deus que justifica os ímpios. Assim como todos os seres humanos estão debaixo do pecado, da mesma forma Cristo é a reconciliação de todo o mundo com Deus. Com a ressurreição, Deus estabeleceu Jesus como Senhor e reconciliador de todo o mundo. A partir de sua compreensão do domínio universal de Cristo, o qual há de vir, sem precondições, torna-se também compreensível o caráter universal e inclusivo de sua pregação, como também sua particular atitude escatológica e antecipatória. Temos aí algo da moldura veterotestamentária: pelo estabelecimento da obediência de fé entre os gentios já começa a acontecer aquilo que, conforme as promessas do Antigo Testamento, só se deve realizar depois que Israel receber a salvação. No evangelho já se inicia a glorificação escatológica de Deus no mundo. O fato de a ordem da esperança israelita ser assim modificada tem seu motivo na ação e na mensagem de Jesus. O reino de Deus que se aproxima torna-se atual em sua graciosa comunhão com os pecadores e publicanos, irrompe na ressurreição do crucificado e torna-se efetiva na justificação dos ímpios. O que resulta de tudo isso para a forma da pregação cristã, para sua "tradição"? Sendo tal a natureza da tradição, ela não deve ser entendida como um passar adiante de algo que deve ser conservado, mas como um evento que chama à vida o que está morto, que está sem Deus. A meta e o processo da pregação cristã é o chamamento dos pagãos, a justificação dos sem-Deus, o renascimento para a esperança viva. Trata-se de um evento criador a partir do nada, a partir do que está abandonado, perdido, sem-Deus e morto. Pode, por conseguinte, ser designado como *nova creatio ex nihilo*, cuja *continuatio* só se encontra na garantia da fidelidade de Deus. Essa *continuatio* deve ser vista menos

---

133. HAHN, F., *Das Verständnis der Mission im Neuen Testament*, 1964, 80 ss.

na ininterrupta sucessão do cargo episcopal, do que no *homuncio quispiam ex pulvere emersus* ["pobre homem qualquer que emerge do pó"], como Calvino chama o presbítero[134]. A meta para a qual se orienta a pregação cristã no processo da justificação e chamamento dos sem-Deus, mais uma vez mostra-o claramente: não se trata da vitória final e perfeita daquilo que desde a Antiguidade foi ininterruptamente defendido e guardado, mas da "ressuscitação dos mortos" e da vitória da vida da ressurreição sobre a morte para a glorificação da onipotência de Deus.

Tradição cristã é pregação do evangelho para a justificação dos ímpios. Ela se torna possível e necessária por meio da ressurreição do Cristo crucificado, pois aí se encontra garantida a esperança no futuro universal da salvação do mundo. Portanto, é idêntica à missão escatológica.

Que significa, portanto, para a tradição da mensagem cristã a "ruptura da tradição" nos tempos modernos da qual falamos no início desta seção? Pela emancipação da razão e da sociedade rompem-se as tradições arcaicas e antigas, pelas quais foi moldada também a tradição cristã até os tempos modernos. Por isso, a tradição cristã ou perece juntamente com essas tradições da era religiosa da humanidade – entendida juntamente com elas simplesmente como transfiguração romântica do passado – ou a tradição se liberta radicalmente daquela maneira de compreender a tradição. Não há nenhum motivo para que a missão cristã se alie, contra a progressividade revolucionária dos tempos modernos, com o niilismo romântico e apresente a própria tradição como refúgio da tradicionalidade a contemporâneos nossos que se cansaram e se sentem inseguros em suas esperanças. A emancipação da razão e da sociedade de suas origens históricas é posta em prática nos tempos modernos com entusiasmo quiliasta. A esta realidade presente, a mensagem cristã deve responder com a esperança no futuro do crucificado (1Pd 3,15), transmitindo aos ímpios a justificação e a esperança de ressurreição. Não se pode voltar à ordem perene e às tradições constantes dos novos horizontes abertos pela história dos tempos modernos, mas é preciso assumir esses horizontes dentro do horizonte escatológico da ressurreição, para assim descobrir sua verdadeira historicidade para os tempos modernos e sua história.

---

134. NOORDMANS, O., *Das Evangelium des Geistes*, 1960, 162, com uma citação de CALVINO, J., *Institutio* IV, 3, 1.

CAPÍTULO V
Comunidade do êxodo
Observações sobre a compreensão escatológica do cristianismo na sociedade moderna

§ 1. O culto do absoluto e a sociedade moderna

Ao interrogar, neste último capítulo, sobre a forma concreta da vivência da esperança escatológica em meio à sociedade moderna, queremos apresentar a realidade do cristianismo, à luz da ideia-mestra de "comunidade do êxodo", como o "povo de Deus em marcha", tal como Hebreus o descreve: "Saiamos, portanto, do acampamento para junto dele, para carregar a sua desonra, pois não temos aqui cidade permanente, mas buscamos a cidade futura" (Hb 13,13 s.). Que significa, para a forma social e para a tarefa ético-social do cristianismo, viver dessa forma na "sociedade moderna"?

Nesse contexto, não podemos falar unicamente da "igreja", entendendo com isto a instituição com todas suas funções públicas. Também não podemos falar somente da "comunidade", entendendo com isto a congregação que no culto divino se reúne em torno da palavra e do Sacramento. De acordo com a Reforma, sobretudo Lutero, devemos falar de "cristianismo" tal como ele se apresenta na "igreja" e na "comunidade" e em suas vocações mundanas. Conforme os *Artigos de Esmalcalde*, de 1537,

> as nossas igrejas, pela graça de Deus, estão agora de tal maneira iluminadas e providas da palavra pura e do uso correto dos sacramentos, de compreensão das diversas vocações e das obras verdadeiras [*cognitione vocationum et verorum operum*][1].

---

1. *Die Bekenntnisschriften der evangelisch-lutherischen Kirche*, ²1952, 411 [em port.: *Livro de Concórdia*, São Leopoldo, Sinodal, 1980, 309].

Isso significa que o cristianismo se manifesta também na obediência diária, nas vocações mundanas e em suas atividades sociais, que isto é assim, *de facto*, e assim deve ser. Essa afirmação da Reforma, infelizmente ficou por demais à sombra nos movimentos de renovação da moderna igreja evangélica. Isso é compreensível por razões sociológicas, pois a sociedade moderna, emancipada, parece não oferecer chances para a peculiar obediência cristã. Mas, do ponto de vista teológico, trata-se de algo incompreensível, pois é precisamente neste ponto que entra a vocação cristã em meio às vocações na sociedade; que se decide se o cristianismo é um grupo maleável e assimilável ao mundo moderno, ou, se pela sua existência no horizonte da esperança escatológica, ele resiste à assimilação e, por meio, de sua existência tem a dizer algo de próprio ao mundo.

Quando, nesse contexto, falamos de *sociedade moderna* entendemos aquela sociedade surgida com o aparecimento do moderno sistema industrial. Entendemos, falando negativamente, não o Estado, nem a família, mas a vida pública que é caracterizada pelo moderno intercâmbio, isto é, produção, consumo, circulação de bens, em que as relações entre os seres humanos são estabelecidas por objetos e interesses materiais. É evidente que este intercâmbio social, material e funcional atinge profundamente a política e a família, mas a objetivação e a materialização de todas as relações não nascem desse terreno, mas das possibilidades de progresso da civilização científico-técnica. A sociedade dominada pela modernidade e pela progressividade dessa civilização tem a propriedade de se emancipar, ficando neutra quanto aos valores e religiões, às determinantes da tradição e da história, subtraindo-se assim à influência de religiões e comunidades religiosas. Qual é, porém, o papel social a que esta sociedade moderna relegou a fé, a comunidade, a igreja e, por fim, o cristianismo?

Desde a Antiguidade, as sociedades ocidentais sempre admitiram um conceito de religião firmemente delineado. Mas desde o aparecimento da "sociedade burguesa" e do "sistema das necessidades" na sociedade industrial, a sociedade moderna se emancipou do antigo conceito de religião. Por isso, a igreja cristã não mais pode apresentar-se a esta sociedade como a religião da sociedade.

Desde os dias do imperador Constantino até o século XIX, a igreja cristã, não obstante as muitas reformas e as muitas transformações da sociedade, teve um caráter público bem definido. O lugar e a função da igreja estavam estabelecidos. Sabia-se o que se devia esperar dela. Foi somente com o surgimento da sociedade industrial que a velha sinfonia entre *ecclesia* e *societas* se interrompeu.

Considerada do ponto de vista histórico-religioso, a pretensão pré-moderna da igreja de ser uma instituição pública se originou da pretensão da religião do Estado romano². Começando com Constantino, e consolidada pelas legislações de Teodósio e Justiniano, a religião cristã ocupou o lugar social da antiga religião de Estado do Império Romano. A religião cristã tornou-se *cultus publicus*. Tornou-se a guardiã e defensora dos *sacra publica*. Conforme a antiga concepção de sociedade, o dever supremo (*finis principalis*) da sociedade humana é oferecer aos deuses a adoração que lhes é devida. A paz e o bem-estar dependem da benevolência dos deuses do Estado. O bem público e a continuação duradoura da *pólis* dependem das bênçãos dos deuses da *pólis*. "Religião" tem aí o sentido de piedosa veneração de poderes como os que representam a divina eternidade de Roma, sem os quais não pode haver, em sentido pleno, "Roma"³. Quando o cristianismo ocupou o lugar da religião do Estado romano, cessaram, é verdade, os sacrifícios públicos do Estado, mas em seu lugar se introduziu a intercessão cristã pelo Estado e pelo Imperador. Assim, o cristianismo se tornou a "religião da sociedade". Preenchia a finalidade suprema do Estado e da sociedade. Por isso, os títulos de imperador e de sacerdote romano passaram para o papa. O Estado e a sociedade entendiam o cristianismo como sua religião.

Também no humanismo protestante de Melanchthon, sem o qual a Reforma provavelmente não teria tomado impulso, os príncipes e os magistrados foram responsabilizados pelo dever religioso da sociedade, no sentido da Antiguidade⁴. O fim supremo da sociedade é a verdadeira adoração de Deus, dizia também a Reforma, ao interpretar o primeiro mandamento em seu *usus politicus*. O que é a "verdadeira adoração de Deus"? A resposta é: a execução da Reforma como restauração da verdadeira religião do único Deus. Uma autoridade, que, neutra quanto à religião, só se limitasse a cultivar a paz e o bem-estar terreno, era também tida pela Reforma como deturpadora de sua finalidade, bem no sentido da antiga concepção de sociedade.

Como se vê, a ideia antiga e pré-moderna de sociedade sempre afirma também o ideal religioso social. Dela provêm as imagens com que ainda hoje se descreve o papel da igreja na sociedade: "coroa da sociedade", "centro salvador da sociedade", "princípio vital interno da sociedade"⁵. Pelo seu

---

2. Sobre isto cf. STECK, K. G., Kirche und Öffentlichkeit, *ThEx*, n. 76 (1960).
3. KAMLAH, W., *Christentum und Geschichtlichkeit*, ²1951, 134.
4. NÜRNBERGER, R., *Kirche und weltliche Obrigkeit bei Ph. Melanchthon*, 1937.
5. Assim Pio XII: "Como princípio de vida da sociedade humana a igreja, haurindo das profundas fontes de suas riquezas interiores, deve estender sua influência a todos os

culto e pelas suas diretivas morais, o que é humano e material é elevado até o divino e o que é eterno e absoluto desce à sociedade terrena. Hoje, quando se queixa da "perda do centro" em uma sociedade que se desintegra, o que se exprime é a saudade e a nostalgia pela integração religiosa pré-moderna dos seres humanos em uma única sociedade religiosa.

Entretanto, a sociedade moderna conquistou seu caráter e sua força precisamente pela sua emancipação face a esse centro religioso. Hegel foi um dos primeiros a reconhecer o surgimento da sociedade moderna, emancipada, destruidora de todas as forças tradicionais, e a analisá-la, com base na economia nacional inglesa, como um "sistema de necessidades"[6]. É uma sociedade que, pela fundamental emancipação de todos os pressupostos e de todas as ordenações humanas historicamente transmitidas, tem por conteúdo unicamente a constante e uniforme natureza das necessidades do ser humano como indivíduo e sua satisfação pelo trabalho comum e pela divisão do trabalho. Segundo sua definição básica, ela não suporta nada que não seja pressuposto na "mediação da necessidade e da satisfação do indivíduo por meio de seu trabalho e, por meio do trabalho de todos, da satisfação das necessidades de todos os outros"[7]. Isso significa que esta sociedade, ao contrário de todas as anteriores, limita-se àquelas relações sociais que ligam os indivíduos entre si pela satisfação das necessidades através da divisão do trabalho. Aqui, os seres humanos necessariamente se associam somente como portadores de necessidades, como produtores e consumidores. Todo o resto que ainda constitui a vida de um ser humano: cultura, religião, tradição, nação, moral etc., é excluído das relações sociais necessárias e posto sob a liberdade individual. Com isso, as relações sociais tornam-se abstratas; emancipam-se das condições históricas particulares de origem e se expandem irresistivelmente de forma universal. "A natureza anistórica da sociedade é sua própria essência histórica"[8]. O futuro e a progressividade dessa sociedade não têm relação com sua origem. Por isso, as relações sociais tornam-se totalitárias.

> As necessidades e o trabalho, elevados a tal universalidade, formam por si mesmos enorme sistema de comunidade e de mútua dependência, um sistema de mortos que a si mesmo se move[9].

---

campos da existência humana". A encíclica social de João XXIII *Mater et Magistra*: ed. E. Welty, Herder-Bücherei 110, 1961, 42.

6. *Rechtsphilosophie*, §188 ss. Sobre isto cf. RITTER, J., *Hegel und die französische Revolution*, 1957, 36 ss.
7. *Rechtsphilosophie*, §188.
8. RITTER, J., op. cit., 41.
9. *Jenenser Realphilosophie*, ed. J. Hoffmeister, 1931, 239.

A sociedade burguesa é [...] o enorme poder que envolve o ser humano, a qual exige que ele trabalhe para ela e que ela tudo seja através dele e, por meio dele, tudo faça[10].

Hegel, com tal sociedade, vê chegar a época do universal conformismo, do nivelamento, da massificação. Mas – contrariamente aos modernos críticos da cultura – ele enxerga o reverso dialético dessa sociedade. A universal objetivação, coisificação, materialização e funcionalidade das relações sociais no mundo moderno trazem, ao mesmo tempo, um enorme alívio para o indivíduo. Na sociedade burguesa, por cima de um sistema de necessidades e de divisão do trabalho, "a pessoa privada, que tem seu próprio interesse como fim"[11], torna-se cidadão (*citoyen*) e sujeito dessa sociedade. O indivíduo torna-se "filho da sociedade burguesa"[12]. Dessa maneira, a ideia revolucionária da liberdade de todos os seres humanos, surgida na revolução francesa, torna-se realidade com o nascimento da moderna sociedade de trabalho da revolução industrial. Essa revolução é o pressuposto necessário e a condição de sua possibilidade. "Precisamente pela sua abstrata não-historicidade, a sociedade concede à subjetividade o direito da individualidade"[13]. Pela sua emancipação da história, a sociedade se fundamenta na satisfação das necessidades pelo trabalho e, assim, liberta para o ser humano todas suas outras características vitais. As demais características vitais são libertadas da necessidade e da pressão social. Somente sob o ponto de vista da libertação das necessidades pode-se falar da "ideia concreta denominada ser humano"[14]. Na sociedade burguesa, o ser humano tem valor porque é ser humano, e não porque é judeu, católico, protestante, alemão ou italiano[15]. A moderna subjetividade, na qual hoje é sentido o ser humano individual e pessoal, é o resultado de uma descarga através da reificação das relações sociais.

Como se pode ver, torna-se claro, a partir das análises de Hegel, que a era da massificação é, ao mesmo tempo e dialeticamente, a era da individualidade, e a era da socialização é também a era das livres associações. Por conseguinte, qualquer crítica da cultura na era da massificação, da objetivação, da coisificação etc., que veja a salvação da cultura na recuperação

---

10. *Rechtsphilosophie*, §238.
11. Ibid., §187.
12. Ibid., §238.
13. RITTER, J., op. cit., 43.
14. *Rechtsphilosophie*, §190.
15. Ibid., §209.

da pessoa humana simplesmente desconhece a essência mesma da sociedade moderna, pois se move em meio à dicotomia entre subjetividade e objetivação, que é o próprio princípio dessa sociedade.

A sociedade da conformidade e do nivelamento oferece ao indivíduo incrível multiplicidade de variantes individuais de gostos, valores e opiniões, de tal modo que a mais colorida variedade de agrupamentos informais permeia as grandes organizações sempre burocraticamente uniformes, e, dessa forma, a época da uniformização dos comportamentos é, ao mesmo tempo, a de um desenvolvimento único da vida interior e da intelectualidade[16].

Conformidade e individualização têm ambas suas raízes no fato de as relações sociais e os vínculos públicos se tornarem mais frouxos e menos compromissivos [...], e a mobilidade da sociedade industrial facilitar, ao mesmo tempo, a adaptação aos modelos de comportamento conformes à sociedade e favorecer as chances de manter isolada a esfera privada e pessoal ante as convenções e pressões sociais[17].

Por conseguinte, o dilema não consiste absolutamente em que o ser humano, visto no moderno inter-relacionamento social somente em funções que só parcialmente o atingem, encontra em outros seres humanos, unicamente como "representantes" de papéis sociais pré-formados; antes, tal dilema consiste em o ser humano viver hoje, de um lado, na dicotomia da objetivação racional de sua vida social e, de outro lado, na subjetividade libertada, ilimitadamente variável.

Existe ainda a questão se tudo o que foi libertado das relações de associações abstratas da sociedade moderna e deixado à liberdade do indivíduo não se torna sem função, e, assim, deve necessariamente desaparecer, pelo fato de não mais gozar de relevância social. Tais aspectos humanos, uma vez libertados da necessidade social, estão ameaçados de se tornar joguetes do arbítrio e da anarquia de variantes inconsistentes e irreais de fé e de opinião.

Ora, Hegel foi capaz de reconhecer a ação do Espírito precisamente nessa dicotomia e divisão entre objetivação e subjetividade, encontrando para ele uma atividade própria: não é na romântica autodefesa e autorreclusão contra essa divisão que aparece o poder do Espírito, mas sim na entrega exteriorizante a ela.

---

16. GEHLEN, A., Mensch trotz Masse. Der Einzelne in der Umwälzung der Gesellschaft, in: *Wort und Wahrheit*, 7/1952, 579 ss.
17. SCHELSKY, H., *Die skeptische Generation*, 1963, 297 [1. ed. 1957].

A que posição esse desenvolvimento da sociedade relegou a igreja cristã quanto a sua significação social? Em face desse desenvolvimento ela perdeu, antes de tudo, seu caráter milenar de *cultus publicus*. Tornou-se aquilo que, em sua forma religiosa, nunca tinha sido, e que, do ponto de vista da teologia do Novo Testamento, nunca pode pretender ser, isto é, *cultus privatus*. O culto do absoluto não é mais necessário para a integração da sociedade moderna. O absoluto só se busca e se vive na subjetividade socialmente libertada. A "religião", de atividade pública e social, tornou-se ocupação privada e livre. No decorrer do século XIX, a "religião" tornou-se a religiosidade do indivíduo, coisa particular, relegada à intimidade subjetiva, à edificação do indivíduo. Pelo fato de a sociedade libertar a religião e a colocar na esfera da livre escolha religiosa e do livre desenvolvimento da personalidade, ela, como moderna "sociedade de necessidades", está emancipada das necessidades religiosas. Essa evolução foi favorecida por numerosos movimentos de despertar e de interiorização no seio cristianismo. Prevalecia neles uma piedade religiosa do indivíduo, o qual, por sua vez, romanticamente se afastava das implicações objetivas da sociedade. Dessa forma, a igreja desembocou no moderno *cultus privatus* e produziu, na teologia e na pastoral, a correspondente consciência de ser o refúgio da intimidade e a defensora da personalidade em uma sociedade materializada e para uma humanidade que se perdeu pela alienação. Com isso, a religião cristã, embora, de um lado, se encontre liberta do centro de integração da sociedade moderna e da imposição obrigatória, da necessidade de representar o supremo ideal da sociedade, de outro lado, não se desincumbiu de sua missão. A sociedade pode oferecer-lhe outros papéis em que sua influência é esperada. É verdade que, nesses papéis, ela nada mais tem que ver com o *finis principalis* da sociedade moderna, mas pode exercer funções de libertação dialética dos seres humanos que precisam viver nesta sociedade. Com isso, são-lhe oferecidas ilimitadas possibilidades de variação, mas trata-se de possibilidades de automovimento, de autodesenvolvimento dentro do *modus* da disfunção social universal do cristianismo como religião pública.

§ 2. A religião como culto à nova subjetividade

O primeiro e principal papel social, no qual a sociedade industrial espera a influência da religião como culto do absoluto, consiste indubitavelmente na orientação transcendental da nova subjetividade libertada. A sociedade moderna, com seu conceito de religião, deixa a salvação e a salvaguarda da humanidade pessoal, individual e privada à religião. Espera-se que, "de alguma parte", se acrescente ao sistema industrial materializante um fundamento humano à altura deste mundo-de-coisas que inchou ao excesso[18]. Espera-se que "o ser humano de nosso tempo torne-se de novo o receptáculo da influência de forças transcendentais"[19]. Procura-se "ilhas de sentido" em um mundo que, embora não seja sem sentido, é certamente não-humano. "Se fosse possível [...] estabelecer um humanismo que estivesse à altura do sistema secundário, restituir-se-ia a este sistema o fundamento que ele mesmo desmontou"[20]. Atualmente, pela fabricabilidade técnica e organizativa de todas as coisas e relações, o divino e o transcendente desapareceram do mundo da natureza, da história e da sociedade. O mundo tornou-se matéria da transformação técnica pelo próprio ser humano. Os deuses da metafísica cosmológica morreram. O mundo não mais oferece ao ser humano uma pátria, nem morada segura.

À metafísica cosmológica sucedeu a "metafísica da subjetividade"[21], pela qual o mundo objetivo acha-se submetido à planificação do sujeito humano. Os deuses da metafísica cosmológica estão evidentemente mortos. A racionalização "desencantou" o mundo (M. Weber), e a secularização tornou o mundo ateu. Isso, entretanto, só foi possível pela moderna metafísica da subjetividade. Descobriu-se, para o ser humano, sua liberdade frente ao mundo, que agora é obra possível de suas mãos. Dessa forma, ao mesmo tempo, ela exige do ser humano que se responsabilize por este mundo. O mundo está entregue à razão do ser humano.

A salvação da humanidade do ser humano da sociedade industrial depende, assim, do cultivo e da formação dessa metafísica da subjetividade. H. Schelsky afirma que é necessário entregar-se a uma "interioridade", a uma "espiritualidade" que está além das relações objetivadas. Ele, na atitude interior da "reflexão metafísica permanente", vê essa possibilidade de metafísica em meio à civilização científico-técnica.

> É a forma de reflexão em que o sujeito pensante sempre procura adiantar-se à própria objetivação, e assim garante sua superioridade sobre seu próprio processo dentro do mundo[22].

---

18. Freyer, H., *Theorie des gegenwärtigen Zeitalters*, 1958, 243.
19. Mackenroth, G., *Sinn und Ausdruck der sozialen Formenwelt*, 1952, 200.
20. Freyer, H., op. cit., 244.
21. Heidegger, M. *Holzwege*, 1957, 237.
22. Schelsky, H., *Der Mensch in der wissenschaftlichen Zivilisation*, 1961, 45. O mesmo já fora dito em: Ist Dauerreflexion institutionalisierbar?, *ZEE*, n. 1 (1957) 153 ss., e *Ortsbestimmung der deutschen Soziologie*, 1959, 105: "Dever-se-ia perguntar: qual é a atitude

Por mais que o sujeito aliene sua reflexão no mecanismo, ele sempre se torna mais rico, porque, de uma inesgotável e insondável interioridade, lhe advêm forças sempre novas para a reflexão[23].

O sujeito, por meio dessa atitude de reflexão metafísica continuada, reflete-se a si mesmo para além de todas suas objetivações, recebe a estas novamente em sua liberdade e, de dentro de si mesmo, acolhe a torrente ilimitada das novas possibilidades. Todas as realidades sociais, pela distância conseguida pela reflexão e pela ironia, são novamente trazidas de volta para as possibilidades que nascem do sujeito. Por trás dessa tentativa de salvar a humanidade do ser humano está, evidentemente, a ideia do idealismo primitivo sobre a subjetividade transcendental, tal como Fichte o desenvolveu. Mas a questão é se esta "filosofia da reflexão da subjetividade transcendental", como Hegel já a chamava, não afasta o sujeito humano, de forma romântica, das duras realidades, deixando-as entregues à sua dureza sem sentido e inumana, só procurando salvar o indivíduo por si mesmo.

Nas pegadas dessa metafísica romântica da subjetividade e dessa reflexão metafísica continuada, nasce uma teologia que considera como fundamento transcendente da existência moderna o culto do absoluto, o culto que se tornara sem relevância nas relações sociais. Trata-se da teologia que se apresenta como "doutrina da fé" e que reserva um lugar para a fé na subjetividade transcendental do ser humano. Trata-se de uma teologia da existência, em que a "existência" é a relação do ser humano para consigo mesmo, tal como resulta da "total reflexão do ser humano sobre si mesmo". Essa teologia localiza a fé na subjetividade e espontaneidade do ser humano, que não é objetivístico, nem calculável, nem atingível pelas relações sociais. Localiza a fé nas realidades éticas do ser humano, determinadas pelas decisões e pelas situações do mesmo ser humano, e não no padrão de comportamento social, nem nas leis racionais próprias das relações sociais dentro das quais vive. Pelo fato de o ser humano, na "reflexão

---

universal do ser humano em nossa sociedade que o coloca para além da pressão social e, assim, o faça estar frente a frente com a sociedade? A isso se deveria responder: a subjetividade reflexiva que não se exterioriza em nenhuma satisfação social de modo definitivo, ou que não se deixa determinar de modo definitivo por nenhuma força social; a consciência moral que não encontra na realidade social nenhum critério definitivo de confirmação ou contradição; a fé religiosa que não se sente ligada, de forma definitiva e final, a nenhuma realidade social, nem mesmo à sua própria".

23. GÜNTHER, G., Seele und Maschine, *Augenblick*, cad. 3/1, 16, citado conforme SCHELSKY, *Der Mensch in der wissenschaftlichen Zivilisation*, 45.

total" sobre si mesmo, tornar-se consciente de seu próprio intransferível ser, ele se distingue do mundo, o qual se torna para ele um mundo secularizado que nada mais é do que mundo. O ser-próprio do ser humano, que daí surge, torna-se "pura concepção" do transcendente e do divino[24]. A moderna metafísica da subjetividade, com a consequente secularização do mundo, é apresentada como consequência da fé cristã, e a fé cristã como a verdade dessa metafísica da subjetividade. A fé como "reflexão total do ser humano sobre si mesmo" (F. Gogarten) se apresenta, portanto, como a verdade e a radicalização da atitude metafísica da "reflexão continuada" (H. Schelsky). Nessa teologia, a fé cristã torna-se transcendente frente a qualquer contexto socialmente experimentável. Não é demonstrável – diz-se que em sua indemonstrabilidade está precisamente sua força – e, por isso, também não é refutável. Somente a descrença como decisão contrária é seu inimigo. Não é institucionalizável como reflexão continuada[25], sendo ela mesma transcendência frente às instituições sociais. Ocupa-se principalmente da "autocompreensão" do sujeito humano no mundo técnico. "Deus" não é para ela um Deus do mundo ou da história, ou da sociedade, mas antes o Incondicional no meio do condicional, o além no aquém, o transcendente no imanente[26]. Os substantivos com que são descritas as propriedades dessa experiência religiosa são todos contrapontos das relações objetivadas, coisificadas, não-humanas da sociedade industrial. Trata-se de um "evento que sempre de novo acontece", um "acontecimento inesperado" uma "abertura para os encontros com Deus", prontidão para a autotransformação nos encontros com Deus. Fé é o recebimento do próprio eu a partir de Deus. Isso coloca o ser humano em um radical isolamento, faz dele um "indivíduo", desmundaniza-o em meio a uma sociedade organizada. Isso dá ao ser humano a liberdade de "caminhar confortado pela obscuridade e os enigmas e a ousar carregar a responsabilidade da ação no isolamento da própria decisão"[27].

---

24. Gogarten, F., *Der Mensch zwischen Gott und Welt*, 1952, 181 ss.: "A personalidade; fé cristã como reflexão", sobretudo as páginas 187 ss. A esse respeito, não se deve deixar de notar a distinção entre a subjetividade idealista e personalidade da fé, que Gogarten apresenta e na qual insiste.

25. Schelsky, H., Ist Dauerreflexion institutionalisierbar?.

26. Bultmann, R., Der Gottesgedanke und der moderne Mensch, *ZThK*, n. 60 (1963) 335 ss., 346 s.: "Para o ser humano é unicamente possível aquela ideia de Deus que é capaz de procurar e descobrir, como uma possibilidade de encontro, *no condicionado o incondicionado, no aquém o além, no presente o transcendente*".

27. Bultmann, R., *Glauben und Verstehen*, III, 196.

A ética cristã, nessa "perplexidade frente ao mundo dos objetos"[28], típica do existencialismo, reduz-se à "exigência ética"[29] da aceitação do próprio sujeito e da responsabilidade frente ao mundo em geral. Mas não é capaz de indicar diretivas éticas objetivas para a vida política e social. Assim, o amor cristão emigra do direito e da ordem social. Ele se torna a cada instante um evento por meio da comunhão espontânea, na relação "eu-tu", direta e sem intermediário. Direito, ordem social e justiça política, assim esvaziados, deverão ser compreendidos, de forma positivista, como pura organização, como poder e lei. O "próximo" a quem se deve dirigir o amor cristão é, portanto, encontrado, em cada ocasião, como o "outro", em seu próprio eu que não é mais reconhecido, considerado e amado como pessoa jurídica em seu papel social. O "próximo" só aparece no encontro pessoal, e não em sua realidade social. O que é direto e imediato é o "outro", mas não o ser humano tal como aparece na ordem social e jurídica, nas questões de desenvolvimento e de raça, em suas vocações na sociedade, em seus papéis e em suas reivindicações.

Entretanto, se considerarmos a dialética da sociedade moderna dicotomizada, veremos que a metafísica da subjetividade e o culto do absoluto, por intermédio da subjetividade transcendental, devem-se a uma determinada situação social de nosso tempo. A "categoria da individualidade" também é um produto da sociedade[30]. "Uma personalidade é uma instituição em *um* caso"[31]. Não no sentido de que a civilização moderna, técnico-científica seria simplesmente a objetivação da subjetividade ilimitadamente criadora do ser humano, pois a moderna subjetividade do ser humano deve sua liberdade, espontaneidade e infinidade interna às libertações que a sociedade moderna, objetivada, lhe oferece. Por isso, a salvação da humanidade do ser humano por meio do cultivo e do aprofundamento da subjetividade pela reflexão metafísica continuada, na arte e na religião, enquanto as relações sociais não se modificarem, nada mais é do que escapismo romântico. A salvação cultural da humanidade do ser humano, quando são deixadas as relações tais como elas são, recebe automaticamente a função de estabilizadora dessas mesmas relações em toda sua

---

28. TOPITSCH, E., Zur Soziologie des Existentialismus, in: *Sozialphilosophie zwischen Ideologie und Wissenschaft*, 1962, 86.
29. LØGSTRUP, K., *Die ethische Forderung*, 1959, 232: "Não existem exigências absolutas reveladas, mas tão somente uma exigência radical". Cf. MARSCH, W.-D., Glauben und Handeln in der "technisch-organisatorischen Daseinsverfassung", *MPTh*, n. 52 (1963) 269 ss.
30. ADORNO, T. W., *Sociologica*, II, 1962, 100.
31. GEHLEN, A., *Die Seele im technischen Zeitalter*, 1957, 118.

inumanidade, pelo fato de criar para a interioridade humana o ambiente interno que ela não encontra fora.

Uma teologia que coloca a fé na "existência" do indivíduo, em seus encontros e em suas decisões pessoais e diretas, encontra-se, do ponto de vista sociológico, exatamente no lugar em que a sociedade relegou o *cultus privatus* para dele se emancipar. Tal fé é literalmente irrelevante para a realidade social, porque se encontra na terra de ninguém social dos desempenhos individuais, isto é, em um lugar que a sociedade objetivada simplesmente deixou livre para a individualidade. Por isso, mesmo a decisão existencial da fé dificilmente provoca ainda a decisão contrária da descrença, pois não está realmente em luta com a descrença, demonstrando, assim, nada mais que sua não-obrigatoriedade, bem como a notória indecisão frente ao combate da fé, que desde há muito se tornou irrelevante, isto é, uma "religião sem decisão"[32]. O combate pela fé não é mais necessário na moderna sociedade, pois não possui mais qualquer necessidade do ponto de vista social. O ponto de referência transcendente da subjetividade libertada, nivelem que a mensagem atinge o ser humano, já está neutralizado socialmente antes que possa ser tomado em consideração pela decisão da fé. Por isso, essa teologia está ameaçada de se tornar a ideologia religiosa da subjetividade romântica, uma religião no campo da individualidade desonerada de preocupações sociais. Nem mesmo o *páthos* da radicalização existencial impede a paralisação social da fé cristã assim interpretada.

§ 3. Religião como culto à solidariedade humana

O segundo papel em que a sociedade moderna espera a influência da religião consiste na definição transcendente da solidariedade humana como comunidade.

Desde o princípio da revolução industrial, a reação romântica, sob formas sempre renovadas, agarrou-se à ideia de "comunidade" contra as relações que parecem alienar o ser humano de sua humanidade. "A genuína

---

32. Cf. o estudo sociográfico avaliativo de WÖLBER, H. O., *Religion ohne Entscheidung*, 1959; além disso, STAMMLER, E., *Protestanten ohne Kirche*, 1960; H. J. Iwand, já em 1929, chamou a atenção para essa autossuperação da decisão no *páthos* da decisão (*Deutsche Literaturzeitung*, 1929, col. 1228): "Pelo fato de o ser humano ser colocado diante da decisão, ele lhe é subtraído, já que, graças a essa manipulação teórica a favor ou contra Deus, acham-se diante do ser humano, como que duas possibilidades, tanto que no fim é necessário apelar mais uma vez para os impulsos dos imperativos e os atrativos dos juízos de valor para tirar o ser humano de sua neutralidade, em que artificialmente foi colocado".

comunidade humana é [...] a que existe entre ser humano e ser humano, isto é, aquela comunidade em que o ser humano, pela entrega de si mesmo ao outro, volta-se a si mesmo"[33]. Essa forma de perfeita abertura para a solidariedade com os outros na "comunidade" é caracterizada, de forma polêmica, pelo contraconceito de "sociedade": Sociedade é um ajuntamento artificial de homens, arbitrário, organizado, utilitário e interesseiro. Nela não predomina a tendência para a realização da pessoa humana, mas o utilitarismo racional, a convenção e o interesse. Isso é pseudocomunidade e leva o ser humano a uma existência puramente aparente. Essa espécie de sociedade vê-se principalmente nas "grandes cidades industriais"[34], enquanto em relação à "comunidade" se têm claramente em vista as idílicas relações das aldeias dos tempos pré-modernos.

Essa ideia de comunidade – a partir da qual se promete a salvação cultural ante a civilização técnica – provém do tempo do romantismo. Encontra-se no *Manifesto comunista* como meta da revolução, "uma associação livre de indivíduos livres", a comunidade do futuro em que a divisão do trabalho é suprimida, em que o ser humano é o ser supremo para o ser humano, em que cada qual só pode trocar "amor com amor, confiança com confiança"; a qual produz como realidade permanente o "ser humano universal e profundo"; na qual – depois da total perdição do ser humano na sociedade capitalista – dar-se-á a total recuperação do ser humano. Essa ideia de comunidade encontra-se expressa em Ferdinand Tönnies[35] e, por meio dele, agitou-se os movimentos jovens e suscitou-se um sem-número de movimentos comunitários no início do século XX. Encontra-se nos pensamentos crítico-sociais e nacional-revolucionários da "comunidade nacional" [*Volksgemeinschaft*]. Hans Freyer, em 1931, na "revolução da direita", apregoou o seguinte: a sociedade industrial, que não repousa sobre outra coisa a não ser o cálculo resultante da matéria e da força, não se apoia em chão firme, mas flutua livremente. Nenhuma seiva corre nela além de sua racionalidade peculiar. É um *perpetuum mobile* de valores em

---

33. Assim, a definição muito precisa de BULTMANN, R., Formen menschlicher Gemeinschaft, in: *Glauben und Verstehen*, II, 263, a qual nesse artigo claramente assume a ideia de comunidade de F. Tönnies.

34. Cf. a poesia de Rilke citada por BULTMANN, R., op. cit., 266: "Die grossen Städte sind nicht wahr. [...] Nichts von dem weitem wirklichen Geschehen, das sich um Dich, Du Werdender, bewegt, geschieht in ihnen" ["As grandes cidades não são verdadeiras. [...] Nada do que acontece na realidade e que se move ao teu redor, ó tu Deveniente, acontece nelas"]. Sobre a crítica dos românticos às grandes cidades, cf. BAHRDT, H. P., Die moderne Grosstadt, rde 127, 1961.

35. TÖNNIES, F., *Gemeinschaft und Gesellschaft*, [8]1963 [1. ed. 1935].

forma de bens, de quantidades de trabalho, de meios de comunicação e necessidades de massas. A revolução da esquerda morreu nos sindicatos e já foi integrada neste mundo industrial. Onde, então, pode o ser humano como ser humano levantar-se contra esse sistema? "O povo é o adversário da sociedade industrial. O princípio 'povo' contra o princípio 'sociedade industrial'". A história não decorrida acumula-se na aldeia contra a cidade industrial. As forças primordiais da história, os decretos do absoluto, afluem novamente ao ser humano do povo. A "terra" como que se levanta na feição popular [*Volkstum*], na gente do povo, no Estado do povo, contra o sistema abstrato, não compromissivo, inumano, da sociedade industrial. Homem e terra novamente se encontram. O princípio da sociedade industrial se tornou sem valor porque há homens que não mais são definidos pelo seu interesse social. A "emancipação humana do ser humano", que Marx, esperava da revolução do proletariado, é agora esperada do povo. "Livre é o ser humano quando é livre em meio a seu povo, e este, em seu espaço vital. Livre é o ser humano quando se encontra em meio a uma concreta vontade comum que faz história por sua própria responsabilidade".

Esta ideia de comunidade encontra-se, no sentido de ramificação crítico-social e terapêutico-social, também na doutrina social católica. Conforme a encíclica *Mater et magistra* é necessário "que essas formas sociais tenham o caráter de genuína comunidade, isto é, que elas realmente considerem seus membros como pessoas humanas e os levem a uma ativa colaboração". Aqui a meta é a de que os empreendimentos privados e públicos se tornem a "genuína comunidade humana".

> Uma vez que isso for conseguido, contribuirá muito para que todas as classes sejam unidas em uma só comunidade, cujos membros individuais, concordes na consciência de seus direitos e deveres, contribuam para o bem de todos[36].

Entretanto, também esse ideal de comunidade, pelo progresso da sociedade industrial, perdeu sua força revolucionária e foi integrado no sistema industrial. Sociólogos e críticos culturais frequentemente já apontaram para o fato de que a sociedade moderna absolutamente não está a caminho de um formigueiro totalitário, em que tudo é regulamentado. Ao contrário, a época do conformismo e de coordenação, das grandes organizações e entrelaçamentos econômicos, é, ao mesmo tempo, a época dos pequenos grupos especiais, das relações de confiança em pequenos círcu-

---

36. *Mater et Magistra*, ed. E. Welty, op. cit., §65, §91, §174.

los. Às superestruturas e macroestruturas da economia correspondem as microestruturas dos *informal groups*, dos grupos espontâneos, das associações, ligas etc. "Rompe-se aqui o isolamento do indivíduo e essas instituições informais, não públicas, evidentemente ganham mais e mais significação"[37]. Isso já fora observado por Alexis de Tocqueville, na democracia americana do século passado:

> Vejo uma multidão imensa de pessoas semelhantes e iguais que, sem descanso, giram em torno de si mesmas para conquistar para si pequenas alegrias comuns que preenchem seus corações. Cada uma delas, totalmente voltada para dentro de si mesma, acha-se como que indiferente à sorte das demais. Para ela, seus filhos e seus amigos particulares perfazem a humanidade. No que concerne aos outros concidadãos seus, ela está com eles, mas não os vê, toca-os, mas não os sente, vive somente em si e para si[38].

A materialidade e a inumanidade do ser humano como que desaparecem do círculo dos amigos, dos colegas íntimos, dos vizinhos e filhos, na casa; do coral do qual participa, de sua pequena comunidade. Aqui está um "ser humano" e aqui ele pode ser. A. Gehlen[39] opina que, talvez, todas essas pequenas ligações dos grupos íntimos, tomados em conjunto, constituam algo como o cimento do edifício total da sociedade: "As grandes organizações utilitárias e os indivíduos por elas abarcados absolutamente não constituem toda a verdade".

No meio desses grupos, e entre eles também, a igreja como comunidade pode ter seu lugar e exercer sua função. Ela pode tornar-se o lugar de refúgio da interioridade, longe das profissões e ocupações tidas como "sem alma". As relações nos grandes complexos industriais tornam-se intelectualmente inapreensíveis e, do ponto de vista moral, não são mais assimiláveis. Não se pode mais exigir de ninguém que seja responsável pelo "mundo moderno". As objetivações da civilização científico-técnica são tão grandes e se tornaram tão autônomas que não são mais passíveis de voltar a subjetivizar. Mas, ao mesmo tempo, deixam livre um mundo de pequenas realidades, no qual se podem assumir responsabilidades em comunidades restritas. Aqui, as comunidades cristãs podem oferecer calor e proximidade humana, vizinhança e ambiente de lar, uma "comunidade" sem interesses, mas cheia de sentimento e afeto e que pode muito bem ser

---

37. GEHLEN, A., op. cit., 74.
38. *Die Demokratie in Amerika*, 1956, 206.
39. GEHLEN, A., op. cit., 74.

chamada de "comunidade genuína". Aquilo que "propriamente" é vivo nas relações de ser humano para ser humano não é modelado segundo padrões utilitários e pré-fabricados; aqui a vida ainda pode ser vivida livremente, subtraída da padronização, sem ser forçada ou controlada. Aqui, ao contrário da adaptação às normas técnicas necessárias do comportamento na sociedade, podem-se produzir, por pura espontaneidade humana, soluções sempre novas em constelações sempre novas de situações. Nesse espaço vazio da sociedade industrial, espaço não pré-moldado nem organizado, nem público, disseminam-se as associações, as seitas, as comunidades de todo o tipo. Aqui também as comunidades cristãs e círculos cristãos podem se tornar uma espécie de arcas de Noé para o ser humano socialmente alienado. Tornam-se ilhas da verdadeira solidariedade e da vida propriamente dita em meio ao agitado mar das relações em que o pequeno ser humano nada pode modificar. Aqui, o cristianismo pode se tornar o ponto de encontro e de integração e, assim, certamente desempenhar um fim social. Com efeito, a existência clandestina de tais comunidades livres é sumamente útil para a sociedade moderna, porque é capaz de proporcionar um certo equilíbrio para as forças de destruição, econômicas e técnicas, atuantes no recesso da alma humana. Entretanto, nada se modifica nas duras realidades da exteriorização do ser humano na "sociedade". Simplesmente, se oferece a compensação dialética e a descarga psíquica, de modo que o ser humano, pelo intercâmbio de vida privada e pública, de comunidade e sociedade, possa hoje suportar sua existência pública.

A esse sentido social da "comunidade" corresponde inteiramente o fato de que na teologia cristã, frequentemente, à igreja institucionalizada, pública e juridicamente, se opõe a "verdadeira comunidade" como "genuína comunhão", como "igreja do Espírito" (R. Sohm), como "comunidade pneumática de pessoas" (E. Brunner), como "comunhão da fé" e "comunhão no transcendente" (R. Bultmann), apresentada sua existência como "puro evento" e "acontecimento inesperado" nos encontros e nas decisões espontâneas. Nesse sentido, a igreja é simplesmente uma realidade não-mundana, descrita pelas categorias da "comunhão" como contraponto, isto é, como oposta à sociedade planejada, racional e utilitária. Dificilmente, se pode falar ainda da responsabilidade da igreja cristã frente ao "mundo moderno", nem mesmo de vocações cristãs em meio ao mundo. É preciso que fique bem claro que tal comunidade, concebida como "comunhão" e como "puro evento", de modo algum produzirá inquietação e, muito menos, transformações nesta sociedade, pois dificilmente representa um parceiro eficiente para se contrapor às instituições sociais. É verdade que assim é possível vir ao encontro da ansiedade do ser humano que se sente alienado, mas suspira por uma vida verdadeira e uma genuína comunhão pessoal, pela espontaneidade das experiências, por decisões e comportamentos pessoais, coisas que aí ele pode encontrar. Mas, tais aspirações só são satisfeitas como esoterismo pessoal e como descarga do peso da sociedade. Mesmo a insistência na autenticidade e genuinidade da vida nessa comunhão pessoal não impede a total ineficiência social do amor cristão ao próximo.

§ 4. Religião como culto à instituição

Um terceiro papel em que a sociedade moderna espera a influência da religião cristã se encontra, estranhamente, hoje de novo, na instituição, com tudo o que isso implica, para a vida pública e em reivindicações públicas. A moderna cultura pós-racionalista favorece novamente a religião, mais do que a época pré-industrial do século XVIII[40]. Depois dos agitados decênios dos anos da implantação da indústria, em que os seres humanos, devido às grandes transformações sociais, se tornaram inseguros em seu comportamento e, assim, se acharam expostos às ideologias, hoje se consolida a sociedade industrial nos países altamente industrializados, surgindo daí novas instituições. Essas novas instituições, por sua vez libertam o ser humano da permanente pressão para decisões que sobre ele pesa em tempos de insegurança. Padrões de comportamento bem caracterizados dão-lhe a sensação de durabilidade, segurança e universalidade. Surge assim um conjunto de costumes, aceitos por si mesmos, no trabalho, no consumo e nas relações. Uma "benfazeja ausência de problemas" (A. Gehlen) se estende por sobre a vida. Tal institucionalização da vida pública e social nasce certamente da permanente necessidade de segurança do ser humano, o qual na história se experimenta como um ser "ameaçado" e por isso se esforça por superar a historicidade de sua história por um cosmo de instituições. Entretanto, tal institucionalização, em razão de profunda lógica, produz ao mesmo tempo a suspensão da busca do sentido da existência.

> O comportamento frequente que neles se encontra tem como efeito natural a suspensão da busca de sentido. Quem suscita a questão do sentido é ou um desencaminhado, ou aquele que exprime, consciente ou inconscientemente, a necessidade de outras instituições que não as presentes[41].

---

40. Ibid., 43.
41. Id., *Urmensch und Spätkultur*, 1956, 69.

Pois se trata precisamente de relações e formas de comportamento que devem realizar-se por si mesmas e sem interrogações. A institucionalização da vida pública produz hoje, nos países altamente industrializados, o universalmente reconhecido desaparecimento das ideologias. Metas e interpretações ideológicas da vida se tornam mais e mais supérfluas, livres e privadas. É certo que mesmo em meio à vida institucionalizada se pode dizer:

> No mundo das máquinas e dos "valores culturais", das grandes libertações, a vida passa como a água entre os dedos, que quereriam retê-la porque, de todos os bens, é o mais supremo. A vida continua sendo posta em questão a partir de profundidades insondáveis[42].

Entretanto, esse questionamento só é experimentado na subjetividade libertada, e não mais na insegurança e historicidade do mundo exterior.

Essa tendência para a institucionalização da vida pública, bem como o fato de as ciências e as artes se terem tornado tão abstratas, a ponto de somente suas caricaturas poderem ser usadas ideologicamente, fizeram com que a religião cristã tenha sido encarada como ideologia e cosmovisão nos países altamente industrializados, ficando isolada e sem rivais. As igrejas ainda combateram amargamente contra o darwinismo. Mas não se inquietam diante da genética moderna, cujas consequências são imprevisíveis, porque esta é de infinita complexidade e não pode tornar-se rival com à visão de mundo delas. Assim, a teologia cristã está em condições de, por meio de um neodogmatismo, afirmar verdades que não podem ser provadas nem refutadas pela realidade experimentável, e que, por isso, dificilmente podem ainda ter o caráter de obrigatoriedade para o ser humano moderno. Este está pronto a delegar a problemática da própria decisão de fé à instituição, à igreja, deixando as questões de pormenor aos teólogos especialistas. Ora, se as decisões são delegadas à instituição, à igreja, e se esta é tomada como instituto de desencargo, nascerá assim a atitude religiosa da não-obrigatoriedade institucionalizada. O ser "cristão" é uma evidência social e é delegado ao meio. Discussões teológicas são deixadas de lado como "brigas confessionais" e afastadas da vida pública. Em lugar delas, a instituição eclesiástica e os comportamentos religiosos recebem nova importância social. Com efeito, nas fímbrias da moderna consciência institucionalizada continua a existir um resto de terror da história. Isso não aparece de forma articulada em tempos normais. Não obstante, a consciên-

---

42. Ibid., 289.

cia subliminar da crise produz a consciência universal, ainda que não obrigatória, de que as instituições religiosas são a garantia da segurança para a vida. As instituições, as igrejas, desse modo, aparecem como a derradeira garantia da segurança institucionalizada da vida, a partir da qual os seres humanos se prometem segurança frente aos terrores finais da existência. O cristianismo, quanto a esse ponto também, tem certa relevância social para a sociedade moderna. Entretanto, trata-se da relevância da não-obrigatoriedade institucionalizada. Temos igualmente um movimento religioso adaptado ao *modus* da ineficiência social, um cristianismo preso ao meio social[43]. Pela breve exposição que fizemos dos novos papéis sociais da religião, da igreja e da fé, ficou claro que tais papéis – "religião como culto da subjetividade", "religião como culto da solidariedade humana" e "religião como culto da instituição" – não nasceram do arbítrio ou da má vontade de homens individuais, e também determinadas teologias surgidas no decurso da história das ideias não podem ser responsabilizadas por elas, mas elas se originaram daquilo que é facilmente compreensível e que deve ser chamado de "evidências" sociais. A "evidência" teológica da fé cristã está sempre em relação com as "evidências" sociais. Somente quando essa correlação é elevada pela crítica até a consciência, desfaz-se a simbiose, e, portanto, pode ser expresso o que é próprio do cristianismo e da fé cristã, no conflito com as evidências sociais.

Se o cristianismo quer e deve ser outra coisa, segundo a vontade de Cristo, em quem crê e a quem espera, deve tentar nada menos do que irromper para fora desses papéis sociais assim fixados. Deverá mostrar um comportamento não conforme os papéis que lhe são designados. Eis o conflito que é imposto a cada cristão e a cada pastor. Se o Deus, que os chamou à vida, espera deles outra coisa do que a sociedade industrial espera e exige, então o cristianismo deve ousar enfrentar o êxodo e ver os seus papéis sociais como um novo cativeiro babilônico. Somente quando ele aparecer como grupo que, do ponto de vista social, não se adapta perfeitamente e é incapaz de se adaptar; somente quando a integração moderna de todos em todos fracassar perante ele, só assim se defrontará com esta sociedade, em uma rivalidade carregada de conflito, mas frutuosa. Somente quando sua resistência o mostrar como um grupo não assimilável, e não oportunista, pode ele transmitir a esta sociedade sua própria esperança.

---

43. AMERY, C., *Die Kapitulation oder der deutsche Katholizismus heute*, 1963. À página 117, o autor exige que "se deixe o meio em que se está": "Sentire cum Ecclesia *pode exigir de nós a ruptura como o catolicismo existente*".

Torna-se assim uma inquietude permanente em meio a essa sociedade, inquietude que por nada pode ser acalmada e aquietada ou adaptada. Hoje, sua tarefa é menos a resistência contra a glorificação ideológica das relações sociais do que contra a estabilização institucional dessas relações, tornando-as inseguras e suscitando a "questão do sentido", fazendo-as móveis e elásticas no processo da história. Esse escopo – aqui formulado apenas de maneira muito geral – não é atingido pelo fato de se despertar historicidade, vitalidade e mobilidade nas esferas que a sociedade deixou livres, sem influenciar a sociedade em geral, mas o escopo é romper a casca da inatividade social. Somente a esperança mantém a vida – também a vida pública e social – em livre andamento.

§ 5. O cristianismo no horizonte da espera pelo reino de Deus

O "cristianismo" tem sua essência e seu fim não em si mesmo e na própria existência, mas vive de alguma coisa, e existe para alguma coisa, que alcança muito além dele. Caso se queira compreender o mistério de sua existência e de suas formas de comportamento, necessário se faz perguntar pela sua *missão*. Caso se queira descobrir sua essência, é preciso perguntar pelo *futuro* em que ele coloca suas *esperanças* e expectativas. E se o cristianismo se tornou inseguro e sem orientação em meio às novas relações sociais, é preciso perguntar, mais uma vez, sobre a razão por que existe e o fim para o qual caminha.

Hoje, é universalmente admitido que o Novo Testamento concebe a igreja como "comunidade escatológica de salvação" e que, portanto, fala da reunião e da missão da igreja em um horizonte escatológico de esperança[44]. Pelo fato de o Cristo ressuscitado chamar, enviar, justificar e santificar, ele, com respeito ao mundo, reúne, chama e envia homens para seu futuro escatológico. O Senhor ressuscitado é sempre o Esperado pela igreja, e esperado pela igreja para o mundo todo e não para ela somente. Por isso, o cristianismo não vive de si mesmo e para si mesmo, mas do senhorio do ressuscitado e para o senhorio futuro daquele que venceu a morte e traz vida, justiça e o reino de Deus.

Esta orientação escatológica aparece em tudo aquilo de que a igreja vive e para o que vive. A igreja vive da palavra de Deus, da palavra anunciada, palavra que anuncia e que envia. Essa palavra não tem em si mesma uma qualidade mágica.

---

44. Sobre o que se segue, cf. WEBER, O., *Grundlagen der Dogmatik*, II, 564 ss.

A palavra anunciada tende para aquilo que, em cada caso, *está adiante dela* para ser realizado. Está aberta para o "futuro" que *nela* está acontecendo, mas, ao mesmo tempo, é reconhecido como *ainda ausente* em vista de seu *evento* presente[45].

A palavra criadora de vida e que chama à fé é anúncio e *prenúncio*. Não oferece uma revelação completa, mas chama para um caminho, cuja meta ela mostra prometendo, meta que só pode ser atingida pelo obediente seguimento da promessa. Como promessa de um futuro escatológico universal, a palavra aponta, para frente, para o que vem, e para fora, para a vastidão do mundo para o qual o prometido virá. Por isso, qualquer pregação é caracterizada por essa tensão escatológica. Ela só vale à medida que *lhe é dada* validade. É verdadeira à medida que anuncia o futuro da verdade. Ela partilha essa verdade de forma tal que só pode *tê-la* quem a *espera* confiantemente e a *busca* com todo o ardor. Como se vê, a palavra tem uma relação interna para com o seu próprio futuro. A palavra de Deus é ela mesma um dom escatológico. Nela, o futuro oculto de Deus para o mundo já está presente; mas só está presente no *modus* da promessa e da esperança suscitada. A palavra em si mesma não é a salvação escatológica, mas recebe sua relevância escatológica da salvação que vem. Da palavra de Deus vale o que vale também do Espírito de Deus: é arras do que há de vir e guia o ser humano apontando-lhe e orientando-o para algo maior do que ela mesma. O mesmo vale para o batismo e a santa ceia. Também o batismo "antecipa-se a si mesmo". Pelo fato de batizar os seres humanos com vistas à morte de Cristo já acontecida, ele sela os seres humanos para o futuro do reino que o Cristo ressuscitado traz. A igreja que batiza só tem o direito de administrar o batismo como comunidade escatológica, isto é, recebe sua legitimação para esse ato jurídico e criador, da abertura para aquilo que ainda lhe há de acontecer. Da mesma forma, a santa ceia não deve ser compreendida à maneira dos mistérios, ou da forma cultual, mas de modo escatológico. A comunhão da santa ceia não é possuidora da presença sacral do absoluto, mas de comunhão em esperança e expectativa, na busca da comunhão com o Senhor que vem. Assim, a cristandade deve ser entendida como a comunidade daqueles que em razão da ressurreição de Cristo esperam o reino de Deus e são determinados em sua vida por essa esperança.

Ora, se a comunidade cristã é assim orientada para o futuro do Senhor, e recebe sua própria essência sempre e somente da vinda do Senhor,

---

45. Ibid., 570.

que está no futuro, que ela aguarda em esperança e expectativa, então também sua vida e seu sofrimento, sua ação e seu comportamento no mundo e em favor do mundo devem ser determinados pelo futuro de sua esperança para o mundo[46]. Um comportamento, para ter sentido, só é possível dentro de um horizonte de esperança; do contrário todas as decisões e ações vão desesperadamente ao encontro do nada, ficando suspensas no ar, sem compreensão e sem sentido. Só quando se pode articular um horizonte de esperança dotado de sentido, surge para o ser humano a possibilidade e a liberdade de exteriorizar-se a si mesmo, de objetivar-se e entregar-se à dor do negativo sem, ao mesmo tempo, lamentar sua livre subjetividade engajada e compromissada. Somente quando a realização da vida é conduzida e contida em um horizonte de esperança, a realização não é mais – como para a subjetividade romântica – desperdício de possibilidades e renúncia à liberdade, mas ganho e vida.

Os cristãos, que seguem a missão de Cristo, seguem igualmente a Cristo no serviço do mundo. A igreja tem a natureza do corpo de Cristo crucificado e ressuscitado somente quando é obediente no mundo, pelo serviço concreto da missão. Sua existência depende inteiramente do cumprimento de seu serviço. Por isso, ela nada é para si mesma, mas é tudo o que é pela existência para os outros. Ela é a comunidade de Deus quando é comunidade para o mundo. Entretanto, a fórmula moderna: "uma igreja para o mundo" é muito difusa e fluida. Poderia ser entendida no sentido de que a fé pessoal, a solidariedade da comunidade, as instituições da igreja cumprem fielmente os papéis sociais por meio dos quais a moderna sociedade espera sua utilidade. A "igreja para o mundo", porém, não significa solidariedade sem ideias e sem esperanças, mas serviço em favor do mundo e ação no mundo, no lugar e do modo como Deus quer e espera. A vontade e a expectativa de Deus tornam-se conhecidas na missão de Cristo e dos apóstolos. Para o mundo, a passagem do grupo todo se realiza pela missão da igreja. Ora, essa missão não se realiza no horizonte estreito dos papéis sociais que a sociedade concede à igreja, mas dentro do vasto horizonte de esperanças do futuro reino de Deus, da futura justiça, da futura paz, da futura liberdade e dignidade do ser humano. O cristianismo não deve servir ao mundo para que o mundo continue sendo aquilo que é, ou seja, continue fechado naquilo que é, mas para que se transforme e se torne o que lhe está prometido. Por isso, "igreja para o mundo" não pode signifi-

---

46. De modo semelhante, também WENDLAND, H. D., Ontologie und Eschatologie in der christlichen Soziallehre, in: *Botschaft an die soziale Welt*, 1959, 141 ss.

car senão "igreja para o reino de Deus" e a renovação do mundo[47]. Isso se dá quando o cristianismo acolhe a humanidade e quando a comunidade acolhe concretamente a sociedade, com a qual está convivendo, em seu horizonte de esperança da realização plena de justiça, vida, humanidade e sociabilidade, e lhe transmite, em suas próprias decisões históricas, sua abertura, mobilidade e elasticidade em relação ao futuro.

Em uma primeira esfera, isso se realiza pela pregação missionária do evangelho, para que nenhum recanto do mundo fique sem ouvir as promessas de Deus sobre a nova criação que vem da ressurreição. A ampliação das pretensões de domínio da igreja e de seus pastores ou a restauração dos privilégios ligados ao culto do absoluto não estão absolutamente ligadas a isso. "A missão hoje só presta seu serviço quando contagia os seres humanos com a esperança"[48]. A missão está a serviço do despertar de uma esperança viva, ativa e apaixonada pelo reino de Deus, o qual vem ao mundo para transformá-lo. Essa é uma tarefa de toda a cristandade e não só de alguns encarregados especiais. Toda a cristandade é chamada ao apostolado da esperança em favor do mundo e nele encontra sua essência, isto é, aquilo que a torna comunidade de Deus. Ela não é em si mesma a salvação do mundo no sentido de que o eclesiasticismo do mundo significasse sua salvação, mas está a serviço da salvação futura do mundo e é como que o indicador do futuro para o mundo.

O que significa a pregação missionária das promessas de Deus já transparece sobre o pano de fundo veterotestamentário da missão cristã. Na mensagem da esperança cristã já começa a acontecer aquilo que, segundo as profecias do Antigo Testamento, sobretudo de Isaías e do Dêutero-Isaías, só deveria acontecer depois que Israel recebesse a salvação e Sião fosse reconstruída. O reino de Deus entrou, pela ressurreição de Cristo, no processo de sua realização pelo fato de que judeus e gentios, gregos e bárbaros, servos e livres vêm à obediência da fé e assim alcançam a liberdade escatológica e a dignidade humana final. Quando se leva a sério esse fundo profético-escatológico, sobre o qual se levanta a pregação do evangelho cristão, aparece igualmente clara a meta da missão cristã: reconciliação com Deus (2Cor 5,18 ss.), o perdão dos pecados e a superação da impiedade. Esta salvação, σωτηρία, deve ser entendida como *shalom* no Antigo Testamento, no qual não significa salvação das almas, libertação individual do mundo mau, consolo da

---

47. Isso é ressaltado com muita clareza em *Fundamenten en Perspektiven van Belijden*, da Hervormde Kerk da Holanda, de 1949, nos artigos 8 e 13, bem como na correspondente *Kerkorde*, artigo VIII: "Do apostolado da igreja".
48. HOEKENDIJK, J. C., *Mission – heute*, 1954, 12.

consciência angustiada, mas realização da *esperança escatológica de justiça*, *humanização* do ser humano, *socialização* da humanidade, *paz* em toda a criação. Esse "outro lado"[49] da reconciliação com Deus sempre se deixou falhar no decurso da história da cristandade, porque a mensagem cristã não mais era entendida escatologicamente, deixando-se aos fanáticos e entusiastas as antecipações terreno-escatológicas. Entretanto, somente a partir desse "outro lado" da reconciliação é que o cristianismo pode superar as funções de pacificador religioso das consciências que lhe foram atribuídas por uma sociedade fechada sobre si mesma, para receber depois novos impulsos de transformação da vida pública, social e política do ser humano.

Se a missão cristã de levar a justiça da fé a todos os seres humanos se fundamenta sobre a promessa javista feita a Abraão (Gn 12,3) e sobre a escatologia profética do livro de Isaías (Is 2,1-4; 25,6-8; 45,18-25; 60,1-22), devendo ela transformar essas esperanças em realidades presentes, então seu horizonte não só abrange o estabelecimento da fé entre os gentios (Rm 15,18), mas também aquilo que no Antigo Testamento se esperava como bênção, paz, justiça e plenitude de vida (cf. Rm 15,8-13). Tudo isso é antecipado na força do amor, que une, em uma só comunidade, fortes e fracos, servos e livres, judeus e gentios, gregos e bárbaros.

§ 6. A vocação do cristianismo na sociedade

O reino futuro do Cristo ressuscitado não só deve ser esperado e aguardado. Essa esperança e expectativa devem modelar igualmente a vida histórica da sociedade. Por isso, missão significa não somente propagação da fé e da esperança, mas também transformação histórica da vida. A vida corporal, e, portanto, também a vida social e pública são exigidas como sacrifício na obediência diária (Rm 12,1 ss.). Não se conformar com este mundo não só significa transformar-se em si mesmo, mas através da resistência e da atitude criadora transformar a imagem do mundo em meio ao qual se crê, se espera e se ama. A esperança do evangelho tem uma relação polêmica e libertadora não só para com as religiões e ideologias dos seres humanos, mas, sobretudo, para com a vida real e prática dos seres humanos e as circunstâncias em que se leva esta vida. É muito pouco dizer que o reino de Deus só tem que se ocupar da pessoa[50], pois a justiça e

---

49. DIRKS, W., *Frankfurter Hefte*, 1963, 92. Cf. sobre isto MARSCH, W.-D. Glauben und Handeln, 281 s.

50. ALTHAUS, P., *EKL* III, col. 1931.

a paz do reino prometido são conceitos relativos e se referem também às relações dos seres humanos entre si e para com o mundo; do contrário, a fé de uma personalidade associal é mera abstração.

Por conseguinte, a esperança cristã suscita na vida institucionalizada a "questão do sentido", porque não consegue viver em paz com essas relações, e reconhece na "benfazeja ausência de questões" nada mais do que uma nova forma do nada e da morte. Ela, na realidade, está orientada para "outras instituições", porque precisa esperar a verdadeira vida eterna, a verdadeira e eterna dignidade do ser humano, as relações verdadeiramente justas do reino de Deus que vem. Por isso, ela busca retirar as instituições modernas de suas tendências à estabilização, torná-las inseguras, historizá-las e dotá-las de elasticidade, conforme sua abertura ao futuro que ela espera. A esperança cristã, pela resistência prática e pela transformação criadora, questiona o que é existente e assim está à serviço do que há de vir. Supera o atual e o presente pela orientação para o novo esperado e procura ocasiões para fazer corresponder sempre mais a realidade presente ao futuro prometido.

Pela redescoberta do "sacerdócio universal dos crentes" por parte dos reformadores tornou-se claro que no evangelho o chamado se dirige a cada cristão em particular. Todo o que crê e tem esperança é *vocatus* e deve colocar sua vida a serviço de Deus, na cooperação do reino de Deus e na liberdade da fé. Para os reformadores, esse chamado, essa vocação, surgia concretamente na vida terrena, nas "vocações". Missão e chamado dos cristãos se dividem, pelas diferentes vocações terrenas no mundo, em serviços, encargos e carismas para o bem do mundo e da sociedade humana. Pelas vocações mundanas, o reino de Cristo e a liberdade da fé penetram no mundo como

> *politia Christi regnum suum ostendentis coram hoc mundo. In his enim sanctificat corda et reprimit diabolum, et ut retineat evangelium inter homines, foris opponit regno diaboli confessionem sanctorum et in nostra imbecillitate declarat potentiam suam* ["governo de Cristo, que exibe seu reino ante o mundo. Pois nelas santifica corações e reprime o diabo, e, para manter o evangelho entre os homens, publicamente opõe ao reino do diabo a confissão dos santos, e em nossa fraqueza declara seu poder"][51].

As profissões terrenas, pelo fato de desde a Reforma ser chamadas de "vocações", isto é, *vocatio*, κλῆσις, recebem uma nova significação teológica.

---

51. MELANCHTHON, *Apologia*, IV, 189 [em port.: *Livro de Concórdia*, 1980, 138]. E. Wolf salientou, em muitos escritos, o significado e as consequências dessa sentença. Sobre isto, cf. WEBER, H., Der sozialethische Ansatz bei Ernst Wolf, *EvTh*, n. 22 (1962) 580 ss.

A *vita Christiana* não mais consiste na fuga do mundo e na resignação espiritual diante dela, mas enfrenta o mundo e está a serviço do mundo[52]. Pena que, com o desenrolar da Reforma, tornou-se obscura a questão de quem propriamente vive essas vocações terrenas. Os movimentos sociais e revolucionários dos fanáticos (anabatistas) fizeram com que, nos reformadores, a preocupação pela ordem pública e sua defesa mais e mais levasse a dianteira sobre o chamado a obedecer ao evangelho na liberdade da fé. O novo pensamento de "vocação" foi transposto para a doutrina dos dois reinos, no qual mais e mais se insistia em definir as competências das diferentes instituições divinas da igreja, Estado, economia e lar[53]. Assim, afirma-se na *Confessio Augustana* (capítulo 16) que o evangelho não traz novas leis e ordenações para o mundo, que ele não destrói as ordenações políticas e econômicas, *sed maxime postulat conservare tamquam ordinationes Dei et in talibus ordinationibus exercere caritatem* ["querendo, ao contrário, que se guarde tudo isso como genuína ordem divina e que, em tais ordenações, se exerça o amor cristão"]. É certo que as vocações são sempre o lugar próprio do serviço ordenado do amor a Deus em favor do mundo, mas a questão surgiu em relação ao local do nascedouro das diferentes vocações. Neste ponto, a ética protestante das vocações continuamente recorreu ao postulado de uma segunda fonte de revelação. Karl Holl deduz o "chamado", que leva às diferentes vocações, da consonância de duas vozes: do "chamado interno" que se percebe no evangelho e da voz que chega até nós das próprias coisas e de suas necessidades. Ele queria, como Bismarck, perceber "os passos de Deus que caminha ao longo da história" a partir da própria situação histórica[54]. Dessa forma, o chamado se torna vocação a partir de duas vozes: do chamado de Deus no evangelho de Cristo e do chamado de Deus na história. Emil Brunner colocava nesse ponto a "providência": "O 'lugar' da ação, o aqui-assim-agora [...] é o lugar *dado por Deus*"[55]. Outros buscavam na multiplicidade das possibilidades sociais e históricas certas ordenações fundamentais permanentes e constantes, como matrimônio e família, igreja e Estado, a partir das quais se encaravam as muitas possibilidades como variações. Chamavam a essas ordenações fundamentais de "ordenações da criação", "ordenações de conservação", "mandatos", "instituições fundamentais de Deus", ou "instituições dadas com a própria natureza humana". Com isso, o lugar da

---

52. BONHOEFFER, D., *Ethik*, 1949, 198.
53. WOLF, E., Schöpferische Nachfolge, in: *Spannungsfelder der evangelischen Sozial-lehre*, 1960, 36.
54. HOLL, K., Die Geschichte des Wortes Beruf, *Gesammelte Aufsätze*, III, 1928, 219.
55. BRUNNER, E., *Das Gebot und die Ordnungen*, 1932, 184.

vocação é sempre visto como algo dado ou predeterminado, de modo que a vocação e a obediência da fé podem criar nesses papéis vocacionais predeterminados somente modificações internas pelo *exercitium caritatis*. Sob esse aspecto, é bem típico o verso de Johann Heermann: "Dá que eu cumpra com diligência o meu dever, pelo qual teu mandamento me colocou neste mister". Assim, porém, o "mister" ou o papel profissional na sociedade deve necessariamente ser visto como destino dado por Deus, tanto do ponto de vista da teologia da criação como da história. A expressão *"conservare"* da *Confessio Augustana* sempre imprimiu um caráter grandemente conservador à ética protestante das vocações. Ora, como a determinação do lugar e dos papéis a ser desempenhados pelas "vocações" foi empalmada por poderes totalmente diferentes e fechados sobre si mesmos, a vocação e a missão do crente só podiam ainda se exercer pelo cumprimento interior e espiritual de seus encargos. Na história, a forma concreta de se instituir tais "ordenações" foi deixada às forças que, em cada caso, predominavam no mundo.

Na realidade, porém, o chamamento para seguir a Cristo não tem por escopo o cumprimento fiel e amoroso da profissão em condições dadas por Deus ou por quaisquer outros poderes. Este chamamento tem, ao contrário, seu próprio escopo. É o chamamento para colaborar no reino de Deus vindouro. A identificação feita pelos reformadores entre chamamento e "profissão" nunca significou a dissolução da vocação na profissão, mas, ao contrário, a integração e a transposição das profissões na vocação. O *chamamento* é, conforme o Novo Testamento, algo único, irrevogável e imutável e tem por escopo a esperança escatológica para a qual Deus chama[56].

As *profissões*, ao contrário, são históricas, mutáveis, permutáveis, temporais e, por isso, devem ser modeladas no processo de sua realização pelo chamamento, pela esperança e pelo amor. O chamamento aparece tão somente no singular; as profissões, os papéis, as funções e relacionamentos que os seres humanos ocupam na sociedade, no plural. O ser humano se encontra sempre em meio a uma rede múltipla de dependências e obrigações sociais. A sociedade moderna, precisamente, não é mais uma sociedade de "estados" fixos, mas antes uma sociedade de ocupações (*jobs*) móveis. Abre diante do ser humano uma multiplicidade de chances e exige dele elasticidade, capacidade de adaptação e fantasia.

Em meio à grande abundância de condicionamentos e possibilidades, a questão decisiva para a existência cristã não é se e como o ser humano, em

---

56. Romanos 8,29; 11,29; 1 Coríntios 1,9.26; Filipenses 3,14; Efésios 4,11; Hebreus 6,4 ss., *passim*.

meio à flutuante multiplicidade de suas obrigações sociais, ou no ponto de interseção desses diferentes papéis, que sempre só o atingem parcialmente, pode ser "ele mesmo" e como ele pode guardar sua identidade e continuidade[57]. O ponto de referência de suas manifestações e exteriorizações, de suas atividades e sofrimentos não é um Eu transcendental, em referência ao qual ele sempre e de novo pode e deve se compreender em meio à dispersão, mas o seu chamamento. É para este, e não para si mesmo, que ele deve procurar viver. Esse chamamento lhe atribui identidade e continuidade, mesmo quando, e precisamente quando, se exterioriza na não-identidade. Não lhe é necessário que por meio de um perene voltar a si mesmo ele se preserve, pois é preservado pela entrega ao trabalho da missão e pela sua esperança. As profissões, os papéis, os condicionamentos e as obrigações que a sociedade lhe impõe não devem ser questionados quanto a se aperfeiçoam o próprio ser, ou alienam o ser humano de si mesmo e como fazem isso; mas se oferecem possibilidades para a encarnação da fé, para a materialização da esperança e para correspondências terrenas e históricas do reino de Deus e da liberdade esperada e prometida e como fazem isso. O único critério da escolha da profissão, da troca de profissão, das atividades paralelas à profissão e da aceitação do processo de socialização é a missão da esperança cristã.

O horizonte de esperança, no qual deve ser desenvolvida a doutrina cristã do comportamento, é o horizonte escatológico da esperança do reino de Deus, de sua justiça e de sua paz, da nova criação e de sua liberdade e sua humanidade para todos os seres humanos. Somente esse horizonte de esperanças, que deve modelar e transformar o presente, introduz o que espera e o enviado, em meio à oposição e ao sofrimento, na realidade inacabada, coloca-o em conflito com a forma presente da sociedade e o faz aceitar a "cruz do presente" (Hegel). O lugar e a situação em que o chamamento ao evangelho atinge o ser humano é, certamente, o *terminus a quo* concreto, mas não o *terminus ad quem* do chamamento. Somente um cristianismo que já não compreende sua missão escatológica como missão para o futuro da terra e do ser humano pode identificar seu chamamento com as situações criadas pelos papéis vocacionais que a sociedade lhe oferece, e a ele facilmente acomodar-se. Mas, quando o chamamento é visto

---

57. Essa questão humanista – no sentido de que o ser pessoal do ser humano se identifica com o seu ser como criatura de Deus, de tal modo que, com a perda do seu ser pessoal na moderna sociedade funcionalizada, também se perca o seu ser-criatura, procurando-se, portanto, salvar, mediante uma teologia da criação, a personalidade humana da sua coisificação, não pode ser aceita pela teologia.

em seu próprio horizonte de esperanças, a obediência à fé, o seguimento do evangelho e o amor são necessariamente entendidos como "seguimento criativo"[58] e "amor criativo"[59].

"Seguimento criativo" não pode consistir-se de adaptação às ordenações sociais e jurídicas existentes ou em sua conservação, nem de adoção de atitudes religiosas que deem fundamento ao que existe e está feito. Deve antes consistir de percepção teórica e prática das estruturas históricas do existente, para assim apresentar novas possibilidades e um novo futuro de ordenação. Também Lutero pôde reivindicar essa liberdade criadora para a fé cristã:

> *Habito enim Christo facile condemus leges, et omnia recte judicabimus, imo novos Decalogos faciemus, sicut Paulus facit per omnes Epistolas, et Petrus, maxime Christus in Evangelio* ["Pois estando em Cristo, facilmente formulamos leis e julgamos tudo corretamente, e até fazemos novos decálogos, como fez Paulo em todas as epístolas, e Pedro, mas principalmente Cristo no evangelho"][60].

Esse "seguimento criativo" em amor que cria comunhão, direito e novas ordens torna-se possível, do ponto de vista escatológico, pela perspectiva que a esperança cristã tem do futuro do reino de Deus e do ser humano. Somente esse futuro corresponde plenamente ao que foi prometido e à história aberta para frente. "Escatologia presente" não significa outra coisa que "espera criativa"[61], esperança, que prepara para a crítica e a transformação do presente, porque está aberta ao futuro universal.

É a partir daqui que o sempre difícil problema "ser humano e sociedade" ou "liberdade e alienação", ser humano e trabalho, deve ser hoje respondido de modo diferente do que é possível quando fundamentado no humanismo da subjetividade transcendental. O idealismo alemão e o romantismo europeu que lhe seguiu foram as primeiras reações contra as novas relações existentes, criadas pela revolução industrial. A ideia proveniente desse tempo é a de que o ser humano deve permanecer idêntico a si mesmo, porque inicial e originalmente ele sempre o fora. Ora, para tornar-se idêntico a si mesmo e para viver "em perene união consigo mesmo" (Fichte), ele deve sempre e de novo recolher-se de suas exteriorizações, recuperar-se do estado de perdição da entrega, sair da dispersão e pensar em

---

58. Uma formulação de Wolf, E., op. cit.
59. Sobre isto cf. o artigo de Pannenberg, W., Zur Theologie des Rechtes, ZEE, n. 7 (1963) l ss., sobretudo 20 ss.
60. WA 39, I, 47, citado conforme Wolf, E., op. cit., 35.
61. Bloch, E., *Tübinger Einleitung in die Philosophie*, II, 1964, 176.

si e em seu verdadeiro e eterno eu. Todos os atos que o ser humano pratica fora de si mesmo recebem um sentido próprio e seguem uma lei própria que lhe roubam a liberdade. Seus produtos crescem acima de sua cabeça, de modo que o criador é obrigado a se dobrar diante de suas criaturas. Suas relações pessoais se transformam em relações objetivas que desenvolvem sua própria lógica e se tornam independentes. Assim, elas alienam o ser humano de sua verdadeira essência que já não consegue encontrar-se a si mesmo nelas. Por conseguinte, os indivíduos precisam novamente de subordinar a si esses poderes objetivados, independentizados e tornados complexos escravizantes; é preciso que, de novo, se apropriem deles e os retomem a si, compreendendo-os e tornando-os conscientes[62]. É possível esse retomo da alienação por dois caminhos: pelo caminho da *utopia* e pelo caminho da *ironia*. Para o jovem Karl Marx, fundamentado na patologia social das relações industriais primitivas, parece possível realizar o ideal cultural do classicismo alemão a respeito do "ser humano universal e profundo" por meio da superação revolucionária da exploração capitalista, da sociedade de classes e da divisão do trabalho, para estabelecer no futuro uma "associação de indivíduos livres". Contrariamente a isso, na moderna filosofia social do Ocidente, sempre e de novo, surgem tentativas de recuperar por meio da reflexão transcendental o ser próprio do ser humano, mesmo conservando a ideia da alienação do ser humano.

> Não sou mais idêntico ao meu eu social ainda que, em cada instante, exista simultaneamente a ele. Agora posso em minha existência social ter como que a consciência do *papel* que assumo ou suporto. Para mim, eu e meu papel somos divergentes[63].

A autoconsciência do ser humano, por meio dessa reflexão, se retira da realidade social comprometedora, limitadora. Ele, por meio da reflexão continuada, da ironia e da crítica sobre a precariedade das relações sociais,

---

62. Sobre a importância da ideia de identidade de Fichte para a teoria da alienação de Marx e a teoria dos complexos de Freud, cf. GEHLEN, A., *Über die Geburt der Freiheit aus der Entfremdung*, Archiv für Rechts- und Sozialphilosophie, 1952, 350. Sobre essa seção queremos também remeter a PLESSNER, H., *Das Problem der Öffentlichkeit und die Idee der Entfremdung*, 1960, e LITT, T., *Das Bildungsideal der deutschen Klassik und die moderne Arbeitswelt*, 1955.

63. JASPERS, K., *Philosophie*, II, 1932, 30. A consequências semelhantes chega também DAHRENDORF, R., *Homo Sociologicus. Ein Versuch zur Geschichte, Bedeutung und Kritik der Kategorie der sozialen Rolle*, 1960, e Id. *Soziologie*, v. 1. Der Mensch als Rollenspieler, in: *Wege zur pädagogischen Anthropologie*, 1963, onde Dahrendorf tenta discutir as objeções – que julgo justificadas – de Tenbruck, Plessner, H. P. Bahrdt, A. Gehlen e Janoska-Bendl.

consegue uma distância em que pensa reencontrar suas ilimitadas possibilidades, sua liberdade e sua superioridade. A subjetividade que assim reflete sobre si mesmo, que não se exterioriza em nenhuma tarefa social, mas paira acima da realidade rebaixada a um "jogo de papéis", essa fé que não se julga ligada a nenhuma realidade, nem a si mesma, fazem do ser humano um "ente sem propriedades" em um "mundo de propriedades sem ser humano" (R. Musil). Salvam a existência do ser humano por intermédio de uma migração para o interior e pela qual o ser humano só assiste à sua vida exterior, entregando assim as relações sociais à sua perdição final.

Quando se retira a subjetividade de suas conexões sociais, por intermédio da reflexão, ela perde o contato com a realidade social e subtrai às relações precisamente aquelas forças que precisam ser modeladas de forma humana para se responsabilizar pelo futuro[64].

> Quem, no esforço de se livrar da antinomia, condena e anatematiza o mundo organizado do trabalho como o fruto de um erro; quem recomenda, como única possibilidade para se salvar das consequências desse erro, a fuga para a interioridade, deixa o mundo entregue a uma indefensabilidade que cedo ou tarde também atingirá o reino do espírito que artificialmente ele reservou para si mesmo[65].

Uma coisa só é viva quando contém em si a contradição, pois a vida é precisamente uma força capaz de conter a contradição e suportá-la[66]. Não é a reflexão, que afasta a própria subjetividade de sua conexão social, que fornece ao ser humano as possibilidades e a liberdade, mas tão somente a esperança que leva à exteriorização de si mesmo é que faz com que o eu conceba sempre novas possibilidades do futuro que o espera. A vida humana deve ser engajada caso se queira ganhá-la. É preciso que ela se exteriorize se quiser receber consistência e futuro. Mas, para engajar-se na exteriorização de si mesmo, é necessário ter um horizonte de esperanças que dê sentido à exteriorização, um horizonte de esperanças que abranja os campos e os terrenos em que o trabalho da exteriorização se deva realizar, e para os quais se realiza. A espera do futuro prometido do reino de Deus, o qual vem à terra e ao ser humano, justificando e vivificando, prepara o eu para se exteriorizar, sem reservas e sem desconfiança, no amor e no trabalho da reconciliação do mundo com Deus e com seu futuro. As

---

64. Plessner, H., op. cit., 20.
65. Litt, T., op. cit., 123.
66. Hegel, G. W. F., *Werke*, IV, 67.

instituições sociais, os papéis e as funções são meios no caminho dessa exteriorização. Por isso, devem ser modelados criativamente pelo amor, para que a convivência dos seres humanos se torne mais justa, mais humana, mais pacífica pelo reconhecimento mútuo da dignidade humana e da liberdade de todos. Por isso, aquelas relações não devem ser tomadas como "atenuantes" (A. Gehlen), nem como queda na alienação, nem como esclerosamento da vida, mas como caminhos e formas históricas da exteriorização do ser humano e, por isso também, como procedimentos e processos que estão abertos para o futuro de Deus. A esperança criativa historiza essas relações e resiste, por isso, a suas imanentes tendências à estabilização e, sobretudo, àquela "benéfica ausência de questões" da vida vivida em meio a elas. O amor é capaz de se exteriorizar na dor, pode fazer-se "coisa" e tomar a forma de servo, porque é sustentado pela certeza da esperança da ressurreição da morte. O amor sempre necessita de esperança e de certeza do futuro, pois o amor vê as possibilidades ainda não compreendidas e possuídas do outro; atribui-lhe, por isso, liberdade e lhe confere futuro pelo reconhecimento de suas possibilidades ainda latentes. Pelo reconhecimento e atribuição da dignidade humana, que o ser humano receberá graciosamente na ressurreição dos mortos.

  Este mundo, por meio dessa esperança no futuro de Deus, torna-se, para a fé, livre de todas as tentativas de autorredenção, de autoprodução por meio do trabalho e se abre para a exteriorização amorosa e serviçal, visando à humanização das relações e à realização do direito à luz do futuro direito de Deus. Tudo isso significa, porém, que a esperança da ressurreição deve trazer consigo uma nova compreensão do mundo. Este mundo não é o céu da autorrealização, como se dizia no idealismo. Este mundo não é o inferno da autoalienação, como se diz na beletrística romântica e existencialista. O mundo ainda não está concluído, mas é entendido como algo que está em processo histórico. É, portanto, o mundo do possível, em que se pode estar a serviço da futura verdade, da justiça e da paz prometidas. Este é o tempo da diáspora, da sementeira em esperança, da entrega e do sacrifício, pois este tempo situa-se no horizonte de um futuro novo. Assim, torna-se possível realizar a exteriorização neste mundo, o amor cotidiano cheio de esperança, que se torna humano no horizonte de expectativa que transcende este mundo. A glória da autorrealização e a miséria da autoalienação têm ambos sua fonte na ausência de esperança, na desesperança, de um mundo que perdeu o horizonte. A tarefa da comunidade cristã é abrir-lhe o horizonte do futuro do Cristo crucificado.

APÊNDICE
O *princípio esperança* e a *Teologia da esperança*
Um diálogo com Ernst Bloch[1]

1. A "metarreligião" de Ernst Bloch

A filosofia da esperança de Ernst Bloch quer ser, em seu ápice, uma "metarreligião", isto é, "religião como legado"[2]. Ele pensa poder demonstrar que o substrato hereditário próprio de todas as religiões é a "esperança em totalidade"[3]. "Onde há esperança, há religião", e a escatologia do cristianismo dá a impressão de que nesse ponto a essência própria da religião tivesse finalmente aparecido. "A saber, *não o mito estático, consequentemente apologético, mas o messianismo escatológico-humano, consequentemente de constituição explosiva*"[4]. É verdade que qualquer esperança religiosa se encontra na ambivalência da possibilidade de tornar-se uma consolação para um futuro melhor e assim um álibi contra o presente, abandonando a sua situação perdida, mas ela pode também ser a cidadela de uma energia expectante, ativa e ativadora na história.

---

1. Publicado em *EvTh*, n. 23 (1963) 537-557. Os pontos principais dessa crítica foram citados em um colóquio público com Ernst Bloch, realizado a convite da Faculdade Teológica, em Tübingen, em 21 de maio de 1963. Sobre uma introdução à filosofia de Ernst Bloch cf. MARSCH, W.-D., Hoffen – worauf?, *Stundenbuch* 23, 1963; MOLTMANN, J., Messianismus und Marxismus, *Kirche in der Zeit*, n. 15 (1960) 291-295; Die Menschenrechte und der Marxismus, ibid., n. 17 (1962) 122-126.
2. *Das Prinzip Hoffnung*, 1959, 1521 (citado daqui em diante como *PH*).
3. *PH*, 1404.
4. *PH*, 1404.

As grandes religiões da humanidade frequentemente foram, para a vontade de ter um mundo melhor, uma consolação vazia usada para fins escusos, mas por muito tempo também seu espaço mais bem decorado, sim, seu edifício como um todo[5].

Por conseguinte, quem quiser ser herdeiro da religião, sobretudo do cristianismo, deve tornar-se herdeiro de sua esperança escatológica. Para tanto, deve reduzir a religião ao seu fundamento ôntico, do qual ela brotou. Para Bloch, o anelo da criatura angustiada, desejosa de alegria, felicidade e pátria, e que constitui a religião, se encontra na "discrepância plenamente religiosa do ser humano entre sua manifestação existente e sua essência não existente"[6].

Essa interpretação de religião vai mais longe do que a costumeira explicação de religião e do que a crítica da religião no marxismo. Se a religião salva e preserva o ser humano da dicotomia, então as explicações meramente psicológicas e sociológicas nada mais são que superficialidades. A religião, à medida que é esperança, e preserva a esperança, não nasce do medo nem da ignorância ou do engano dos sacerdotes. Nem Ludwig Feuerbach com a sua teoria do desejo da religião e sua redução do aspecto celeste do ser humano ao ser humano consciente de si mesmo satisfaz o caráter de esperança da religião. Feuerbach reduzia as imagens dos deuses produzida na religião. Feuerbach reduzia as imagens dos deuses produzidas pelo ser humano à sua atualidade sensível e existente, isto é, ao gênero abstrato e anistórico chamado "ser humano". Entretanto, as "imagens religiosas do reino futuro que arrebentam qualquer *status*" ("Eis que faço novas todas as coisas") não podem ser reduzidas a esse ser humano que, em sua atualidade sensível, volta a si mesmo, recebe dentro de si seus próprios deuses. Feuerbach herdou somente a mística do cristianismo, mas não a escatologia cristã[7]. Essa mística da imediatez entre Deus e o ser hu-

---

5. *PH*, 1390.
6. *PH*, 1520. Comparar isto com formulação muito semelhante de Karl Marx: "A miséria *religiosa* é, ao mesmo tempo, a *expressão* da miséria real e um *protesto* contra a miséria real. A religião é o suspiro da criatura oprimida, a alma de um mundo sem coração, a consciência de uma situação sem espírito. Ela é o *ópio do povo*" (*Frühschriften*, 208).
7. Cf. a comprovação belíssima de LORENZ, R., Zum Ursprung der Religionstheorie Ludwig Feuerbachs, *EvTh*, n. 17 (1957) 171 ss. "Dessa mística se originou sua filosofia da religião. Essa aparece como o resultado de uma piedade, que não deixa lugar para uma teologia cristã legítima" (Ibid., 188). Ao lado da origem da piedade mística, devem-se apontar ainda as muitas citações que Feuerbach faz da cristologia de Lutero, da doutrina da *communicatio idiomatum realis* e da doutrina da santa ceia.

mano, sem a mediação histórica de Jesus de Nazaré, já era em si mesma a destruição da fé cristã.

Karl Marx incorporou o processo redutivo da crítica da religião de Feuerbach, mas, com seu materialismo histórico-dialético de ser humano ativo e modelador das relações, transformou o materialismo sensível de Feuerbach em antropologia. O ser humano, da mesma forma que o mundo sensível ao redor dele, não é "um ser dado diretamente desde toda a eternidade, uma coisa sempre igual a si mesma"[8]. "O ser humano, ou seja, *o mundo do ser humano*, o Estado, a sociedade"[9]. A sua natureza sempre está sendo elaborada. Por isso, para Marx, a "crítica do céu" não se torna bênção da terra[10], mas "crítica da terra"; a crítica da religião se torna crítica do direito; e a crítica da teologia é crítica da política[11]. Para ele, a religião se radica nos conflitos sociais entre ser humano e ser humano e entre os seres humanos e a natureza. Se a religião assim compreendida é herdada, ela, a partir de Feuerbach, torna-se a afirmação do ser humano revolucionário, lutador, que toma a história na mão e transforma todas as relações nas quais o ser humano é um ser humilhado e desprezível. Por conseguinte, a questão da religião não é solucionada por um naturalístico vir-a-si do ser humano, mas tão somente pela revolução na sociedade, a partir da qual virá por si mesma a solução do conflito entre ser humano e natureza e entre o ser humano e ser humano.

Ernst Bloch dá mais um passo adiante: religião é esperança, e esta se baseia na diferença ôntica entre aquilo que existe e aquilo que ainda não existe, entre existência e essência, entre presente e futuro, tanto no ser humano como no cosmo. O ser humano como ser não fixado ainda é alguém que, "juntamente com seu entorno, constitui uma tarefa e um enorme recipiente repleto de futuro"[12]. Da esperança provém o conhecimento de que externamente a vida está tão pouco realizada como no eu interno que tra-

---

8. *Frühschriften,* 351.
9. Ibid., 208.
10. Como Rainer Maria Rilke, seguindo a Feuerbach, resumiu, em 1923 em uma carta a I. Jahr, a mensagem das *Duineser Elegien*: "As propriedades divinas são retiradas de Deus, o Indizível, e recaem sobre a criação, sobre o amor e a morte [...]. Tudo o que neste mundo há de profundo e íntimo e a igreja prostituiu para o além, retorna para cá; todos os anjos, cantando, se voltam para a terra" (citado por GUARDINI, R., *Zu R. M. Rilkes Deutung des Daseins*, 1946, 21).
11. *Frühschriften,* 209.
12. *PH,* 135; *PH,* 285: "O que há de próprio no ser humano e no mundo está ausente, à espera, está envolto no temor de ser frustrado, está na esperança de se realizar com sucesso".

balha no que está fora. Assim, a religião, à medida que oferece a esperança, se fundamenta na factibilidade do ser humano e do mundo. *Homo homini Deus* ["O ser humano é o Deus do ser humano"], dissera Feuerbach, entendendo com isto o eu e o tu no amor sensível. Bloch retoma essa sentença, de uma forma típica para ele, isto é, que o *homo absconditus* ["ser humano oculto"] do futuro e ainda não achado nem alcançado é o "Deus" do ser humano presente. Todas as imagens de Deus e do futuro giram com insistência crescente ao redor do incógnito humano e cósmico, o cerne da existência que obscuramente pulsa dentro do ser humano e o cerne do mundo que obscuramente pulsa dentro do mundo, por meio de formas transcendentes sempre mais próximas e mais humanas. Somente quando a diferença ôntica do ser humano, sua posição excêntrica com referência a si mesmo, e a diferença ôntica do mundo forem superadas na pátria de uma identidade finalmente alcançada, a religião como esperança cessará, porque estará cumprida. Assim, para Bloch, "Deus", como imagem e ídolo do ser humano, é reduzido, não à atualidade sensível do ser humano, nem à situação social alienada, antagônica, do ser humano, mas ao "*humanum* ainda não encontrado, futuro". "Deus" é entendido como "o ideal utopicamente hipostasiado do ser humano desconhecido"[13]. A mística do céu torna-se a mística do Filho do homem; a glória de Deus se torna a glória da comunidade redimida[14].

Dessa forma, Bloch inverteu, à maneira de Feuerbach, a escatologia cristã omitida por Feuerbach e Marx – por razões que se compreendem a partir daquela época. Para a escatologia cristã, o futuro do ser humano, a liberdade dos filhos de Deus e o futuro de toda a criatura expectante estão abertos e determinados pelo futuro e pela promessa do Cristo ressuscitado. O "semblante revelado do ser humano", que Bloch procura, se manifesta pela revelação da glória do Deus abscôndito (2Cor 3,18). Para Bloch, entretanto, o futuro do Cristo ressuscitado e o futuro de Deus – segundo o método da redução da fórmula de Feuerbach – é "nada mais do que" o futuro escondido do ser humano e do mundo todo. O que o separa de Feuerbach é a passagem da mística para o quiliasmo, do êxtase místico que foge do mundo, para a transformação revolucionária do mundo, a passagem de Mestre Eckhart para Thomas Müntzer[15].

---

13. *PH*, 1515 ss.
14. *PH*, 1533 ss.
15. Ver a comparação tão rica de inferências que Karl Mannheim estabelece entre a vivência mística e quiliasta do tempo: Id. *Ideologie und Utopie*, ³1952, 186 ss.: "Para a vivên-

Com essa inversão, contudo, os problemas da filosofia da esperança de Bloch não estão resolvidos, mas apenas colocados. O diálogo teológico, com Bloch, não pode consistir em apelar para as experiências do absurdo da existência, contra sua filosofia da esperança, pois pode muito bem ser que também os elementos da escatologia cristã, da qual vive o "princípio esperança", comecem a parecer absurdos. Também não pode consistir em apelar para que o "princípio esperança" seja usado de forma acrítica na teologia, pois pode acontecer que, assim, o que há de especificamente cristão na escatologia cristã se torne sem sentido. Antes, é preciso perguntar tanto a nós mesmos como a Bloch: que instantes na esperança cristã se mostram resistentes a ser herdados pela metarreligião do "princípio esperança"?

As fórmulas de redução de Feuerbach, que Bloch aplica à escatologia cristã, são também, para a teologia, uma possível linha divisória entre Deus e ídolo, entre fé e superstição, entre a certeza que se baseia na promessa e a utopia que se fundamenta no optativo. Aquilo que se pode mostrar como idolatria do coração humano, em projeções para cima e para frente, deve ser explicado e apresentado como tal, para que "o resto" possa resistir. Ora, o ser humano do presente ou do futuro não se pode reduzir a nada daquilo que aboliria a humanidade do ser humano e que o faria Deus de si mesmo. O ateísmo crítico-religioso de Feuerbach pode ser usado – no sentido de Feuerbach – para tornar o ser humano ídolo de si mesmo; pode também levar – na crítica contra o próprio Feuerbach – a um "ateísmo por causa de Deus".

O próprio Bloch vem ao encontro da teologia para responder à pergunta pela resistência da escatologia cristã à sua herança pelo "princípio esperança", quando, em suas considerações filosófico-teológicas, chega a afirmações que, quando bem entendidas, rompem a coerência interna do "princípio esperança". Ao mesmo tempo em que apontamos, nessas afirmações, para a resistência da escatologia cristã, queremos também buscar os pontos de partida para uma crítica à filosofia da esperança de Bloch.

2. *Homo absconditus* e *Deus absconditus*

Bloch afirma no sentido de Feuerbach: "Nas hipóstases dos deuses, os seres humanos nada mais expressaram que o *futuro ansiado*"[16]. Por isso, o "totalmente

---

cia absoluta do quiliasta, o presente se torna ponto de irrupção, em que aquilo que antes era interno irrompe para fora e, de um golpe, atinge o mundo exterior, transformando-o".

16. *PH*, 1402.

outro", próprio de Deus, aparece em sua filosofia como o "totalmente outro" da profundidade do ser humano e do mundo que ainda não se realizou.

Entretanto, tratando da teologia dialética do jovem Barth, ele pode dizer: "Somente com o *deus absconditus* é mantido o problema referente ao que há de relevante no mistério legítimo do *homo absconditus*"[17].

Essa sentença poderia ser entendida assim: o problema, que é o próprio ser humano, sua questionabilidade, sua abertura, sua incompletude e seu absconso, "é mantido", isto é, mantém-se em aberto e em suspenso, provocado e fundamentado pelo absconso de Deus, e encontra sua manifestação onde e quando este Deus questionador se revela. Entendido de maneira cristã: o problema que o ser humano é, em seu próprio absconso e em sua verdadeira essência, "é mantido", provocado e fundamentado pelo fato de o futuro do ressuscitado ainda estar oculto, contido na promessa de Cristo, e faz com que ele deva buscar a si mesmo, sua vida e sua verdade em esperança e no pôr-se a caminho. Mas, nesse caso, o absconso de Deus não é simplesmente "nada mais do que" o absconso do ser humano, pois o absconso do ser humano se baseia no absconso de Deus em sua revelação, pelo que essa revelação se torna uma revelação orientada para o cumprimento escatológico e tendendo para ele.

O problema, assim esboçado, está na pergunta: o que mantém o ser humano em suspenso, em andamento, em esperança e em movimento para frente? O que o torna para si mesmo uma questão aberta (Agostinho: *quaestio mihi factus sum, terra difficultatis*)? O que o força a sair de seu universo atual e o faz partir em direção ao futuro desconhecido? O que faz com que não seja possível chegar à harmonia e à satisfação, rabugenta ou divertida, do ser humano consigo mesmo e com seu entorno?

As respostas que Bloch dá a essas perguntas não são claras, e sim tão múltiplas como as formas culturais, pelas quais se manifesta a esperança humana. Como G. Benn e A. Gehlen, também ele pode dizer: o nada, o *horror vacui*. "Como tal, o 'não' não suporta estar consigo mesmo; ao contrário, ele tende a referir-se ao aí de algo"[18].

No sentido do panteísmo aristotélico de esquerda, ele pode dizer: o impulso e a pulsão da razão do mundo e da existência para a autorrealização: *eductio formarum e materia*[19].

---

17. *PH*, 1406.
18. *PH*, 356 ss.
19. *PH*, 235 ss. Cf. também o conceito de matéria de Bloch, oriundo do aristotelismo de esquerda, in: *Avicenna und die aristotelische Linke*, Berlin, 1952, com o qual ele, seguindo a Karl Marx, tenta superar o materialismo absoluto e abstrato.

Pode dizer: Na "obscuridade do instante vivido" brilha algo que impele para frente, para o futuro aberto. Na "abismal admiração" e na forma da "questão inconstruível, absoluta" relampeja repentina e instantaneamente o *éschaton*. "Cada instante contém [...], em termos potenciais, a data da plenificação do mundo"[20]. Mas o que é que provoca essa angústia, esse impulso, essa fome de ser e de identidade, essa tendência irresistível para a autorrealização? Bloch bem que queria incorporar o anseio aristotélico da matéria pela enteléquia das formas, o *éros* platônico e neoplatônico pelo *eídos*, a esperança cristã pelo cumprimento da promessa de Deus por Deus – mas sem ter de pressupor uma enteléquia das formas, sem pressupor um *eídos*, sem pressupor e antecipar o Deus da promessa e do futuro. A razão do anseio da matéria deve encontrar-se, portanto, na própria matéria criadora de formas, a razão do *eídos* no próprio *éros*, a razão da esperança na própria esperança. Os objetos da esperança se originam da própria esperança impulsionadora, de modo que ambos, por uma dialética histórica, mutuamente se superam e se causam. Mas, com isso, o "princípio esperança" está ameaçado de perder-se em si mesmo. Com efeito: ou a esperança ilimitada excede a todos os limitados objetos que ela projeta para frente – e nesse caso a esperança tornar-se-ia um existencial eterno e anistórico do ser humano, e o processo vital do mundo um processo sem fim, o que seria uma abstração da história real: o ser-em-esperança seria uma maneira de ser abstrata do ser humano; ou então a esperança transcendente se adapta aos bens esperados e definidos de forma utópica, e se declara contente[21], por exemplo, com "conquistas socialistas". Mas, desse modo, trai a si mesma.

Ora, Bloch vê que a antropologização ateísta da ideia da esperança pela teoria da projeção de Feuerbach não explica satisfatoriamente as esperanças, nem pode transformá-las em uma atividade fecunda para o ser humano. Ele mesmo coloca a questão: "O que dizer *do espaço vazio* que a liquidação da hipóstase 'Deus' deixa como sequela?", e busca assim o "espaço para dentro do qual Deus foi imaginado e tornado utópico"[22]. Do ponto de vista meto-

---

20. *PH*, 359.
21. O princípio "a cada um segundo suas necessidades" pode significar: satisfação da necessidade ôntica do ser humano na totalidade do ser; mas pode também significar: adaptação das necessidades ao que já foi alcançado, "economia" das necessidades, satisfação obtida pela pressão e reconciliação com a redução das necessidades visando à passagem à frente dos Estados Unidos no consumo *per capita*. Cf., sobre esta nova explicação da satisfação das necessidades, LEONHARD, W., *Sowjetideologie heute*, v. II, 1962, 278 ss.
22. *PH*, 1524 ss.

dológico, é preciso que haja alguma coisa pressuposta e objetivamente preordenada, caso se queira que as imagens dos desejos e das esperanças sejam projetáveis diferentemente do que o foram, de fato, no decurso da história. Ele o chama "um campo, um espaço vazio", "o *tópos* aberto do diante-de-nós, o *novum*, para dentro do qual as fileiras finalistas humanas marcham de forma mediada"[23]. Esse "espaço vazio" não é, para ele, o céu das ideias platônicas, nem a hierarquia aristotélica das formas, nem mesmo o Deus admitido como uma realidade definida. Este "espaço vazio" é, para Bloch, antes de tudo, uma determinação negativa, isto é, ele é o espaço aberto que transcende a todas as imagens que o querem preencher. Mas se assim é, ele não se acha totalmente vazio de imagens, mas significa a esfera aberta para a atividade, repleta de todo o possível, do céu e do inferno, do reino e do abismo, do *totum* e do *nihil*. É o abismo, ainda aberto e não preenchido, do universo e do ser humano, em cuja direção todas as imagens de esperança tendem. O "espaço religioso" de projeções, não é, portanto, uma quimera, embora não possua nenhuma realidade no sentido de atualidade factual. É aquilo que está na frente, sempre inatingível e escorregadio, é a abertura para frente, que atrai e estimula. "O *homo absconditus* conserva, portanto, uma esfera permanente preordenada, em que ele, caso não venha a perecer, pode intencionar sua manifestação mais fundamental no mundo que lhe foi franqueado"[24]. É aquilo que está "diante-de-nós, no qual o cerne tanto dos seres humanos quanto da terra, no qual tanto o sujeito antropológico quanto o da cifra da natureza utopicamente termina de florescer ou então não termina de florescer"[25]. Se as hipóstases de Deus, via Feuerbach, ruem por si mesmas, esse vazio, entretanto, não rui por si mesmo.

A questão, no entanto, é o que esse "espaço vazio" pode conter? Se todas as imagens de esperança que Bloch apresenta significam a pátria da identidade entre o *homo absconditus* e a profundidade oculta do mundo, ele contém a possibilidade de chegar à identidade, bem como a possibilidade de perder a identidade entre ser humano e natureza. De onde, porém, vem a alternativa colocada por Bloch, entre "nada" e "tudo", o que esse vazio conteria em si? Em todas as passagens em que ele fala disso, ele recorre à distinção apocalíptica entre "céu" e "inferno"[26], demitologiza o que há de apocalíptico e eticiza suas alternativas por meio do otimismo militante e

---

23. *PH*, 1530, 1531.
24. *PH*, 1534.
25. *PH*, 1533.
26. *PH*, 1532, 362 ss., *passim*.

da tarefa humana na história, pelo qual a alternativa do nada e do tudo pode no fim ser mudada para o bem[27]. Mas se é assim, no "vazio" aberto do futuro deve-se pressupor um critério pelo qual se faz essa *krísis*, pois do contrário permanece incompreensível porque, afinal, o processo de identidade entre ser humano e natureza tem um escopo e um fim, e porque no espaço aberto do possível se encontra uma alternativa que se impõe ao ser humano na história. Essa alternativa falhará se do apocaliptismo se herdar a distinção final de céu e inferno sob a forma do nada e do tudo, sem o *tertium*, a propósito do qual se coloca a alternativa e que no apocaliptismo é a vinda do Deus julgador. Em Bloch, no *totum* que é possível alcançar, no "reino" (como o chama) e no "reino sem Deus" (como ele o compreende), o ser humano e o sujeito que é a natureza se olham finalmente face a face. Relacionam-se dialeticamente entre si, como em Marx, pela "naturalização do ser humano e pela humanização da natureza". Não se relacionam entre si por intermédio de um terceiro, como na escatologia cristã, pela divindade e pelo reino de Deus. Por isso, pergunta-se: por que, afinal, são levados a se relacionar e a se encontrar em tal identidade dialética?

Para a esperança cristã, fome, impulso, tendência e prontidão em direção ao futuro fundamentam-se no futuro oculto do ressuscitado. Por isso, essa esperança tem diante de si um termo relativo a ela, o qual não é nem atualidade objetiva, em que possa descansar, nem total vacuidade de conceitos, como o "vazio" que é *horror vacui* e possível sucesso, nem também simples cifra para o próprio esperar. Aquele relativo é percebido como promessa de Deus e apreendido com a confiança e a certeza baseadas na fidelidade de Deus "que ressuscita os mortos e chama à existência aquilo que não existe" (Rm 4,17). Ele é o "Deus da esperança" (Rm 15,13), e não o "deus Esperança", *Deus spes*, como diz Bloch. Esse Deus da esperança, em cuja promessa e fidelidade a promessa se apoia, mas que não é a própria esperança, está à distância de uma eternidade à frente do ser humano que espera e tende para o futuro; ou seja, à distância exata da eternidade de sua própria morte e do juízo, no qual nada poderá permanecer como é.

3. A pátria da identidade e o reino de Deus

A esperança cristã do reino de Deus é idêntica à "pátria da identidade" de Bloch?

---

27. Acentuado sobretudo in: *Philosophische Grundfragen*, v. I. *Zur Ontologie des Noch-nicht-Seins*, 1961, 55 s.

O *éschaton* de Bloch, que ele denomina de "pátria da identidade", refere-se ao ser humano que se tornou "ser segundo sua essência", uno consigo mesmo, com seu semelhante e com a natureza[28]. Nele, por conseguinte, as contradições estão resolvidas: a) entre o eu e o ser pessoal do ser humano, b) entre o indivíduo e a sociedade, c) entre a humanidade toda e a natureza.

Ora, Bloch mesmo declara a respeito da "ideia religiosa do reino":

> Como o si-mesmo religioso não coincide com o ser humano existente em forma de criatura e como o abrigo religioso não é idêntico ao entretecimento autocomplacente do positivismo no conteúdo empírico da vida, tampouco a ideia religiosa do reino mesma, no que concerne à dimensão e ao teor que se tem em vista para ela, é totalmente idêntica a qualquer uma que se faz da utopia social. [...] Ela [...] contém [...] um *absolutum*, em que deverão cessar ainda outras contradições além da social, em que também se altera a intelecção de todas as relações até ali existentes[29].

O "reino" cristão se distingue dos reinos das utopias pelo salto exigido pela intenção explosiva do renascimento e da transfiguração mesmos[30]. Daí se segue necessariamente que a escatologia cristã, que se apoia no "salto", no milagre da ressurreição da morte daquele que fala do fim das coisas do presente: "Eis que faço novas todas as coisas", não pode se reduzir às utopias, nem ao "princípio esperança" de um aperfeiçoamento imanente ao mundo, mediante um "transcender sem transcendência", mas, bem entendido, faz "explodir" também o "princípio esperança". Essa diferença se torna visível quando a escatologia cristã, frente às utopias humanitárias com que coexistia no século XIX, toma consciência de seu centro, que é a ressurreição dos mortos e do aniquilamento da morte pela vida.

Fica claro que Bloch sentiu isso, em contraposição às suas fórmulas de redução feuerbachianas, quando se compara o final de sua obra *O prin-*

---

28. Isso se encontra primeiramente bem na linha da teleologia de Karl Marx: "Esse comunismo é perfeito naturalismo = humanismo como humanismo perfeito = naturalismo; é a *verdadeira* solução da contradição entre o ser humano e a natureza e os outros seres humanos, a verdadeira solução da luta entre existência e essência, entre objetivação e autoafirmação, entre liberdade e necessidade, entre indivíduo e espécie. É o enigma solucionado da história e se entende como essa solução" (*Frühschriften*, 235). "A *sociedade*, portanto, é a perfeita unidade essencial do ser humano com a natureza, a verdadeira ressurreição da natureza, o naturalismo perfeito do ser humano e o humanismo perfeito da natureza" (Ibid., 237).
29. *PH*, 1410 s.
30. *PH*, 1411 s.

cípio esperança com o final de *Naturrecht und menschliche Würde* [*Direito natural e dignidade humana*].

O princípio esperança termina com as seguintes sentenças:

> A verdadeira gênese não se situa no começo, mas no fim, e ela apenas começará a acontecer quando a sociedade e a existência se tornarem radicais, isto é, quando se apreenderem pela raiz. A raiz da história, porém, é o ser humano trabalhador, produtor, que remodela e ultrapassa as condições dadas. Quando ele tiver apreendido a si mesmo e ao que é seu sem alienação e tiver atribuído a alienação à democracia real, surgirá no mundo alguma coisa que brilha para todos na infância e na qual ninguém esteve ainda: a pátria[31].

Bloch, com as expressões "democracia real" e "pátria", entende evidentemente aquele "reino da liberdade" do qual Marx dizia que só começaria quando cessasse o trabalho determinado pela necessidade e pela obrigação exterior, e que, portanto, só se encontra para além da esfera da produção material.

No final de *Naturrecht und menschliche Würde* consta que:

> É certo que uma sociedade não mais antagônica deterá nas mãos todos os destinos; ela estabelecerá a total ausência de ocasiões e acasos econômico-políticos; mas precisamente, de forma tanto mais sensível, aparecerão as indignidades da existência, descendo desde as mandíbulas da morte até as vazantes do tédio da vida, o fastio de tudo. Os mensageiros do nada perderam os valores que tinham na sociedade de classes e têm uma cara nova, agora em grande parte ainda inimaginável[32].

Portanto, quando a sociedade tirar do ser humano os cuidados econômicos, sociais e políticos, e a produção universal começar a se regular "por si mesma", surgirá, para Marx, o "reino da liberdade", mas para Bloch aparecerão "mais fortemente do que nunca os verdadeiros cuidados, a pergunta pelas coisas que realmente não estão em ordem na vida"[33]. Isso significa, porém, que a "pátria da identidade" não se pode identificar com o que Marx denomina de a "democracia real", mas que a teleologia de Marx continua aberta para a verdadeira "pátria da identidade" que não se encontra em suas fórmulas sobre o futuro. A representação marxista de história,

---

31. *PH*, 1628.
32. *Naturrecht und Menschliche Würde*, 1961, 310 ss.
33. Ibid., 310.

para a qual "a história de toda a sociedade até o presente" é a história das lutas de classes, sendo por isso o comunismo o "enigma solucionado da história e a sua solução", chegará ao fim quando cessarem as contradições econômicas, políticas e sociais e as alienações do ser humano; mas ainda não chegará o fim, pois o nada ainda não terá sido tragado pelo ser. A revolução socialista terá transformado em positivo o que havia de negativo na existência, mas só o negativo em termos econômicos, sociais e políticos. Não aboliu, porém, o próprio *nihil*, em que todas as coisas se acham ameaçadas de cair, elevando-o à condição de um *totum* em si. Por isso, o nada aparecerá, de novo, de forma inimaginável, isto é, na "dor infinita do negativo" (Hegel). Não mais se encontrará como identificado com fome, miséria e privação de direitos, mas agora incompreensivelmente com o tédio, o fastio de viver, os sentimentos do absurdo de todas as coisas. Assim, o ser humano não voltará a si mesmo, mas se tornará para si mesmo uma questão no sentido mais real. Tornar-se-á *homo absconditus* precisamente quando, à semelhança de Deus – e à semelhança do *playboy* – "tudo se lhe tornar possível: pescar, caçar, criar gado, criticar", como prometia Karl Marx. Portanto, o "ser humano total", que, conforme Marx, é produzido pela sociedade comunista como uma "permanente realidade", se tornará a figura do "ser humano sem qualidades" (R. Musil), que se afogará em suas ilimitadas possibilidades porque em nenhuma parte encontrará a necessidade[34]. Tornar-se-á o *homo absconditus* em uma radicalidade ainda inimaginável, porque na "ausência de destino econômico-político" não existirá nada mais de econômico e social e político em que ele possa trabalhar para seu aperfeiçoamento. Esse tipo de vida pode – para falar como Hegel – ser descrito como um jogo do amor consigo mesmo, mas essa vida depressa se deteriorará em algo meramente edificante e insosso, pois faltará a seriedade, a dor, a paciência e o trabalho do negativo. O reconhecimento de que também a revolução socialista é utópica (porque também ela, como todas as visões de "utopias", busca uma sociedade sem conflitos, sem história e, por isso, sem futuro, fechada em si mesma e sem perturbações) e de que as suas afirmações de harmonia, de unidade do ser humano, sociedade e natureza se transmudam em fórmulas de *heimarméne* e desembocam em um beco sem saída[35], certamente terá levado Bloch a recomendar a essa sociedade algo "como uma igreja": "Algo que ordene as mentes e ensine os espíritos, para que vivam constantemente como uma igreja, preparados e no

---

34. Cf. MOLTMANN, J., Der verborgene Mensch, *Das Gespräch*, fase 35, 1961.
35. Sobre esta inversão cf. JONAS, H., *Gnosis und spätantiker Geist*, ²1954, 156 ss.

rumo"[36], uma instituição que administre as esperanças messiânicas e advogue a fraternidade. "Uma nave eclesial que navega sem superstições". No entanto, dessa existência – não da igreja em sua forma até agora existente, mas decerto – da escatologia cristã preservada e vivida, existência considerada possível e logo também necessária, decorre que, ao contrário do que pensa Bloch, nem todas as esperanças levam a Marx, no qual elas se tornam racionais[37], mas que a escatologia cristã deve manter abertos a questão e o futuro até mesmo em uma sociedade sem história e entregue ao tédio pela ausência de acontecimentos, para que também nela não se viva apenas "em função do dia", mas "para além do dia". Havendo tal perspectiva, segue-se ainda que a "pátria da identidade" procurada não surge quando cessam as contradições no ser humano, e entre o ser humano e a natureza, mas somente quando a morte e o *nihil* não mais existirem. Somente quando a morte for "engolida na vitória"[38] estará superada a final e tão real não-identidade do ser humano. Precisamente o fato de que, para Bloch, na sociedade não antagônica de Marx e Engels – como se diz no final de *Naturrecht und menschliche Würde* – a morte aparece como o hóspede de pedra em *Don Juan* e destrói todas as harmonias utópicas, indica a diferença existente entre a utopia do reino e a escatologia da ressurreição. Todas as utopias do reino de Deus ou do ser humano, todas as imagens de esperança de uma vida feliz, todas as revoluções do futuro pairam no ar e trazem em si o germe da destruição e do tédio e por isso tratam a vida de forma militante e opressora, pois não há certeza na morte e nenhuma esperança que faça sobreviver o amor à morte.

A "pátria da identidade" de Bloch – como já as fórmulas sobre a "unidade em essência" de ser humano e natureza – recorre à ideia da "identidade dialética", tal como se encontra em Schelling e Goethe. Enquanto em Feuerbach predomina a visão não dialética da identidade imediata de todos os contrários no ser humano, em Goethe, Schelling e Marx se encontra a ideia de uma identidade móvel, dialética. É a identidade dialética das forças centrífugas e centrípetas, de impulso e necessidade, de exteriorização e apropriação, de atividade e receptividade, de inspirar e expirar[39].

---

36. *Naturrecht und menschliche Würde*, 312.
37. PH, Vorwort, 16.
38. Essa fórmula retorna constantemente em todas as descrições da esperança feitas por Bloch, como um verdadeiro *fascinosum*. PH, Vorwort, 15, 363, 1290, *passim*; Zur Ontologie des Noch-nicht-Seins, 62: "Dialética significa, portanto, o levante dentro do poente, ou resumindo: a absorção da morte pela vitória".
39. O ótimo de trabalho de BOCKMÜHL, K., *Leiblichkeit und Gesellschaft. Studien zur Religionskritik und Anthropologie im Frühwerk von L. Feuerbach und Karl Marx*, 1961,

Quando Bloch fala da "pátria da identidade", da humanização da natureza e da naturalização do ser humano, ele tem claramente em vista essa identidade admitida por Schelling, da mútua compenetração do tornar e do dar na unidade da vida[40].

Essa identidade, entretanto, será uma identidade apenas sonhada para a vida, "a qual tem medo da morte e se preserva pura da destruição" (Hegel), enquanto não conseguir superar em si a absoluta contradição da morte e da não-identidade. A dialética de Hegel, justamente em seus primeiros escritos teológicos do tempo da juventude, foi muito mais longe, na medida e enquanto esteve orientada na dialética do amor e da ressurreição do crucificado. A escatologia da ressurreição dos mortos não fala de uma "pátria da identidade" por intermediação dialética, mas de uma "pátria da reconciliação" dentro de uma nova criação a partir do nada.

4. Exterritorialidade em relação à morte e ressurreição dos mortos

O problema propriamente dito de qualquer pensamento orientado pela esperança surge a propósito da ideia da morte, caso valha o que sobre ela diz Bloch: "As mandíbulas da morte esmigalham tudo, e a goela da deterioração devora toda e qualquer teleologia"[41]. Manter-se-á de pé o "princípio esperança", com sua perspectiva da pátria dialética da identidade, frente à maior de todas as "antiutopias", a morte, ou sobreviverá unicamente pela negação do caráter mortífero da morte? Aqui, mais uma vez, e agora na forma a mais radical possível, surge a pergunta se a procurada pátria da

---

sobretudo nas páginas 234 ss., faz a demonstração da forma de pensamento da identidade dialética. É o "sincero pensamento do jovem Schelling" que Marx conserva e emprega na crítica à dialética de Hegel. Também para Engels, o escopo da história, "ao encontro da qual vai este século", está na "reconciliação com a natureza e consigo mesmo". Sobre Goethe cf. BENN, G., *Goethe und die Naturwissenschaften*, Zürich, 1949, 25 [1. ed. 1932]: "Uma ideia para além de Espinosa, para além do seu ser cristalizado [...], de sua ontologia imóvel – em direção a uma identidade que se movia, uma realidade que se tornara dialética, o imanente em que a transcendência se ativava". Ver também E. Bloch, que, com expressões tiradas de Goethe, descreve sua ideia do "sujeito-natureza" que impele ocultamente, *PH*, 782, 802. O mesmo se dá a propósito do problema da morte: a prontidão comunista para a morte, na qual não há esperança, mas a certeza da futura ressurreição da natureza. "A cosmologia comunista é, nesse ponto, como em toda parte, o campo problemático de uma mediação dialética do ser humano e de seu trabalho com o possível sujeito da natureza" (*PH*, 1383).

40. Assim também o "ser humano total" de Marx, apoiado firmemente na terra, era o ser humano que expira e inspira as forças naturais (*Mega*, I, 5, 160).

41. *PH*, 1301.

identidade supera a absoluta não-identidade, ou se só é possível porque afasta os olhos do nada. Bloch, em seu capítulo sobre as "imagens da esperança contra a morte", interrompe sua viagem à escuridão e incerteza do mar da morte, com a perspectiva de um ponto "exterritorial" no cerne da existência, resistente à morte e à transitoriedade, isto é, com a utopia do *non omnis confundar* ["não desaparecei totalmente"].

Em meio à obscuridade do instante vivido, o ser humano se achega ao cerne da sua existência. "Esse ponto mais próximo de nosso ser é simultaneamente o fundamento firme, o quê nu e cru do nosso ser"[42]. Este "quê" no agora do instante vivido é obscuro, invisível, impossível de se situar em algum lugar e inobjetivável; é imediato. Este *Daß-sein* ["ser de fato"] que tende ao *Da-sein* ["ser-aí"] é o impulsionador do processo do devir, e, por isso, a razão tanto da transitoriedade como do futuro. Se é o obscuro cerne da existência que impele para frente e supera todas as formas de sua existência, então também aquilo que chamamos transitoriedade e morte deve ter nele sua razão. Esse cerne impulsionador, deveniente da existência, não está, por conseguinte, sujeito à transitoriedade, visto que é ele quem produz o processo do "morre e vive".

Dessa forma, em Bloch, a experiência da transitoriedade de todas as coisas e do ser humano recebe um novo sentido. *Crónos* engole todos os filhos. Por quê? Porque o filho genuíno, o definitivo, ainda não nasceu. Não se trata, portanto, de uma transitoriedade que resulta do contristado olhar para trás, para aquilo que não se pode segurar, mas de uma transitoriedade que se impõe porque a esperança supera todas as suas formas de realização. *Crónos* e transitoriedade não atingem, portanto, aquilo do qual nascem. Não atingem o cerne da existência que ainda não nasceu no processo do devir.

O cerne do existir ainda não ingressou no processo do devir e por isso não é atingido pela morte. Ele é envolto pela "esfera protetora do ainda-não-vivo" contra a morte[43]. Não que ele descanse, para além do devir e do passar, em um eterno e intemporal ser, mas porque vive como ainda não existente; eis por que é eterno. Ele é exterritorial quanto à transitoriedade, não porque, como a alma de Platão, provenha de um reino diferente, o da fuga das aparências, mas porque está relacionado com um *éschaton* de realização, em que o interno será o externo, o cerne a casca, e por isso vida sem morte. A morte só existe no instante da dicotomia, em que o ser

---

42. *PH*, 1385.
43. *PH*, 1390.

ainda não veio a si mesmo. Por isso, Bloch pode dizer: a utopia do *non omnis confundar* ["não desaparecerei totalmente"] dá à morte a casca a ser quebrada, mas não lhe dá o poder de abrir a casca para atingir o sujeito. O cerne do existir não é atingido pela morte e, quando este cerne se eleva à realização, é verdadeira exterritorialidade em relação à morte[44]. Portanto, não existirá "nem cerne nem casca", mas "tudo de uma vez". Por conseguinte, diz ele a respeito da vida aqui e agora: "Onde quer que o existir se acerca de seu cerne, tem início a duração, não uma duração enrijecida, mas uma que contém o *novum* sem transitoriedade [...]"[45].

Essa argumentação sobre a morte serve-se claramente da ideia da imortalidade da alma e da migração das almas. Não se trata, em todo caso, da velha forma platônica, mas essa forma é modificada e acolhida como em Lessing, Kant e Fichte. A distinção entre vida e morte como cerne e casca, retoma a distinção entre o eu que na tarefa infinita encontra a si mesmo e se torna imortal, e as manifestações, entre as quais está a morte[46]. O que se transforma é o sujeito transcendental. Ele não é mais aquele que, na reflexão infinita, corre atrás de si mesmo, mas alguém que se supera infinitamente na esperança[47].

---

44. *PH*, 1391.

45. Ibid. A linguagem mais adequada à esperança, Bloch a encontra não tanto em visões, representações, utopias e sonhos, mas nas "formações sonoras evanescentes" da *música*, no "ainda-em-nenhum-lugar do meio tonal". *PH*, 1289 s.: "Se a morte, concebida como machado do nada, é a mais dura não-utopia, a música mede-se com ela como a mais utópica de todas as artes". "Mas a música vai ao encontro da morte realmente de forma não sentimental, com posição assumida, cuja intenção – conforme o teor de uma palavra bíblica – *é engoli-la pela vitória*" (Ibid., 1290). "Os prodígios lentos da música são, quanto ao seu objeto, também os mais profundos; eles andam e apontam por cima do tempo, logo, também acima da transitoriedade" (Ibid., 1289). "Isso significa não ter nenhuma consciência em relação a mais dura não-utopia, mas ter, isso sim, a capacidade de negá-la em seu próprio terreno. [...] Uma liberdade diante da pressão, da morte e do destino externa-se no ainda-em-nenhum-lugar do meio tonal, liberdade que não se externou nem pode externar-se ainda em uma visibilidade determinada. Justamente por isso, toda música da destruição remete a um cerne, que, por não ter florescido ainda, tampouco pode fenecer; ela remete para um *non omnis confundar*" (Ibid., 1294).

46. Fichte, J. G., *Über den Unterschied des Geistes und des Buchstabens in der Philosophie*, 1794: "A morte é uma aparência como todas as outras aparências; ora, nenhuma aparência atinge o eu".

47. Bloch chama isso de "o que não pode ser morto da consciência revolucionário-solidária". *PH*, 1381: "Essa consciência representa – quando associada com seus portadores – o imorredouro na pessoa, como o imorredouro de suas melhores intenções e conteúdos". Para ele, na consciência revolucionária está a "a alma da humanidade vindoura que já surge por antecipação".

Não obstante, ela continua a ser uma doutrina da exterritorialidade ou da imortalidade da alma ou do cerne da existência, mesmo que esse cerne mostre sua realidade não por meio da contemplação ou da reflexão, mas da esperança. Esse cerne da existência, que não é conquistado pela negação da história, cujo abismo é a morte, mediante a fuga para uma inatingibilidade transcendental e a entrega de todo o resto ao nada, ao não-essencial, ao transitório; ainda assim, ele nega a história e a morte, projetando-se para o ainda-não e entregando à morte a realidade da vida como mera "casca"[48].

Mas, será que assim se leva a sério o mortífero da morte? Que disposição e amor à vida nascem dessa utopia do *non omnis confundar*? Qualquer imagem de esperança contra a morte tem como consequência a disposição para a vida ou negação da vida: de um lado, a *apátheia*, a *ataraxía*, o cumprimento perfeito do dever material no mundo e o otimismo militante da revolução mundial – do outro lado, a paixão do amor que aceita a morte.

A esperança cristã no Deus que ressuscita os mortos e do nada cria o ser, admite radicalmente a morte, com tudo o que ela tem de mortífero,

---

48. Sobre isso, comparar a doutrina de Bloch a respeito daquele nada que não entra em qualquer dialética e que não pode ser transformado em ser ou bem, por nenhuma atividade contrária do heroísmo e da esperança militante: *Zur Ontologie des Noch-nicht-Seins*, 41-63. Trata-se do "nada cruel", do "disparatado aniquilador", da "semente que morre e não produz fruto", conforme Hegel, o absurdo da Guerra do Peloponeso e da dos Trinta Anos, hoje os acampamentos de morte do fascismo e das cidades aniquiladas pela bomba atômica. Tal nada é para Hegel algo diverso da diferença criadora, para Bloch algo muito diferente da sexta-feira santa que traz a páscoa (60). Esse "puro negativo", esse "negativo em si" permanece absurdo porque, do ponto de vista ontológico, não contém um ainda-não dinâmico, e, do ponto de vista antropológico, não pode ser superado pelo "anti-não e pelo *totum* utópico", na luta pelo ser. Também os judeus e cristãos não são dialéticos panlógicos, aliados à providência amiga, que saberiam como todo o mal é para o bem. Eles não são como os que acham tudo "às mil maravilhas", aos quais G. Benn opõe os "conhecedores das sombras". Mas eles creem e reconhecem que a *creatio* e o *novum ex nihilo* aparecem de repente e sem que se espere. A narrativa da criação apresenta a existência do mundo não como provindo do não-ser-ainda, isto é, a partir do suspiro da matéria e em direção ao ser possível, mas claramente como "trevas sobre o abismo". Quando só havia vazio e deserto, "só negativo", de repente, a *creatio ex nihilo* está lá. Por isso, a história profética apresenta a salvação e a nova criação no juízo e no afundamento no nada, como *novum ex nihilo*. A imolação de Isaque e o abandono de Jó, o lento finar-se de Jesus na cruz e seu afundamento na morte eterna e no Hades não contêm nenhum positivo dialético em si. Somente o novo ser que, de repente, está aí depois do "duro nada", sem que se espere e confie, merece esperança e confiança. Tudo isso é formulado na imagem da "ressuscitação dos mortos" e pelo fato de chamar a salvação como "vida dentre os mortos" (Rm 11,15). Os campos de concentração e Hiroshima não encontram resposta que aquiete dialeticamente, mas o "suspiro da criatura" (Rm 8,18 ss.) se torna queixa que sobe até Deus e esperança de que o *creator ex nihilo*, que ressuscitou o Cristo abandonado, dará novo início a um tão trágico fim.

isto é, em sua raiz, que afunda no *nihil* ["nada"]. Não é um fenômeno entre os outros, dos quais nenhuma atinge o eu. A vida não possui nenhum ponto de identidade que a torne exterritorial ou imune à morte. Antes, a vida pode ser concebida como vida para a morte pela fé na ressurreição e a esperança naquele que cria a vida da morte. Existe uma identidade que se mantém por meio da contradição infinitamente qualitativa de morte e vida: é a identidade prometida na ressurreição. Mas ela não se encontra no ser humano, como se, em seu mais íntimo, a morte não o atingisse, mas para lá de morte e vida, no evento da promessa de Deus, na qual o ser humano se pode abandonar à fidelidade de Deus. Essa identidade é prometida e pode ser esperada no ponto de inflexão dialético que é a ressurreição do Cristo crucificado. Aí percebida e admitida, a vida pode entregar-se à morte, à dor da exteriorização e do amor, pode perder-se para assim precisamente se ganhar. A esperança da ressurreição dos mortos dá à vida de amor o futuro de que necessita para poder amar, para ser amor que "nunca cessa". O amor sempre precisa de "um pouco de futuro"[49]. Vive da paixão da esperança, que Kierkegaard chamou a "paixão do possível". Essa paixão pelo possível se inflama no "impossível"[50]. E quando o "impossível" depende do Deus que ressuscita os mortos, então o amor tem esperança para além da morte e apesar dela. Ela não terá fim até que os mortos tenham ressuscitado. Daí ela tira forças para "segurar o que está morto" (Hegel). Por outro lado, também o futuro garantido com a ressurreição de Cristo só é percebido e aceito no amor que se exterioriza até a morte.

Em sua recensão de *O princípio esperança*, Dolf Sternberger perguntou a Bloch por esse amor que deveria surgir da esperança e aceitar a morte por causa da vida[51]. Fausto, à caça do instante plenamente vivido, nada sabia desse amor. Mas quando Sônia realmente começou a amar o assassino Raskólnikov, ela leu para ele a história da ressurreição do Lázaro morto que já cheirava mal.

---

49. Assim, Albert Camus faz falar o padre Rieux: "É preciso dizê-lo: a peste tirou de todos a capacidade para o amor e mesmo para a amizade. Pois o amor pede um pouco de futuro, e para nós nada mais havia senão momentos" (*A peste*).

50. Sobre isso, ver as importantes considerações de L. Kolakowski sobre os sentidos peculiares do "possível" e do "impossível" para a consciência utópica (*Der Mensch ohne Alternative*, 1961, 145 ss.). Já T. Müntzer falava da "coragem e da força do impossível" e claramente afirmava que o que aparecia como impossível era a fonte de todas as possibilidades (cf. MANNHEIM, K., op. cit., 186).

51. STERNBERGER, D., Vergiss das Beste nicht, *Frankfurter Allgemeine Zeitung*, 9 abr. 1960.

Uma imagem de esperança contra a morte que não fundamenta o amor pela vida e a prontidão amorosa para morrer, sempre traz em si o germe da resignação, pois abandona a vida a um cerne de existência pretensamente exterritorial. Atira à morte e à dor somente as cascas da vida, que ela pode quebrar – para ficar com a imagem usada por Bloch – porque já estão abandonadas e superadas, porque já estão vazias. Não se torna insossa a vida se a morte só recebe as cascas dentro das quais nada mais, ou nada ainda, existe?

Da distinção de vida e morte pelo cerne exterritorial da existência resulta o dualismo de cerne e casca. Vida e morte, diferenciadas no ponto dialético de inflexão da ressurreição, levam à dialética da plenitude da vida em esperança e amor, em exteriorização e ressurreição.

Os hereges e entusiastas cristãos, que Bloch gosta de citar na árvore genealógica de seu pensamento, como Marcião, Montano, Joaquim di Fiore e Thomas Müntzer, foram inteiramente encratitas, desprezadores do corpo e do mundo. Eles conheciam a esperança que no Espírito eleva acima do aquém e da morte, abandona entusiasticamente a terra ou a destrói revolucionariamente, mas não conheciam o amor que assume o sofrimento do mundo e as dores da obediência no corpo, porque ele encontra esperança para a terra e para o corpo. Contra esse entusiasmo é que foi formulado no *Credo apostólico* o artigo da "ressurreição da carne"[52].

5. Esperança e confiança

Bloch enfatizou com frequência e veemência, especialmente no diálogo com a teologia cristã:

---

[52]. Ver a diferença entre Thomas Müntzer e Martinho Lutero na doutrina da encarnação: Thomas Müntzer: "[...] para que nós, homens carnais e terrenos, nos tornemos deuses pela encarnação de Cristo e juntamente com ele sejamos discípulos de Deus, por ele e por seu Espírito sejamos ensinados e divinizados, sendo totalmente transformados nele, para que a vida terrena seja impelida para o céu" (citado conforme HOLL, K., Ges. Afsätze zur Kirchengeschichte, I, 1927, 431, nota 1. Cf. também BLOCH, E., *Thomas Münzer als Theologe der Revolution*, 1962, 238 [1. ed. 1921]). Martinho Lutero: "*Humanitas seu (ut Apostolus loquitur) carnis regno, quod in fide agitur, nos sibi conformes facit et crucifigit, faciens ex infoelicibus et superbis diis homines veros, idest miseros et peccatores. Quia enim ascendimus in Adam ad similitudinem dei, ideo descendit ille in similitudinem nostram, ut reduceret nos ad nostri cognitionem. Atque hoc agitur sacramento incarnationis*" ["A humanidade ou (como diz o Apóstolo) o reino da carne, tratado conforme a fé, tornou-nos conformes com ele e nos crucificou, transformando deuses infelizes e soberbos em verdadeiros seres humanos, isto é, míseros e pecadores. Pois, por termos ascendido em Adão à semelhança de Deus, por isso ele desceu em semelhança nossa, para reconduzir-nos ao conhecimento de nós mesmos. Até aqui se trata do sacramento da encarnação"] (*WA* 5, 128).

Esperança não é confiança (Zuversicht)[53].

E não há crítica antropológica da religião que possa roubar a esperança sobre a qual foi aplicado o cristianismo; ela priva essa esperança unicamente daquilo que a revogaria como esperança e a tornaria uma confiança supersticiosa: a mitologia detalhada, fixada, absurdamente irreal, mas concretamente hipostasiada, de sua consumação[54].

A esperança tem *eo ipso* em si o precário da frustração: ela não é confiança segura[55].

O que Bloch entende aqui por "confiança" e o que por "esperança"? A "confiança" é por ele chamada de supersticiosa, quietista, não ativante, garantia de salvação, certeza de salvação sem ciência da categoria "perigo" e, por isso mesmo, sem a vontade da experimentação da vida no grande *laboratorium possibilis salutis* ["laboratório da salvação possível"] do mundo. Ele, nesse sentido, chama a esperança cristã de "confiança" porque ela tem a Deus, a salvação, como já prontos, porque afirma o futuro como já feito, datado e fixado quanto a seu conteúdo, de modo que, no fundo, não pode acontecer nada de novo nem de mau. Afirma que, na fé cristã, o ser humano é dispensado, pela providência de Deus e pela morte expiatória de Cristo, da esperança ativa e do cuidado pelo futuro. Por isso, somente por meio de um ateísmo consequente o ser humano pode ser responsabilizado pela felicidade e pelo perigo de sua própria história. Em tudo isto, Bloch tem diante dos olhos a igreja cristã que, por meio da aliança constantiniana, recebeu a herança da religião do Estado romano e se aliou aos poderes da situação e, assim, se tornou a garantia religiosa da realidade – sempre inatingível – e da defraudação do possível. Em meio a tal "confiança", a esperança se satisfaz com o que existe. Tem ainda diante dos olhos a luta dos fanáticos do tempo da Reforma contra a "vida mole de Wittenberg" e contra a – mal compreendida – doutrina da justificação de Lutero, segundo a qual o ser humano poderia fazer festa "por conta de Cristo", mas não era inserido na comunhão de sofrimento do crucificado com o sofrimento de todas as miseráveis criaturas.

Confiança não é certeza. Não está bem claro por que Bloch designa a convicção cristã de "confiança", quando, na realidade, quer dizer certeza, *securitas*. O termo *Zuversicht* ["confiança"] é totalmente inadequado para

---

53. Cf., sobretudo, a aula inaugural em Tübingen: Kann Hoffnung enttäuscht werden?, in: *Verfremdungen*, I, 211 ss.
54. *PH*, 1523.
55. *Verfremdungen*, I, 214.

designar o positivismo supersticioso da salvação por ele caricaturado, pois este termo nunca significa o conhecimento garantido de fatos estabelecidos, mas sempre um olhar para frente e um aperceber-se do futuro. Por outro lado, o positivismo de salvação por ele descrito nada tem que ver com a convicção da esperança cristã, mas é, antes, – como figura do marxismo deteriorado em materialismo econômico – uma forma de esperança frustrada. A confiança cristã neste mundo só tem em seu favor o apelo e a promessa do Deus da salvação e, portanto, tem contra si o mundo e a morte com as suas possibilidades e impossibilidades. É, assim, uma "esperança contra a esperança" (Kierkegaard)[56] e um esperar contra aquilo que está diante dos olhos (Rm 8,24), uma esperança em que, segundo a experiência e o possível lógico, "nada há a esperar" (Rm 4,18), uma esperança das coisas que não se veem (Hb 11,1), porque, contra a morte, ela espera o impossível, a saber, a ressurreição e a vida a partir de Deus. Isto não é nem pseudocerteza à maneira das ciências naturais, nem mero optativo chocho. Não tem a seu favor nem fatos, nem tendências favoráveis da natureza, nem mesmo a imortalidade da esperança e do desejo humanos, mas unicamente a fidelidade de Deus, que mantém sua palavra de promessa, que não mentirá, porque não pode negar a si mesmo. E se essa convicção da esperança cristã se fundamenta na promessa e na missão do Cristo crucificado, então a ressurreição de Cristo não é para ela um mero fato, mas um evento iniciador de um novo processo, um evento fundador de esperança que aponta para o futuro do mundo e do ser humano no futuro de Cristo. Por isso, também não é mero optativo que só teria em seu favor o otimismo do ser humano que deseja, juntamente com tendências possivelmente favoráveis no mundo das coisas. Ela se baseia, com as experiências animadoras consigo mesma, ou apesar delas, ou com o mundo, ou apesar dele, no *extra nos* da *promissio Dei*.

É por isso que ela não coincide com as esperanças humanas que surgem a propósito dela, nem naufraga com as desesperanças que antecipam o não-cumprimento. Por isso, mesmo, a exemplo da esperança de Bloch, ela nunca se conforma com as realidades dadas, mas permanece inconformada até o cumprimento final da promessa. Quando a confiança cristã chama a morte de "o último inimigo" (1Cor 15,26), ela dá a entender que não se conforma com a morte, assim como é verdadeiro que Cristo, que inflama essa confiança, não permaneceu na morte. É nesse sentido que se deve entender a palavra de Blumhardt, segundo a qual Cristo é o protesto

---

56. Cf. a citação de Kierkegaard em *PH*, 1298.

contra a miséria, a injustiça, o pecado, o mal e também contra a morte. A doutrina da Reforma sobre a justificação tampouco afirma que, pela vicariedade de Cristo, o ser humano é poupado de algo; ela afirma, antes, aquilo que Paul Gerhardt assim formulou no hino: "Ele irrompe através da morte, do pecado, do mundo, da necessidade; ele irrompe através do inferno; sou seu companheiro sempre".

A "categoria: perigo", que, para Bloch, se abre para a esperança valente, é própria da convicção cristã de forma ainda mais radical. Bloch pergunta: que sabe o positivista autocomplacente sobre os perigos da esperança, a qual abandona a terra firme e se dirige ao alto mar das possibilidades do processo cósmico ainda inacabado, o qual contém em si tudo e nada? Pode-se continuar perguntando: que sabe aquele que espera nos termos de Bloch, aliado às tendências favoráveis do mundo, a respeito das tentações do crente? O crente não só contempla os perigos do processo cósmico em andamento, mas se encontra no meio deles, porque ele mesmo é um perigo para o perigo. Onde há batismo, há tentação; onde há fé, há descrença; onde está Cristo, está o Anticristo; onde há amor, há a morte; onde há redenção, cresce também o perigo; onde o futuro final de Deus está presente na palavra, aí está também a *krísis*, tanto para as certezas humanas como para os optativos humanos. A esperança de Bloch é "frustrável", mas ela é capaz de superar suas próprias frustrações, porque graça e desgraça ainda não são coisas consumadas no processo do mundo. Ela está aliada à situação ainda não decidida do mundo. A convicção cristã a respeito do futuro, entretanto, situa-se na decisão final e, por isso, a cruz sempre lhe está próxima. É por isso que ela não pode antecipar sua possibilidade de ser frustrada, nem calculá-la e, assim, pairar em espírito por sobre as águas do possível. Ela deve, na "força da ressurreição", aceitar a "cruz da realidade".

Esperança não é confiança, mas confiança também é esperança e constantemente produz esperanças. A esperança cristã não é uma utopia da fé, de modo que se pudesse torná-la relativa, como "uma possibilidade a mais", dentro da moldura de uma fenomenologia das esperanças em vista de um processo universal pressuposto. Pelo contrário, ela apresenta a este mundo, com seus processos, e aos seres humanos, com seus optativos, o seu próprio processo em direção à verdade. Por isso mesmo, ela não é aliada da desesperança em vista de esperanças terrenas, mas provoca e produz constantemente um pensamento antecipador, uma fantasia do amor sobre como as coisas poderiam andar melhor no mundo, como poderia haver mais justiça entre os seres humanos, porque ela tem confiança de que o bem e a justiça de Deus virão. É por isso que ela provoca e produz constantemente um pensamento crítico sobre o passado e o presente, porque conhece a *krísis* na qual nada do que existe se mantém. Dessa forma, com a convicção cristã das promessas, surge resistência e o pôr-se em marcha frente a um mundo que se fecha em si mesmo. Dessa forma, surge a reflexão da esperança a respeito dos seres humanos e das coisas, surge a fantasia do amor rumo ao espaço aberto e ao possível. O fim da história utopicamente afirmado pelas fórmulas que falam de harmonia entre humanidade e natureza é superado pela escatologia cristã que lhes mostra sua precariedade e relatividade. Ora, se essas utopias são superáveis, elas se tornam maleáveis e transformáveis para a fantasia do amor, a qual está criativamente interessada em como as coisas poderiam ir melhor. A confiança cristã deve encontrar forças para derrubar as imagens de uma esperança utópica, não para se resignar perante a realidade, mas em função da verdadeira miséria do mundo e do futuro de Deus. Desse modo, ela justamente liberará as energias para pensar o projeto do futuro. Junto com o "princípio esperança", ela não se conformará com a realidade dada, com suas supostas obrigatoriedades nem com as leis do mal e da morte. Mas ela tampouco se contentará com as projeções utópicas do futuro, mas ultrapassará também a estas. Ela as ultrapassará, não rumo à vacuidade do espaço aberto, mas na direção de onde a promessa de Deus lhe indica o caminho para a miséria da criatura. Dessa forma, ela rompe os horizontes utopicamente fechados. Nos horizontes utopicamente abertos a todas as possibilidades, ela reconhecerá e mostrará o necessário. Dessa forma, a esperança escatológica se torna a força impulsionadora da história para a criação das utopias do amor ao ser humano sofredor e seu mundo malogrado, ao encontro do futuro desconhecido, mas prometido de Deus. Nesse sentido, a escatologia cristã se pode abrir ao "princípio esperança", e receber ao mesmo tempo desse princípio o impulso para a projeção de um perfil próprio e mais perfeito.

Seleção bibliográfica

(em português e espanhol, em ordem cronológica)

· Livros de J. Moltmann

Apertura para el dialogo entre cristianos y marxistas. Buenos Aires: La Aurora, 1971.
Esperanza y planificación del futuro. Perspectivas teológicas. Salamanca: Sígueme, 1971.
Hacia una sociedad critica. Salamanca: Sígueme, 1972 (coautoria com Adolf Arndt).
El hombre antropología cristiana en los conflictos del presente. Salamanca: Sígueme, 1973.
Sobre la libertad, la alegria y el juego los primeiros libertos de la creación. Salamanca: Sígueme, 1972.
A alegria de ser livre. São Paulo: Paulinas, 1974 (coautoria com Charles C. West e Paul Lehmann).
Conversion al futuro. Madrid: Fontanella, 1974.
El Dios crucificado. La cruz de Cristo como base y critica de toda teologia cristiana. Salamanca: Sígueme, 1975.
Sobre a "Teologia da Libertação" latino-americana. Uma carta aberta a José Miguez Bonino. São Paulo: Faculdade de Teologia Presbiteriana Independente, 1976.
El futuro de la creación. Salamanca: Sígueme, 1977.
El experimento esperanza. Introduciones. Salamanca: Sígueme, 1977.
La iglesia, fuerza del espíritu hacia una eclesiología mesiánica. Salamanca: Sígueme, 1978.
Temas para una teologia de la esperanza. Buenos Aires: La Aurora, 1978.
El lenguaje de la liberación. Salamanca: Sígueme, 1978.

Paixão pela vida. São Paulo: ASTE, 1978.
Quem tem a palavra na Igreja?. Petrópolis: Vozes, 1981.
La dignidad humana. Salamanca: Sígueme, 1983.
Trinidad y reino de Dios. La doctrina sobre Dios. Salamanca: Sígueme, 1986.
Dios en la creación. Doctrina ecológica de la creación. Salamanca: Sígueme, 1987.
Diaconia en el horizonte dei reino de Dios. Hacia el diaconado de todos los creyentes. Santander: Sal Terrae, 1987.
Deus na criação. Doutrina ecológica da criação. Petrópolis: Vozes, 1993.
O caminho de Jesus Cristo cristologia em dimensões messiânicas. Petrópolis: Vozes, 1993.
Quem é Jesus Cristo para nós, hoje?. Petrópolis: Vozes, 1997.
O espírito da vida. Uma pneumatologia integral. Petrópolis: Vozes, 1999.
Trindade e Reino de Deus uma contribuição para a teologia. Petrópolis: Vozes, 2000.
A fonte da vida. O Espírito Santo e a teologia da vida. São Paulo: Loyola, 2002.
A vinda de Deus. Escatologia cristã. São Leopoldo: Unisinos, 2003.
Experiências de reflexão teológica. São Leopoldo: Unisinos, 2004.
Teologia da esperança estudos sobre os fundamentos e as consequências de uma escatologia cristã. ed. rev. São Paulo: Teológica, ³2005.

· Artigos de J. Moltmann

Para una reforma ecológica. *Selecciones de Teología*, n. 29 (1990) 207-211.
Primero el reino de Dios. *Selecciones de Teología*, n. 30 (1991) 3-12.
Cristo, fin de la tortura. Tortura y esperanza cristiana. *Selecciones de teología*, n. 31/124 (1992) 311-316.
Fundamentalismo e modernidade. *Concilium*, n. 241 (1992) 141-148.
O caminho de Jesus Cristo. *Perspectiva teológica*, n. 26/68 (1994) 87-96.
Fim da utopia fim da história?, *Concilium*, n. 252 (1994) 172-175.
Ut unum sint, *Concilium*, n. 261 (1995) 167-173.
Sobre la teología ecológica, *Páginas*, n. 141 (1996) 85-96.
La pasión de Cristo y el dolor de Dio. *Selecciones de Teología*, n. 33/129 (1994) 17-24.
No fim está Deus. *Concilium*, n. 277 (1998) 130-140.
A plenitude dos dons do Espírito e sua identidade cristã. *Concilium*, n. 279 (1999) 46-52.
Ressurreição fundamento, força e meta de nossa esperança. *Concilium*, n. 283 (1999) 110-120.
Progreso y precepicio. Recuerdos del futuro del mundo moderno. *Revista Latinoamericana de Teología*, v. 18, n. 54 (2001) 235-253.

· Sobre a teologia de J. Moltmann

BRUSTOLIN, L. A. *A parúsia de Cristo, para os cristãos e o mundo na teologia de Juergen Moltmann.* Tese de Doutorado. Roma, 2000.

FERNÁNDEZ GARCÍA, B. *Cristo de Esperanza la cristologia escatológica de J. Moltmann.* Salamanca: Universidad Pontificia de Salamanca, 1988.

HAMMES, E. J. A cristologia escatológica de J. Moltmann. *Teocomunicação*, n. 30/130 (2000) 605-634.

PENA BÚA, P. Fundamentación y credibilidad de la revelación en Jürgen Moltmann. *Dialogo Ecuménico*, n. 31/100 (1996) 159-188.

_____. La revelación según Jürgen Moltmann versus K. Bultmann y W. Pannenberg. *Dialogo Ecuménico*, n. 33/105 (1998) 7-33.

REIS, G. S. *Contradição e antecipação análise e perspectivas sobre o caráter messiânico do Reino de Deus na hermenêutica cristológica de Jürgen Moltmann.* Dissertação de Mestrado. São Bernardo do Campo, IEPG, 2003.

VITORIA CORMENZANA, F. J. *Jürgen Moltmann. El fin de la indiferencia.* Sal Terrae, n. 1006 (1997) 847-862.

· Sobre a *Teologia da esperança*, de J. Moltmann

BAUCKHAM, R. *Moltmann. Messianic theology in the making.* London, 1987;
_____. *The theology of Jürgen Moltmann.* Edinburgh, 1995.

BRANDT, H. Ética e esperança um convite para a discussão por ocasião do 10º aniversário da Teologia da Esperança. *Estudos Teológicos*, n. 1, v. 14 (1974) 1-13.

CARLI, E. *La Teologia della Speranza di J. Moltmann.* Roma, 1980.

CONYERS, A. J. *God, Hope and history. Jürgen Moltmann and the christian concept of history.* Macon, 1988.

DEUSER, H. et al. (ed.). *Gottes Zukunft – Zukunft der Welt. Festschrift für Jürgen Moltmann zum 60. Geburtstag.* München, 1986.

GARCIA, B. F. *Cristo de Esperanza. La cristologia escatologia de J. Moltmann.* Salamanca, 1987.

GIEBELLINI, R. *La Teologia di Jürgen Moltmann.* Brescia, 1975.

HIGUET, E. A. Teologia da esperança primeiro balanço crítico. *Estudos da Religião*, n. 11 (1995) 27-52.

KRIEG, C. et al. (ed.). *Die Theologie auf dem Weg in das dritte Jahrtausend. Festschrift für Jürgen Moltmann zum 70. Geburtstag.* Gütersloh, 1996.

MARDONES, J. M. *Teologia e ideologia. Confrontación de la teología política de la esperanza de J. Moltmann con la teoría crítica de la Escuela Frankfurt.* Bilbao: Universidad de Deusto, 1979.

MARSCH, W.-D. (ed.). *Diskussion über die "Theologie der Hoffnung".* München, 1967.

MATIÉ, M. *Jürgen Moltmanns Theologie in Auseinandersetzung mit Ernst Bloch.* Frankfurt, 1983.
MEEKS, M. D. *Origins of the Theology of Hope.* Philadelphia, 1974.
MORSE, C. *The logic of promise in Moltmann's theology.* Philadelphia, 1979.
NIEWIADOMSKI, J. *Die Zweideutigkeiten von Gott und Welt in J. Moltmanns Theologien.* Innsbruck, 1982.

Índice onomástico

A
Adorno, T. W.: 265, 286, 309
Agostinho: 33, 43, 70-72, 95, 231, 281, 336
Alighieri, D.: 40
Alt, A.: 134
Althaus, P.: 48, 322
Amery, C.: 317
Anaxágoras: 230
Anselmo de Cantuária: 41, 275
Anz, W.: 68
Aristóteles: 27, 52, 96, 147, 250, 291
Arndt, E. M.: 232, 355
Auberlen, C.: 81
Auerbach, E.: 257

B
Bach, R.: 133
Bachmann, I.: 34
Bacon, F.: 234, 288
Baeck, L.: 131
Bahrdt, H. P.: 311, 328

Balthasar, H. U. von: 53, 54, 56
Barth, C.: 210
Barth, H.: 58
Barth, K.: 18, 47, 48, 52, 53, 58-68, 84, 87, 90, 93, 94, 129, 150, 181, 210, 226, 275-277, 336
Baumgärtel, F.: 118
Baur, F. C.: 243, 246-248
Bengel, J. A.: 79, 80
Benjamin, W.: 15, 265
Benn, G.: 336, 344, 347
Bergson, H.: 60
Bernardo de Claraval: 70
Bertram, G.: 237
Besson, W.: 236
Biedermann, A. E.: 82, 83
Bismarck, O. von: 324
Bloch, E.: 13, 15, 18, 20, 26, 87, 99, 208, 241, 260, 327, 331-341, 343-352, 358
Blumhardt, J. C.: 79, 83, 351
Bockmühl, K.: 343

Bohme, J.: 81
Bollnow, O. F.: 180, 251
Bonhoeffer, D.: 90, 175, 324
Bornkamm, G.: 149, 171
Braudel, F.: 242
Brocard, J.: 78
Brunner, E.: 97, 314, 324
Buber, M.: 104, 110, 111, 125, 131-133, 135, 216
Buchenau, A.: 54, 71
Bultmann, R.: 17, 48, 52, 53, 59, 60, 66-70, 72, 73, 75, 88, 164, 168, 177, 181, 188, 192, 212, 213, 217, 255, 270, 279, 308, 311, 314, 357
Burckhardt, J.: 231, 233, 243, 267

C

Calvino, J.: 28-30, 70, 297
Campenhausen, H. F. von: 177, 178
Camus, A.: 18, 33, 348
Cocceius, J.: 78
Cohen, H.: 131, 257
Comte, A.: 101, 233, 234, 261
Constantino: 300, 301
Conzelmann, H.: 177, 188, 217
Crisóstomo, J.: 32
Crusius, C. A.: 79
Cullmann, O.: 78

D

Dahrendorf, R.: 328
Darwin, C.: 316
De Bonald, L. G.: 233
Dehn, G.: 218
De Maistre, J. M.: 233
Descartes, R.: 57, 71, 234, 236, 287
Diels, H.: 37
Dietzfelbinger, C.: 150, 154

di Fiore: 261, 349
Dilthey, W.: 180, 235, 237, 251-254, 281
Dinkler, E.: 294
Dirks, W.: 322
Dostoiévski, F. M.: 171
Driesch, H.: 60
Droysen, J. C.: 231, 249, 250

E

Ebeling, G.: 72, 76, 88, 92, 213, 248, 269, 270, 289
Ebner, F.: 38
Eckhart (mestre): 334
Eichholz, G.: 276
Eichhorn, A.: 235
Eliade, M.: 106, 108, 290
Ellul, J.: 129
Engels, F.: 343, 344
Espinosa: 344

F

Fascher, E.: 186
Feuerbach, L.: 30, 81, 173-175, 332-335, 337, 343
Fichte, J. G.: 78, 230, 232, 307, 327, 328, 346
Ficker, J.: 207
Fohrer, G.: 132
Fontane, T.: 33
Freud, S.: 328
Freyer, H.: 234, 306, 311
Friedrich, G.: 146
Fuchs, E.: 66
Fülling, E.: 78

G

Gadamer, H.-G.: 114, 177, 193, 252, 288, 290

Galilei, G.: 234
Gehlen, A.: 304, 309, 313, 315, 328, 330, 336
Geiselmann, R.: 289
Gerhardt, P.: 352
Gerlich, F.: 79
Geyer, H. G.: 87, 182
Gloege, G.: 51, 64
Goethe, J. W. von: 33, 36, 82, 245, 246, 261, 343, 344
Gogarten, F.: 73, 248, 308
Grass, H.: 177, 188
Guardini, R.: 333
Günther, G.: 307

H
Hahn, F.: 296
Hamann, J. G.: 28
Hase, K.: 247
Hauck, W. A.: 80
Heermann, J.: 325
Hegel, G. W. F.: 36, 56, 57, 61, 62, 64, 79, 80, 86, 91, 98, 170-172, 174, 175, 211, 223, 229-232, 245, 246, 251, 259, 261, 264, 275, 302-304, 307, 326, 329, 342, 344, 347, 348
Heidegger, M.: 66, 174, 242, 253-255, 306
Heimpel, H.: 229, 263
Heine, H.: 171
Heráclito: 34
Herder, J.: 55, 79, 229, 232, 259, 261, 302
Herrmann, W.: 59-63, 66-68, 70, 73, 235
Heschel, A.: 15
Hesíodo: 37
Heuss, A.: 234, 263
Hinrichs, C.: 180, 231, 244

Hoekendijk, J. C.: 321
Hoffmeister, J.: 86, 98, 264, 302
Hofmann, J. C. K. von: 78, 79
Hölderlin, F.: 260
Holl, K.: 324, 349
Holmström, F.: 46
Hölscher, G.: 132
Homero: 37
Huizinga, J.: 260
Humboldt, W. von: 100, 244
Husserl, E.: 193

I
Iwand, H. J.: 97, 207, 310

J
Jaeger, W.: 107
Janoska-Bendl, J.: 328
Jaspers, K.: 57, 69, 328
Jepsen, A.: 133
João XXIII: 302
Jonas, H.: 342
Jüngel, E.: 150, 157, 158
Justiniano: 301

K
Kaegi, W.: 231
Kähler, M.: 45
Kamlah, W.: 301
Kant, I.: 14, 53-55, 57, 58, 66, 69, 84, 87, 133, 173, 230, 232, 250, 259, 261, 270, 272, 275, 346
Kantzenbach, F. W.: 78
Käsemann, E.: 148, 149, 153, 159, 160, 162, 164, 165, 196, 206, 207, 213, 246, 247
Keller, G.: 171
Kierkegaard, S.: 29, 37, 59, 73, 167, 173, 348, 351

Klein, G.: 150, 153-155
Koch, K.: 132, 139-142, 210
Kolakowski, L.: 348
Korsch, K.: 81
Koselleck, R.: 229, 232, 243
Kraus, H.-J.: 131
Kreck, W.: 64, 194, 226
Krockow, C. G. von: 256
Krüger, G.: 287-289

L

Lamettrie, J. O.: 80
Landgrebe, L.: 183, 193
Landmann, M.: 252
Landshut, S.: 81
Lenin, W. I. U.: 81
Leonhard, W.: 337
Lessing, G. E.: 79, 261, 346
Litt, T.: 328, 329
Løgstrup, K.: 309
Lorenz, R.: 332
Löwith, K.: 15, 116, 172, 178, 230, 236, 257
Lukács, G.: 81, 241
Lutero, M.: 43, 71, 98, 129, 207, 286, 299, 327, 332, 349, 350

M

Maag, V.: 104, 105, 109, 134
Mackenroth, G.: 306
Mahlmann, T.: 59-62
Mann, G.: 229, 257
Mannheim, K.: 334, 348
Marcião: 349
Marcuse, H.: 231
Marsch, W.-D.: 309, 322, 331
Martin-Achard, R.: 210
Marx, K.: 33, 81, 174, 236, 312, 328, 332-334, 336, 339-341, 343, 344

Masur, G.: 246
Meinecke, F.: 246
Meiner, F.: 57, 91
Melanchthon, P.: 301, 323
Menken, G.: 79
Mercier, L.-S.: 232
Michelet, J.: 259
Mildenberger, F.: 184
Misch, G.: 251
Möller, G.: 78
Moltmann, J.: 11-15, 78, 87, 255, 276, 331, 342, 355-357
Montano: 349
Mowinckel, S.: 132, 133, 135
Müller-Lauter, W.: 256
Müntzer, T.: 334, 348, 349
Musil, R.: 33, 329, 342

N

Newton, I.: 82
Niebuhr, R. R.: 183
Nietzsche, F.: 36, 91, 170, 171, 173, 174, 176, 235, 262
Nohl, H.: 252
Noordmans, O.: 297
Novalis: 232
Nürnberger, R.: 301

O

Oepke, A.: 225
Ötinger, F. C.: 79, 80
Ott, H.: 255
Otto, W. F.: 106
Overbeck, F.: 45

P

Pannenberg, W.: 64, 84-88, 92, 118, 139, 142, 177, 182, 272, 327, 357
Parmênides: 37-39, 66, 91, 147

Pascal, B.: 35, 57, 71, 171, 287
Paul, J.: 18, 48, 171, 352, 355
Pax, E.: 150, 159
Picht, G.: 37, 49, 55
Pieper, J.: 32, 89, 129, 287, 291, 292
Pio XII: 301
Platão: 38, 58, 96, 147, 291, 292, 345
Plessner, H.: 213, 251, 328, 329
Plöger, O.: 132, 140
Plutarco: 37
Pöggeler, O.: 57
Procksch, O.: 132

R
Rad, G. von: 17, 108, 109, 113-115, 117, 129, 132-134, 139, 141, 142, 205, 208-210, 293
Ramus, P.: 236
Ranke, L. von: 33, 59, 180, 231, 241, 244-246, 265
Rehm, W.: 171
Rendtorff, R.: 84-86, 88, 106, 107, 122, 133, 182
Rendtorff, T.: 84
Rilke, R. M.: 311, 333
Ritschl, A.: 46, 47
Ritter, J.: 57, 89, 231, 302, 303
Robinson, J.: 86
Rohrmoser, G.: 57, 172
Rosenstock-Huessy, E.: 83, 229
Rosenzweig, F.: 15
Rössler, D.: 132
Rothacker, E.: 239, 241, 251
Rothe, R.: 79, 82, 83, 224
Rousseau, J.-J.: 232, 233

S
Saint-Simon, C. H. de: 233, 234
Salmony, H. A.: 54

Scheler, M.: 213, 288
Schelling, F. W. J.: 343, 344
Schelsky, H.: 304, 306-308
Schiller, F.: 21, 33, 230, 232, 259
Schlatter, A.: 78
Schlegel, F.: 171, 230
Schlink, E.: 150
Schmidt, H.: 76
Schniewind, J.: 76, 145, 146, 160
Schnübbe, O.: 66
Scholder, K.: 246, 248
Scholem, G.: 15
Schrenk, G.: 78
Schulte, H.: 145, 150
Schulz, H.: 230
Schütz, P.: 225
Schweitzer, A.: 45-48, 135, 168, 218
Schweizer, E.: 218
Simmel, G.: 60
Soden, H. von: 161
Sohm, R.: 314
Sombart, N.: 233
Stalin, J. W.: 81
Stammler, E.: 310
Steck, K. G.: 78
Sternberger, D.: 348
Stifter, A.: 171
Strauss, D. F.: 180
Susman, M.: 259
Sybel, H. von: 180

T
Tales de Mileto: 107
Talmon, J. L.: 232-234
Taubes, J.: 53, 54
Tenbruck, F. H.: 328
Teodósio: 301
Thurneysen, E.: 194
Tocqueville, A. de: 233, 313

Tödt, H. E.: 218
Tönnies, F.: 311
Topitsch, E.: 241, 309
Treitschke, H. von: 259
Troeltsch, E.: 45, 83, 179, 224
Trótski, L.: 81
Tucídides, 257

V
van Ruler, A. A.: 260
Vielhauer, P.: 218
Voltaire: 232
Vriezen, T. C.: 132, 136, 137

W
Weber, A.: 233, 234
Weber, H.: 323
Weber, M.: 57, 100, 236, 240, 306

Weber, O.: 52, 181, 265, 318
Wegenast, K.: 294
Weiss, J.: 45, 46
Welty, E.: 302, 312
Wendland, H. D.: 320
Weth, G.: 78, 81
Wilckens, U.: 84, 150, 153, 154, 160, 166, 177, 195
Wittram, R.: 240-242, 250, 263-265
Wölber, H. O.: 310
Wolf, E.: 246, 247, 323, 324, 327
Wolff, H. W.: 115, 116, 118, 132, 136, 139, 293

Z
Zimmerli, W.: 107, 109, 110, 112, 116, 118, 120-122, 210

Índice das citações bíblicas

Gênesis
  1,27: 78
  3,15: 78
  12,3: 322
Êxodo
  3: 122
  3,2: 106
  3,11: 281
Deuteronômio
  6,5: 129
  18,21 s.: 126
Juízes
  8,23: 216
Salmos
  71,18: 292
  78,6: 292
  146,6: 124
Isaías
  2,1-4: 322
  6,5: 281
  8,16 s.: 293
  10,12: 139
  25,6-8: 322
  28,29: 139
  30,8: 293
  45,18-25: 322
  55,4: 123
  60,1-22: 322
Jeremias
  1,6: 281
  15,18: 130
  23,22: 126
  23,29: 126
  28,9: 126
Ezequiel
  37: 210
  37,5: 209
  37,11: 209
  37,14: 123
Daniel
  10,14: 195
Marcos
  13: 197
  13,10: 196

Atos
  2,24: 169
  3,15: 169
  5,31: 169
  23,6: 31
Romanos
  1,2: 158
  1,5: 296
  1,17: 205
  4,14: 151
  4,15: 151
  4,16: 151
  4,17: 39, 151, 339
  4,18: 351
  4,20: 151
  4,25: 206
  5,18: 205
  5,21: 207
  6,10-11: 206
  6,13: 207
  6,23: 206
  8,11: 165, 211
  8,18 ss.: 165, 347
  8,19: 43
  8,20 ss.: 77, 214
  8,22: 222
  8,23: 223
  8,24: 28, 351
  8,24-25: 28
  8,29: 325
  9,11: 153
  10,3: 207
  10,4: 151, 152
  10,9: 169
  11,15: 347
  11,29: 325
  12,1 ss.: 165, 322
  13,12: 59, 65
  15,4: 158
  15,8: 152
  15,8-13: 322
  15,13: 26, 339
  15,18: 322
1 Coríntios
  1,9: 325
  1,26: 325
  1,28: 220
  9,1: 294
  9,16: 196
  12,3: 65
  15: 59, 166
  15,3: 169
  15,3-5: 165, 166
  15,3 ss.: 295
  15,8: 294
  15,13 ss.: 171
  15,20 ss.: 166
  15,25: 166, 196
  15,26: 31, 351
  15,28: 166, 202
  15,35 ss.: 215
  15,42 ss.: 223
  15,55 ss.: 206
2 Coríntios
  1,20: 152, 227
  3,9: 207
  3,18: 334
  5,18 ss.: 321
  5,21: 206
  13,4: 212
Gálatas
  1,2 ss.: 294
  1,15 s.: 296
  3,15 ss.: 131
  3,18: 152

3,28: 148
3,29: 152
5,5: 205
Efésios
   3,6: 152
   4,11: 325
Filipenses
   3,14: 325
Colossenses
   1,27: 27
1 Tessalonicenses
   4,14: 166
Hebreus
   6,4 ss.: 325
   8,6: 42
   9,15: 152

10,23: 149
11,1: 227, 351
11,11: 149
13,13 s.: 299
1 Pedro
   1,9: 76
   3,15: 31, 297
2 Pedro
   3,13: 215
1 João
   3,2: 77, 227
Apocalipse
   1,8: 227
   21,4 s.: 215
   21,8: 32

Edições Loyola

editoração impressão acabamento
Rua 1822 n° 341 – Ipiranga
04216-000 São Paulo, SP
T 55 11 3385 8500/8501, 2063 4275
www.loyola.com.br